Axel Esser/Martin Wolmerath

Mobbing und psychische Gewalt

Der Ratgeber für Betroffene und
ihre Interessenvertretung

8., völlig überarbeitete und aktualisierte Auflage

BUND
VERLAG

Für Claudia und Rosi

Bibliografische Information der Deutschen Nationalbibliothek
Die Deutsche Nationalbibliothek verzeichnet diese Publikation in der Deutschen
Nationalbibliografie; detaillierte bibliografische Daten sind im Internet
über http://dnb.d-nb.de abrufbar.

8., völlig überarbeitete und aktualisierte Auflage 2011
© 1997 by Bund-Verlag GmbH, Frankfurt am Main
Herstellung: Madlen Richter
Umschlag: Neil McBeath, Stuttgart
Umschlagfoto: mobbing © Gernot Krautberger, Fotolia.com
Satz: Satzbetrieb Schäper GmbH, Bonn
Druck: Appel und Klinger Druck und Medien GmbH, 96277 Schneckenlohe
Printed in Germany 2011
ISBN 978-3-7663-6018-2

www.bund-verlag.de

Vorwort

Heinz Leymann hat vor mehr als fünfzehn Jahren einen Begriff geprägt, der zunächst eher belächelt oder schlicht als Modewort abgetan wurde – von »Mobbing« war die Rede. Seitdem ist vieles geschehen. Niemand stellt die Existenz dieses Phänomens mehr in Abrede. Allenfalls wird geleugnet, dass es entsprechende Probleme im eigenen Betrieb oder der eigenen Dienststelle gibt.

Der Mobbing-Problematik haben sich Esser und Wolmerath bereits zu einer Zeit angenommen, als sie zwar schon von Arbeitspsychologen diskutiert, unter Juristen aber noch unentdecktes Territorium war. Nach einer Reihe von Seminaren zu Mobbing wurde Anfang 1997 die erste Auflage des vorliegenden Ratgebers veröffentlicht. Nach 14 Jahren liegt er nunmehr in der achten Auflage vor – ein ganz ungewöhnlicher Erfolg. In dieser Zeit haben die Autoren ihr Werk weiterentwickelt, neue Erkenntnisse eingearbeitet und vor allen Dingen die immer reichhaltiger werdende Rechtsprechung berücksichtigt. Auch die verwendeten Begrifflichkeiten haben mittlerweile schärfere Konturen erhalten. Hinzu kommen inzwischen die durch das Allgemeine Gleichbehandlungsgesetz geregelte »Belästigung«, die zahlreiche Fälle des Mobbing erfasst, sowie das »Betriebliche Eingliederungsmanagement«, das als Therapie mit Vorsicht zu handhaben ist.

Der Ratgeber enthält eine Fülle von Ratschlägen und praktischen Tipps, wie man in weniger schlimmen Fällen durch Gespräche und andere außerrechtliche Mittel eine Lösung finden kann. Aber auch für Situationen, in denen der Rückgriff auf geltendes Recht und vielleicht sogar eine gerichtliche Auseinandersetzung unvermeidbar sind, bekommt der Leser umfassende Informationen, die in leicht zugänglicher Form präsentiert sind.

Das Werk wendet sich in gleicher Weise an Mobbingbetroffene wie an betriebliche Akteure, die sich entweder mit einem akuten Konflikt beschäftigen müssen oder die präventiv gegen das Entstehen solcher Situationen vorgehen wollen.

Esser und Wolmerath geben den Betriebs- und Personalräten mit ihrem Buch die nötigen Instrumente an die Hand, mit denen diese erfolgreich und mit Augenmaß gegen Mobbing am Arbeitsplatz vorgehen können.

Auch der achten Auflage dieses Standardwerks ist eine weite Verbreitung zu wünschen.

Bremen, im Mai 2011 Wolfgang Däubler

Inhaltsverzeichnis

Abkürzungsverzeichnis

a. a. O.	am angegebenen Ort
Abb.	Abbildung
Abs.	Absatz
AGG	Allgemeines Gleichbehandlungsgesetz
AiB	Arbeitsrecht im Betrieb (Zeitschrift)
ArbG	Arbeitsgericht
ArbSchG	Arbeitsschutzgesetz
Art.	Artikel
AuA	Arbeit und Arbeitsrecht (Zeitschrift)
Aufl.	Auflage
AuR	Arbeit und Recht (Zeitschrift)
BAG	Bundesarbeitsgericht
BAGE	Entscheidungen des Bundesarbeitsgerichts (Entscheidungs-sammlung)
BBG	Bundesbeamtengesetz
BDG	Bundesdisziplinargesetz
BEM	betriebliches Eingliederungsmanagement
BetrVG	Betriebsverfassungsgesetz
BGB	Bürgerliches Gesetzbuch
BGH	Bundesgerichtshof
BPersVG	Bundespersonalvertretungsgesetz
bzw.	beziehungsweise
ca.	circa
dbr	der betriebsrat (Zeitschrift)
DDR	Deutsche Demokratische Republik
d. h.	das heißt
DÖD	Der öffentliche Dienst (Zeitschrift)
etc.	et cetera
EzA	Entscheidungssammlung zum Arbeitsrecht
f., ff.	folgend(e)

GG	Grundgesetz
Hrsg.	Herausgeber
i. V. m.	in Verbindung mit
KSchG	Kündigungsschutzgesetz
LAG	Landesarbeitsgericht
LSG	Landessozialgericht
MuSchG	Mutterschutzgesetz
m. w. N.	mit weiteren Nachweisen
Nr.	Nummer
NVwZ-RR	NVwZ-Rechtsprechungs-Report Verwaltungsrecht (Zeitschrift)
NZA	Neue Zeitschrift für Arbeitsrecht (Zeitschrift)
OLG	Oberlandesgericht
PersR	Der Personalrat (Zeitschrift)
Rn.	Randnummer, Randnummern
S.	Seite
s./s. a.	siehe/siehe auch
SGB III	Sozialgesetzbuch III (Arbeitsförderung)
SGB IX	Sozialgesetzbuch IX (Rehabilitation und Teilhabe behinderter Menschen)
sog.	so genannt, so genannte, so genanntes
StGB	Strafgesetzbuch
StPO	Strafprozessordnung
u. a.	und andere
usw.	und so weiter
vgl.	vergleiche
z. B.	zum Beispiel
ZPO	Zivilprozessordnung

Literaturverzeichnis

Altvater/Baden/Kröll/Lemcke/Peiseler; BPersVG – Bundespersonalvertretungs-
gesetz mit Wahlordnung und ergänzenden Vorschriften; 7. Aufl.; Frankfurt
am Main, 2011 (zitiert: Altvater u. a.)

Brinkmann; Mobbing, Bullying, Bossing – Treibjagd am Arbeitsplatz; Heidel-
berg 1995

Däubler; BGB Kompakt. Systematische Darstellung des Zivilrechts; 2. Aufl.;
München, 2003 (zitiert: Däubler, BGB)

Däubler; Zurückhaltung des Rechts; in: Leymann (Hrsg.), Der neue Mobbing-
Bericht; Reinbek bei Hamburg, 1995

Dick; Keine Angst vor Mobbingfällen, Frankfurt am Main 2001

Düwell (Hrsg.); Betriebsverfassungsgesetz; 3. Aufl.; Baden-Baden, 2010 (zitiert:
HaKo-BetrVG)

Esser; Konfliktfähigkeit; GdP-Bundesvorstand; Hilden 2004

Esser; Konfliktbewältigung; GdP-Bundesvorstand; Hilden 2007

Fischer; Strafgesetzbuch; 58. Aufl.; München, 2011

Fisher/Kopleman/Kupfer-Schneider; Jenseits von Machiavelli. Kleines Handbuch der Konfliktlösung; Frankfurt/Main, New York, 1995

Groeblinghoff; Mobbing. Störungen am Arbeitsplatz – Ursachen und Lösungen;
AuA 1999, 162

Haller/Koch; Mobbing – Rechtsschutz im Krieg am Arbeitsplatz; NZA 1995,
356

Hirigoyen; Die Masken der Niedertracht; München 2009

Hirigoyen; Mobbing – Wenn der Job zur Hölle wird; München 2004

Huber; Psychoterror am Arbeitsplatz – Mobbing; Niedernhausen/Taunus,
1993/1994

Izard; Die Emotionen des Menschen; Weinheim, Basel, 1981

Kittner/Zwanziger/Deinert (Hrsg.); Arbeitsrecht – Handbuch für die Praxis;
6. Aufl.; Frankfurt 2011

Leymann; Psychoterror am Arbeitsplatz und wie man sich dagegen wehren kann;
Reinbek, 1993 (zitiert: Leymann 1993)

Leymann (Hrsg.); Der neue Mobbing-Bericht; Reinbek, 1995 (zitiert: Leymann 1995)

Lindemeier; Neue Arbeit – Neues Denken?; Psychosoziale Probleme: ihre Ursachen und Interventionsmöglichkeiten; Beruf und Gesundheit 2/96

Meschkutat/Stackelbeck/Langenhoff; Der Mobbing-Report: Repräsentativstudie für die Bundesrepublik Deutschland; Dortmund/Berlin, 2002

Meyer-Goßner; Strafprozessordnung; 53. Aufl.; München, 2010

Neuberger; Mobbing, Übel mitspielen in Organisationen; München und Mering, 1999

Pieper; Arbeitsschutzgesetz; 5. Aufl.; Frankfurt am Main, 2010

Popitz; Phänomene der Macht; Tübingen 2009

Resch; Wenn Arbeit krank macht; Frankfurt/Main, Berlin, 1994

Roxin/Schünemann; Strafverfahrensrecht; 26. Aufl.; München, 2009

Teuschel; Mobbing, Dynamik – Verlauf – gesundheitliche und soziale Folgen, Stuttgart u. a. 2010

Wolmerath; Mobbing im Betrieb. Rechtsansprüche und deren Durchsetzbarkeit; Baden-Baden, 2001 (zitiert: Wolmerath 2001)

Wolmerath; Mobbing. Rechtshandbuch für die Praxis; 3. Aufl.; Baden-Baden, 2007

Wolmerath; Wer anders als der Betriebsrat soll es richten? Betriebsvereinbarungen zu Mobbing & Co.; dbr 10/2007, 30

Wolmerath; Mobbing und Allgemeines Gleichbehandlungsgesetz; in: Studien zum Persönlichkeitsrecht des Arbeitnehmers, (Band II), Festschrift für Kunishige Sumida zum 70. Geburtstag; Tokyo, 2011 (zitiert: Wolmerath 2011)

Vorbemerkungen

Mobbing ist ein Problem, das nahezu in jedem Betrieb und in jeder Dienststelle anzutreffen ist. Wer in den neunziger Jahren des letzten Jahrhunderts dachte, dass es sich bei diesem Phänomen um eine vorübergehende Modeerscheinung handelt, wurde leider eines Besseren belehrt. Das Mobbingproblem scheint sich nach nahezu 20 Jahren fest etabliert zu haben – zum Leidwesen der davon Betroffenen. Wenngleich seine Existenz heute kaum noch geleugnet wird, so herrscht vielerorts die Ohnmacht gegenüber dem Mobbing weiter fort. Mit diesem Buch wollen wir dazu beitragen, diese Ohnmacht zu beseitigen.

Mit unseren Ausführungen wenden wir uns insbesondere an Betriebs- und Personalräte, da sie es neben der Arbeitgeberseite maßgeblich in der Hand haben, gegen Mobbing am Arbeitsplatz einzuschreiten bzw. präventiv gegen dieses Phänomen vorzugehen. Für sie ist es auch weiterhin unverzichtbar, sich über die Mobbingproblematik zu informieren und ihre zahlreichen tatsächlichen und rechtlichen Handlungsmöglichkeiten zu erfahren. Vergleichbares gilt natürlich auch für die Mitarbeitervertretungen.

Daneben möchten wir mit unserem Buch alle die Personen ansprechen, die sich – aus welchen Gründen auch immer – mit der Mobbingproblematik auseinandersetzen müssen – sei es beispielsweise als Mobbingbetroffener, Arbeitskollege, Vorgesetzter, Mobbing-Beauftragter, Berater, Therapeut, Familienmitglied oder Freund.

Wir haben uns bemüht, Ihnen das Lesen unseres Buches zu erleichtern, indem wir zum einen von dem »Mobber« sprechen – wohlwissend, dass Mobbing oftmals auch von mehreren Personen betrieben werden kann – und zum anderen die männliche Sprachform verwenden. Wir hoffen, dass die Leserinnen dieses Buches hierfür Verständnis haben.

Wenngleich es sich bei diesem Buch um einen »Ratgeber« handelt, so kann und soll er nicht einen Ersatz für Rat und Hilfe fachkompetenter Personen (z. B. Arzt, Therapeut, Rechtsanwalt) darstellen. Mit der Mobbingproblematik vertraute Fachleute sollten stets hinzugezogen werden, wenn es gilt, einen Ausweg aus einer konkreten Mobbingsituation zu finden.

In der Hoffnung, dass wir mit unserem Buch, das nunmehr in der achten – vollständig überarbeiteten – Auflage vorliegt, einen Beitrag zur Bewältigung der anscheinend kein Ende nehmenden Mobbingproblematik in der deutschen Arbeitswelt leisten, sagen wir all jenen Dank, die uns seit nunmehr fast 20 Jahren mit ihren Anregungen, Fragen und Erfahrungen unterstützen.

Ein letzter Hinweis sei uns gestattet. Gegenüber den Vorauflagen haben wir den Titel dieses Ratgebers um den Aspekt der psychischen Gewalt am Arbeitsplatz ergänzt. An der einen oder anderen Stelle wird sicherlich noch das eine und das andere zu ergänzen sein. Insoweit sind wir für ein wenig Nachsicht, aber viel mehr noch für Ideen, Tipps und Erfahrungsberichte aus der betrieblichen Praxis dankbar.

Guderhandviertel	Axel Esser
und Hamm	Martin Wolmerath
Mai 2011	

A. Mobbing und psychische Gewalt – Verstehen, wovon die Rede ist

Nur wer Mobbing begreift und seine Eigentümlichkeiten sowie die damit verbundenen Gefahren und Risiken kennt, der kann geeignete Schritte zur Bewältigung einer akuten Mobbingsituation sowie zur Vorbeugung von Mobbing(vor)fällen am Arbeitsplatz ergreifen. Hierzu dient dieser erste Teil des Buches, in dem insbesondere der Frage nachgegangen wird, was Mobbing ist, welche Ursachen Mobbing hervorrufen und welche Auswirkungen mit Mobbing verbunden sind.

Wir haben diese grundlegenden Erläuterungen um einen weiteren Aspekt erweitert, dem Phänomen der psychischen Gewalt am Arbeitsplatz. Dies erscheint uns notwendig, weil die vorliegenden Definitionen von Mobbing einen bestimmten Typ psychosozialer Belastungen aussparen.

1. Was ist Mobbing?

Das Wort »Mobbing« ist inzwischen aus dem bundesdeutschen Sprachgebrauch nicht mehr wegzudenken. Leider hat der Begriff inzwischen eine inflationäre Verwendung erfahren. Oft wird er nicht in dem eigentlichen Sinn benutzt, sondern beispielsweise als dramatisierende Floskel für Konflikte aller Art verwendet. Aus diesem Grunde bleibt es eine ständige Aufgabe, sich darüber klar zu sein, was genau »Mobbing« ist.

1.1 Definition

Bei dem Wort Mobbing handelt es sich um ein Kunstwort, das dem englischen Verb »to mob« entlehnt ist und mit den Worten »über jemanden herfallen, anpöbeln, angreifen, attackieren« übersetzt werden kann. Zurückführen lässt sich der Begriff »Mobbing« letztendlich auf die lateinische Sprache – »mobile vulgus« bedeutet »wankelmütige Masse, aufgewiegelte Volksmenge«.

Ursprünglich wurde der Begriff »Mobbing« von dem Verhaltensforscher *Konrad Lorenz* (1903–1989) geprägt, der damit Gruppenangriffe von unterlegenen Tieren bezeichnete: Vereint gelingt es ihnen, einen an sich überlegenen Gegner zu verscheuchen. Seine besondere, arbeitswissenschaftliche Bedeutung hat der Begriff erst durch *Heinz Leymann* (1932–1999) erfahren. Ausgehend von seiner Erkenntnis, dass die Ursachen für psychische Belastungen von Arbeitnehmern oftmals nicht in deren Persönlichkeit, sondern im betrieblichen Umfeld zu suchen sind, hat Leymann dieses Phänomen untersucht. Seine Ergebnisse haben die Diskussion über dieses Erscheinungsbild psychosozialer Belastungen am Arbeitsplatz geprägt.

So ist es auch nicht verwunderlich, dass eine oftmals zitierte Definition von Mobbing auf *Leymann* zurückgeht. Diese lautet wie folgt:

»Unter Mobbing wird eine konfliktbelastete Kommunikation am Arbeitsplatz unter Kollegen oder zwischen Vorgesetzten und Untergebenen verstanden, bei der die angegriffene Person

*unterlegen ist (1) und von einer oder einigen Personen systematisch, oft (2) und während
längerer Zeit (3) mit dem Ziel und/oder dem Effekt des Ausstoßes aus dem Arbeitsverhältnis
(4) direkt oder indirekt angegriffen wird und dies als Diskriminierung empfindet.« (Leymann
1995, S. 18)*

Es handelt es sich hierbei um den ersten Versuch, das Mobbingphänomen bei
gleichzeitiger Abgrenzung von anderen Erscheinungsformen des (negativen)
sozialen Umgangs am Arbeitsplatz zu beschreiben (vgl. *Wolmerath*, S. 22).
Daneben gibt es weitere Begriffsbestimmungen, die auf ihre Weise versuchen,
den sehr unterschiedlichen Erscheinungsformen von Mobbing gerecht zu werden. Das belegt, dass die auf *Leymann* zurückgehende Definition nicht in dem
Sinne einer abschließenden Festlegung dessen, was Mobbing ist, verstanden
werden darf. *Neuberger* beispielsweise, der sich mit den Untersuchungen von
Leymann äußerst kritisch auseinandergesetzt hat, definiert Mobbing mit den
Worten

»Jemand spielt einem übel mit und man spielt wohl oder übel mit« (Neuberger, S. 18).

Lindemeier begreift Mobbing als

*»bewusste oder unbewusste Handlungen einer Person oder mehreren Personen gegenüber einer
oder mehreren Personen, die durch kontinuierliche Schikanen das Ziel verfolgen, den oder die
anderen aus dem eigenen Wirkbereich zu entfernen« (Lindemeier, S. 4).*

Beide Definitionen bedürfen der Interpretation und sind – ebenso wie die
Definitionen von *Leymann* – nur schwer verständlich. In seiner Entscheidung
vom 15. 1. 1997 (7 ABR 14/96 – BAGE 85, 56 [58]) hat das *Bundesarbeits-
gericht* erstmals den Versuch einer Definition unternommen. Es versteht unter
Mobbing

*»das systematische Anfeinden, Schikanieren oder Diskriminieren von Arbeitnehmern unter-
einander oder durch Vorgesetzte«,*

schließt mithin ein Mobbing gegen Vorgesetzte aus. Das *Thüringer LAG* hat in
seinem Urteil vom 10. 4. 2001 (5 Sa 403/00 – AuR 2001, 274 = PersR 2001,
532) Mobbing in arbeitsrechtlicher Hinsicht definiert:

*»Im arbeitsrechtlichen Verständnis erfasst der Begriff des» Mobbing« fortgesetzte, aufeinander
aufbauende oder ineinander übergreifende, der Anfeindung, Schikane oder Diskriminierung
dienende Verhaltensweisen, die nach Art und Ablauf im Regelfall einer übergeordneten, von der
Rechtsordnung nicht gedeckten Zielsetzung förderlich sind und jedenfalls in ihrer Gesamtheit
das allgemeine Persönlichkeitsrecht oder andere ebenso geschützte Rechte, wie die Ehre oder die
Gesundheit des Betroffenen verletzen.«*

Dieser Definition ist das *LAG Hamm* in seiner Entscheidung vom 25. 6. 2002
(18 (11) Sa 1295/01 – EzA-Schnelldienst 20/2002, S. 8) gefolgt, während sich

das *LAG Schleswig-Holstein* in seinem Urteil vom 19.3.2002 (3 Sa 1/02 – EzA-Schnelldienst 10/2002, S. 9) sowie das *LAG Rheinland-Pfalz* in seinem Beschluss vom 19.2.2004 (2 Ta 12/04 – EzA-Schnelldienst 12/2004, S. 15 = AuR 2004, 275) der Definition von *Leymann* anschließen. Daneben finden sich Autoren, die Mobbing stark vereinfacht mit »Psychoterror am Arbeitsplatz« umschreiben, wenngleich diese Begriffsbestimmung wegen der zahlreichen Interpretationsmöglichkeiten höchst ungenau ist (vgl. *Wolmerath*, S. 23 m.w.N.).

Einen anderen Weg ist das BAG in seiner Entscheidung vom 25.10.2007 (8 AZR 593/06) gegangen. Mit Blick auf das am 18.8.2006 in Kraft getretene Allgemeine Gleichbehandlungsgesetz, kurz AGG genannt, stellt der Achte Senat in dem Urteil fest: »Mit dieser Definition des Begriffes ›Belästigung‹ hat der Gesetzgeber letztlich auch den Begriff des ›Mobbing‹ umschrieben ...«, der in § 3 Abs. 3 AGG folgende Definition erfährt:

»Eine Belästigung ist eine Benachteiligung, wenn unerwünschte Verhaltensweisen, die mit einem in § 1 genannten Grund in Zusammenhang stehen, bezwecken oder bewirken, dass die Würde der betreffenden Person verletzt und ein von Einschüchterungen, Anfeindungen, Erniedrigungen, Entwürdigungen oder Beleidigungen gekennzeichnetes Umfeld geschaffen wird.«

Indem § 1 AGG das Ziel verfolgt, »Benachteiligungen aus Gründen der Rasse oder wegen der ethnischen Herkunft, des Geschlechts, der Religion oder Weltanschauung, einer Behinderung, des Alters oder der sexuellen Identität zu verhindern oder zu beseitigen«, gelangt das *BAG* zu dem weiteren Ergebnis, dass der in § 3 Abs. 3 AGG umschriebene Begriff des Mobbing auf alle Fälle der Benachteiligung eines Arbeitnehmers – und zwar gleich aus welchen Gründen – übertragen werden kann. Damit hat sich der Achte Senat für eine Anwendbarkeit der Vorschriften des AGG auf Mobbing sowie alle übrigen Formen der psychosozialen Belastungen ausgesprochen. Dabei handelt es sich um einen beachtlichen Meilenstein, auf den wir in Kapitel E. zurückkommen werden.

Die Notwendigkeit der Interpretation gilt selbst für *Leymanns* Definition, wonach Mobbing in einen »Ausstoß aus dem Arbeitsverhältnis« mündet. Versteht man den »Ausstoß aus dem Arbeitsverhältnis« in einem juristischen Sinne, so würden hierunter nur solche Situationen fallen, die in einer Beendigung des Arbeitsverhältnisses münden. Versetzungen infolge von Mobbing wären demnach ausgeschlossen. Ebenso wenig könnte es ein Mobbing gegen Beamte geben, schließlich befinden sich diese nicht in einem (privatrechtlichen) Arbeits-, sondern in einem (öffentlichrechtlichen) Beamtenverhältnis.

Wegen der bislang unbefriedigenden Begriffsbestimmung haben wir eine eigene Definition entwickelt, von der wir annehmen, dass sie der betrieblichen Realität gerechter wird. Sie soll aus sich selbst heraus verständlich sowie leichter zu verstehen und keiner korrigierenden Interpretationen für jeden Einzelfall bedürfen.

Abb. 1: Definition »Mobbing«

Mobbing ist ein Geschehensprozess in der Arbeitswelt, in dem destruktive Handlungen unterschiedlicher Art wiederholt und über einen längeren Zeitraum gegen Einzelne vorgenommen werden, welche von den Betroffenen als eine Beeinträchtigung und Verletzung ihrer Person empfunden werden
und
dessen ungebremster Verlauf für die Betroffenen grundsätzlich dazu führt, dass ihre psychische Befindlichkeit und Gesundheit zunehmend beeinträchtigt werden, ihre Isolation und Ausgrenzung am Arbeitsplatz zunehmen, dagegen die Chancen auf eine zufriedenstellende Lösung schwinden und der regelmäßig im Verlust ihres bisherigen beruflichen Wirkbereichs endet.

1.2   Erläuterung der Mobbingdefinition

Die von uns erarbeitete Mobbingdefinition lässt sich in einzelne Merkmale aufgliedern, deren genauere Betrachtung in besonderer Weise verdeutlicht, was das »Besondere« an Mobbing ist und warum das Mobbing fatale Auswirkungen bis hin zum Suizid des Mobbingbetroffenen haben kann.

1.2.1   Geschehensprozess

Bei Mobbing handelt es sich um einen Geschehensprozess, der sich bildhaft mit einer Perlenkette vergleichen lässt: Ist die einzelne Perle relativ unbedeutend, so wächst ihre Wertigkeit mit der zunehmenden Zahl weiterer Perlen, die in ihrer Verbundenheit mittels eines Fadens eine Perlenkette ergeben. Was Mobbing kennzeichnet und charakterisiert, das ist in entsprechender Weise die Verbundenheit einer Vielzahl von einzelnen Mobbinghandlungen, die für sich genommen und isoliert betrachtet nicht als Mobbing bezeichnet werden können.

Ermangelt es an einer prozesshaften Verbindung einzelner Mobbinghandlungen, kann nicht von Mobbing gesprochen werden. Dies ist etwa dann der Fall, wenn jemand von seinem Vorgesetzten einmal – und dann nicht wieder – ungerecht behandelt wird. Gleiches gilt, wenn eine harte unsoziale Behandlung nur kurzfristig zur Wirkung gelangt (z. B. Ausspruch einer objektiv nicht gerechtfertigten Abmahnung, unberechtigte Kritik an der Arbeit). Dagegen spricht viel für das Vorliegen eines Geschehensprozesses, wenn beispielsweise ein Krankenpfleger immer dann zum Wochenend- sowie Feiertagsdienst in eine personell unterbesetzte sowie seelisch und körperlich stark beanspruchende Station eingeteilt wird, sobald eine bestimmte Person den Schicht- und Einsatzplan erstellt. Gleiches gilt, wenn etwa eine Sachbearbeiterin einer Vielzahl unterschiedlichster Schikanen, Demütigungen und Diskriminierungen ihres Abteilungsleiters ausgesetzt ist.

Leymanns Auffassung, dass Mobbinghandlungen »mindestens einmal pro Woche« erfolgen müssen (vgl. *Leymann* 1993, S. 22), können wir nicht folgen. Diese Bedingung ist sachlich nicht gerechtfertigt; sie schafft zu viele Lücken und wirft gravierende Probleme bei der Bewältigung von Mobbingkonflikten auf. Man denke beispielsweise an einen Außendienstmonteur, der nur alle 10 bis 14 Tage in den Betrieb kommt, dann aber von seinem Einsatzleiter immer wieder schikaniert wird. Es wäre nicht zu rechtfertigen, den Einsatzleiter nur wegen der nicht erfüllten Bedingung »mindestens einmal pro Woche« von einem Mobbing des Außendienstmonteurs freizusprechen.

1.2.2   Destruktive Handlungen

Die Wirkung von Mobbing entfaltet sich – wie bereits betont – in einem zusammenhängenden Geschehensprozess, nicht in einzelnen Taten bzw. Untaten. Dennoch kommt es nur dann zu Mobbing, wenn ein einzelner oder sogar viele Beteiligte Handlungen mit destruktivem Charakter gegenüber einem Dritten, dem Mobbingbetroffenen, ausführen. Die destruktiven Handlungen, zu denen ebenfalls gezielte Unterlassungen gehören, stellen demzufolge die »Bausteine« des Mobbing dar. Um solche Handlungen geht es in diesem Abschnitt. Was ist nun bei aller Vielfalt und Unterschiedlichkeit der Mobbinghandlungen – z.B. der Handlung »einen Arbeitsplatz im zugigen Flur anweisen« und der Handlung »keinen Kaffee mitbringen« – deren verbindendes Element? Wir fanden es angemessen, alle Mobbinghandlungen übergreifend als »destruktiv« zu charakterisieren. Die Gemeinsamkeit aller Mobbinghandlungen liegt darin, dass sie persönlich verletzend, einschüchternd, ängstigend, entmutigend – mit anderen Worten zerstörerisch = destruktiv – sind. Die immer vorhandene Alternative einer konstruktiven, fairen, gerechten sowie nüchternen Veränderung und Verbesserung der Situation, wobei die Eigenheiten und Interessen aller Beteiligten angemessen berücksichtigt werden, wird bei Mobbing nicht gesehen und nicht angestrebt.

Hinweis:
Das gemeinsame Merkmal von Mobbinghandlungen ist, dass sie nicht aufbauend oder positiv verändernd, sondern schädigend auf den Betroffenen wirken sollen.

Leymann hatte aufgrund der Auswertung von 300 Interviews mit Betroffenen ursprünglich eine Liste von 45 Mobbinghandlungen vorgelegt (vgl. *Leymann* 1993). Er war der Auffassung, dass damit alle tatsächlich vorkommenden Mobbingangriffe abschließend katalogisiert wären. Allerdings hat sich diese Annahme nicht bestätigt. Die betriebliche Realität hat inzwischen deutlich gezeigt, dass es eine wesentlich größere Bandbreite von Mobbinghandlungen gibt. Wir erläutern sie detailliert unter 1.3.

1.2.3 Zeitliche Dimension

Von Mobbing kann nur gesprochen werden, wenn sich der Geschehensprozess über einen längeren Zeitraum erstreckt, der in dem einen Fall einige wenige Wochen, in einem anderen Fall aber auch viele Jahre umfassen kann. Eine in 2001 mittels Telefon durchgeführte Befragung von Mobbing Betroffenen hat gezeigt, dass bei 35,5 % der Befragten der Geschehensprozess kürzer als sechs Monate war. Bei 50,7 % dauerte das Mobbing bis zu zwölf Monate. 12,2 % der Befragten gaben einen Zeitraum von drei und mehr Jahren an (*Meschkutat/ Stackelbeck/Langenhoff*, S. 52). Die Festlegung eines Mindestzeitraums, wie es *Leymann* mit »über ein halbes Jahr oder länger« zunächst getan hat (vgl. *Leymann* 1993, S. 22 und 1995, S. 17 f.), halten wir für verfehlt. Schließlich haben Mobber unter Hinweis auf das von *Leymann* geforderte Zeitmoment versucht, sich von jeder Verantwortung für ihr Verhalten »freizusprechen«. Sie argumentierten, dass von Mobbing in ihrem Fall bereits deswegen keine Rede sein könne, da sie mit den angeblichen Mobbinghandlungen bereits nach weniger als sechs Monaten aufgehört hätten bzw. das angebliche Mobbingopfer bereits vor Ablauf der besagten sechs Monate aus dem Arbeitsverhältnis ausgeschieden oder auf einen anderen Arbeitsplatz versetzt worden sei.

1.2.4 Mobbing im sozialen Zusammenhang

Mobbing scheint bei einer ersten flüchtigen Betrachtung nur zwei Personen etwas anzugehen – den »Mobbingbetroffenen« (d. h. die Person, gegen die sich das Mobbing richtet) und den »Mobber« (d. h. die Person, die das Mobbing begeht).

In der Literatur wird, soweit es den Mobbingbetroffenen betrifft, nahezu ausschließlich vom »Opfer« bzw. »Mobbingopfer« und soweit es um den Mobber geht, oftmals von dem »Täter« bzw. »Mobbingtäter« gesprochen. Diese Begriffsbestimmung ist überzogen, weil sie den am Mobbinggeschehen beteiligten Personen von vornherein feste Rollen zuweist – ohne der Frage nachzugehen, ob derjenige, der sich beispielsweise bei seinem Vorgesetzten über einen Arbeitskollegen beschwert, tatsächlich Mobbing ausgesetzt ist. Schließlich ist nicht auszuschließen, dass sich der Mobber als Mobbingbetroffener darstellt, um die bezichtigte Person etwa aus der eigenen Abteilung herauszudrängen. Von dem »Opfer« und dem »Täter« sollte daher nur dort die Rede sein, wo es auch tatsächlich angezeigt ist.

Neben dem Mobbingbetroffenen und dem Mobber gibt es eine Reihe weiterer Personen, denen im Zusammenhang mit Mobbing unterschiedliche Bedeutung zukommen kann. Zu nennen sind vor allem: Geschäftsführer bzw. Dienststellenleiter und Dienstherr, Vorgesetzte, Arbeitskollegen, Kunden, Familienangehörige sowie Freunde. Diese Personen können einem Mobbingbetroffenen hilfreich zur Seite stehen, sich aber auch gegen ihn wenden. So kann beispielsweise ein Geschäftsführer durchaus auf einen Mobber einwirken, das Mobbing zu unterlassen. Allerdings kann er auch genau entgegengesetzt das Mobbing fördern und den Mobber ermutigen, seine Handlungen fortzusetzen. Familienangehörige und Freunde können einem Mobbingbetroffenen den in einer Mobbingsituation erforderlichen Halt und Beistand geben, sich aber auch von ihm abwenden und ihn in seiner Lage alleine lassen. Arbeitskollegen und Vorgesetzte können in der gleichen Weise Beistand leisten und sich mit dem Mobbingbetroffenen solidarisieren, sich aber auch passiv verhalten. *Leymann* hat in diesem Zusammenhang die Bezeichnung »Möglichmacher« verwendet. Als »Möglichmacher« begreift er solche Personen, die zuschauen, sich nicht um die Mobbingsituation kümmern, den Geschehensprozess weiterlaufen lassen oder wegschauen (vgl. *Leymann* 1993, S. 61). Würden diese Personen in den Geschehensprozess eingreifen, dürfte der Mobber regelmäßig in seine Schranken gewiesen und das Mobbing in der Regel beendet werden. Indem die »Möglichmacher« das Mobbing durch ihr passives Verhalten ermöglichen, tragen sie häufig – wenn auch unbewusst – zu einer Isolierung des Mobbingbetroffenen bei. Zusätzlich wird ihr Verhalten von dem Mobber oftmals als Zeichen ihrer Solidarität verstanden, als ob es einen innerbetrieblichen »Konsens« dergestalt gibt, dass der Mobber denkt: »Die Belegschaft steht hinter meinen Aktivitäten«. Für den Mobbingbetroffenen verstärkt sich hingegen der Eindruck: »Alle sind gegen mich«. Daneben gibt es Mobbingfälle, in denen sich ein einzelner Mobber auch tatsächlich auf den negativen Konsens Anderer stützen kann (*Wolmerath*, S. 44).

1.3 Mobbinghandlungen – Bausteine des Mobbing

Mobbing hat regelmäßig – zumindest ab einer gewissen Dauer – dramatische Auswirkungen für den Betroffenen. Im Kontrast dazu wirken die einzelnen feindseligen Aktivitäten, aus denen sich das Mobbing zusammensetzt, beinahe unspektakulär. Vergleichbare Widrigkeiten haben sehr viele Arbeitnehmer vereinzelt schon einmal einstecken müssen. Die Diskrepanz zwischen teilweise undramatischen einzelnen Attacken und den letztlich dramatischen Auswirkungen gibt dem unerfahrenen Beobachter Rätsel auf. So kommt leicht die Vermutung von Überempfindlichkeit des Betroffenen auf. Die zerstörerische Wirkung von Mobbing wird deswegen unterschätzt.

Ein Mobbingfall setzt sich aus einer Vielzahl solcher Attacken, Manipulationen, Demütigungen, Ausgrenzungen, Verunsicherungen und/oder Diskriminierungen zusammen, die über einen längeren Zeitraum auf den Betroffenen einwirken. Insbesondere die Dauer, die Menge und die Unausweichlichkeit dieser Angriffe können schließlich zu dem Ergebnisbild eines psychisch, sozial und gesundheitlich zerrütteten Mobbingopfers führen. Die Verletzlichkeit des Betroffenen verschärft sich, wenn die Angreifer jede Form von Feindseligkeit leugnen oder die Angriffe subtil und anonym erfolgen.

Zur Information folgt eine umfangreiche Liste von Mobbinghandlungen (vgl. Seite 31 ff.). Die aufgelisteten Verhaltensweisen stellen sozusagen die erforderlichen »Bausteine« von Mobbing dar. Treten solche Verhaltensweisen nicht auf, handelt es sich nicht um Mobbing. Ein vereinzeltes Auftreten solcher Handlungen stellt noch keinen abschließenden Beweis für Mobbing dar, denn auch in »normalen« Konflikten können solche feindseligen Aktionen vorkommen. Je häufiger und intensiver sie auftreten, desto stärker ist die berechtigte Vermutung, dass die Situation zu einem Mobbing eskaliert ist. Um die »Diagnose Mobbing« sicherstellen zu können, müssen die Schilderungen des Betroffenen und die Beobachtungen von Dritten nach solchen Mobbinghandlungen durchforstet werden.

Mobbing besteht nicht nur aus aktivem Tun, sondern kann auch durch gezieltes Unterlassen erfolgen. Mobbing wird zwar durch ungünstige »Verhältnisse« begünstigt, aber nicht erzeugt, sondern bedarf immer eines konkreten menschlichen Fehlverhaltens. Aktive Mobber legen teilweise große Phantasie an den Tag, mit welchen Mitteln sie ihre Opfer zur Strecke bringen wollen. Unsere Liste hat deswegen keinen Anspruch auf Vollständigkeit.

Zur besseren Orientierung haben wir die Mobbinghandlungen in zehn unterschiedliche Kategorien untergliedert. Eine vollkommen widerspruchsfreie

Einteilung der Mobbinghandlungen war dabei nicht herzustellen; einzelne Überschneidungen waren nicht zu vermeiden. So stellt Mobbing als Geschehensprozess immer eine Gefährdung der Gesundheit dar; tatsächlich sind aber nur einige Mobbinghandlungen direkt auf eine gesundheitliche Beeinträchtigung des Mobbingbetroffenen ausgerichtet. Es macht wenig Sinn, alle Mobbinghandlungen ein zweites Mal in der Kategorie »Angriffe gegen die Gesundheit« aufzuführen. Mit Ausnahme der Einstiegskategorie »Angriffe gegen die Arbeitsleistung«, ist die gewählte Reihenfolge kein Ausdruck von Wertigkeit oder Häufigkeit.

Es gibt nach unserem Verständnis zunächst einmal Angriffe auf die Arbeitsleistung und das Leistungsvermögen. Dabei wird durch viele Formen von Sabotage entweder die tatsächliche Arbeitsleistung, das herzustellende Produkt, die Dienstleistung oder generell das Leistungsvermögen der angegriffenen Person be- bzw. verhindert. Zweitens gibt es Angriffe, die ohne Umweg den Bestand des Beschäftigungsverhältnisses in Frage stellen, obwohl bei nüchterner Prüfung dafür kein Anlass bestehen würde, oder wo mit zweierlei Maß gemessen wird. Gerade diese beiden Bereiche offenbaren viele Mobbingangriffe, die nicht durch kommunikative Handlungen, sondern durch Taten zustande kommen. Eine dritte Kategorie bildet die Angriffsform »destruktive Kritik«, bei der es nicht wirklich um die Verbesserung einer Schlechtleistung oder um die Abhilfe bei einem Missstand geht, sondern um die endgültige Schuldzuweisung. Die vierte Kategorie betrifft die Zerstörung der sozialen Integration (Einbindung), bei der fünften wird die Vernichtung des sozialen Ansehens angestrebt. Diese beiden Kategorien hat bereits *Leymann* für sehr wichtig erachtet. Als sechste Kategorie erschien es uns sinnvoll, die gezielten Angriffe auf das Selbstwertgefühl hervorzuheben, ebenso wie siebtens die Versuche, Schreck, Angst und Ekel hervorzurufen, um die angegriffene Person zu schwächen oder in Panik zu versetzen. Achtens ließen sich viele Angriffe gegen die Privatsphäre entdecken sowie neuntens direkte Angriffe auf die Gesundheit und Unversehrtheit ausmachen (ebenfalls eine Kategorie von *Leymann*). Schließlich haben wir es für nötig befunden, das mutwillige, desinteressierte sowie abfällige Versagen von Hilfe als eine eigenständige, zehnte Kategorie von Mobbinghandlungen darzustellen (s. a. Abb. 2).

30

Abb. 2: Das breite Spektrum der Mobbinghandlungen

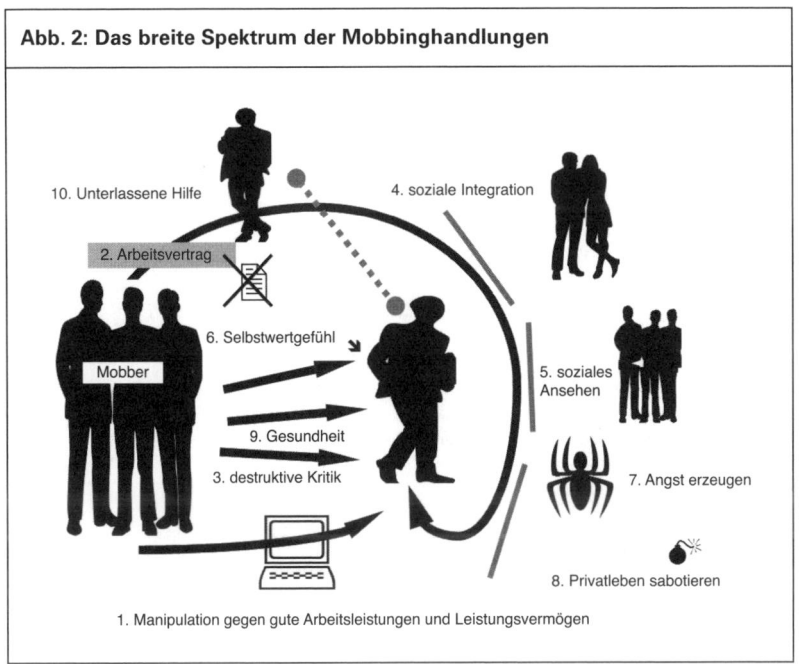

10. Unterlassene Hilfe

2. Arbeitsvertrag

Mobber

6. Selbstwertgefühl

9. Gesundheit

3. destruktive Kritik

4. soziale Integration

5. soziales Ansehen

7. Angst erzeugen

8. Privatleben sabotieren

1. Manipulation gegen gute Arbeitsleistungen und Leistungsvermögen

1.3.1 Angriffe gegen die Arbeitsleistung und das Leistungsvermögen

Zweck dieser Übergriffe: Mit dieser in Deutschland weit verbreiteten Methodik wird mittels Manipulation, Sabotage oder Missbrauch des Weisungsrechts versucht, den Betroffenen in Richtung Schlechtleistung, Fehler und beruflicher Frustration zu treiben. Die Person wird in der Arbeit gestört, verunsichert, überfordert, um ihr Leistungsvermögen insgesamt zu vermindern. Das soll eine zweckdienliche Voraussetzung für spätere Abmahnungen, eine Versetzung oder eine Kündigung schaffen. Gerade hier wird auch durch gezieltes Unterlassen vorgegangen, insbesondere bei der Informationsweitergabe.

Formen der Übergriffe:
- Sabotage (z. B. Beschädigung von Arbeitsmitteln)
- Unterschlagung von Arbeitsergebnissen
- Manipulation von Dokumenten sowie Dateien (z. B. gezielt Fehler einfügen)
- Erzeugen von Störungen (z. B. unsinnige Telefonate)
- Vorenthalten sowie Fälschen von arbeitsrelevanten Informationen

31

- Gezielte Unterdrückung von Informationen (z. B. über Besprechungen)
- Anordnung von sinnlosen Tätigkeiten (z. B. ausgemusterte Ordner sortieren)
- Anordnung, keine Tätigkeit während der Arbeitszeit auszuüben
- Anordnung von systematisch überfordernden Tätigkeiten
- Zuweisung von Arbeiten, die der Betroffene nicht gut kann
- Zuweisung von objektiv zu viel Arbeit
- Willkürlich auf liegengebliebener Arbeit sitzen lassen
- Ungünstige Lage des Arbeitsplatzes (z. B. lauter Verkehrslärm)
- Anordnung von systematisch unterfordernden Tätigkeiten
- Anordnungen so gestalten, dass unvermeidlich Fehler gemacht werden
- Manipulierte Arbeitszuweisung
- Kappen üblicher Informationskanäle (z. B. Entfernung des Telefons)
- Blockade von gemeinsamer Tätigkeit
- Verweigerung von Hilfe, Unterstützung und/oder Rat
- Überraschendes Zurückziehen einer verbindlich zugesagten Unterstützung
- Geistiger Diebstahl, unberechtigte Aneignung von Arbeitsergebnissen
- Gezieltes Unterdrücken von Verbesserungsvorschlägen
- Permanentes Anzweifeln der Kompetenz
- Beschneidung der Zuständigkeit
- Dienst nach Vorschrift
- Entscheidungen werden permanent angezweifelt
- Anweisungen werden (offen oder verdeckt) nicht ausgeführt oder sabotiert
- Anweisungen werden wortwörtlich ausgeführt
- Willkürlich erzeugter Zeitdruck
- Überraschungsangriffe (z. B. plötzliche Änderung von Arbeitsaufträgen)

1.3.2   Angriffe gegen das Arbeitsverhältnis

Zweck der Übergriffe: Es wird direkt auf die Kündigung oder Entlassung des Betroffenen hingearbeitet, obwohl bei nüchterner Prüfung dafür kein Anlass bestehen würde. Es werden nichtige Anlässe herangezogen oder durch Manipulation erzeugt, um gravierendes arbeitsvertragliches bzw. dienstrechtliches oder strafrechtliches Fehlverhalten zu behaupten.

Formen der Übergriffe:
- Absichtlich (nicht real belegbare) schlechte berufliche Beurteilung
- Behaupten von arbeitsrechtlichem Fehlverhalten
- strafbare Handlungen werden unterstellt
- Fort- und Weiterbildungsvorhaben werden gezielt behindert
- Ausgesuchte Fehler werden beim Vorgesetzten gemeldet (»Anschwärzen«)
- Von anderen begangene Fehler werden dem Betroffenen in die Schuhe geschoben
- Willkürliche Abmahnungen, Umsetzungen, Versetzungen
- Willkürliche Kündigungsversuche
- Willkürliches Zurückbehalten von Entgelt
- Betriebsübliche Beförderungen werden selektiv blockiert

32

1.3.3 Destruktive Kritik

Zweck der Übergriffe: Kritik von Fehlern und Nachlässigkeiten sollte eigentlich deren Abhilfe und Verbesserung dienen. Bei destruktiver Kritik werden jedoch gezielt Fehler gesucht, aufgebauscht oder auch durch Manipulation herbeigeführt mit dem Ziel, sie dem Betroffenen als belastendes Material vorzuwerfen. Es geht nicht um eine Verbesserung der Arbeitsleistung oder um eine Abhilfe von Missständen. Vielmehr werden Fehler gesucht und zur Demontage einer Person genutzt.

Formen der Übergriffe:

- Demütigende, unsachliche, überzogene, harsche, gnadenlose Kritik
- Aufbauschen einzelner Vorfälle oder Fehler (»Maus zum Elefanten machen«)
- Generalisierung von Fehlern sowie pauschale Kritik (z. B. »Sie machen aber auch alles falsch«)
- Unterdrückung von Verbesserungsvorschlägen und -bemühungen
- Chronische Entmutigung (z. B. »Sie sind unfähig«)
- Fingierte Beschwerden durch Dritte (z. B. gefälschte Briefe)

1.3.4 Angriffe gegen die soziale Integration

Zweck der Übergriffe: Das Bedürfnis nach sozialer Akzeptanz und das Recht auf respektvolles soziales Miteinander, das nicht nur im Privatleben, sondern auch im Arbeitsleben berechtigt ist, wird gezielt untergraben, um dem Betroffenen jede Hoffnung auf soziale Wertschätzung zu nehmen.

Formen der Übergriffe:

- Räumliche Isolation (z. B. Zuweisung eines abgelegenen Arbeitsplatzes)
- Soziale Isolation (z. B. Störung der Kontaktmöglichkeit mit freundlich gesinnten Arbeitskollegen)
- Unterdrückung von Meinungsäußerungen des Betroffenen (z. B. den Mund verbieten)
- Gespräche hinter dem Rücken der Person
- Einschüchterung von (potentiellen) Bündnispartnern sowie Freunden des Betroffenen
- Ausschließen aus der Alltagskommunikation und informellen Kontakten
- Ausschließen aus üblichen gegenseitigen Freundlichkeiten im Kollegenkreis
- Demonstratives Schweigen im Beisein des Betroffenen
- Ignorieren von Fragen, Hilfeersuchen sowie Kooperationsangeboten des Betroffenen

1.3.5 Angriffe gegen das soziale Ansehen im Beruf

Zweck der Übergriffe: Chronische Demütigung in direkter Konfrontation oder Rufschädigung hinter dem Rücken, um den Betroffen sowohl beruflich als auch menschlich existentiell zu isolieren.

Formen der Übergriffe:

- Gezielte Verleumdung, Verbreitung von Gerüchten, Rufmord in der betrieblichen Öffentlichkeit
- Beleidigung und/oder Demütigung im Beisein Dritter
- Lächerlich machen (z. b. verbal, mit Mimik, mit Gestik, durch Karikatur)
- Verunsichern durch Anspielungen sowie zweideutige Bemerkungen
- Unglaubwürdig machen, blamieren sowie bloßstellen
- Dem Betroffenen wider besseren Wissens Böswilligkeit, Fahrlässigkeit und/oder Egoismus unterstellen
- Provokation, um die emotionale Reaktion des Gemobbten auszuschlachten
- Breittreten von sensiblen persönlichen Informationen in der Betriebsöffentlichkeit
- Gezielte negative Sonderbehandlung (d. h. nur der Betroffene wird so behandelt)
- Psychische Erkrankung unterstellen sowie Erkrankungen breittreten

1.3.6 Angriffe gegen das Selbstwertgefühl

Zweck der Übergriffe: Persönliche und/oder berufliche Unsicherheiten etwa von Auszubildenden, Berufsanfängern oder neuen Führungskräften werden gezielt permanent angesprochen und »bestätigt«. Statt Aufmunterung, Unterstützung oder Eineinarbeitung wird den Betroffenen im Gegenteil eine »Null Fehlertoleranz« geboten. Situationen von Unsicherheit werden gezielt herbeigeführt und die Selbstunsicherheit als Waffe gegen die Betroffenen selbst eingesetzt.

Formen der Übergriffe:

- Gezieltes Attackieren unter Ausnutzung der persönlichen Unsicherheiten
- Persönliche Schwächen publik machen
- Aufbauschen und Herumreiten auf Fehlern und Unzulänglichkeiten
- Demütigende Sonderbehandlung durch anspruchlose Aufgaben und herablassendes Lob dafür
- Dauerkontrolle, übertriebene Kontrolle sowie berufliche Entmündigung
- Gezieltes Vorenthalten von Informationen, Know how und Unterstützung zur Überwindung der beruflichen oder persönlichen Unsicherheit

1.3.7 Schreck, Angst und Ekel erzeugen

Zweck der Übergriffe: Gefühle von Unsicherheit, Schreck sowie Ekel werden gezielt provoziert, um die betroffene Person elementar zu ängstigen oder in Panik zu versetzen. Zu keiner Zeit und in keiner Situation soll sich der Betroffene sicher fühlen können (psychologischer Terrorismus).

Formen der Übergriffe:

- Angst provozieren (z. B. Phobien ausnutzen: Einsperren, Spinnen laufen lassen)
- Schrecksituationen erzeugen (z. B. Erschrecken in der Tiefgarage, Kurzschluss herbeiführen)

- Ekel erzeugen (z. B. Ekel erregende Materialien am Arbeitsplatz deponieren)
- Einschüchtern, bedrohen sowie nötigen
- Anordnung, zum Arzt zu gehen, um die psychische Gesundheit prüfen zu lassen

1.3.8 Angriffe gegen das Privatleben

Zweck der Übergriffe: Nicht allein die berufliche Situation wird bedroht, sondern auch das Privatleben als Rückzugsgebiet und Ressource wird attackiert. Damit soll dem Betroffenen deutlich gemacht werden, dass kein Lebensbereich mehr sicher ist, solange er nicht aufgegeben hat.

Formen der Übergriffe:
- (Nächtlicher) Telefonterror zu Hause
- Bedrängende Aufforderung (z. B. aus dem Urlaub zurückzukommen)
- Familienangehörige ängstigen, angreifen, belästigen oder bei ihnen Rufmord betreiben
- Sachbeschädigung an privaten oder beruflich genutzten Gegenständen (z. B. Auto zerkratzen)
- Gezielte Manipulation und Schlechterstellung bei Urlaub und/oder Freizeitausgleich
- Ständiges Abwerten privater Vorlieben, Interessen und Tätigkeiten
- Ständiges Abwerten religiöser, politischer oder weltanschaulicher Überzeugungen

1.3.9 Angriffe gegen die Gesundheit und die körperliche Unversehrtheit

Zweck der Übergriffe: Bedrohung der körperlichen Unversehrtheit. Es werden beispielsweise Nötigung und Körperverletzung begangen oder angedroht, um das Aufgeben des Betroffenen zu beschleunigen.

Formen der Übergriffe:
- Offene oder als Missgeschick getarnte körperliche Übergriffe und Gewaltanwendungen
- Unterlassene Hilfeleistung bei Verletzungen und Gefahrensituationen
- Gezielte Anordnung von gesundheitsschädlichen Tätigkeiten
- Sabotage von Sicherheitsvorrichtungen sowie Verschwinden lassen von Schutzmitteln
- Sexuelle Belästigung
- Heimliche Gabe von Medikamenten, Drogen sowie Alkohol (bei trockenen Alkoholikern)
- Ungenießbarmachung sowie Verunreinigung von Lebensmitteln
- Herbeiführen von gesundheitlichen Beeinträchtigungen (z. B. Zugluft, Kälte, Hitze)
- Ausnutzen von gesundheitlichen Handikaps und Krankheiten gegen Betroffene
- Betroffenen zum Selbstmord auffordern

1.3.10   Unterlassene Hilfeleistung

Zweck: Der Mobbingbetroffene wird bei seinem Hilfeersuchen abgewiesen oder trotz beobachtbarer Vorfälle sich selbst überlassen. Vorgesetzte begründen ihre Untätigkeit, indem sie dem Betroffenen die Mit- oder Hauptschuld an den Vorkommnissen unterstellen. Einzelne Beschäftigte unterlassen Hilfe aus Selbstschutzinteresse. Andere helfen nicht, weil sie das Mobbing insgeheim billigen, wenngleich sie sich nicht aktiv beteiligen wollen.

Erscheinungsformen:
- Ignorieren von Mobbingsituationen (z. B. Wegschauen, Weggehen)
- Verharmlosen oder Lächerlichmachen von Beschwerden
- Vorwürfe sowie Schuldzuweisung gegenüber dem Betroffenen
- Duldung von Mobbingvorgängen durch Vorgesetzte
- Unterlassene Hilfeleistung in Notsituationen

Der Katalog der Mobbinghandlungen ist ein Werkzeug zur Analyse von Mobbingfällen. Betroffene, Mobbingberater und Unterstützer sollen dadurch in die Lage versetzt werden, die im konkreten Fall vorgebrachten feindseligen Handlungen und Unterlassungen systematisch zusammenstellen und von der Zielrichtung her einordnen zu können. Erst eine vollständige Aufstellung der Vorkommnisse bildet die Grundlage für die Überzeugungsarbeit gegenüber Kollegen, Betriebs- bzw. Personalrat, Vorgesetzten, Geschäftsführung bzw. Dienststellenleitung oder unter Umständen auch Richtern, damit diese den Konflikt und den Handlungsbedarf erkennen. Vielleicht kann diese Aufstellung darüber hinaus zur Nachdenklichkeit führen, in wie vielen Bereichen unserer Arbeitswelt noch Umgangsformen toleriert oder als »normal« angesehen werden, die den Standards einer demokratischen Gesellschaft zuwider laufen.

Das Vorkommen einzelner Handlungen aus unserem Katalog ist kein abschließender Beweis für das Vorliegen von Mobbing, sondern zunächst nur ein Indiz dafür.

> **Hinweis:**
> Einzelne destruktive Mobbinghandlungen sind ein Hinweis, jedoch noch kein Beweis für Mobbing.

In allen Unternehmen und Dienststellen gibt es kurzfristige Auseinandersetzungen, vermeidbare und unvermeidbare Konflikte sowie auch einzelne böswillige Gemeinheiten. Auch im »normalen« Konflikt sind Verhaltensweisen zu beobachten, die mit den Verhaltensweisen bei Mobbing vergleichbar oder sogar identisch sind: So wird beispielsweise die Kompetenz angezweifelt, es wird abwertende Kritik geäußert, es wird beleidigt, Mitarbeiter werden unterschied-

36

lich behandelt. In Abgrenzung zu Mobbing fehlt in Konflikten das gnadenlose, aufdringliche oder chronische Element. Im Konflikt bleiben die Feindseligkeiten anlassbezogen und man konzentriert sich nicht auf eine einzelne Person, die zur Strecke gebracht werden muss. Ergänzend zur Auflistung der Mobbinghandlungen ist demnach auch die Prüfung der anderen Kriterien (Definition, Ablauf) notwendig, um sicher sein zu können, dass Mobbing vorliegt.

In dem Katalog wurden nur solche Handlungen aufgenommen, die ein gewisses Maß von negativer Zielgerichtetheit und »Vorsatz« erkennen lassen. Im Gesamtgeschehen von Mobbing können darüber hinaus weitere Verhaltensweisen, Fehlverhalten und Unterlassungen eine Rolle spielen – beispielsweise die ängstliche Zurückhaltung von Arbeitskollegen, die sich am direkten Mobbing nicht beteiligen, aber auch keine Zivilcourage zeigen. Außerdem können unbedachte Äußerungen, falsche Ratschläge, unqualifizierte Ermutigungen sowie wohlgemeinte Ratschläge den Betroffenen zusätzlich belasten. Obwohl solche Vorkommnisse das Erleben eines Betroffenen zweifellos beeinträchtigen, stellen sie keine Mobbinghandlungen dar, weil bei ihnen die aggressive Zielstellung fehlt.

Mit über 100 Einzelposten ist unsere Aufstellung von Mobbinghandlungen umfangreich. Gleichwohl hat dieser Katalog keinen Anspruch auf Vollständigkeit. Der bösen Phantasie ist leider keine Grenze gesetzt, sodass in der betrieblichen Wirklichkeit immer wieder neue Mobbinghandlungen »erfunden« werden. Wer feindseligen Handlungen ausgesetzt ist, die in unserer Aufstellung (noch) nicht aufgelistet sind, der sollte nach vergleichbaren Mobbinghandlungen in der Liste fahnden, welche in der Zielrichtung und Kategorie am ähnlichsten sind.

1.4 Verlaufsformen von Mobbing

Unbestritten ist, dass ein ungebremster Mobbingkonflikt die soziale, psychische, gesundheitliche und nicht zuletzt die berufliche Situation des in die Defensive geratenen Mobbingbetroffenen zusehends verschlechtert. Endpunkte sind der Verlust des Arbeitsplatzes, der Gesundheit, des Selbstwertgefühls oder/und der psychischen Integrität. Schnell stellte sich die Frage, ob es einen regelhaften Verlauf gibt.

Aufgrund seiner Interviews mit Mobbingopfern aus Schweden hat *Leymann* seinerzeit fünf aufeinander folgende Phasen formuliert: Es beginnt nach seiner Auffassung mit Konflikten in der Organisation (1. Phase), was schließlich in die eigentliche Mobbingphase übergeht (2. Phase). Dem folgt eine schwerwiegende Eskalation (3. Phase), wenn es zu »Rechtsbrüchen durch Über- und Fehlgriffe der Personalverwaltung« (*Leymann* 1993, S. 59) kommt. Eine weitere Verschlimmerung tritt infolge von Fehldiagnosen durch Ärzte, Therapeuten sowie anderen außenstehenden Helfern ein, durch die sich der Mobbingbetroffene unverstanden und isoliert fühlt (4. Phase). Schließlich gelangt die Situation in die 5. Phase, die Endphase, welche durch mehrfache Versetzungen, Krankschreibungen, Verrentung und/oder Kündigung charakterisiert ist (vgl. Abb. 3).

Sicherlich gibt es Mobbingfälle, die genau nach diesem Schema abgelaufen sind. Aber gilt dies für alle Fälle? *Leymanns* Phasenmodell vermittelt den Eindruck eines quasi gesetzmäßigen Ablaufs von Mobbing, in dem eine Phase der nächsten automatisch folgt. Die Wirklichkeit ist jedoch komplexer. Allein durch die Popularisierung des Mobbingbegriffs hat sich einiges verändert. Beispielsweise dürften Ärzte und Therapeuten, denen Mobbing völlig unbekannt ist und die deswegen reihenweise Fehldiagnosen beisteuern, eine Minderheit geworden sein. *Leymanns* 4. Phase ist sozusagen gesellschaftlich auf dem Rückzug. Auch haben sich viele Mobbingfälle nicht aus vorherigen betrieblichen Konflikten entwickelt: Stattdessen ging es unmittelbar mit Mobbing los, es gab demzufolge keine 1. Phase. In manchen Fällen hatte die Personalabteilung gar keine Kenntnis vom Mobbing, bis der Betroffene überraschend selbst kündigte, d. h. Phase 3 hat nicht stattgefunden. Andere Mobbingfälle wiederum beginnen mit *Leymanns* 3. Phase, nämlich einer personalpolitischen Fehlentscheidung. Ein Standardmodell für den Ablauf von Mobbingfällen bietet das Modell nicht.

Abb. 3: Wege in Abseits	
Leymanns Phasenmodell (1993)	**Brinkmanns Eskalationsmodell** (1995)
1. Konflikte in der Organisation ⇓ 2. Mobbing und Psychoterror ⇓ 3. Rechtsbrüche durch Fehl- und Übergriffe der Personalverwaltung ⇓ 4. Ärztliche Fehldiagnosen, vergebliche juristische Schritte ⇓ 5. mehrere Versetzungen, Krankheit, Verrentung, Kündigung	Subtiles Stadium ⇓ Druckstadium ⇓ Terrorstadium ⇓ (Aufgabe)

Das Eskalationsmodell von *Brinkmann* (Abb. 3) geht weniger ins Detail, liefert dafür aber ein anschauliches Modell der zu erwartenden Zuspitzung eines Mobbinggeschehens, wenn niemand hilfreich eingreift. Es unterscheidet drei Phasen beim Mobbing, nämlich das subtile Stadium, das Druckstadium und das abschließende Terrorstadium. Im ersten Stadium sind die Mobber sich ihrer Sache noch nicht sicher, demzufolge werden erst noch die empfindlichen Stellen des Betroffenen ausgetestet und die Reaktionen des Umfeldes abgewartet. Im Druckstadium wird Mobbing in deutlich spürbarer Form ausgeübt. Dies führt zu den von den Mobbern gewünschten Effekten wie Isolation, Verunsicherung und der Tendenz des Betroffenen, aufzugeben. Aufgrund wachsender Frustration (der Gemobbte ist immer noch nicht »weg«) oder zunehmender sadistischer Freude der Mobber am Geschehen mündet die Situation nicht selten in einem regelrechten Terrorstadium.

Die dargestellten Phasenmodelle präsentieren typische negative Verläufe von Mobbing. Sie legen nahe, dass Gegenmaßnahmen umso schwieriger werden, je weiter der Prozess fortgeschritten ist. Mögliche Gegenmaßnahmen des Betroffenen sowie des sozialen Umfeldes finden in den Modellen keine Berücksichtigung. Wir haben unsere Erfahrungen in Form einer »Landkarte« der Verlaufsformen von Mobbing (Abb. 4; s. S. 43) zusammengefasst.

Wir gehen dabei von einer Vorlaufphase aus, die sehr unterschiedliche Gestalt haben kann. Dem folgt logischerweise die eigentliche Mobbingphase, die im schlimmsten Fall nach dem Modell von Brinkmann im Terrorstadium endet. Jedoch folgt jeder Fall einer eigenen Dynamik, bei dem sich regelmäßig ein Ringen unterschiedlicher Kräfte über einen längeren Zeitraum abspielt. Das Mobbing kann abschließend in einer für den Betroffenen negativen »Endphase« enden oder in einer »Residualphase« endlosen Leidens stagnieren, ohne dass der Betroffene den Arbeitsplatz verliert. Wir bräuchten nicht dieses Buch zu schreiben, wenn uns nicht auch ein gänzlich positives Endergebnis von Mobbing vorschweben würde: das erfolgreiche Überwinden von Mobbing bzw. der Befreiungsschlag.

In der Vorlaufphase können konkrete Konflikte genauso gut wie diffuse negative Konstellationen (allgemeines schlechtes Betriebsklima) den Auslöser spielen. Was die Ursache für Mobbing im Einzelfall sein kann, erläutern wird in dem Kapitel A. 4.

In jeder Phase eines Mobinggeschehens kann es zu krisenhaften Zuspitzungen kommen. Beispielsweise ist zu beobachten, dass sich die Situation immer dann dramatisch verschlechtert, wenn Personen, die für eine Lösung des Konflikts an entscheidender Stelle sitzen, entweder versagen oder sich sogar auf die Seite des Mobbers schlagen. Dabei kann es sich um einen Vorgesetzten handeln, der sich heraus hält, aber auch um einen gut meinenden Kollegen, der um des lieben Friedens willen rät, alles nicht so ernst zu nehmen, oder um die Personalabteilung, die ohne genaue Prüfung des Sachverhalts eine Versetzung ausspricht.

Eine erste Krise erlebt der Betroffene im Allgemeinen in dem Augenblick, in dem ihm bewusst wird, das Mobbing oder psychische Gewalt gegen ihn angewendet wird (vgl. Kapitel C. 1.). Eine zweite Krise ist immer dann zu erwarten, wenn die Gegenmaßnahmen oder Versöhnungsangebote, die der Betroffene unternommen hat, zu keiner Beendigung der Übergriffe führen.

1.5   Stabilisierende Faktoren

Ob ein Betroffener die Mobbingphasen durchstehen kann, hängt von vielen Umständen ab. Zugunsten des Betroffenen kommen vier wichtige Faktoren in die Waagschale: 1. Die persönliche Konfliktfähigkeit, dann 2. der bestehende soziale und berufliche Rückhalt im Betrieb sowie 3. die externe Unterstützung durch ein kompetentes Netzwerk. Auf diese drei Faktoren haben der Betroffene und sein betrieblicher Ersthelfer (vgl. Kapitel D. 3.) direkten Einfluss. Der 4. Faktor ist die Sensibilität und Konfliktkompetenz der Organisation. Sind bereits betriebliche Strukturen zur Abwehr und Bewältigung von Mobbing installiert, dann wird die Lösung eines Mobbingfalls immer noch kein Zuckerschlecken, sie ist jedoch relativ wahrscheinlich und zeitnah.

> **Hinweis:**
> Für das Durchstehen eines Mobbingprozesses sind persönliche Konfliktfähigkeit, sozialer und beruflicher Rückhalt, ein Netzwerk kompetenter externer Unterstützung des Betroffenen sowie die Sensibilität und Konfliktkompetenz der Organisation wichtige Faktoren.

1.5.1   Persönliche Konfliktfähigkeit

Das Angegriffenwerden, die Ausgrenzung, die Verunsicherung usw. stellen große psychische Belastungen für die Betroffenen dar. Um dem überhaupt Widerstand entgegenzusetzen, kommt es auch auf die persönliche Fähigkeit oder zumindest die Bereitschaft an, sich diesem existentiellen Konflikt zu stellen. Glücklicherweise handelt es sich bei der Konfliktfähigkeit um keine exklusive Eigenschaft, die man entweder »hat« oder »nicht hat«. Sie lässt sich – wie es viele Mobbingbetroffene bewiesen haben – auch mit fortgeschrittener

Berufserfahrung noch erlernen. Betroffene, denen Harmonie über alles geht und denen Konflikte schon immer ein Gräuel waren und es auch bleiben, haben es nun allerdings extrem schwer. Die gegen Mobbing erforderliche Konfliktfähigkeit hat kaum etwas mit Lautstärke oder verbalem Durchsetzenkönnen zu tun, wie man vielleicht vermuten könnte. Viel stärker kommt es auf strategisches Verhalten sowie auf die Fähigkeiten an, einen langen Atem zu entwickeln, sich emotional nicht ins Boxhorn jagen zu lassen sowie Bündnispartner zu gewinnen. Wichtig ist ferner, die richtige Balance zwischen Abwarten, aktivem Tun und Rückzug zu finden. Wer dies nicht auf die Waagschale bringen kann, ist nicht per se verloren, doch er bleibt viel stärker auf das kompetente und machtvolle Wirken von Dritten angewiesen.

1.5.2 Interne Solidarität – Sozialer und beruflicher Rückhalt

Ein besonderer Faktor ist der soziale Rückhalt bei anderen Beschäftigten. In allen uns bekannten Fällen, in denen ein Betroffener das Mobbing aus eigener Kraft überwinden konnte, standen ihm andere Menschen – offen oder verdeckt – zur Seite. Es ist durchaus einschüchternd für einen Mobber, wenn sich die öffentliche Meinung etwa innerhalb einer Abteilung offen ablehnend gegen die Mobbinghandlungen ausspricht. Selbst dann, wenn Mobbing nur durch Versetzung, vorzeitigen Ruhestand oder Beendigung des Beschäftigungsverhältnisses beendet werden konnte, bleibt die Bedeutung des sozialen Rückhalts immens. Allerdings ist die Bereitschaft, im Arbeitsleben Zivilcourage zu zeigen, derzeit leider nicht stark verbreitet.

Der berufliche und soziale Rückhalt kann auf dem Ruf basieren, den man in den Jahren vor dem Auftreten des Mobbing erlangt hat. Es kann im Expertenwissen und/oder im praktischen Know-how verkörpert sein, der für den Betrieb, die Dienststelle oder die Abteilung wichtig ist. Um sich diesen Ruf zu bewahren, versuchen viele Betroffene quasi instinktiv, während der Mobbingphase eine exzellente Arbeitsleistung zu erbringen, keine Fehlzeiten aufzuweisen und möglichst keine Fehler zu machen.

1.5.3 Kompetentes professionelles Netzwerk

Solange die innerbetrieblichen Strukturen und die persönliche Bereitschaft von Beschäftigten sowie Vorgesetzten fehlen, die Mobbing wirksam einschränken können, ist die Hilfe durch außenstehende Personen und Einrichtungen von besonderer Bedeutung. Ungezählte Anfragen bei Selbsthilfegruppen, Beratungsstellen, Ärzten, Therapeuten und Rechtsanwälten sowie das ungebrochene Inanspruchnehmen von Mobbingtelefonen verdeutlichen den Bedarf. Es gibt kaum einen Mobbingbetroffenen in Deutschland, der nicht zu irgendeinem Zeitpunkt dort Rat und Hilfe sucht. Ein Problem bleibt, dass nicht alle Regionen gleichermaßen mit seriösen Angeboten versorgt sind. Die wichtigste, wenngleich auch unübersichtlichste Informationsquelle für die Suche nach professioneller Unterstützung ist inzwischen das Internet. Ein häufiges Defizit besteht in der mangelnden Integration der unterschiedlichen Unterstützer des Betroffenen in ein kommunizierendes Netzwerk. Leider ist immer noch typisch, dass beispielsweise Arzt, interner Fairnessbeauftragter und Rechtsanwalt jeweils separat vor sich hinwerkeln. Wenn sich überregionale Beratungsstellen einen guten Ruf erworben haben, ist es nicht unwahrscheinlich, dass sie vom Arbeitgeber als Schlichter akzeptiert werden.

1.5.4 Sensibilität und Konfliktkompetenz der Organisation

Der gewichtigste Faktor, der darüber entscheidet, ob die Lösung einer Mobbingkonstellation möglich oder eine weitere Abwärtsentwicklung zu erwarten sein wird, ist das Unternehmen bzw. die Dienststelle selbst. Auf das fahrlässige bis böswillige Fehlverhalten von Vorgesetzten und Personalabteilungen hat *Leymann* (1993, S. 62) zu Recht hingewiesen. Inzwischen hat jedoch die Sensibilität der Arbeitgeber zugenommen. Häufiger stößt man jetzt auf eine Hilflosigkeit trotz gutem Willen, d. h. Vorgesetzte und Personalabteilungen fühlen sich bei der Bewältigung von Mobbingkonflikten überfordert. Konfliktkompetenz kann sich in der Entschlossenheit einzelner Vorgesetzter zeigen, sich nicht passiv zu verhalten, sondern einzugreifen. Konfliktkompetenz wird regelmäßig in betrieblichen Leitbildern propagiert. Entscheidend ist allerdings, ob so ein Leitbild auch tatsächlich »gelebt« wird! Gibt es eine entsprechende Betriebs- oder Dienstvereinbarung oder/und existiert eine betriebliche Sozialberatungsstelle, dann stehen die Chancen relativ gut.

Diese Faktoren stehen in Wechselwirkung miteinander. Ein Betroffener, der über genügend persönliche Konfliktbereitschaft verfügt, kann dennoch wegen des mangelnden Rückhalts durch Kollegen sowie der Konfliktscheue der Organisation zur Aufgabe gezwungen sein. Andererseits kann einem scheuen Mobbingbetroffenen geholfen werden, wenn beispielsweise aufgeschlossene

Abb. 4: Verlaufsformen von Mobbing

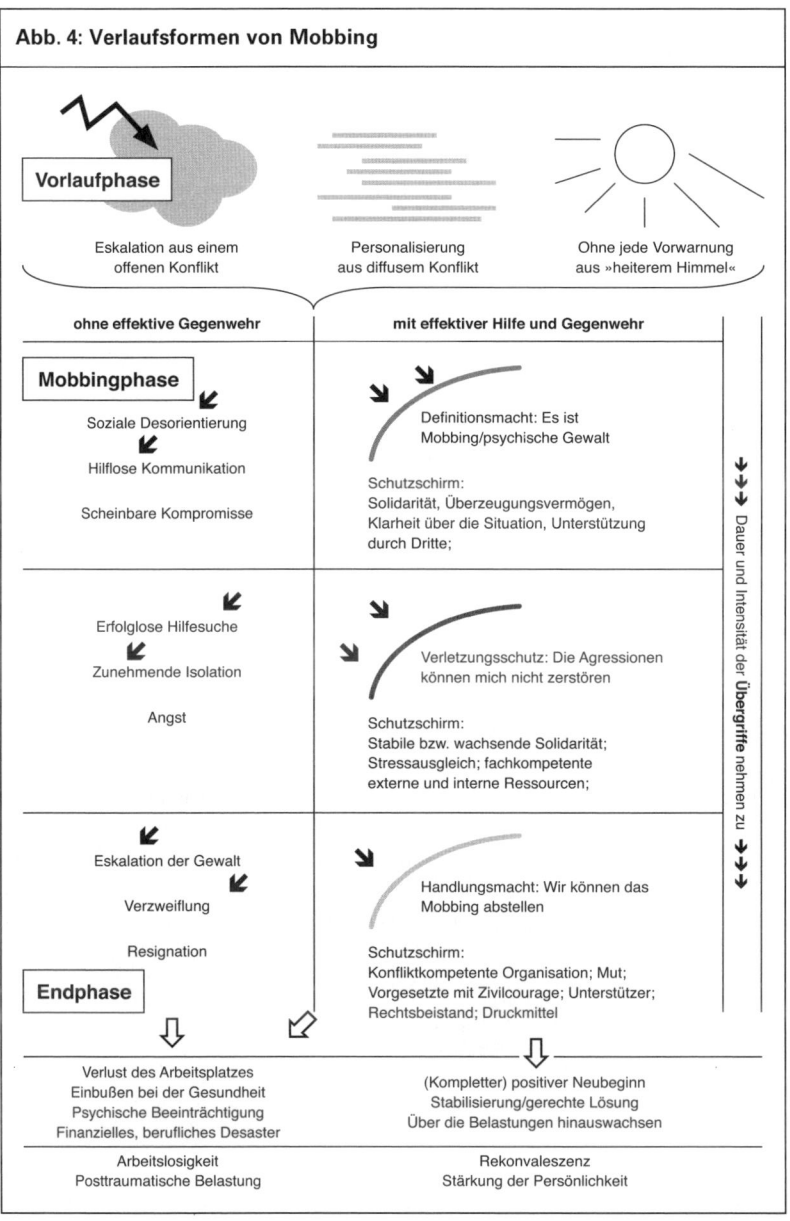

Vorlaufphase	

Eskalation aus einem offenen Konflikt — Personalisierung aus diffusem Konflikt — Ohne jede Vorwarnung aus »heiterem Himmel«

ohne effektive Gegenwehr — **mit effektiver Hilfe und Gegenwehr**

Mobbingphase

Soziale Desorientierung

Hilflose Kommunikation

Scheinbare Kompromisse

Definitionsmacht: Es ist Mobbing/psychische Gewalt

Schutzschirm: Solidarität, Überzeugungsvermögen, Klarheit über die Situation, Unterstützung durch Dritte;

Erfolglose Hilfesuche

Zunehmende Isolation

Angst

Verletzungsschutz: Die Agressionen können mich nicht zerstören

Schutzschirm: Stabile bzw. wachsende Solidarität; Stressausgleich; fachkompetente externe und interne Ressourcen;

Eskalation der Gewalt

Verzweiflung

Resignation

Endphase

Handlungsmacht: Wir können das Mobbing abstellen

Schutzschirm: Konfliktkompetente Organisation; Mut; Vorgesetzte mit Zivilcourage; Unterstützer; Rechtsbeistand; Druckmittel

Dauer und Intensität der **Übergriffe** nehmen zu

Verlust des Arbeitsplatzes
Einbußen bei der Gesundheit
Psychische Beeinträchtigung
Finanzielles, berufliches Desaster

(Kompletter) positiver Neubeginn
Stabilisierung/gerechte Lösung
Über die Belastungen hinauswachsen

Arbeitslosigkeit
Posttraumatische Belastung

Rekonvaleszenz
Stärkung der Persönlichkeit

43

Mitarbeiter in der Personalabteilung tätig sind oder es eine gut umgesetzte Betriebs- bzw. Dienstvereinbarung gibt, d. h. wenn die Konfliktkompetenz in der Organisation groß ist.

1.6   Unerfreuliches, das kein Mobbing ist

Es gibt viele unangenehme Geschehnisse im Arbeitsleben, die definitiv kein Mobbing sind. Inzwischen gibt es in Betrieben Meinungsverschiedenheiten darüber, ob etwa ein Kritikgespräch, ein Krankenrückkehrgespräch oder eine Abmahnung bereits als Mobbing zu klassifizieren sind oder nicht. Vorgesetzte sind verunsichert, ob ihnen überhaupt noch Mittel der Mitarbeiterführung zur Verfügung stehen, die nicht notfalls als »Mobbing« diffamiert werden könnten. Wir dürfen nicht die Augen davor verschließen, dass allen Beschäftigten durchaus unangenehme Vorkommnisse während der Arbeit passieren und auch zuzumuten sind. Der Arbeitsplatz ist halt kein Ponyhof: Man wird kritisiert, muss mitunter unbeliebte Tätigkeiten verrichten, es gibt einen Konflikt, man wird nicht befördert, es gibt Stress wegen einer Termineinhaltung usw. Eine schlechte berufliche Beurteilung kann Teil von Mobbing sein, muss es aber nicht zwangsläufig. Transparent und fair geführte Konflikte sind kein Mobbing, selbst wenn dabei Sanktionen ins Spiel kommen sollten, um bei Pflichtverletzungen Nachdruck zu verleihen. Selbst Abmahnungen sowie Kündigungen geben an sich keinen Anlass, von Mobbing zu sprechen, sofern diese rechtmäßig sind. Nicht gelobt zu werden, ist ebenfalls kein Mobbing.

Nicht jedes unangenehme Verhalten und nicht jede nachteilige Situation dürfen deswegen als Mobbing bezeichnet werden. Es kommt darauf an, inwieweit die Kriterien der Mobbingdefintion erfüllt sind und ob diese Vorkommnisse Bausteine einer chronischen Feindseligkeit sind. Ansonsten sollte man die üblichen Bezeichnungen wählen (z. B. Anschiss, Streit, ungerechte Behandlung, Chemie stimmt nicht, Nasenprinzip) und damit die sprichwörtliche Kirche im Dorf lassen.

44

2. Auswirkungen von Mobbing

Die Aufmerksamkeit der Öffentlichkeit hat sich verständlicherweise auf die Auswirkungen für die Betroffenen und Opfer von Mobbing konzentriert. Deren gravierende Beschädigungen und Nachteile waren schließlich Auslöser für viele Aktivitäten zur Eindämmung von Mobbing. Nur auf den ersten Blick scheint Mobbing einzig auf die Mobbingbetroffenen zu wirken. Konsequenzen sind aber keineswegs auf diese beschränkt (vgl. *Wolmerath*, S. 39).

> **Hinweis:** Die Reichweite von geduldetem Mobbing ist wesentlich größer als gemeinhin vermutet wird:
> - Auswirkungen auf den Mobbingbetroffenen und seine Angehörigen
> - Auswirkungen auf die Belegschaft und das Betriebsklima
> - Auswirkungen auf den Betrieb bzw. auf die Dienststelle
> - Auswirkungen auf die Gesellschaft
> - Auswirkungen auf den Mobber und dessen Befürworter

2.1 Auswirkungen auf den Mobbingbetroffenen

Im Vordergrund der Auswirkungen stehen die unmittelbaren psychischen Belastungsfaktoren für die Mobbingbetroffenen (vgl. Abb. 5). Schreck, Angst, Stress, Unsicherheit, Panik – diese Worte charakterisieren das akute Erleben der meisten Betroffenen, sobald Mobbing manifest auftritt. Manche versuchen, das Geschehen gar nicht an sich heranzulassen, und erwecken gegenüber Außenstehenden dann eher den Eindruck einer Schreckstarre.

Mit dem Fortdauern der Mobbingattacken wächst die Wahrscheinlichkeit erster psychosomatischer Reaktionen (vgl. Abb. 6). Nach spätestens einem halben Jahr Mobbing zeigen alle betroffenen Personen ihrer individuellen Konstitution entsprechend massivere Symptome. Die einen reagieren eher mit Magen-/Darm-Problemen, die anderen dagegen mit Hautirritationen, gehäuften Infektionen oder Kopfschmerzen. Erhöhte Blutdruck- und Pulswerte sowie erhöhte Stresshormonwerte im Blut dürften aufgrund der biologisch festgelegten Reaktionen bei Stress bei allen Betroffenen gleichermaßen auftreten. In diesem Zusammenhang möchten wir einem möglichen Einwand begegnen: Selbstverständlich beruhen nicht alle Stressreaktionen und jede psychosomatische Erkrankung auf Mobbing.

Abb. 5: Typische psychosomatische Auswirkungen von Mobbing

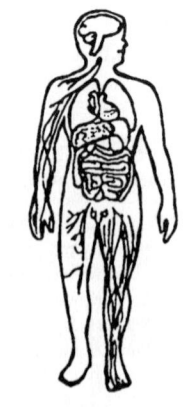

Migräne
Kopfschmerzen
Tinitus, Hörsturz
Schlafstörungen
Bluthochdruck
Herzrasen
Asthma
Hauterkrankungen
Infektanfälligkeit
Verdauungsprobleme
Chronische Entzündungen
Schwächezustände

Hinweis: Andere medizinische und soziale Ursachen könnten natürlich ebenso vorliegen.

Aus leichteren, unspezifischen und abschnittsweisen Befindlichkeitsstörungen können sich manifeste Krankheitssymptome, komplexe psychosomatische bzw. psychiatrische Syndrome im Sinne gravierender, chronifizierter und teils irreversibler Gesundheitsbeschädigungen entwickeln. Psychische und psychosomatische (und vermittelt darüber körperliche) Erkrankungen sind regelmäßig die Folge von Mobbing. Verstärkend können sich psychische Belastungen und/oder Erkrankungen aus der Vorgeschichte des Betroffnen auswirken. Oftmals gesellt sich der Missbrauch von Medikamenten oder Alkohol hinzu. Aber auch ein Herzinfarkt kann die Folge von Mobbing sein. Manchmal bildet der Suizid bzw. Suizidversuch das letzte Glied in der Reihe möglicher Auswirkungen (vgl. *Wolmerath*, S. 40).

Psychiatrische Diagnosen wie Belastungsstörung oder Depression folgen regelmäßig, wenn Mobbing lange und intensiv andauert. Kreisende Gedanken, die einen nicht loslassen, sowie ein nachlassendes Selbstbewusstsein – insbesondere eine starke Verunsicherung, was die eigene berufliche Kompetenz betrifft –, sind als weitere typische Begleiterscheinungen zu verzeichnen. Viele Gedan-

Abb. 6: Psychische Belastungen durch Mobbing

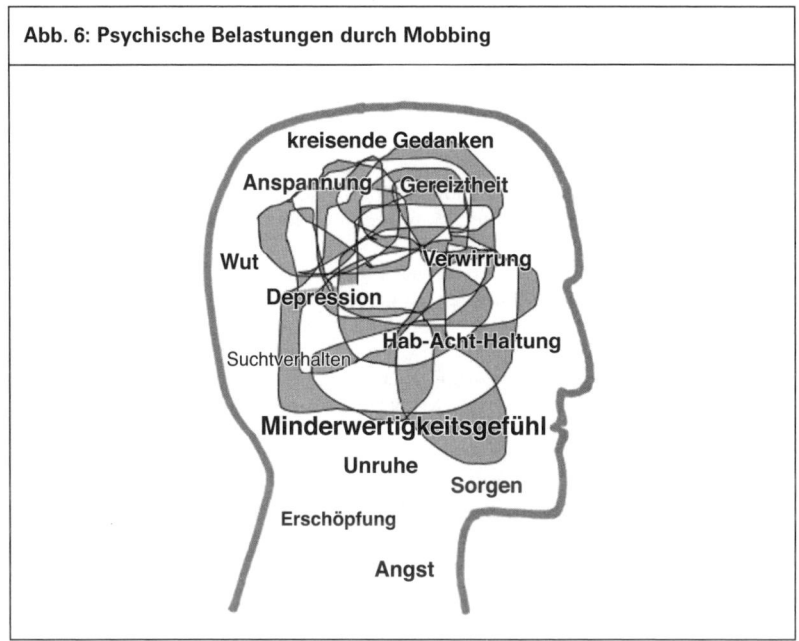

ken kreisen immer wieder um die beiden Fragen »*Warum ich?*« und »*Was habe ich bloß falsch gemacht?*«

Wer lange Zeit Mobbing ausgesetzt ist, der erlebt eine vergleichbare existentielle Bedrohung, wie Personen, die andere existenzbedrohende, hilflos machende Situationen überlebt haben (z. B. Tsunami, Flugzeugabsturz, Geiselhaft). Es entwickeln sich Überlebensängste, die mancher Betroffene nicht mehr ohne professionelle Hilfe bewältigen kann. Das entsprechende Krankheitsbild wird posttraumatisches Stresssyndrom sowie posttraumatische Belastungsstörung genannt (vgl. *Teuschel* 2010; s. a. Abb. 7).

Die gesundheitlichen Auswirkungen sind jedoch nur ein Teil der persönlichen Konsequenzen. Regelmäßig wirkt sich Mobbing auch auf das soziale Umfeld des Mobbingbetroffenen aus. Das betrifft insbesondere dessen Familie. Manchmal werden Familienmitglieder direkt zu Mitbetroffenen, etwa bei einem nächtlichen Telefonterror zu Hause. Dauerhaft wird die Familie beim Versuch der Unterstützung oder auch durch Auseinandersetzungen mit dem mobbingbetroffenen Familienmitglied belastet. In einigen Fällen sind Beziehungen, Ehen, Partnerschaften und Familien daran zerbrochen, andere hat es hingegen zusammengeschweißt.

47

Abb. 7: Bewältigungsverhalten von Betroffenen

| Situation eines Mobbingbetroffenen |

1. Spontane Reaktionen
- Überraschung, Verblüffung, Schreck, Sprachlosigkeit
- Wut, Ärger, Depression, Schuldgefühl, Unsicherheit
  (»Wieso ich?«, »Wie können Menschen nur so sein?«)

2. Unterschiedliche Formen von Bewältigungsverhalten
- Aktive Gegenwehr: Schimpfen, Angriffe zurückweisen
- Klärungs- und Versöhnungsversuche (»Warum machst du das?«, »Was habe ich Dir getan?«)
- Ausgleich außerhalb der Arbeit suchen
- Unterordnungsversuche (z.B. Kritik zuvorkommen, alles besonders gut machen)
- Ignorieren (»dickes Fell« zulegen)
- Vermeidungsverhalten (z.B. dem Mobber aus dem Weg gehen)
- Beschwerde beim Vorgesetzten und/oder beim Betriebs- bzw. Personalrat
- Suche nach Rückhalt und Bestätigung
- Nachdenken über Alternativen

3. Beginnende Überforderung des Bewältigungsvermögens
- Dauerhaftes Durchspielen der Situation, im Kreise denken und fühlen
- Abbau der inneren und äußeren Ressourcen
- Hoffen auf externe Lösungen
- Schwanken zwischen Selbstbehauptungswillen, Selbstzweifel und Angst

4. Psychosomatische Auswirkungen und Erkrankungen
- Psychisches Unwohlsein
- Psychosomatische Beschwerde (Dauerstress)
- Depressionen oder Obsession
- Missbrauch von Medikamenten, Alkohol etc.
- (Posttraumatische) Belastungsreaktion
- Krankheitsbedingte Arbeitsunfähigkeit

| Situation eines Mobbingopfers |

Die Bedrohung mit der größten Tragweite ist jedoch der Verlust des Arbeitsplatzes. Der Fortbestand des Beschäftigungsverhältnisses wird durch Mobbing grundsätzlich infrage gestellt. Damit droht nicht nur der ökonomische Super-

GAU für Betroffene. Torpediert werden Karrierechancen und oft wird ein berufliches Lebenswerk infrage gestellt.

2.2 Auswirkungen auf die Belegschaft und das Betriebsklima

Unbestritten ist, dass Mobbing negative Auswirkungen auf das Betriebsklima sowie auf die Arbeitsmoral hat. Die Beschäftigten sind in ihrer psychosozialen Befindlichkeit verunsichert, auch wenn das Mobbing sie nicht persönlich trifft. Viele fürchten, sie könnten der Nächste sein. Mit zunehmenden krankheitsbedingten Fehlzeiten des Mobbingbetroffenen gehen Mehrbelastungen der Anderen einher. Das schlechte Betriebsklima bewirkt einen Rückzug der Beschäftigten auf die eigenen Belange. Wenn ein Mobbingfall bereits mit der Beseitigung des Betroffenen geendet hat, bleibt die Sorge der übrigen Personen bestehen, dass es auch sie treffen könnte.

Mobbing kann sogar zur Spaltung der Belegschaft in einer Abteilung führen, wenn etwa ein Teil das Mobbing betrieben oder billigend in Kauf genommen und ein anderer Teil es missbilligt hatte. Solche Konstellationen münden in einer Abnahme der Leistungsmotivation. Im Extremfall können die Qualität und Quantität der Arbeitsergebnisse derart abfallen, dass eine Gefährdung von Arbeitsplätzen eintreten kann (vgl. *Wolmerath*, S. 42).

2.3 Auswirkungen auf Betrieb und Dienststelle

Neben schlechtem Betriebsklima und abnehmender Motivation können für den Arbeitgeber immense direkte und indirekte Kosten infolge von Mobbing ausgelöst werden. Der interessierte Leser mag anhand der folgenden Zusammenstellung einmal abschätzen, welche Kosten entstehen könnten.

> **Hinweis:** Mögliche Kostenfaktoren infolge von Mobbing
> - Kosten infolge der Fehlzeiten des Mobbingbetroffenen am Arbeitsplatz (z.B. wegen Krankheit, Aufsuchen des Betriebs- bzw. Personalrats, Gespräche mit Vorgesetzten, Wahrnehmung von Arzt- und Gerichtsterminen)
> - Kosten infolge der Versetzung des Mobbingbetroffenen bzw. des Mobbers an einen anderen Arbeitsplatz (z.B. geringere Leistung während der Einarbeitungsphase, Schulung der versetzten Person, Nachbesetzung der frei gewordenen Stelle)

- Kosten infolge der Kündigung des Mobbingbetroffenen bzw. des Mobbers (z. B. Zahlung einer Abfindung, Beratung durch einen Rechtsanwalt, Prozesskosten, Inserate für die Nachbesetzung der frei gewordenen Stelle, Personalauswahlgespräche, Schulung und Einarbeitung des neuen Mitarbeiters)
- Kosten infolge geringerer und/oder schlechterer Arbeitsergebnisse (z. b. hoher Ausschuss, Konventionalstrafen, Gewährleistungen, Kündigung von Verträgen durch Kunden)
- Kosten für die Inanspruchnahme von Dienstleistungen externer Personen (z. B. Unternehmensberater, Rechtsanwalt, Headhunter, soweit sie noch nicht an anderer Stelle berücksichtigt worden sind)
- Kosten der Personalabteilung sowie Kosten infolge der Beteiligung des Betriebs- bzw. des Personalrats

Arbeitgeberseitig wird häufig unterschätzt, dass mit Mobbing ein großer Imageschaden verbunden sein kann. Ein schlechtes Betriebsklima sowie schlechte Arbeitsergebnisse haben natürlich auch eine Außenwirkung, etwa auf die Kunden und Geschäftspartner. Die Beschäftigten erzählen zudem zu Hause, was sie im Betrieb bzw. in der Dienststelle erleben. Der schlechte Ruf der Institution nimmt seinen Weg. Würden Sie beispielsweise Ihr Kind in einem Kindergarten anmelden, der den Ruf besitzt, von einer Leiterin geführt zu werden, die sowohl gegenüber dem Personal als auch gegenüber den zu betreuenden Kindern ein äußerst autoritäres und menschenverachtendes Verhalten an den Tag legt?

Mobbingfälle, denen die Personalabteilung erst in einem späten Stadium zu begegnen versucht, erfordern einen hohen Aufwand infolge Besprechungen, Coaching, Mediation, externer Beratung usw. Eine weitere indirekte Folge von Mobbing kann sein, das qualifizierte Mitarbeiter abwandern, weil sie sich persönlich einem solchen Klima sowie dem Risiko, später selbst einmal Mobbingopfer zu werden, nicht aussetzen wollen.

Ein Letztes: Wird Mobbing durch die betriebliche Hierarchie geduldet, insbesondere durch die Personalabteilung, dann mag das im Einzelfall eine gewollte, scheinbar kostengünstige Personalabbaumaßnahme sein. Im Regelfall bedeutet eine hierarchische Toleranz gegenüber Mobbing jedoch, dass die Personalabteilung nicht mehr die einzige betriebliche Stelle ist, welche personelle Maßnahmen verantwortet. Mobbing ist gewissermaßen eine destruktive, isolierte Form von abteilungsinterner Personalpolitik. Darüber lohnt es sich als Personalverantwortlicher einmal nachzudenken.

50

2.4   Auswirkungen auf die Gesellschaft

Obwohl Mobbing ein Problem in der Arbeitswelt ist, beinhaltet es negative Auswirkungen auf die Gesellschaft. In dem Maße in dem sich Mobbing ausbreitet, geht in der Gesellschaft die Fähigkeit zur offenen, fairen und konstruktiven Austragung von Konflikten verlustig, verbunden mit der Zunahme von verbaler sowie nonverbaler Gewaltbereitschaft und dem Verlust der Fähigkeit zur Kommunikation (vgl. *Wolmerath*, S. 43 f.).

Weiter sind die Leistungen zu erwähnen, die im Einzelfall im Zusammenhang mit einer Mobbingsituation seitens der Krankenkassen, der Rentenversicherung, der Berufsgenossenschaften, der Bundesagentur für Arbeit sowie aus Steuergeldern zu erbringen sind.

Groeblinghoff beispielsweise schätzt, dass die durch Mobbing bedingten Behandlungskosten ca. 51 000 € bis 66 000 € je Fall (bei einer Behandlungsdauer von drei bis vier Jahren) betragen (vgl. *Groeblinghoff*, S. 142). Gemäß einer Hochrechnung von *Resch* werden aufgrund Mobbing jährlich zwischen 12 000 und 25 000 Personen »frühverrentet«, wodurch Kosten zwischen rund eineinhalb und drei Milliarden Euro pro Jahr entstehen (*Resch*, S. 127).

2.5   Auswirkungen auf den Mobber

Gesundheitlichen Gefahren dürfte ein Mobber nur ausgesetzt sein, wenn er quasi als »Angst-Mobber« gemäß dem Motto »Angriff ist die beste Verteidigung« oder »lieber mobben als gemobbt werden« handelt. In einer solchen Konstellation dürfte das Mobbing für ihn beachtlichen Stress mit erheblichen emotionalen Belastungen bedeuten und er kann in vergleichbarer Weise wie ein Mobbingbetroffener erkranken.

Mobber, die in sozialer Hinsicht nicht ausgegrenzt sind, sondern teilweise mit (stillschweigender) Billigung oder sogar mit Unterstützung Dritter (z. B. Geschäftsführer, Vorgesetzte) handeln, werden in sozialer sowie beruflicher Hinsicht grundsätzlich keine negativen Auswirkungen zu befürchten haben. Während zwei Drittel der Betroffenen im Verlauf des Mobbing ihren angestammten Arbeitsplatz einbüßen, verloren bei den uns bekannt gewordenen Fällen die Täter nur höchst selten ihren Job. Teilweise haben Letztere ihre Karriere ungestört oder sogar beschleunigt fortgesetzt.

Mobber können daher in aller Regel allenfalls mit »dem Recht« in Konflikt geraten, worauf wir im Teil E. ausführlich zurückkommen werden.

3. Mobbing oder Konflikt – wo verläuft die Grenze?

Mit dem Begriff »Mobbing« werden ähnliche, aber im Detail doch sehr unterschiedliche feindselige Verhaltensweisen und krankmachende Konstellationen unter einen Oberbegriff gebracht. Daneben gibt es das Wort Konflikt. Wie sinnvoll ist es, soziale Spannungen in dem einen Fall »Konflikt«, in dem anderen Fall aber »Mobbing« zu nennen?

Werden Personalverantwortliche auf ein bestehendes Mobbingproblem in ihrem Bereich angesprochen, wird häufig argumentiert: »Ach, das sind alles nur ganz normale Konflikte. So was gibt es überall.« Die Absicht dahinter ist klar: Ein mögliches Mobbingproblem soll auf diese Weise kleingeredet werden; es sei ja nur ein normaler Konflikt, den die Betreffenden am besten untereinander ausmachen sollen.

Aber was sind »normale« Konflikte? Vieles spricht für eine fließende Grenze zwischen Konflikt und Mobbing. Einige Autoren, die sich mit Mobbing befasst haben, gehen deshalb davon aus, dass sich jedes Mobbing typischerweise aus einem zunächst »harmlosen« Konflikt heraus entwickelt hat. Mobbing wäre insoweit die besondere Eskalationsstufe eines Konflikts. In der Praxis kommen allerdings auch viele Mobbingfälle vor, die komplett ohne konflikthaltige Vorgeschichte beginnen. Beispielsweise werden manchmal neue Arbeitskollegen vom ersten Tag ihres beruflichen Einsatzes von den übrigen Beschäftigten einer Abteilung gemobbt. Ein persönlicher Konflikt kann also definitiv nicht stattgefunden haben.

Bevor wir den Unterschied erläutern, macht es vielleicht Sinn, sich klarzumachen, warum diese Unterscheidung überhaupt wichtig ist. Die Aussage, dass zwei Personen einen Konflikt haben, ist nicht anrüchig. Das kommt bekanntlich in den besten Familien vor. Wenn es aber heißt, dass eine Person eine andere gemobbt hat, dann klingt das schon dramatisch, unsozial und verwerflich. Ein wichtiger Grund für eine präzise Unterscheidung wäre demzufolge der Schutz vor unberechtigten Anschuldigungen. Wie bereits erwähnt, wird das Wort Mobbing nicht selten unberechtigt bzw. leichtfertig verwendet. Man kann seine eigene Situation durch die Verwendung des Begriffs Mobbing dramatisieren und dadurch eher Hilfe mobilisieren. Man kann versuchen, unliebsame Maßnahmen von Vorgesetzten oder eine schlechte Beurteilung auf diese Weise zu diskreditieren. Eine eindeutige Diagnose schützt dann andere vor möglichen unberechtigten Anschuldigungen und den Beschwerdeführer selbst vor einer schweren Beherrschbarkeit eines nachfolgenden Konflikts.

> **Hinweis:**
> Mobbing und Konflikt müssen aus zwei Gründen sorgfältig unterschieden werden:
> 1. Schutz vor unberechtigten Beschuldigungen.
> 2. Schutz Betroffener vor dem drohenden beruflichen, gesundheitlichen und psychischen Desaster.

Der wichtigere Grund ist natürlich der, dass sich Mobbingbetroffene in einer existentiell bedrohlichen Situation befinden. Als Mobbingbetroffener ist man nicht in einer gleichwertigen Lage wie der Mobber, sondern befindet sich in einer deutlich unterlegenen Position. Betroffene sind desorientiert, verwirrt und wissen sich nicht recht zu helfen. Sie verstehen oft nicht, warum sie Ziel der Angriffe sind. Allein gelassen ist (im Gegensatz zu einem Konflikt) der Betroffene auf verlorenem Posten. Außerdem: Mit den normalen Mitteln einer Konfliktmoderation oder Mediation ist Mobbing nicht beizukommen.

3.1   Was genau ist ein Konflikt?

Ein Konflikt entsteht, wenn widerstreitende Interessen und Bedürfnisse von Menschen aufeinanderstoßen. Mit dem Wort »Konflikt« kann der Widerstreit von Bedürfnissen und Interessen innerhalb eines Menschen oder zwischen Menschen bezeichnet werden. Wenn ein Mensch innerlich mit widerstreitenden Ideen und Bedürfnissen zu kämpfen hat, dann sprechen wir von einem inneren Konflikt. Werden Interessengegensätze zwischen Personen ausgetragen, nennen wir das einen sozialen Konflikt (vgl. Abb. 8, s. S. 54).

Konflikte sind nichts prinzipiell Schlechtes, denn mit ihrer Hilfe können Missstände, Stagnationen, eingefahrene Gleise, Gegensätze, Ungerechtigkeiten usw. entdeckt und einer Lösung zugeführt werden. Konflikte werden zu sozial gefährlichen Entwicklungen immer dann, wenn die beteiligten Konfliktparteien den Konflikt ausschließlich in einer Sieg-Niederlage-Konzeption betreiben wollen (vgl. *Esser* 2004).

Abb. 8: Definition »Konflikt«

Ein sozialer Konflikt entzündet sich, wenn Menschen oder Menschengruppen in eine Situation geraten, in der zumindest eine Partei eine Beeinträchtigung, Verletzung oder Gefährdung wesentlicher eigener Bedürfnisse, Interessen oder seines Status wahrnimmt:

Der Konfliktanlass ist demzufolge ein **Schadenserleben**.

Zu einem akuten Konflikt wird es dann, wenn die Ursache dieser Beeinträchtigung in der Existenz, dem Verhalten oder den Plänen und Vorhaben anderer Menschen (Gegenpartei) gesehen wird, die den eigenen Zielen entgegenstehen.

Das Konflikterleben beruht auf einer **Schuldzuweisung**.

Der Konflikt wird praktisch ausgetragen, wenn eine oder beide Konfliktparteien die für sie negativ bewertete Situation zu eigenen Gunsten nachhaltig positiv verändern wollen und dabei mit **Durchsetzungswillen** versuchen, auftretende Widerstände der Gegenpartei auszuschalten oder unwirksam zu machen und/ oder eigene Nachteile beim Gegenüber zu kompensieren.

Die Konfliktpraxis entsteht durch das **Durchsetzenwollen** einer Seite und den **Widerstand** des Kontrahenten.

Der gute Konflikt geht dann zu Ende, wenn sich die eine Seite mit einem berechtigten Interesse letztlich durchsetzen konnte und die andere Seite nachgibt (z. B. die bisherige ungerechte Verteilung des Jahresurlaubs wird korrigiert) oder wenn beide Seiten eine Lösung gefunden haben, die beiden weitgehend gerecht wird (Stichworte: Kompromiss, Einigung).

Die uns allen vetraute Form, in der ein Konflikt auftritt, ist der Streit. Dann handelt es sich um einen offenen Konflikt. Beim Streit steht die Auseinandersetzung um die strittige Sache im Vordergrund. Es gibt einen offenkundigen Konfliktstoff. Es werden, obwohl jede Seite möglicherweise ihre ganze Macht in die Waagschale wirft, um die eigenen Interessen durchzusetzen, bestimmte Verfahrensregeln eingehalten. Vor allem werden die Integrität der anderen Seite und deren soziale Beziehungen nicht grundsätzlich infrage gestellt. Die Konfliktparteien versuchen zu überzeugen, Druck zu machen und Bündnispartner für die eigene Sache zu finden. Die widerstreitenden Interessen eines Konflikts sind klar artikuliert. Beteiligte und Außenstehende wissen im Prinzip, worum es geht. Im offenen Schlagabtausch wird versucht, den Konfliktgegner zum Einlenken oder Nachgeben zu bewegen, zur Not werden übergeordnete Stellen angerufen – ein typisches Vorgehen bei Kompetenzstreitigkeiten, Konkurrenz, Kampf um verbleibende Arbeitsplätze oder unterschiedlichen Vorstellungen, wie eine Tätigkeit optimal ausgefüllt werden soll.

> **Hinweis:**
> Konflikte sind im Zusammenleben von Menschen unvermeidbar. Mobbing hingegen ist vermeidbar.

Ein komplett anderes Bild liefern verdeckte, kalte Konflikte. Hierbei ist zwar den Beteiligten ebenfalls klar, dass sie widerstreitende Interessen haben; aber ein offener Austausch darüber wird aus unterschiedlichen Gründen vermieden. Teilweise ist nicht (mehr) klar, wer welche Position in diesem Konflikt hat, eine eindeutige Zuordnung zu einer Konfliktpartei wird vermieden. Es gibt zwar keinen offenen Kampf bzw. keine Suche nach einem Kompromiss, aber der Konflikt wird verdeckt weiter am Glimmen gehalten. Böse Blicke, Abwertungen, Vorbehalte und Mistauen prägen das Bild. Reden hinter dem Rücken findet weiter statt. Das Nötigste für den Arbeitsablauf wird dennoch erledigt. Man redet schlecht übereinander, aber nicht miteinander. Man weist sich gegenseitig zurück, macht konsequenzlose Vorwürfe, aber vermeidet die ganz große (klärende) Auseinandersetzung. Hier sind Übergänge zu Mobbing fließend.

3.2 Was genau unterscheidet einen Konflikt von Mobbing?

Im Unterschied zum Konflikt scheint es bei Mobbing regelmäßig so zu sein, dass die gegnerische Person selbst der »Schaden« ist, den der Mobber beseitigen will. Bei Mobbing kann sich die unterlegene Seite anstrengen, soviel sie will, es dem Mobber recht zu machen. Das Mobbing hört trotzdem nicht auf. In einem Konflikt geht es darum, einen Schaden oder Nachteil von sich abzuwenden und der Konflikt ist zu Ende, wenn dieses Ziel weitgehend zufriedenstellend erreicht worden ist. Bei Mobbing wird der tatsächliche Schaden nicht wirklich kommuniziert, es geht um keinen Interessensausgleich, es soll auch keine gemeinschaftliche Lösung erreicht werden, sondern der Gegner soll vollständig und auf Dauer liquidiert und beseitigt werden.

Auch Konflikte können langwierig sein, unterschiedliche Erscheinungsformen haben und beinhalten regelmäßig auch Aggressionen. Im Konflikt wird die Durchsetzung der eigenen Interessen angestrebt, aber ein Kompromiss liegt immerhin im Rahmen der Möglichkeiten. Bei Mobbing ist ein Kompromiss in keinem Fall geplant. Zugleich werden die wirklichen Interessen, die man durch Mobbing zu verteidigen sucht, nicht kommuniziert. Kurz gesagt ist Mobbing ein Konflikt, bei dem zusätzlich die Definition von Mobbing erfüllt sein muss.

Insbesondere sind die chronischen, destruktiven Handlungen charakteristisch, die nur in einer Hinsicht zielführend sind: den Betroffenen aus dem jeweiligen Arbeitsbereich heraus zu bekommen.

> **Hinweis:**
> Bei Mobbing weiß im Regelfall nur der Mobber, was die wirklichen Gründe und Motive für sein Tun sind. Die wirklichen Ursachen werden nicht kommuniziert, weil keine gemeinsame Lösung angestrebt wird. Stattdessen wird der Gemobbte angegriffen und dessen »Schlechtigkeit« in den Vordergrund gestellt, um damit die eigenen feindseligen Aktivitäten zu rechtfertigen.

Mobbing hat eine weitere Besonderheit, die es von »normalen« Konflikten unterscheidet. Während sich im Konflikt beide Seiten zumindest über die Streitpunkte im Klaren sind, hat der Mobbingbetroffene zumeist große Probleme zu begreifen, was der Mobber eigentlich gegen ihn hat und warum das Mobbing so hartnäckig und dauerhaft gegen ihn betrieben wird. Auf der Oberfläche geht es um die Schlechtigkeit des Gemobbten, aber was sind die wahren Gründe? Denn die Erfahrungen zeigen, dass sich der Gemobbte so angepasst und willig zeigen kann, wie es ihm möglich ist, aber das Mobbing dennoch fortgesetzt wird.

Die wahren Gründe für das Mobbing bleiben regelmäßig ausschließlich im Kopf des Mobbers verborgen, der sich hütet, diese offen zu kommunizieren. Mobbing bricht oft komplett ohne Vorwarnung aus, ohne dass irgendein Streit vorausgegangen ist. Der Betroffene ahnt nicht, was in Kürze auf ihn zukommt. Auf die naheliegende Frage, was denn los sei oder was man dem Mobber denn getan habe, bekommt er keine klare Antwort. Beim Betroffenen herrscht Ratlosigkeit: »Aber du schwankst immer wieder zwischen Wut, Verständnislosigkeit und Verzweiflung – weil du auch nicht kapierst, warum sie immer und immer wieder versucht, dich anzugreifen oder extra alles anders macht – nur um dich zu provozieren.« (*Huber*, S. 84)

3.3 Feindseligkeit als Selbstzweck

Bei Mobbing steht die Auseinandersetzung mit der strittigen Person im Vordergrund. Das für Außenstehende nicht klar erkennbare Problem ist aus der Sicht des Mobbers gravierend genug, um Unterdrückung, Schikane, Rufmord und Ausgrenzung zu rechtfertigen. Die Schwächung des Gegners wird zum Hauptziel. Die (scheinbare) Hartnäckigkeit des Mobbingbetroffenen, der Arbeitsplatz und Selbstwertgefühl bewahren will, legitimiert aus der Sicht des Mobbers die weitere Eskalation und Willkür bei der Wahl der Methoden.

Hinweis:
Im Konflikt sind aggressive Handlungen ein Mittel zum Zweck, nämlich der Durchsetzung eines konkreten Interesses. Bei Mobbing sind feindselige Handlungen Selbstzweck, bereits das Ziel.

Was unterscheidet Mobbing von anderen Streitereien und Unverschämtheiten besonders deutlich? Es ist die feindselige Aufdringlichkeit und das Bestreben nach Herabsetzung und Ausgrenzung der angegriffenen Person. Ein Mobber will Schaden zufügen. Wer von anderen gemobbt wird, der spürt diese tiefe Feindseligkeit unmittelbar. Dazu ist es nicht nötig, dass die Angriffe bereits über eine längere Zeit erfolgt sind. Man muss auch längst nicht unterlegen und isoliert sein, um sich vor der Zukunft zu fürchten. Die Erwartung, immer wieder – unerwartet und überrascht – angegriffen zu werden und die Furcht, dass das soziale Sicherungsnetz unzuverlässig wird, sind allein schon bedrohlich.

Einem »Feind« gegenüber fühlen Menschen die innere Berechtigung, ihm in jeder Hinsicht und mit allen zur Verfügung stehenden Mitteln zu schaden und/oder ihn zu vernichten. Unsere Haltung ist hier wesentlich radikaler und kompromissloser als gegenüber einem, den wir nur als »Gegner« ansehen. Das liegt daran, dass wir dem Feind zutrauen, uns in lebenswichtigen Belangen schaden zu können und dies auch zu wollen. Die Gefühlslage gegenüber einem Feind ist von Zorn, Hass, Ekel, Geringschätzung, Verachtung, aber auch von Furcht oder Unsicherheit geprägt. Solche Gefühle treten in abgeschwächter Form immer dann auf, wenn wir bei der Verwirklichung unserer Ziele oder beim Genuss angenehmer Dinge behindert werden. Gleiches gilt, wenn wir beleidigt, gedemütigt, übervorteilt oder unter Zwang gestellt wurden. Es reicht leider, wenn wir uns eine solche Benachteiligung nur einbilden – oder sie für die Zukunft befürchten.

Erst die negativen Gefühle gegenüber einem Feind machen es uns Menschen wiederum möglich, die moralischen Grenzen und die eigene Furcht vor dem Anderen zu überwinden und zu aggressiven Handlungen überzugehen. Jemand, der innerlich noch als »Kollege« angesehen wird, wird nicht so leicht mit Mobbingangriffen überzogen werden.

Ein weiterer Unterschied ist, dass bei Mobbing keine Unterwerfung der angegriffenen Person angestrebt wird, sondern deren Demütigung und Ausgrenzung. Wäre die Unterwerfung des Mobbingbetroffenen das Ziel, dann wäre aus den Äußerungen des Mobbers in irgendeiner Form abzulesen, was er von seinem »Opfer« eigentlich erwartet. Die Erfahrung lehrt das Gegenteil: Unabhängig davon, ob sich Mobbingbetroffene auflehnen, anbiedern, verstecken oder ob sie Anpassungsversuche unternehmen, geht das Mobbing unvermindert weiter.

57

> **Wichtig:**
> Das Bestreben bei Mobbing ist nicht Unterwerfung, sondern Ausgrenzung.

Ausgegrenzt zu werden ist die alltägliche Erfahrung von Mobbingbetroffenen. Egal welche Mobbinghandlungen durchgeführt werden – das Bestreben der Mobber geht in dieselbe Richtung: Weg mit der Person! Insbesondere Mobbinghandlungen der Kategorien 4 und 5 streben ganz direkt auf dieses Ziel zu (vgl. Kapitel A. 1.3.4 und A. 1.3.5). Systematischer Rufmord soll dem Kontrahenten das »soziale Wasser« abgraben. Auch direkte herabsetzende und beleidigende Attacken untergraben die soziale Lage des Betroffenen, denn die Botschaft lautet: »Du bist es nicht wert, dass ich Dir den Minimalstandard mitmenschlichen Umgangs zubillige. Du bist nichts wert. Du bist eine Unperson, ein Untermensch.« Damit wird sozusagen die Geschäftsgrundlage des üblichen menschlichen Miteinanders entzogen. Normalerweise gehen wir im (Arbeits-)Alltag von einem gewissen Maß an gegenseitigem Respekt, Rücksicht und Höflichkeit aus. Beim Mobbing ist aber das Gegenteil der Fall; die Betroffenen müssen ständig vor unliebsamen Überraschungen auf der Hut sein. Für den Mobber gehört der Betroffene nicht in den Kreis von Menschen, denen Respekt oder Rücksicht zusteht.

> **Wichtig:**
> Ausgrenzung umfasst die soziale Isolierung des Mobbingbetroffenen und die Aufkündigung des Respekts ihm gegenüber. Mobbingbetroffenen wird die Geschäftsgrundlage des üblichen zwischenmenschlichen Miteinanders entzogen.

Die Ausgrenzung des Mobbingbetroffenen mündet regelmäßig in weitere Eskalationsstufen, nämlich die Verdrängung und die Vertreibung sowie – als letzte Stufe, wenn alles bisherige Mobben nichts »geholfen« hat – die psychische, berufliche Vernichtung. Damit sollte sich Mobbing auch von anderen unerfreulichen Handlungen wie etwa Belästigung, ungerechter Behandlung, Meckerei sowie Ignoranz unterscheiden lassen.

3.4 Kompromisslos, aber mit Rückversicherung

In »normalen« Konflikten wird auch nicht unbedingt sofort nach einem Kompromiss gesucht. Immerhin, er wird aber auch nicht ausgeschlossen. Zudem weiß jedermann, dass man in manchen Konflikten den Kürzeren zieht, und danach trotzdem die Zusammenarbeit weitergehen muss. Andererseits berücksichtigen viele, dass es wichtig ist, der unterlegenen Gegenseite die Möglichkeit zu lassen, ihr Gesicht zu wahren. Manchmal sind die Kontrahenten selbst nicht mehr zu einem Kompromiss in der Lage, aber nach der Einschaltung eines Schlichters funktioniert es dann doch noch.

Alle diese informellen Spielregeln sind bei Mobbing außer Kraft gesetzt. Es ist geradezu eine Besonderheit von Mobbingfällen, dass sie normalerweise nicht durch einen Kompromiss zu lösen sind. Da es den Mobbern um die komplette Verunsicherung, Demütigung und Ausgrenzung geht, gibt es keinen Mittelweg und keinen Interessenausgleich. Mobber wollen keine Klärung, keine Einigung, keinen Interessenausgleich und schon gar keinen Kompromiss.

> **Wichtig:**
> Bei Mobbing wird kein Kompromiss angestrebt.

Wenn jedoch die Gegenwehr (dank Mobbingberatung und Unterstützung) des Betroffenen stark wird, sieht sich natürlich auch mancher Mobber gezwungen, Kompromisse einzugehen. Sein Streben ist dies allerdings keineswegs.

Auch wenn die Mobbinghandlungen, je länger das Mobbing andauert, zunehmend militant werden, so haftet ihnen jedoch insgesamt auch eine gewisse Versicherungsmentalität an. Die Mobbinghandlungen werden nämlich mehrheitlich so ausgeführt, dass dem Mobber zur Not ein Hintertürchen offen bleibt. Von Dritten auf die Übergriffe angesprochen, wird das Mobbing als falsch verstandener Spaß, als Missverständnis, als Überempfindlichkeit des Betroffenen, als normale berufliche Situation, als etwas, dass jeden mal treffen kann usw., dargestellt. Ist die Böswilligkeit gar nicht mehr zu kaschieren, wird es als einmaliger Ausrutscher verniedlicht. Oft vermeiden die Mobber direkte persönliche Angriffe, sondern gehen subtil und indirekt vor, was die Zurechenbarkeit sowie Beweisbarkeit von einzelnen Handlungen erschwert. Solche »zurückhaltende« Vorgehensweisen sind bei Mobbing häufig zu beobachten und dienen dem Selbstschutz der Mobber.

Man kommt sich vor wie der Passant bei der Begegnung mit dem Besitzer eines Pitbullterriers, der mit dem Satz beruhigen möchte: »Der will nur spielen!« Hat der Hund dann trotzdem zugebissen, wird mit unschuldiger Mine kommentiert: »Das hat er noch nie getan!«

4. Ursachen für Mobbing

Feindselige Verhaltensweisen, wie wir sie bei Mobbing beobachten, hat es im Arbeitsleben sicher schon immer gegeben. Die Möglichkeit, andere Menschen mittels Kommunikation und psychischer Gewalt zu beeinträchtigen, gehört halt zum menschlichen Verhaltensrepertoire. Aber niemand ist gezwungen oder genetisch verurteilt, Mobbing zu betreiben. Weswegen kommt es zu Mobbing?

Generell scheint die zunehmende Beschleunigung und Globalisierung von Gesellschaft, Kommunikation und Wirtschaft eine Rolle zu spielen. Die Arbeitnehmer sind einer offenbar niemals endenden Tendenz zur Effizienzsteigerung ausgesetzt, womit auch eine Arbeitsverdichtung und ein ständiger Zuwachs von Verantwortung verbunden ist – etwas, das die Menschen wie einen Hamster im Rad antreibt und zugleich zu überfordern droht. Die Menschen fühlen sich zu einer permanenten Selbstinszenierung gezwungen, zu einer ständigen Intensivierung und Steigerung der persönlichen Leistungsfähigkeit und -bereitschaft. Mit dem Zuwachs an Verantwortung und Kompetenz ist aber kein Zuwachs an Arbeitsplatzsicherheit verbunden. Im Gegenteil: Die Verunsicherung darüber, ob man wohl im nächsten Jahr noch in derselben Firma sein bzw. überhaupt einen aussichtreichen Arbeitsplatz innehaben wird, ist für die Mehrzahl der Arbeitnehmer inzwischen tägliches Brot. Das dürfte der Nährboden für Konkurrenzverhalten unterschiedlichster Ausprägung sein, ebenso wie für gnadenloses Aussortieren von nicht optimal funktionierenden Arbeitnehmern.

4.1 Betriebliche Ursachen

Die Ursachen für Mobbing sind vielfältig. Sie reichen von persönlichen Motiven wie Missgunst oder Eifersucht, über die Unsicherheit um die eigene Stellung am Arbeitsplatz bis hin zum strategischen Stellenabbau mittels Mobbing durch den Arbeitgeber. Verallgemeinerungen sind also fehl am Platz, zudem die

Ursachen für Mobbing einem Wandel unterliegen. Ist beispielsweise in einem Betrieb die Sorge um den Verlust des eigenen Arbeitsplatzes der Auslöser einer Mobbingsituation, so kann dies zu einem späteren Zeitpunkt die Überforderung eines Vorgesetzten mit neuen Managementmethoden sein.

Für Betriebs- und Personalratsmitglieder standen in den letzten Jahren insbesondere die folgenden Aspekte im Vordergrund, von denen sie uns auf Schulungs- und Bildungsveranstaltungen regelmäßig berichtet haben:

- In vielen Betrieben geht bereits seit einigen Jahren die Angst vor dem Verlust des Arbeitsplatzes um. Stellenabbau, Outsourcing, Verlagerung von Produktionsstätten ins Ausland, die »Standort Deutschland«-Debatte sowie Begriffe wie »Globalisierung« und »Shareholder value« haben sich in den Köpfen der Beschäftigten festgesetzt.
- Neue Management-Strategien und Arbeitsstrukturen (z.B. Trend zu kleinen Einheiten, Teamarbeit, Delegation von Verantwortung) überfordern viele – sowohl die Vorgesetzten als auch die Beschäftigten.
- Der Abbau von Stellen und/oder die natürliche Fluktuation führen bei den verbleibenden Beschäftigten regelmäßig zu einer Arbeitsverdichtung, wobei die Arbeit bei unerwarteten Ausfällen von Arbeitskollegen (z.B. infolge krankheitsbedingter Arbeitsunfähigkeit) mangels vorhandener Vertretungskapazitäten weiter verdichtet wird.
- Vorgesetzten ermangelt es oftmals an sozialer Kompetenz. Sie sind nicht oder nur unzureichend in der Lage, die von ihnen bekleidete Position auszufüllen. »Führungsunfähigkeit«, »Führungsschwäche«, »unzureichende soziale Kompetenz« und »fachlich ungeeignet« sind die Schlagworte, die auf den Seminaren am häufigsten zu vernehmen waren.
- Die Privatisierung öffentlicher Funktionen und Aufgaben verunsichert die betroffenen Beschäftigten und schürt oftmals Existenzängste, da sie regelmäßig nicht wissen, was in dem privatisierten Unternehmen auf sie zukommen wird. Für viele ist die Privatisierung der Vorbote eines Stellenabbaus, mithin der eigenen Arbeitslosigkeit.
- Die Arbeitswelt entwickelt sich entsprechend dem allgemeinen gesellschaftlichen Trend immer mehr zu einer Ellbogengesellschaft, in der nur die Starken überleben. Wer auf Andere Rücksicht nimmt, zeigt »Schwäche«.
- Aufgrund gesellschaftlicher Veränderungsprozesse steht das Individuum im Vordergrund. Wer nur an sich denkt, interessiert sich nicht für Andere und deren Belange. Die »Ich-Bezogenheit« führt dazu, dass Probleme und Konflikte oftmals nicht mehr angesprochen werden. Wer selbst Gemeinheiten und Ungerechtigkeiten am Arbeitsplatz erfahren hat, der neigt eher dazu, sich ähnlich zu verhalten.

Leider ist nicht zu verkennen, dass es sich für einen Arbeitgeber im konkreten Einzelfall in finanzieller Hinsicht durchaus »rechnen« kann, eine Personalpolitik zu betreiben, die auf Mobbing fußt. So dürften Beschäftigte, deren man sich wegen der Geltung besonderer Schutzvorschriften nur äußerst schwer entledigen kann, vermehrt unter Mobbing zu leiden haben. Zu denken ist in dieser Hinsicht etwa an Betriebs- und Personalratsratsmitglieder, Schwangere, Beschäftigte in Elternzeit und Schwerbehinderte. Weiter dürfte zu Mobbing dann gegriffen werden, wenn es gilt, Personal kostengünstig abzubauen. Schließlich erhält in der Regel derjenige keine Sozialplanabfindung, der seinen Arbeitsplatz selbst räumt. In der gleichen Weise wird einem die Kündigung aussprechenden Beschäftigten die Möglichkeit genommen, sich gegen eine andernfalls arbeitgeberseitig erfolgende Kündigung mittels der Erhebung einer Kündigungsschutzklage zu wehren.

Wer die Ursachen für Mobbing ausschließlich der Arbeitgeberseite zuschreibt, macht es sich allerdings zu leicht. Auch wenn die Gründe, dass Mobbing im Betrieb bzw. in der Dienststelle nicht wirkungsvoll bekämpft wird, oftmals von ihr zu verantworten sind, so darf nicht übersehen werden, dass die Ursachen für konkrete Mobbingfälle häufig von einzelnen Mitarbeitern, kompletten Teams oder unmittelbaren Vorgesetzten ausgeht. Um geeignete Maßnahmen zur Ursachenbewältigung ergreifen zu können, muss es das Anliegen eines jeden Betriebs- bzw. Personalrats und sollte es auch das Anliegen jedes Arbeitgebers sein, die konkreten Ursachen für Mobbing im eigenen Betrieb bzw. in der Dienststelle zu ermitteln. Wer weiß, warum es im eigenen Betrieb bzw. in der eigenen Dienststelle Mobbing gibt, der kann diesem Phänomen besser gegensteuern.

4.2   Warum mobben Mobber? – Persönliche Motive

Mobbing ist nicht das Ergebnis der abstrakten negativen Wirkung eines Systems, sondern bedarf lebendiger menschlicher Akteure. Nicht jeder Konflikt, nicht jedes betriebliche Problem führt zu Mobbing. Was also veranlasst einen Einzelnen oder eine Gruppe von Menschen, Mobbing am Arbeitsplatz zu betreiben? In der Abb. 9 haben wie die zugrunde liegende Kombination von Gründen zusammengestellt, welche dafür verantwortlich sind, dass der Mobber eine ganz bestimmte Person ins Visier nimmt.

Die Vermutung liegt nahe, dass Mobbing typischerweise von selbstbewussten Machtmenschen ausgeübt wird, die zur Erreichung der eigenen Ziele gelegentlich oder auch regelmäßig über »Leichen« gehen. Das stimmt nur für einen Teil der Fälle. Die Mehrzahl der persönlich motivierten Mobbingfälle scheint einer ganz anderen Logik zu folgen. Welche Voraussetzungen müssen erfüllt sein, damit es zu Mobbing kommt?

Abb. 9: Persönliche Motive für Mobbing

■ **Der Startpunkt:**
Der Mobber fühlt sich (von demjenigen, den er später mobbt) beeinträchtigt.

■ **Das Problem:**
Eine offene, faire Konfliktaustragung wird vom Mobber als persönliches Risiko oder als zu aufwändig und unangemessen empfunden.

■ **Die Brisanz:**
Das Eigeninteresse, das es zu verteidigen gilt, hat einen hohen persönlichen Stellenwert und zählt mehr als etwaige moralische Skrupel.

■ **Die Weltsicht:**
Er herrscht eine personalisierende Weltsicht. Mobber akzeptieren die Tatsache nicht, dass es zwischen Menschen zu Konflikten und unterschiedlichen Einschätzungen kommen kann, die durch Gespräche und gemeinsames Problemlösen bewältigt werden müssen. Stattdessen sehen sie die Sache wie folgt:

Die andere Person ist mein Problem.

Abgeleitet wird daraus die fatale Folgerung:

»Ist die Person weg, dann habe ich kein Problem mehr.«

■ **Die Konsequenz:**
Weil der Mobber über keine legalen Mittel verfügt, die andere Person aus dem Weg zu schaffen, werden die mobbingtypischen Methoden auf den Weg gebracht.

4.2.1 Der Startpunkt für Mobbing

Die erste, quasi »natürliche« Voraussetzung für Mobbing liegt darin, dass der Mobber sich in irgendeiner Form beeinträchtigt, behindert oder beschädigt fühlt oder seine Zukunft gefährdet sieht. Der Grund der Beeinträchtigung kann für Außenstehende offen zutage treten. Oftmals bleibt er im Verborgenen. Dazu das folgende Beispiel aus der Ratgeberseite einer Illustrierten.

Beispiel:
»Nun bin ich (57) fast 25 Jahre in derselben Firma. Alt bin ich geworden bei der vielen Arbeit. Und alt darf man heutzutage als Frau nicht werden! Besonders dann nicht, wenn ausschließlich Männer die Chefs sind. Die stehen nämlich auf sehr jung, langbeinig und andere Vorzüge. Mir ist doch jetzt ein junges Ding vor die Nase gesetzt worden. Wenig Berufserfahrung, aber eine große Klappe. Ihre hingeschmissenen Stenogramme kann sie kaum lesen. Dafür kocht sie dreimal am Tag Kaffee. Den bringt sie dann ins Chefzimmer – mit Hüftschwung und frisch geschminkten Lippen. Nun soll sie mich ›entlasten‹. Und das heißt ja nichts weiter, als dass sie meinen Job kriegen soll. Gnadenbrot – das hab' ich nun von einem Vierteljahrhundert Firmentreue!« (Quelle: Das neue Blatt 1995)

Dieser Leserbrief offenbart ein massives Beeinträchtigungsgefühl. Die Sekretärin interpretiert die Neueinstellung in jeder Hinsicht als gegen sich gerichtet. Sie kann sich nur vorstellen, dass sie ausgebootet und »aufs Altenteil« abgeschoben werden soll. Dass es auch sinnvoll sein könnte, einen personellen Übergang langfristig anzulegen, kommt ihr nicht in den Sinn. Alle Äußerungen bezüglich der neuen Arbeitskollegin sind negativ und herablassend. Der Tenor lautet: »Die kann nichts und hat außer jungem Fleisch für den gemeinsamen Chef nichts zu bieten.« Der Unmut der Älteren ist so groß, dass sie sich mittels Leserbrief über ihre Situation beschwert. Ob sich der geschilderte Sachverhalt zu einem Mobbingfall entwickelt hat, ist nicht bekannt – typische Voraussetzungen dafür wären jedoch erfüllt.

4.2.2 Angstbeißer oder Dominanzmobber?

Die überwiegende Zahl der Mobber dürften Angstbeißer sein. Dazu gehört dann etwa der paranoide Vorgesetzte, der ständig Sägegeräusche an seinem Stuhl zu vernehmen glaubt. Im Prinzip ist Mobbing der Ausdruck von Schwäche, auch wenn es für die Mobbingbetroffenen in der akuten Phase sehr mächtig wirkt. Auch bei Machtmenschen, die Mobbing als Mittel des Machterhalts einsetzen, ist eher von der Kompensation von Schwächen auszugehen. Auslöser sind Ängste, Befürchtungen, Vorurteile und sorgenvolle Erwartungen des Mobbers. Der Gemobbte wird als potentielle Bedrohung der eigenen Interessen wahrgenommen. Inwieweit diese Befürchtungen tatsächlich berechtigt oder überzogen sind, wird häufig nicht genau geprüft. Die einmal ausgelösten Sorgen treiben Mobber dazu, den anderen lieber vorsorglich zu bekämpfen, als das Risiko einzugehen, irgendwann einmal in die Defensive zu geraten – nach dem Motto »Angriff ist die beste Verteidigung«.

Wichtig:
Die persönlichen Motive der Mobber haben rationale, aber vor allem auch emotionale Wurzeln.

Die tatsächliche oder befürchtete Beeinträchtigung muss für den Mobber persönlich gravierend sein – so gravierend, dass ihm Mobbing gerechtfertigt scheint. Für den Außenstehenden ist die emotionale Aufladung des Mobbers oft nicht gut nachzuvollziehen. Auch wenn sich ein Mobber cool oder zynisch-gelassen über sein Opfer hermacht, lässt die Hartnäckigkeit, mit der er den längst unterlegenen Gegner weiter attackiert, auf eine große emotionale Beteiligung des Mobbers schließen. Was bewegt den Mobber? Unsere Zusammenstellung in der Abb. 10 ist eine groteske Offenbarung. Mobber entziehen den Mobbingbetroffenen genau das, was sie selbst aggressiv verteidigen wollen: Ansehen, Sicherheit sowie Handlungsfreiheit.

Abb. 10: Verborgene Motive der Mobber

1.»Mein soziales Ansehen bzw. mein Status ist gefährdet!«
Beispiele:
- Ich werde unwichtiger, keiner achtet mehr auf mich
- Ich könnte mich lächerlich machen und blamieren
- Der Andere läuft mir möglicherweise den Rang ab

2.»Mein Arbeitsplatz bzw. meine berufliche Position ist gefährdet.«
Beispiele:
- Ich könnte ausgebootet, umgesetzt, entlassen werden
- Ich kann meine Arbeitsleistung nicht erbringen (und das hat Folgen)
- Ich kann die gewohnte Qualität meiner Arbeit nicht erbringen

3.»Meine Handlungs- und Entscheidungsfreiheit ist gefährdet.«
Beispiele:
- Der Andere will neue Methoden einführen, die mir nicht liegen
- Es gibt »unnötigen« Aufwand zur Klärung
- Der Andere könnte mir auf gewisse Schlichen kommen

4.»Ich will mich sicher und anerkannt fühlen.«
Beispiele:
- Ich bin in meiner Gruppe anerkannt und das soll auch so bleiben
- Ich kann mich (auf Kosten des anderen) ins rechte Licht rücken
- Lieber treten als getreten werden

So kann es z.B. sein, dass ein Vorgesetzter eine ältere Mitarbeiterin allein deshalb loswerden will, weil er fürchtet, dass diese Konstellation seinem Image als jung-dynamische Führungskraft abträglich sein könnte. Kollegen, die häufig krank sind, provozieren oftmals – ohne dies im Mindesten zu wollen – ihre Mitkollegen, weil diesen ihre eigene Gesundheitsgefährdung (z.B. der hohe

Arbeitsdruck) bewusst wird. Frisch eingestellte oder neu eingearbeitete Mitarbeiter aus anderen Branchen können von Mobbing betroffen werden, weil die Arbeitskollegen fürchten, ihre normale soziale Anerkennung einzubüßen oder Einkommensverluste hinnehmen zu müssen. Paradoxerweise wird dann viel Energie verbraucht, um den Neuen »fertigzumachen«, anstatt eine gemeinsame Verbesserung der Situation anzustreben.

Neid ist kein seltener Auslöser für Mobbing. Dabei liegt die Beeinträchtigung für den Mobber darin, dass andere bessere Entwicklungs- und Lebensmöglichkeiten (z. B. Arbeitsplatz, Geld, Anerkennung, Zukunftsaussichten) haben als er selbst. Die Möglichkeiten des Beneideten scheinen erstrebenswert und sind persönlich scheinbar unerreichbar. Man könnte die Sache auf sich beruhen lassen oder eigene Wege suchen, um erfolgreich zu sein. Der Mobber versucht jedoch, den Anderen zu bestrafen, zu erniedrigen und den Genuss seiner besseren Lage zu vergällen. Neid schlägt um in aktive Missgunst. Bei männlichen Mobbern betrifft der Neid meist die berufliche oder materielle Besserstellung des Beneideten, bei einer mobbenden Frau ist es regelmäßig das private Glück einer Kollegin, das als unerträglich erlebt wird.

Wichtig:
Mitglieder der Interessenvertretung geraten aus den genannten Gründen häufiger ins Visier ihrer direkten Vorgesetzten. Insgeheim werden sie als potentielle mächtige Widersacher erlebt, denen das Betriebsverfassungsgesetz bzw. Personalvertretungsgesetz zur Seite steht.

4.2.3 Offene und faire Auseinandersetzung als Risiko

Die konsequente Vermeidung einer fairen Auseinandersetzung scheint uns das wichtigste Unterscheidungsmerkmal zu einem »normalen« Konflikt zu sein. Eine offene und faire Austragung des Konflikts wird als persönliches Risiko eingeschätzt, welches der Mobber keinesfalls eingehen möchte. Das Risiko kann etwa darin bestehen, dass der Mobber einfach keine Mittel und Wege kennt, um Konflikte im beiderseitigen Einvernehmen zu bearbeiten und fürchtet, dass ihm alles aus den Händen gleiten wird. Vielleicht schätzt er die Wahrscheinlichkeit, die eigenen legitimen Interessen auf legalem Weg durchzusetzen, als gering ein. Eine offene Auseinandersetzung kann aus sehr unterschiedlichen Gründen gemieden werden.

Mobbing ist als also eine verdeckte Strategie zu verstehen, die gewählt wird, wenn die eigenen Interessen nur dann durchsetzbar scheinen, wenn die eigenen dahinterliegenden Motive nicht zu erkennen sind. Verdeckt ist nicht der Angriff; vielmehr sind es die wirklichen Motive des Angriffs. Es wird versucht, die andere Person in Misskredit zu bringen, zu schwächen und/oder zu manipulieren und dem übrigen sozialen Umfeld den Beweis zu liefern, dass diese Person das Problem darstellt.

> **Hinweis:**
> **Mögliche Gründe für das Vermeiden einer offenen Auseinandersetzung**
> - Der Mobber beherrscht keine kooperativen Konfliktlösungsverfahren. Sein Konfliktkonzept kennt nur Sieg oder Niederlage. Um mögliche Folgekonflikte und Revanche zu verhindern, müssen die jeweiligen Gegner komplett ausgeschaltet werden. Daher müssen ihnen auch unfaire Mittel recht sein.
> - Dem Interesse des Mobbers (»Der andere soll weg!«) stehen gesetzliche Vorschriften, wie z. B. der Kündigungsschutz, im Weg. Der Mobber verfügt über keinerlei Macht und Einwirkungsrechte, den Gegner auf legitime Weise wegzubekommen.
> - Der Mobber weiß, dass seine Motive von seinem sozialen Umfeld oder von Vorgesetzten nicht akzeptiert würden, weil sie z. B. unmoralisch, egoistisch und/oder peinlich sind.
> - Der Mobber möchte seine Interessen unbedingt zu 100 % durchsetzen, aber in einer fairen Auseinandersetzung wären die Chancen für die eigenen Interessen zwischen den Konfliktparteien etwa gleich verteilt und das Ergebnis bleibt zunächst offen.

Wenn man so will, ist es paradoxerweise gerade auch unser Rechtssystem, das Mobbing als eine verdeckte und gewissermaßen gebremste Form der Aggression fördert. Gäbe es die rechtlichen Schutzzäune nicht, würden die Aggressoren ihre Interessen unmittelbar in die Tat umsetzen und die Betreffenden nicht kaltstellen, sondern »kaltmachen«, d. h. wirklich körperlich angreifen, ihres Einkommens berauben oder einfach davonjagen.

4.2.4   Erst kommt das Fressen, dann die Moral

Treffender als es Bertold Brecht mit den Worten »Erst kommt das Fressen, dann die Moral« auf den Punkt gebracht hat, kann man es gar nicht ausdrücken. Für Mobbing ist typisch, dass die moralischen Bedenken weniger Gewicht haben als das zu verteidigende Eigeninteresse des Mobbers. Dies dürfte immer dann naheliegend sein, wenn die eigenen Interessen einem so (lebens-)wichtig vorkommen, dass sie unbedingt und unter allen Umständen durchgesetzt werden sollen. Diese Voraussetzung dürfte in den Betrieben bzw. Dienststellen, in denen das eigene berufliche Überleben auf der Tagesordnung steht, wo also »mit harten Bandagen gekämpft wird« und wo beispielsweise angesichts umfassenden Arbeitsplatzabbaus »jeder sehen muss, wo er bleibt«, nur allzu leicht erfüllt sein.

4.2.5   Person raus – Problem gelöst!

Die vierte Voraussetzung für Mobbing liegt in einer personalisierenden Sichtweise von Problemen. Viele Menschen neigen dazu, andere Menschen für Probleme verantwortlich zu machen. Irgendwer muss »schuld« sein, wenn es nicht optimal läuft. Dabei wird nicht nach tiefergehenden oder übergreifenden Ursachen der Probleme gesucht. Ein Stau auf der Autobahn entsteht beispielsweise nach einer solchen Betrachtungsweise nicht durch eine Verkettung von Aktionen einer Vielzahl von Verkehrsteilnehmern bei einem hohen Verkehrsaufkommen, sondern immer dadurch, dass sich bestimmte Personen schuldhaft falsch verhalten (z. B. Autofahrer fahren zu langsam, Bauarbeiter haben die Schilder falsch platziert, Verkehrsplaner haben die Baustelle zum falschen Zeitpunkt eingerichtet).

> **Wichtig:**
> Mobber sehen die Welt aus einer Er-oder-ich-Perspektive.

Eine personalisierende Sicht blockiert häufig die Bereitschaft, in Konflikten nach sachlichen Lösungen oder Kompromissen zu suchen, bei denen alle gewinnen könnten. Das Motto heißt: Die Person macht Probleme! Das führt dann schnell zu dem Urteil: Die Person *ist* das Problem. Und im Umkehrschluss kommen die Mobber dann zu dem Ergebnis: Wenn die Person erst einmal weg ist, habe ich kein Problem mehr. Der Erfolg versprechende Weg, um die eigenen Interessen durchzusetzen, liegt für sie in der Ausschaltung und Vertreibung der anderen Person. *Entweder er oder ich!* Diese Sichtweise ist allerdings nicht nur bei Mobbern zu finden.

4.2.6   Kaschierung krimineller Aktivitäten

Das widerlichste und zugleich gefährlichste Motiv für Mobbing ist die Verteidigung vor der Aufdeckung rechtswidriger bis krimineller Aktivitäten in der Dienststelle bzw. im Unternehmen. Das können großangelegte Insidergeschäfte in Millionenhöhe sein, aber auch nur materielle Vorteilsnahmen im kleinen Rahmen, die etwa den Beamtenstatus gefährden. Nicht selten ist zu beobachten, dass der Mobber zunächst versucht hat, den Betroffenen als Komplizen seiner Machenschaften zu werben. Manchmal ging es ihm auch nur darum, den Betreffenden zu einem kompromittierten Mitwisser zu machen. Das Problem entsteht, wenn dieses Manöver nicht gelingt. Auslöser für Mobbing wird dann allein der Umstand, dass der Betreffende nicht mitmachen wollte, damit also zu einem potentiellen Zeugen (»Whistleblower«) werden könnte.

4.2.7 »Suchtfaktor« billiger Triumph

Nicht wenige Mobber sind unzufrieden, weil sie zu wenig Spielraum und Entscheidungsfreiheit bei der Bewältigung ihrer Aufgaben haben. Dazu kommt das Gefühl der Behinderung und Beeinträchtigung, das sie an der Person des Mobbingbetroffenen festmachen. Mobber sind geneigt, eigene Gefühle des Ausgeliefertseins bzw. der relativen Ohnmacht durch erfolgreiche Feindseligkeiten zu kompensieren. Die wirkungsvollen Gemeinheiten und Attacken wirken für den Mobber als kleine Machtbeweise und »kleiner Triumph«. Dieser Faktor könnte erklären, warum es in manchen Mobbingfällen zu einem »Spiel ohne Ende« (vgl. *Neuberger*) kommt. Das Gefühl der Macht, das durch jede erfolgreiche Attacke erzeugt wird, mag für den Mobber so berauschend sein, dass er gleichzeitig mobbt und verhindern muss, dass der Betroffene tatsächlich aus dem Feld geschlagen wird und geht. Dann bewegen wir uns jedoch bereits im Thema psychische Gewalt.

4.3 Mobbing als »Kollateralschaden«

Nicht in jeder Mobbingsituation im Arbeitsleben geht es darum, eine bestimmte Person gezielt zu beschädigen bzw. hinaus zu befördern. Der Begriff »Kollateralschaden« entstammt der militärischen Denkweise. Man bezeichnet damit beispielsweise getötete Zivilisten sowie die Zerstörung eines bedeutenden Kulturdenkmals als unbeabsichtigten, aber hinnehmbaren Nebenschaden einer militärischen Aktion. Auch bei Mobbing gibt es solche Fälle, in denen die gemobbte Person persönlich gar nicht gemeint, sondern beliebig austauschbar ist. Das bewusste Hinausdrängen des Betroffenen ist bei diesen Vorgängen nicht geplant, sondern eher eine Folge dessen, dass die »menschliche Zielscheibe« versucht, der Situation zu entkommen. Hier befinden wir uns bereits im Übergang zur psychischen Gewalt (vgl. Kapitel A. 5.).

4.3.1 Der Sündenbock

In Teams und Abteilungen wird nicht selten eine Arbeitskollegin bzw. ein Arbeitskollege in die Rolle eines Sündenbocks gedrängt. Dieser Person wird in seltener Eintracht der übrigen Beteiligten die Schuld für alle möglichen Fehler und Probleme in die Schuhe geschoben. Darüber hinaus bekommt sie auch noch alle unliebsamen Arbeiten, die sonst keiner machen will, auf-

69

gedrückt. Während für den Betroffen die Situation persönlich immer unerträglicher wird, erfüllt er doch die wichtigste Funktion für die Gruppe: Vermeidung von Konflikten untereinander!

4.3.2 Die persönliche Profilierung auf Kosten eines Opfers

Die persönliche Profilierung auf Kosten eines Opfers ist unter Schülern verbreitet, kommt aber auch im Arbeitsleben vor. Täter sind zunächst einzelne Beschäftigte, die selbst den beruflichen Anforderungen nicht gewachsen sind oder sich in innerer Kündigung befinden. Weil eine Anerkennung über die eigene Leistung nicht realistisch erscheint, versucht man einen alternativen Weg, um sich zu profilieren. Dazu wird eine Person herausgesucht, die in irgendeiner Weise gegen Gruppennormen verstößt, auffällige Merkmale besitzt, kaum soziale Bindungen genießt und möglichst wenig Widerstand erwarten lässt. Dieser Mensch wird dann systematisch gemobbt, wobei der Mobber händeringend nach applaudierendem Publikum Ausschau hält. Dabei versucht der Mobber, möglichst viele andere in die sozialen Übergriffe mit einzubinden. Das angestrebte Ziel ist dabei nicht die Beseitigung des Opfers, sondern die Bildung einer eigenen Fangemeinde, welche durch fortgesetzte Beschädigung des Opfers zusammengehalten und vergrößert werden soll.

4.3.3 Ein Exempel statuieren – ständig!

Die Mobbingkonstellation »Ein Exempel statuieren« wird insbesondere von konfliktvermeidenden Vorgesetzten, aber auch von Lehrern, Dozenten, informellen und formalen Führern in freiwilligen Organisationen u.a. hervorgebracht. Dabei wird ein Mitarbeiter, dem ein besonderer Fehler unterlaufen ist, vor versammelter Mannschaft »fertig macht« und blamiert. Doch damit nicht genug. Diese Ausgangssituation ist nämlich nur ein gefundenes Fressen für den Gruppenleiter. Dieser reitet nun bei jeder passenden Gelegenheit auf diesem Missgeschick herum und zelebriert genussvoll und immer wieder aufs Neue die angebliche komplette Leistungs- oder auch Charakterschwäche dieses Mitarbeiters. In Wirklichkeit geht es der Führungskraft aber gar nicht um diese Person, sondern vielmehr darum, den übrigen Beschäftigten insgeheim deutlich zu machen, was ihnen passieren dürfte, wenn sie sich nicht angepasst verhalten. Es ist ein disziplinarischer Wink mit dem Zaunpfahl.

In der Wirkung entwickelt sich dies für den Betroffenen eindeutig zu Mobbing. Dem Mobber steht die Person des Gemobbten nicht im Weg; vielmehr ist sie ein nützliches Anschauungsmaterial, um die Disziplin hoch zu halten und die eigene Position zu festigen. Die betroffene Person kann auch wechseln, solange zumindest einer die erforderliche Funktion des »dummen Jakob« erfüllt. Das Element der gezielten Entfernung vom Arbeitsplatz aus der Mobbingdefinition ist nicht vorhanden. Wenn der Mobbingbetroffene das Feld räumen will, wird er zum Teil mit versöhnlichem Getue zu einem Bleiben aufgefordert, wobei es nach einer kurzen Erholungsphase in derselben Art weitergeht.

4.4 Bossing – Mobbing durch Vorgesetzte

Es ist unverkennbar und statistisch untermauert, dass Menschen in Vorgesetztenpositionen zu einem weit überdurchschnittlichen Prozentsatz an Mobbingprozessen direkt beteiligt sind oder indirekt mitwirken, indem sie das Mobbing billigend geschehen lassen. Insofern ist der vorangegangene Abschnitt (Kapitel A. 4.3.3) bereits ein plastisches Beispiel für Vorgesetztenmobbing.

Es macht aus unserer Sicht wenig Sinn, neben Mobbing einen eigenen Tatbestand »Bossing« definieren zu wollen. Schließlich unterscheidet sich Bossing von Mobbing weder im Einsatz der Mobbinghandlungen noch bei den Auswirkungen sowie hinsichtlich der Definition. Allerdings ist die Tragweite von Mobbing durch Vorgesetzte größer, die Rettung daraus schwieriger.

4.4.1 Besonderheiten beim Vorgesetztenmobbing

Mobbing durch einen Vorgesetzten kombiniert regelmäßig drei Faktoren, die es für Betroffene weitaus schwerer machen, gesund zu bleiben und sich zu wehren, als es bei den anderen Formen von Mobbing der Fall ist. Die miteinander verwobenen Faktoren sind: regelmäßiger Missbrauch des Weisungsrechts, ergänzt durch destruktive Kritik und angereichert durch das Damoklesschwert einer schlechten beruflichen Beurteilung. Beim Missbrauch des Weisungsrechts geht es darum, dass ein Mitarbeiter dauerhaft und gezielt Mobbinghandlungen ausgesetzt wird, die als normale, sachlich begründete und legitime Handlungsanweisungen eines Vorgesetzten daherkommen. Wir haben diese Form des Übergriffs in Kapitel A. 1.3.1 als »Angriffe gegen die

Arbeitsleistung und das Leistungsvermögen« charakterisiert und umfassend erläutert.

> **Wichtig:**
> Mobbing durch Vorgesetzte kombiniert regelmäßig drei extrem belastende Faktoren für die Betroffenen:
> - Missbrauch des Weisungsrechts
> - Destruktive Kritik
> - Missbrauch des Rechts zur beruflichen Beurteilung

Wenn jede Arbeit eines Mitarbeiters als zu langsam, als nicht richtig, als nicht genau genug und als nicht engagiert genug beurteilt wird – mit anderen Worten: wenn destruktive Kritik angewendet wird – dann geraten Mitarbeiter regelmäßig in völlig absurde und verzweifelnde Situationen. Was gestern als richtig galt, ist heute komplett falsch. Häufig klagen Mitarbeiter:»Egal was ich machte und wie ich es machte – es war hinterher immer falsch.« Systematisch provozierte Überforderungen lassen sich als mangelnde Kompetenz oder Leistungsbereitschaft uminterpretieren. Wenn dann im Mitarbeitergespräch oder bei Zielvereinbarungen die paradoxe Situation für den Mitarbeiter noch gänzlich als dessen Fehler dargestellt wird und zusätzlich in berufliche Schlechtbeurteilung mündet, dann ist der Sack zugeschnürt. Die psychische Belastung der betroffenen Person wächst dadurch ungeheuer.

Mobbing durch Vorgesetzte ist natürlich nicht ausschließlich das Werk von Angstbeißern, gestörten Persönlichkeiten sowie Karrieretypen. Vielmehr stehen die Vorgesetzten selbst unter immensem Druck und sollen die paradoxe Leistung erbringen, in zwei Richtungen alles richtig zu machen. »Führung im Sandwich« lautet eine treffende Charakterisierung dieses Zustands. Vorgesetzte werden nicht selten damit beauftragt, völlig abstrakte, rein rechnerisch bestechende Ziele zu erreichen. Die Hauptverantwortlichen gehen dabei nicht selten nach dem Motto vor:»Ziele setzen und verdünnisieren.« Alleingelassen mit der Verantwortung, nicht erreichbare Ziele mit ausgedünntem Personal anzustreben, ist deren wachsende Tendenz zu Mobbing nachvollziehbar. Vorgesetzte sehen sich zudem selbst in der Rolle, dass sie auch das Unmögliche irgendwie schaffen müssen und Versager sind, wenn Vorgaben nicht umgesetzt werden. Das ist der ideale Nährboden für Burn-out, wie wir inzwischen wissen. Das entschuldigt im Einzelfall nichts, erklärt aber manches.

> **Wichtig:**
> **Vorgesetzte stehen selbst vor teilweise unlösbaren und unversöhnlichen Aufgaben:**
> - abstrakte Zielvorgaben, zum Teil ohne Realisierungschancen
> - Führung im Sandwich
> - chronische Selbstinstrumentalisierung

Eine weitere Vertiefung dieser Sachverhalte würde den Umfang und den Anspruch dieses Ratgebers sprengen. Hier tut sich ein weites Feld für gesellschaftspolitische, juristische und gewerkschaftliche Initiativen auf. Ein letzter Aspekt ist jedoch in Bezug auf Mobbing noch von großer Tragweite.

4.4.2 Struktureller Täterschutz

Kann eine betriebliche Interessenvertretung einen Fall von »Mobbing durch normale Mitarbeiter« zweifelsfrei nachweisen, zeigen sich die zuständigen Personalabteilungen zunehmend bereit, angemessene Maßnahmen einzuleiten. Das ist leider nicht so, wenn es um Mobbing durch einen Vorgesetzten geht!

Diese fatale Erfahrung haben Betriebs- und Personalräte sowie Betroffene in den letzten Jahren immer wieder gemacht. Vorgesetzte, die mobben, genießen offenbar einen besonderen »Welpenschutz«. Sobald einem Vorgesetzten vorgeworfen werden muss, dass er Mobbing betreibt oder betrieben hat, sehen sich die Berater von Mobbingbetroffenen einer weitgehend geschlossenen Phalanx der Führungskräfte gegenüber. Da sagt keiner etwas über den anderen aus. Und gleichermaßen unzugänglich verhalten sich die übergeordneten Stellen in der Regel. Es soll nicht wahr sein, was nicht sein darf.

Selbst dann, wenn eine Führungskraft bereits unternehmensweit als eine schwierige Person bekannt ist, wird mit Worten abgewiegelt: »Den ändern wir nicht mehr.« Wie ist das möglich? Dem Ganzen scheint eine Domino-Theorie des Managements zugrunde zu liegen, die besagt, dass Vorgesetzte die allein tragenden Säulen eines Unternehmens bzw. einer Dienststelle sind. Da sich die Institutionen erdenklich viel Mühe geben, die jeweils kompetentesten Persönlichkeiten in Führungspositionen zu positionieren, käme die »gewaltsame« Herausnahme einer solchen Führungskraft aufgrund von nachgewiesenem Mobbing einer architektonischen Katastrophe gleich. Das ganze System der Hierarchie würde sich infrage gestellt fühlen und die Stabilität der gesamten, systemtragenden Säulensystems könnte, so wird wohl befürchtet, zum Einstürzen gebracht werden.

Besonders schwierig wird es, wenn es sich um einen in der Öffentlichkeit bekannten Vertreter des Unternehmens handelt, also einem Aushängeschild, oder wenn die mobbende Führungskraft einem strategisch oder ökonomisch bedeutenden Teil des Unternehmens vorsteht, also einem Leistungsgaranten. Diesem Personenkreis wird von Seiten der Organisation viel »verziehen«.

Diese etwas ironisch formulierten Hinweise sollen auf den Ernst der Lage aufmerksam machen, wenn es sich um Mobbing durch einen Vorgesetzten handelt. Das soll nicht falsch verstanden werden: Mobbing durch Vorgesetze ist keinesfalls unlösbar. Allerdings müssen der standardmäßig geltende »Welpenschutz« und die phalanxhafte Selbstschutzreaktion der übrigen Vorgesetzten bei der Bearbeitung eines Mobbingfalls als zusätzliche Erschwernisse unbedingt in Rechnung gestellt werden. Es ist teilweise schon grotesk, welche organisatorischen Verrenkungen und welche zusätzlichen Coachings, Meetings und immense Kosten einzelne Unternehmen in Kauf genommen haben, um einerseits die mobbende Führungskraft zu halten und andererseits die Schäden auszugleichen, welche diese Führungskraft angerichtet hat.

5. **Psychische Gewalt**

Nach dem gegenwärtigen Erkenntnisstand tritt Mobbing in erster Linie durch die Anwendung von psychischer (sowie sozialer) Gewalt in Erscheinung. Zwar kommen körperliche und sexuelle Gewalt sowie das Erzeugen von materiellen Schäden als Teil von Mobbing vor; sie sind jedoch Randerscheinungen oder Auswüchse. Allerdings lassen sich die gängigen Definitionen von Mobbing (vgl. etwa *Leymann, Brinkmann, Esser/Wolmerath*) nicht mit jeder beobachtbaren Form von psychischer Gewalt am Arbeitslatz zur Deckung bringen. Deswegen ist es auch zur Erweiterung unseres Buchtitels gekommen.

»Mobbing« fokussiert sich beispielsweise auf das isolierte, unterlegene einzelne Opfer. Tatsächlich finden wir aber durchaus Situationen, in denen eine einzige Person, zumeist in der Führungsposition stehend, eine ganze Abteilung in negativer Weise in Atem hält. Um die Theorie zu retten, hat man sich bisher damit beholfen, hierbei eine Reihe von parallelen Mobbingfällen zu konstruieren; das war jedoch keine wirklich zufriedenstellende Interpretation. »Mobbing« fokussiert sich außerdem auf der chronischen Feindseligkeit und auf das Endergebnis der Beseitigung der Betroffenen. Nicht berücksichtigt wurden dabei solche beruflichen Konstellationen, in denen die Anwender von psychischer Gewalt gleichzeitig alles tun, um ihre Opfer im Feld zu halten. Auch gibt es psychische Gewalt, die nicht systematisch und nicht auf eine einzelne Person konzentriert ausgeübt wird, wie es laut Mobbingdefinition erwartet wird. Viel zu wenig sind bisher Elemente der Verführung sowie Methoden der Verstrickung der Betroffenen berücksichtigt worden, in denen sich psychische Gewalt ebenfalls zeigen kann, ebenso wenig die mentale Desorientierung oder psychische Destabilisierung eines Betroffenen als Selbstzweck oder als Kollateralschaden eines Täters mit Persönlichkeitsstörung.

Aus diesen Überlegungen heraus sehen wir uns veranlasst, ergänzend zu »Mobbing« auch den Begriff der »psychischen Gewalt« zu thematisieren. Wichtige Beobachtungen und Überlegungen dazu lieferte die Autorin Marie-Fance Hirigoyen, die uns mit ihren beiden Veröffentlichungen (2009, 2004) diesbezüglich voraus war. Wir wollen einerseits vermeiden, dass der Begriff

»Mobbing« zu einem Pauschalbegriff wird, der für jede Art von negativem sozialem Umgang herhalten muss, aber andererseits sicherstellen, dass gravierende soziale Übergriffe im Arbeitsleben, die von der Mobbingdefinition nicht abgedeckt werden, trotzdem eine angemessene Berücksichtigung finden. Zum tieferen Verständnis erfolgt zunächst eine kurze Erläuterung der »Gewalt«.

5.1   Was bedeutet Gewalt?

Gewalt bezeichnet die unmittelbare Anwendung von Zwang, der geeignet ist, den freien Willen anderer Menschen zu unterdrücken oder in eine Richtung zu lenken, welche die betroffenen Personen aus eigenem Willen nicht anstreben. Gewaltanwendung ist eine der möglichen Ausdrucksformen von Macht. Wer Macht besitzt, muss jedoch keine Gewalt anwenden; allerdings muss ein Machthaber prinzipiell dazu in der Lage sein. Beispiele für Gewalt am Arbeitsplatz finden sich in der Abb. 11.

Im Deutschen wird die legitime Ausübung von Gewalt sprachlich nur unzureichend von der schädigenden Gewalt unterschieden. Die legitime Anwendung von staatlicher Gewalt, die Durchsetzung rechtlich begründeter Interessen (z.B. Zwangsvollstreckung) sowie die Notwehr als eine legitime Gewaltanwendung zum Schutz des eigenen Lebens heißen ebenso »Gewalt« wie etwa sexuelle Überwältigung oder körperliche Schläge. Unzweifelhaft sind das gesamte Wirtschaftsleben und die Arbeitswelt von Machtbeziehungen durchdrungen, die sich als »strukturelle Gewalt« zeigen. So kann z.B. ein großer Autokonzern mehr Druck auf seine Zulieferer ausüben als dies die Zulieferer gegenüber dem Autokonzern können. Eine auf den ersten Blick legitim erscheinende Gewaltanwendung (z.B. fristlose Kündigung und Hausverbot wegen Diebstahl) kann sich später als illegitim herausstellen (z.B. untergeschobenes Diebesgut, um ein missliebiges Betriebsratsmitglied loszuwerden). Macht ist im Arbeitsleben allgegenwärtig; sie dokumentiert sich u.a. in der unterschwelligen Furcht vor möglichem Verlust des Arbeitsplatzes.

Abb. 11: Beispiele für Gewalt am Arbeitsplatz

- Ein Kollege wird von zwei anderen bedroht und geschlagen
- Einer Mitarbeiterin werden die Reifen ihres privaten PKW zerstochen
- Ein Betriebsratsmitglied wird durch Angehörige des Werkschutzes am Betreten des Betriebsgeländes gehindert

---

Grundsätzlich ist die Möglichkeit zur Anwendung von Gewalt ein existentieller Bestandteil menschlichen Lebens. Es ist ein jedermann prinzipiell zur Verfügung stehendes Mittel und jedem Menschen ein immer drohendes Ereignis. Das Prinzip der Gewaltlosigkeit in zwischenmenschlichen Beziehungen ist erstrebenswert und ermöglicht Kooperation; es ist jedoch keine Selbstverständlichkeit. Dazu erläutert der Soziologe Popitz:

»Der Mensch muss nie, kann aber immer gewaltsam handeln, er muss nie, kann aber immer töten – jedermann. (...) Gewalt ist in der Tat (...) eine Option menschlichen Handelns, die ständig präsent ist.« (Popitz 1986, S. 76)

5.2 Psychische Gewalt am Arbeitsplatz

Psychische Gewalt (vgl. Abb. 12) ist allgegenwärtig im Arbeitsleben. Die meisten Beschäftigten haben sich offenbar daran gewöhnt, nehmen es hin wie das Wetter. Einige unserer Beispiele aus der Abb. 13 dürften in vielen Betrieben und Dienststellen als »normale« Verhaltensweisen gelten. Auch wenn es üblich ist, gibt es für die Anwendung von psychischer Gewalt unserer Ansicht nach keinen legitimen Grund. Die Vorkommnisse haben sicherlich unterschiedliche Tragweite, es handelt sich jedoch stets um schädigende Gewaltanwendung.

Wie schon erwähnt, ist Mobbing immer zugleich psychische Gewalt, aber nicht jede Form psychischer Gewalt ist gleichzeitig Mobbing. Wir möchten mit unseren Erläuterungen dazu beitragen, dass derartige Übergriffe zukünftig ebenfalls wichtig genommen und verhindert werden. Welche Konstellationen umfasst psychische Gewalt über die Mobbingdefinition hinaus?

> **Wichtig:**
> **Besondere Konstellationen bei psychischer Gewalt, die über Mobbing hinausgehen**
> - Eine Person attackiert eine Reihe von Personen oder die komplette Abteilung gleichzeitig
> - Fluktuierende psychische Gewalt (d. h. ständig wechselnde Betroffene)
> - Chaotische, Angst machende, stressige Arbeitsbedingungen aufgrund einer überforderten, beratungsresistenten Führungsperson, die jedoch »von oben« gedeckt wird
> - Ein perverses System der Selbstdarstellung einer Führungspersönlichkeit, die sowohl aggressive als auch zugleich verführerische Elemente enthält und von der Opfern teilweise mitgetragen wird

Wird die psychische Gewalt rein instrumentell eingesetzt, dann soll sich das Opfer in eine Zwangslage versetzt sehen und sich unmittelbar dem Willen des Täters fügen. Im Arbeitsleben recht verbreitet ist die unmittelbare Bedrohung mit Arbeitsplatzverlust, wenn man eine bestimmte Anordnung eines Vorgesetzten nicht folgen will oder die Leistung von Überstunden verweigert.

Eine ebenfalls verbreite Form psychischer Gewalt ist die Unsitte, einzelne Beschäftigte ohne Vorwarnung, aber auch ohne vorherige Aufklärung, worum es gleich gehen soll, zum Vorgesetzten ins Büro zu laden. »Kommen Sie doch mal bitte hoch zum Chef.« Während der Betroffene noch besorgt grübelt, was er denn diesmal falsch gemacht haben soll, sieht er sich beim Eintritt ins Chefzimmer einer ganzen Gruppe von Vorgesetzten mit grimmigen Minen gegenüber. Dabei handelt es sich um eine sehr unangenehme Zwangslage, die für eine Gefügigkeit des Beschäftigten sorgen soll.

Abb. 12: Definition »psychische Gewalt«

Psychische Gewalt bezeichnet den schädigenden Einsatz von Methoden der Kommunikation (verbal, mimisch, körpersprachlich, durch Verhalten),
- um den freien Willen anderer Menschen zu unterdrücken oder in eine Richtung zu zwingen, welche die betroffenen Personen aus eigenem Willen nicht anstreben.

und/oder
- um die Wahrnehmung, das Denken, das Erinnern sowie die emotionalen Reaktionen anderer Menschen mit eigennütziger Zielrichtung sowie zur Selbstaufwertung zu manipulieren.

Das Mittel der Wahl bei der psychischen Gewalt ist das Hervorrufen von Angst in allen Variationen. Weitere typische Methoden sind die gezielte Beschämung, die Verführung, die Verstrickung und die mentale Desorientierung der Betroffenen.

Neben diesen gelegentlichen oder einmaligen Geschehnissen, die mit psychischer Gewalt einhergehen, geraten viele Beschäftigte auch in dauerhafte Belastungssituationen, die denen des Mobbing sehr ähnlich sind und nicht selten vergleichbare Auswirkungen haben.

Abb. 13: Beispiele für psychische Gewalt am Arbeitsplatz

- Herabsetzende Kommunikation mit allen Beschäftigten
- Wiederkehrende, anlasslose Drohung mit dem Verlust des Arbeitsplatzes
- Ankündigung von Personalabbau mit der Aufforderung an die betroffenen Abteilungen, die Abwicklung des Abbaus in »Eigenregie« durchzuführen
- Überrumpelnde, unfaire Durchführung von Personal- und Kritikgesprächen
- Inszenierung einer ausweglosen Situation, um die Unterschrift unter einen Änderungs- oder Auflösungsvertrag zu erzwingen
- Berufliche Erpressung oder Begünstigung für eine bestimmte (z. B. sexuelle, kriminelle) Gegenleistung

---

Dies ist kennzeichnend für psychische Gewalt: Der freie Wille und das persönliche Wertesystem des Menschen, über den psychische Gewalt ausgeübt wird, wird missachtet oder gebrochen. Aber dies muss nicht unbedingt auf eine aggressive Art geschehen, sondern kann auch auf eine charmante, verführerische Weise zustande kommen. So kann die Annahme eines Geschenkes oder eines beruflichen Vorteils im weiteren Verlauf zu einer Komplizenschaft zwingen, aus der es dann kein Entkommen mehr gibt, ohne selbst z. B. arbeitsrechtliche Konsequenzen tragen zu müssen.

Beispiel:

Um die persönliche Anerkennung des Chefarztes nicht zu verlieren, hatten sich einige Beschäftigte der Verwaltung dazu hinreißen lassen, falsche Aussagen über einen Oberarzt, den der Chefarzt loswerden wollte, zu Protokoll zu geben. Weitere unethische Maßnahmen folgten bis zur »erfolgreichen« Entlassung des Oberarztes. Inzwischen sind jedoch die Beschäftigten dermaßen verstrickt, dass sich alle der zunehmenden Willkür des Chefarztes komplett ausgeliefert haben. Nach außen herrscht eine Festungsmentalität, intern traut jedoch keiner mehr keinem. Einige Mitarbeiter haben den Bereich »freiwillig« verlassen, um diesem fatalen Betriebsklima zu entgehen. Der Chef muss inzwischen nur noch mit subtilen Andeutungen agieren, damit ihm seine verbleibenden Mitarbeiter zu Willen sind.

Bei der reinen psychischen Gewalt geht es oft keineswegs darum, eine bestimmte Person aus dem beruflichen Umfeld herauszubekommen (wie es für Mobbing typisch ist), sondern darum, dass der Täter damit versucht, sein eigenes psychisches Gleichgewicht herzustellen und für ausreichend Anerkennung der eigenen Person zu sorgen. Dazu neigen insbesondere Beschäftigte mit einer narzisstischen Persönlichkeitsstörung (Stichwort: selbstverliebt). Ihnen geht es ausschließlich darum, dass das soziale Umfeld an die eigene Großartigkeit und Unfehlbarkeit glaubt. Sie sorgen permanent selbst dafür, verlangen aber auch von den anderen, dass sie die Großartigkeit des Narzissten permanent in Szene setzen.

Narzisstische Persönlichkeiten verteilen gezielt Anerkennung an Personen, die für ihr Fortkommen und ihre Karriere wichtig sein könnten. Es geht ihnen aber eigentlich nur darum, mit dieser oberflächlich verteilten Anerkennung ihrerseits Huldiger und Anbetende zu rekrutieren, denn es fehlt ihnen selbst an etwas Wesentlichem: Einfühlungsvermögen und Mitgefühl für andere.

»Die Verführung (...) ist narzisstisch. Es geht darum, im anderen das einzige Objekt der Faszination zu suchen, nämlich das liebenswürdige Bild seiner selbst.« Tragischerweise werden die Personen, die den Narzissten in seinem übertriebenen Selbstbild bestätigen, nicht wirklich wertgeschätzt. »Denn die Gegenwart des anderen wird als Bedrohung, nicht als Ergänzung erlebt.« (Hirigoyen 2006, S. 116)

Solange das Blendwerk funktioniert, haben alle Beteiligten Vorteile. Sobald jedoch kritische Momente oder sogar Krisen auftreten, setzen eine kollektive Verleugnung und gnadenlose Schuldzuweisungen des Narzissten an Dritte ein.

Typische wäre hier auch chronisches Lügen. So wird einfach in Abrede gestellt, bestimmte Aussagen gemacht oder Anweisungen gegeben zu haben, obwohl jeder Beteiligte vom Gegenteil weiß. Dies wäre ein Beispiel für mentale Desorientierung, der betroffene Kollege ist sich am Ende selbst nicht mehr sicher, was er erlebt hat.

»Es ist dann eine Lüge, die jedem Augenschein spottet. Dennoch überzeugt gerade und vor allem die Lüge, an die der Lügner glaubt. Wie auch immer die Ungeheuerlichkeit der Lüge sein mag, der Perverse steht dahinter und überzeugt den anderen am Ende.« (Hirigoyen 2006, S. 128)

Eine andere Gruppe, die zu psychischer Gewalt neigt, sind Menschen mit paranoiden Persönlichkeitszügen. Sie vermuten beispielsweise überall Intrigen und Stühlesäger. In einem solchen Klima des permanenten Verdächtigseins fühlt sich niemand wirklich zu Hause. Es ist kein Mobbing, weil ja der Verdacht pauschal gegen jedermann im Raume schwebt, aber dennoch ein ausgesprochen schädliches Betriebsklima.

Als letztes Element möchten wir Sie mit dem Begriff der »perversen Kommunikation« bekannt machen, der ebenfalls von Marie-France Hirigoyen stammt. Perverse Kommunikation sei nicht geschaffen, so schreibt sie, um durch Sprechen zu verbinden, sondern um fernzuhalten und jeglichen inhaltlichen Austausch zu unterbinden.

»Die Aggression wird verübt durch die Weigerung; beim Namen zu nennen, was geschieht; zu diskutieren; gemeinsam Lösungen zu finden. Handelte es sich um einen offenen Konflikt, wäre eine Auseinandersetzung möglich, und eine Lösung könnte gefunden werden. Aber nach den Regeln der perversen Kommunikation gilt es vor allem, den anderen am Denken zu hindern, am Begreifen, am Widerstand.« (Hirigoyen 2006, S. 122)

Die Anwendung von psychischer Gewalt ist häufig ein Mittel von gestörten Persönlichkeiten, um die eigenen Ängste zu kontrollieren. Die anderen Mitarbeiter lösen diffuse Befürchtungen aus, weswegen man sie unter Kontrolle bekommen möchte. Dieser Hintergrund macht es nicht weniger grausam oder gefährlich. Andererseits wird psychische Gewalt auch durchaus gezielt als personalpolitisches Mittel eingesetzt oder sie kann Ergebnis verantwortungsloser Toleranz gegenüber fachlich kompetenten, aber sozial toxischen Führungskräften sein.

Wie auch immer, es darf nicht nur lupenreines Mobbing sein, das entschlossene Maßnahmen auf den Plan rufen sollte. Die beruflichen, gesundheitlichen, psychischen und betrieblichen Folgen von psychischer Gewalt sind nicht minder belastend.

B.

No Mobbing!
Die Handlungsmöglichkeiten der betrieblichen Interessenvertretung

In diesem Kapitel geht es um realistische Möglichkeiten der Prävention von Mobbing und psychischer Gewalt am Arbeitsplatz. Wir stellen die drei »Barrieren gegen psychische Gewalt« vor. Mit der ersten Barriere soll das Auftreten von Mobbing im Betrieb soweit wie möglich verhindert werden. Bei der zweiten geht es um ein Frühwarnsystem, das bei Anzeichen von Mobbing sensibel anschlägt und den Betroffenen erste Hilfe zur Verfügung stellt. Bei der dritten Barriere steht der Aufbau von verbindlichen Zuständigkeiten, Strukturen und Verfahren für den Fall von manifestem Mobbing sowie psychischer Gewalt am Arbeitsplatz im Fokus der Betrachtung. Damit kann den sozialen Übergriffen, die sich trotz aller vorbeugenden Anstrengungen nicht vermeiden ließen, im Nachhinein Einhalt geboten und deren soziale, berufliche, organisatorische und gesundheitliche Folgeschäden in Grenzen gehalten werden.

1. Was bringt Vorbeugung?

Das Streben nach möglichst kompletter Verhütung von Gefährdungen und Gefahren prägt den betrieblichen Arbeitsschutz. Wenn wir die im deutschen Arbeitsschutz geltenden Standards vergleichen mit dem bestehenden Schutz gegenüber psychischen Belastungen (z.B. durch Stress), aber insbesondere gegen psychische Gewalt und Mobbing, dann können einem die Tränen kommen. Die Einführung entsprechender vorbeugenden Maßnahmen wird vielerorts gar nicht in Erwägung gezogen – etwa mit der Begründung, dass man doch ein positives Unternehmens-Leitbild hätte. Andererseits haben vor allem Betriebs- und Personalräte sowie Mitarbeitervertretungen in den zurückliegenden Jahren die Initiative ergriffen und dabei unterschiedlichste Erfahrungen machen können.

1.1 Was durch Mobbingprävention bisher erreicht wurde

Die jahrelange Berichterstattung in den Medien hat »Mobbing« zu einem allgemein bekannten Phänomen gemacht. Wir finden es im Duden und bei Wikipedia; es ist ein arbeitsmedizinisch anerkannter Risikofaktor für die Gesundheit. Ein Großteil der Arbeitnehmer hat inzwischen eine elementare Vorstellung davon, was Mobbing ist und welche negativen Auswirkungen damit verbunden sind.

Durch betriebliche Aufklärung ist es gelungen, eine Sensibilität auch bei einem Teil der Vorgesetzten und Führungskräfte herzustellen. Die Bereitschaft ist in den Jahren gewachsen, Mobbing als potentielles Problem im eigenen Unternehmen bzw. in der eigenen Dienststelle anzuerkennen. Von Führungskräften wird kaum noch abgestritten, dass es sich bei Mobbing um ein reales Phänomen handelt. Allerdings wird häufig die Bedeutung für das eigene Unternehmen bzw. für die eigene Dienststelle heruntergespielt nach dem Motto: »Mobbing, ja das gibt es schon, aber nicht bei uns!«

Eine ganz wichtige Rolle bei der betrieblichen Aufklärung haben Betriebs- und Personalräte sowie Mitarbeitervertretungen gespielt. Häufig waren jedoch nur ein oder zwei Mitglieder des jeweiligen Gremiums sehr aktiv, während sich die anderen eher nicht engagierten. Inzwischen wächst die Zahl der Gremien mit dem gemeinsamen betriebspolitischen Ziel, Maßnahmen gegen Mobbing und/oder psychische Gewalt in die Wege zu leiten.

Diese Aktivitäten waren jedoch in Hinblick auf eine komplette Verhinderung von Mobbing nicht besonders erfolgreich. Die positive Wirkung lag eher bei der wirksamen Unterstützung von Beschäftigten, sobald sie von Mobbing betroffen waren. Kein Arbeitnehmer ist einer Mobbingsituation mehr so vollkommen ausgeliefert, wie es noch in den 1990er Jahren der Fall gewesen ist. Das unbegriffene Leiden der Betroffenen hat definitiv ein Ende. Man weiß, dass »es« Mobbing ist, was mit einem da getrieben wird. Jedermann ist klar, dass man sich Hilfe holen muss, um eine solche Situation zu überstehen. Und besonders wichtig ist, dass es für Betroffene nicht mehr so schwer ist, tatsächlich Hilfe zu finden und in Anspruch zu nehmen.

Betriebe und Dienststellen, in denen aktive Mobbingaufklärung betrieben worden ist, können mehrheitlich von der Erfahrung berichten, dass die Dauer und der Schweregrad solcher Fälle abnehmen. Viel öfter werden Mobbingfälle bereits in der Phase des Entstehens gemeldet, sodass hier die Zahl ausgewachsener, langjähriger Mobbingfälle zurückgeht.

Wir können also davon ausgehen, dass die bisherige Mobbingprävention zwei wichtige Etappen hinter sich hat: erstens eine allgemeine Aufklarung darüber, dass es Mobbing tatsächlich gibt, und darüber, was Mobbing (in etwa) ist. Zweitens hat sie dazu beigetragen, dass sich kompetente Ansprechpartner für Betroffene herangebildet haben und deren Zahl zugenommen hat.

1.2 Grenzen der Mobbingprävention

Vorbeugende Maßnahmen haben Grenzen. In Bezug auf das Thema dieses Buches wollen wir es so ausdrücken: Es gibt keine »Schutzimpfung« mit lebenslanger Immunisierung gegen Mobbing & Co.

In den 1990er Jahren gab es diese Hoffnung. Man glaubte, mit umfassender Aufklärung das Phänomen Mobbing in einem überschaubaren Zeitraum gegen Null fahren zu können. *Leymann* schrieb: »*So schrecklich auch manche Fälle sich darstellen, so einfach ist es in Wahrheit, Mobbing und Psychoterror am*

Arbeitsplatz zu unterbinden. Man muss nur früh genug damit anfangen – und es dann auch wirklich wollen« (*Leymann* 1993, S. 12).

Nahezu 20 Jahre später gibt es trotz einer großen Medienpräsenz und ungezählten Anti-Mobbingaktivitäten offensichtlich *nicht weniger* Mobbingfälle als damals. Und das dürfte nicht am fehlenden guten Willen der Protagonisten liegen. Was sind die Gründe dafür, dass es zu keiner deutlichen Verminderung des Mobbing in den Betrieben und Dienststellen gekommen ist?

1. Es gibt ausreichend strukturelle Gründe in unserer Arbeitswelt, die den Nährboden für Mobbing und psychische Gewalt immer wieder aufs Neue bereiten.

   Einige Stichworte für diese strukturellen Gründe seien an dieser Stelle genannt: kontinuierliche Arbeitsverdichtung; permanente Reorganisation; ständiges Beweisenmüssen der eigenen Arbeits- und Einsatzfähigkeit (sog. Beschäftigungswürdigkeit); chronische unterschwellige Angst vor einem Arbeitsplatzverlust; Konflikte; Rendite-Dominanz. Es scheint, dass die Faktoren, welche Mobbing nahelegen, eher zunehmen. Außerdem dürfen wir nicht die Augen davor verschließen, dass einzelne Menschen im Arbeitsleben immer bereit sind, unfaire bis kriminelle Aktivitäten an den Tag zu legen – sei es zum Erhalt der eigenen beruflichen Existenz, zum Vertuschen von Fehlern und eigener Inkompetenz, zur Durchsetzung egoistischer Motive oder zur Statusmehrung.

   Der ursprüngliche Maximalanspruch an die umfassende Wirkung von betrieblicher Mobbingaufklärung war demzufolge unrealistisch. Das Fazit daraus lautet: **Mobbing-Prävention ist keine einmalige, sondern eine dauerhafte Aufgabe.**

2. Alle Überlegungen, Mobbing einer gesetzlichen Regelung zuzuführen, sind bisher im Sande verlaufen.

   Die rechtliche Situation in Deutschland bleibt weiterhin unbefriedigend. Betroffene und deren Interessenvertreter sehen oftmals davon ab, mit rechtlichen Mitteln gegen akutes Mobbing vorzugehen. Denn viel zu hoch sind die juristischen Hürden, die es zu überwinden gilt. Dies ist auch der wesentliche Grund dafür, dass Mobbing-Klagen in der Regel der Erfolg versagt ist. Es ist daher durchaus die Schlussfolgerung berechtigt, dass der bzw. die Mobber in den allermeisten Fällen ungeschoren davonkommen. Auch könnte man den Eindruck gewinnen, dass der bundesdeutsche Gesetzgeber die Mobbingproblematik in der bundesdeutschen Arbeitswelt billigend in Kauf nimmt. Schließlich hat er bislang vor allem davon Abstand genommen, Mobbing unter Strafe zu stellen.

Das sich daraus abzuleitende Fazit lautet: **Mobbing-Prävention darf keine bloß betriebliche Veranstaltung bleiben.**

1.3 Mobbingprävention im Jahr 2011

Betriebs- und Personalräte sowie Mitarbeitervertretungen werden weiterhin eine entscheidende Rolle bei der Vorbeugung bzw. Abwehr von Mobbing und psychischer Gewalt spielen. Es macht allerdings keinen Sinn, eine dramatisierende Aufklärung nach dem Motto:»Mobbing ist etwas ganz Schlimmes!« zu betreiben. Das weiß inzwischen jeder. Vielmehr kommt es darauf an, das Interesse für das Thema wach zu halten. Dies ist angesichts der allgemeinen Informationsüberflutung eine Herausforderung. Wichtig ist es, den jeweils erforderlichen Informationsbedarf der Belegschaft herauszufinden und zu bedienen. Ein interessierendes Thema ist beispielsweise die Grenzziehung zwischen »Mobbing« und »Konflikt«. Das Vorgesetztenverhalten dürfte ohnehin vielerorts ein betrieblicher Dauerbrenner sein (s. a. Abb. 14).

Abb. 14: Überblick über aussichtsreiche Präventionsmaßnahmen

- Aufklärung über Mobbing und psychische Gewalt
  Unterstützung für Risikogruppen (z. B. Auszubildende, ältere Arbeitnehmer)
- Sensibilisierung und Qualifizierung von Führungskräften und Vorgesetzten
- Einrichten eines betrieblichen Frühwarnsystems
- Einrichten eines Systems von Ersthelfern für psychische Gewalt und/oder Mobbing
  Betriebliches Beschwerde- und Konfliktmanagement
- Schaffung von Verbindlichkeit mittels einer entsprechenden Betriebs- bzw. Dienstvereinbarung (z. B. »Fairer Umgang im Betrieb«)

1.3.1 Aufklärung über Mobbing und psychische Gewalt

Heute empfiehlt sich eine sachliche, detaillierte Information über wichtige, wenig bekannte Aspekte von Mobbing und über das besondere Thema der psychischen Gewalt. Man muss bedenken, dass Informationen einen Neuigkeitswert haben müssen, wenn sie auf Interesse stoßen sollen. Die grundlegenden Eckpunkte über Mobbing dürften inzwischen allgemein bekannt sein; Aufklärung darf nicht langweilen. Eine dramatisierende oder moralisch empörte

85

Berichterstattung hat ohnehin ausgedient. Die Darstellung der unterschiedlichen Erscheinungsformen von Mobbing oder etwa über die emotionalen Fallen, in die Betroffene von psychischer Gewalt stolpern können, kann hilfreich sein. Der Hinweis, dass man sich möglichst schnell an eine Person des Vertrauens wenden und nicht versuchen sollte, das Problem allein auszusitzen, kann nicht oft genug gegeben werden. Der Unterschied, was ein Konflikt ist und wann bzw. wie Mobbing beginnt, ist für viele Beschäftigte eine wichtige Frage. Wichtig bleibt auch weiterhin die Information, an welche Personen und Institutionen man sich im (Verdachts-)Fall betriebsintern sowie extern vertrauensvoll wenden kann.

Auszubildende sollten eine besondere Zielgruppe der Mobbingprävention sein, insbesondere, wenn es eine größere Zahl von Auszubildenden gibt. Viele Jugendliche bringen leider eine »Mobbing-Vorgeschichte« aus der Schule mit in den Betrieb bzw. in die Dienststelle – sei es als Opfer, sei es als Täter. Die Gefahr ist deshalb groß, dass es zu Beginn des Arbeitslebens eine unrühmliche Fortsetzung gibt. In Gruppen von Jugendlichen gestaltet sich das Mobbing zumeist als gruppendynamische Aktivität. Es bedarf eines sensiblen, aber auch entschlossenen Vorgehens, um die Jugendlichen einerseits zu »erreichen«, andererseits Mobbingübergriffe einzudämmen und betroffene Auszubildende zu schützen. In solchen Konstellationen sollte es eine enge Kooperation zwischen der Jugend- und Auszubildendenvertretung (JAV) und dem Betriebs- bzw. Personalrat, aber auch mit den Ausbildern und den Auszubildenden geben.

Die betriebliche Interessenvertretung sollte ermitteln, ob es womöglich Risikogruppen im Betrieb bzw. in der Dienststelle gibt. Das können im konkreten Einzelfall ältere oder schwerbehinderte Arbeitnehmer oder Beschäftigte mit einem Migrationshintergrund sein. Denkbar sind auch spezielle Aufklärungsmaßnahmen etwa für Quereinsteiger, Leiharbeitnehmer oder erstmalig in eine Führungsposition gelangte Arbeitnehmer. Der Betriebs- bzw. Personalrat kann hier eine eigenständige Aufklärungsarbeit in Form von Gesprächsangeboten machen oder auf den Arbeitgeber einwirken, dass sich dieser entsprechend positioniert. Aufklärungsarbeit muss heute mehr ins Detail gehen und spezifisch auf bestimmte Beschäftigtengruppen zugehen.

Selbstverständlich kann man das Thema Mobbing und/oder psychische Gewalt auch auf einer Betriebs- bzw. Personalversammlung ansprechen. Das ist nützlich, um das Thema im Bewusstsein der Belegschaft wach zu halten. Ratsam ist es insbesondere dann, wenn es aktuelle Probleme gibt und von der Arbeitgeberseite wenig oder keine Unterstützung kommt.

1.3.2 Sensibilisierung und Qualifizierung von Vorgesetzten

Die wohl wichtigste betriebliche Zielgruppe für die Verhinderung von Mobbing sind die Vorgesetzten auf allen Ebenen.

Vorgesetzte sind eine zahlenmäßig beachtliche Gruppe, die einerseits mit ihrem Vorbildverhalten einen positiven Einfluss auf das Betriebsklima ausüben, andererseits kraft des Arbeitgeberrechts soziales Fehlverhalten sanktionieren können. Man darf dabei allerdings die Tatsache nicht aus den Augen verlieren, dass Vorgesetzte in sehr vielen Mobbingfällen in irgendeiner Form involviert sind, entweder als Täter, als (versagende oder überforderte) Beschwerdestelle oder als ignorante Möglichmacher.

Die vornehmliche Aufgabe des Betriebs- bzw. Personalrats besteht darin, auf den Arbeitgeber Einfluss zu nehmen, geeignete Qualifizierungsmaßnahmen für Vorgesetzte (etwa im Rahmen der innerbetrieblichen Fortbildung) durchzuführen. Einige Arbeitgeber sind sogar schon einen Schritt weiter und legen ein besonderes Augenmerk auf die soziale Kompetenz: Voraussetzung für eine Beförderung ist bei ihnen der Nachweis einer Qualifizierung im Konfliktmanagement und/oder zu Mobbing. Auch wenn die Führungskräfte entsprechend geschult sind, darf die Interessenvertretung das eigene Engagement nicht zurückfahren, nach dem Motto: »Für Mobbing sind jetzt die Vorgesetzten zuständig!« Das hieße, den Bock zum Gärtner zu machen.

Selbstverständlich sind bei den Vorgesetzten Führungsqualitäten gefordert: Sie müssen in die Lage versetzt werden, Tendenzen von Mobbing und psychischer Gewalt in ihrem Verantwortungsbereich frühzeitig zu erkennen. Sie sollen einfühlsam auf Beschwerden und Hinweise ihrer Untergebenen reagieren können und müssen die Bereitschaft sowie Kompetenz entwickeln, beim Auftauchen derartiger Übergriffe zeitnah praktisch und konsequent einzugreifen. Ganz im Gegensatz zu den berühmten »Drei Affen« sollten Vorgesetzte also hinsehen, zuhören und die Missstände verantwortungsbewusst ansprechen.

Vorgesetzte sollten unbedingt dafür sensibilisiert werden, dass für einen durchschnittlichen Arbeitnehmer das böse oder abfällige Wort seines Vorgesetzten viel schwerer wiegt als das eines gleichgestellten Arbeitskollegen. Ein bedeutsamer Teil von Stress und mangelnder Arbeitszufriedenheit der Beschäftigten hat seine Ursache in einem nicht angemessenen kommunikativen Führungsverhalten der direkten Vorgesetzten. Kommunikative Nachlässigkeit, Ignoranz oder Böswilligkeit von Vorgesetzten wirken sich nicht 1:1 auf die hierarchisch untergeordneten Mitarbeiter aus, sondern mit »Hebelwirkung«. Es ist nicht ungewöhnlich, dass sich Mitarbeiter über »Mobbing« des Vorgesetzten beschweren, während dieser Vorgesetzte meint, er hätte seine Mitarbeiter nur ein wenig auf Trab bringen müssen.

Das Thema stößt auf eine größere Akzeptanz, wenn man nicht nur das negativ besetzte Stichwort »Mobbing« zur Sprache bringt, sondern zugleich positiv besetzte Ziele (z. B. gute Führung, Mitarbeitermotivation, Verbesserung des Betriebsklimas) damit verbindet. Allerdings muss darauf geachtet werden, dass die negativen sozialen Übergriffe, um deren Abwendung es ja eigentlich gehen soll, vor lauter positiven Zielsetzungen nicht unter den Tisch fallen. Wichtig zu kommunizieren ist, dass ein offenes und kompetentes Umgehen mit dem Thema Mobbing zugleich positive Entwicklungen fördert. Sich als Führungskraft dem Thema offensiv zu stellen bedeutet:

- es trägt zur Verbesserung des sozialen Miteinanders und des Betriebsklimas bei;
- es ist ein Zeichen von Führungsqualität (und nicht von Führungsschwäche);
- es stärkt die Autorität der Vorgesetzten (und untergräbt sie keineswegs);
- es hebt das Image des Unternehmens bzw. der Dienststelle für Außenstehende (z. B. als Ausdruck der Einhaltung von sozialen Standards).

Ein besonders schwieriges Kapitel bei der Sensibilisierung von Vorgesetzten dürfte die allgemein anzutreffende Tendenz unter Führungskräften sein, sich gegenseitig »Deckung« zu geben, sobald Kritik oder Vorwürfe von »unten« geäußert werden. Nicht wenige Mobbingfälle endeten deswegen zu Lasten des Mobbingbetroffenen, weil Vorgesetzte nicht bereit sind, Zivilcourage gegenüber ihnen hierarchisch gleichgestellten Vorgesetzten zu zeigen.

1.3.3   Einrichten eines Frühwarnsystems

Vergleichbar mit dem »Tsunami-Frühwarnsystem« im Indischen Ozean, kann die betriebliche Interessenvertretung dafür sorgen, dass sie an möglichst vielen Positionen im Unternehmen Kontakt mit Menschen knüpft, die sensibel auf soziale Missstände reagieren und Meldung machen, wenn Mobbing und/oder seelische Gewalt aufgetreten sind. Die eigenen Ressourcen des Gremiums können ebenso genutzt werden wie etwa der betriebsärztliche Dienst, die eventuell vorhandene Sozialberatungsstelle, Mitarbeiter der Personalverwaltung bzw. der Personalentwicklung, Fachkräfte für Arbeitssicherheit sowie alle interessierten Beschäftigten in dem Betrieb bzw. in der Dienststelle.

Das sorgfältige Umgehen mit einem derartigen Meldesystem ist sehr wichtig, damit es nicht für Bespitzelungen sowie Denunziationen missbraucht werden kann. Diese Gefahr schließt man aus, wenn umgekehrt ein großes Netzwerk von kompetenten und vertrauenswürdigen Ansprechpartnern gebildet wird, an welche sich jeder Beschäftigte zwecks Beratung und Hilfe wenden kann. Manche Unternehmen sowie Dienststellen haben eine anonyme Hotline zu einer anonymen Beratungsstelle eingerichtet, an die sich alle Beschäftigten bei Sorgen jeder Art wenden können.

2. Die Mobbingbeauftragten – »Ersthelfer« bei Mobbing und psychischer Gewalt

Die wichtigste und wirksamste soziale Erfindung im Zusammenhang mit der Verhütung von Mobbingkatastrophen in den Betrieben und Dienststellen dürfte die des »Mobbingbeauftragten« bzw. des »betrieblichen Konfliktlotsen« sein. Mobbingbeauftragte sind im Prinzip nicht geeignet, das Auftreten von Mobbingfällen generell zu verhindern. Ihre besondere Bedeutung liegt vielmehr darin, dass sie jederzeit angesprochen werden und dadurch eine unkontrollierte Eskalation ausbremsen sowie die drohende seelische Zerstörung von Betroffenen weitgehend verhindern können. Das ist kein unerheblicher Fortschritt gegenüber den 1990er Jahren, in denen Mobbingbetroffene der destruktiven Wirkung ohne kompetente Hilfe ausgeliefert waren.

2.1 Die Entwicklung einer Idee

Als Mobbing zu Beginn der 90er Jahre anfing, in das Bewusstsein der Öffentlichkeit einzudringen, waren es insbesondere Betroffene, die sich aus naheliegenden Gründen intensiv mit dem Thema beschäftigten und welche die gerade herausgegebenen Bücher, Zeitungsartikel und Fernsehberichte quasi aufsaugten. Engagierte Menschen vor allem aus den Bereichen von Kirche und Gewerkschaft bauten erste regionale und überregionale Strukturen auf, in denen Informationen, Rat und Hilfe zur Verfügung gestellt wurden. Bundesweit bekannt wurde unter anderem schon recht früh das Hamburger Mobbingtelefon. Doch das positive innerbetriebliche Echo blieb schwach. Die meisten Arbeitgeber leugneten die Existenz von Mobbing und taten kund: »Mobbing? Das gibt es nicht!« Entsprechend zurückhaltend war das Engagement den Personalabteilungen. So blieb die Suche nach Hilfe innerhalb des Unternehmens bzw. der Dienststelle für Betroffene allzu oft erfolglos.

Nach *Heinz Leymann* (1993) sollten Maßnahmen gegen Mobbing in erster Linie vom Management getroffen werden. Aufgrund seiner negativen Erfahrungen mit Gewerkschaftsvertretern in Schweden empfahl er den deutschen Interessenvertretern, sich komplett aus den Mobbingkonflikten vor Ort heraus-zuhalten und lieber für allgemeine Aufklärung zu engagieren. In dieser Tradition entwickelten *Ralf Brinkmann* (1995) und andere Autoren ausgefeilte Vorschläge für Vorgesetzte als Konfliktmanager bei Mobbing, die in der Praxis allerdings keinen erkennbaren Widerhall fanden. *Martin Resch* empfahl dagegen schon 1994 »eine Vertrauensperson im Betrieb zu suchen und sie zu informieren. Diese Person könnte in einer späteren Phase ein wichtiger Ratgeber und Zeuge sein.« Die Rolle der Interessenvertretung sah er für den Fall, dass andere be-triebliche Akteure versagen, in einer strikt neutralen Konfliktmoderation. *Brigitte Huber* erwähnt im Jahr 1994 erstmals den »Mobbingbeauftragten« in Analogie zum Suchtbeauftragten, ohne jedoch inhaltlich in die Tiefe zu gehen.

Abb. 15: Bezeichnungen für Konflikt-Ersthelfer und -stellen

- Ansprechpersonen
- Betriebliche Ansprechpartner
- Betriebsklima-Referent
- Fairnessbeauftragte
- Konfliktbeauftragte
- Konfliktlotsen
- Konflikt-Ombudsmann
- Person des Vertrauens

- Konflikt-Rat
- Betriebliche Beratungsstelle
- Betriebliche Beschwerdestelle
- Mobbingkommission
- Konfliktkommission
- Clearingstelle
- Betrieblicher Vermittlungsausschuss
- Runder Tisch

Es lag also etwas in der Luft. Es gab objektiv ein Erfordernis, dass sich irgendwer für die Mobbingbetroffenen als Ansprechpartner und Unterstützer zur Verfügung stellt. Die Vorgesetzten als Funktionsgruppe haben die ihnen zugedachte Rolle als Mobbingschlichter zu keinem Zeitpunkt übernommen. Faktisch kristallisierten sich alternative Akteure heraus: innerbetriebliche Sozialberatungsstellen, engagierte Betriebsärzte und vor allem die Betriebs-und Personalräte sowie Mitarbeitervertretungen. Letztere agierten jedoch nur selten als Ganzes. Vielmehr waren es einzelne, sozial stark engagierte Betriebs-und Personalratsmitglieder sowie Mitarbeitervertreter, denen die Rolle eines Mobbingbeauftragten quasi auf den Leib geschnitten schien. Mobbingbetroffene an Arbeitsplätzen ohne solche Interessenvertreter blieben – und bleiben es auch noch heute – auf regionale Beratungsstellen angewiesen.

Mit den beiden Kapiteln »Die Mobbing-Sprechstunde« und »Die Mobbing-Analyse« hatten wir es im Jahr 1997 in der ersten Auflage dieses Ratgebers gewagt, eine Aufgabenbeschreibung, ein Anforderungsprofil sowie ausführliche Handlungsanleitungen für diejenigen zu verfassen, die Mobbingbetroffenen systematisch helfen wollen. Wir positionierten uns damals gegen den Trend mit der These, dass man kein psychologischer Experte sein muss, um Mobbingbetroffene kompetent beraten und unterstützen zu können. In den ältesten Betriebs- und Dienstvereinbarungen zu Mobbing (ab 1996) werden noch keine speziellen Ansprechpersonen benannt, sondern nur die »üblichen Verdächtigen«, an die man sich mit seiner Beschwerde wenden kann: der Vorgesetzte sowie der Betriebs- bzw. Personalrat. Es ist erfreulich, dass inzwischen die Benennung einer speziellen Anlaufstelle (z. B. betriebliche Beratungsstelle) oder von einzelnen Mobbingbeauftragten zur Standardausstattung der meisten Vereinbarungen gehört (s. a. Abb. 15, s. S. 91).

Einzelne Betriebe sowie Dienststellen haben sich dazu entschieden, eine zentrale betriebliche Anlaufstelle für Mobbingbetroffene einzurichten. Typischerweise arbeiten dort eine gewisse Anzahl von Konflikt-Beauftragten zusammen. Die Zusammensetzung ist im Allgemeinen paritätisch, d. h., die eine Hälfte der Mitglieder wird vom Betriebsrat entsandt, die andere Hälfte wird von der Geschäftsleitung bestellt.

Wichtig:
Der Betriebs- bzw. Personalrat muss sorgfältig abwägen, wo die betriebliche Anlaufstelle für Mobbingbetroffene (der »Mobbingbeauftragte«) in rechtlicher Hinsicht angesiedelt sein soll.

Es ist natürlich besser, wenn die Mobbingbeauftragten nicht als »Einzelkämpfer« agieren müssen. Zum einen können die Ratsuchenden auswählen, wem sie das Vertrauen schenken wollen, zum anderen haben die Mobbingbeauftragten die Möglichkeit zur gegenseitigen Unterstützung und zur kollegialen Supervision. Dann ist es auch möglich, Problemfälle gemeinsam zu betreuen. Allerdings hängt die Realisierung solcher Strukturen auch von der Betriebsgröße ab. Die vorgenannten Beschwerdestellen sind heute zunehmend auch für Beschwerden nach dem Allgemeinen Gleichbehandlungsgesetz zuständig. Das bietet sich vor allem mit Blick auf die Entscheidung des *BAG* vom 25. 10. 2007 (vgl. Kapitel A. 1.1) an.

2.2   Die Funktionen der »Mobbingbeauftragten«

Mobbingbeauftragte, Konfliktlotsen, Fairnessbeauftragte, Vertrauenspersonen – ganz gleich wie sie genannt werden; ihnen kommen eine spezielle Rolle im Unternehmen bzw. in der Dienststelle und besondere Funktionen für die Mobbingbetroffenen zu. Hierzu gibt es teilweise geschriebene Regeln in der betreffenden Betriebs- bzw. Dienstvereinbarung, teilweise haben sich auch eine Reihe von impliziten, ungeschriebenen Aufgaben herauskristallisiert.

Allein die gewählte Namensgebung setzt bereits Zeichen. »Mobbingbeauftragter« hat in jedem Fall einen demonstrativen, manchmal sogar provokativen Charakter. Hier wird deutlich gemacht: Es geht um Mobbing im eigenen Unternehmen! »Fairnessbeauftragter« steht mehr für einen Gesamtauftrag im Sinne von partnerschaftlichem Verhalten am Arbeitsplatz. Bei »Konfliktlotse« wird die wegweisende oder begleitende Rolle für die Konfliktbearbeitung betont; eine dirigierende Konfliktregulierung wird ausgeschlossen. Mit der sehr neutralen Formulierung »Ansprechperson« wird wohl versucht, die innewohnende Brisanz herunterzuspielen. In diesem Ratgeber verwenden wir ganz bewusst den Begriff des Mobbingbeauftragen, um die Brisanz des Arbeitsauftrags deutlich herauszustellen: Es geht auch um Mobbing, psychische Gewalt und schwerste Konflikte.

In der betrieblichen Praxis ist gleichwohl zu empfehlen, eine Namensnennung wie »Konfliktbeauftragter« oder »Fairnessbeauftragte« zu wählen. Schließlich kann der Begriff »Mobbingbeauftragter« für Mobbingbetroffene und andere Ratsuchende eine Hemmschwelle sein. Wer sich dabei beobachtet fühlt, den Mobbingbeauftragten aufzusuchen, der befürchtet vielleicht, viel zu früh schlafende Hunde zu wecken und dadurch erst recht Mobbingangriffen ausgesetzt zu werden.

Welche **betrieblichen Funktionen** erfüllen nun Mobbingbeauftragte?

- **Botschafter für No-Mobbing:** Wie ein Leuchtturm, der die Hafeneinfahrt markiert, stehen die Mobbingbeauftragten als ein Signal für den ausdrücklichen Willen des Betriebs- bzw. Personalrats sowie des Arbeitgebers, im Betrieb bzw. in der Dienststelle Mobbing nicht zu tolerieren. Die Botschaft lautet: Das Problem wird ernst genommen, eine wirksame Unterstützung ist in erreichbarer Nähe und ein fairer Umgang am Arbeitsplatz ist unsere Richtschnur.

- **Info-Hotline** für das Thema Konflikt: Beim Mobbingbeauftragten kann jeder Beschäftigte unverbindlich die ihn bewegenden Fragen zu Mobbing, Konflikten sowie Meinungsverschiedenheiten an seinem Arbeitsplatz oder auch ganz allgemein loswerden: Wie soll ich ein Ärgernis ansprechen? Ist das schon Mobbing? Soll ich mich entschuldigen? Was soll ich tun, wenn die Kollegin schon seit einer Woche nicht mehr mit mir redet. Zur Funktion der Info-Hotline gehört auch die Kenntnis von weiterführenden Adressen und Informationsquellen. Die Konfliktkompetenz der meisten Beschäftigten ist begrenzt; das Bedürfnis, mit jemand Neutralem über solche Situationen und deren Bereinigung zu sprechen, ist groß. Zwischenmenschliche Unstimmigkeiten sind Sand im Getriebe der betrieblichen Abläufe; die Zeit für eine neutrale Klärung dürfte sich schnell amortisieren.

- **Falschmeldungs-Filter:** Gelegentlich ist der subjektive Eindruck, gemobbt worden zu sein, bei genauerer, objektiver Betrachtung des Sachverhalts nicht aufrecht zu halten. Das Wort Mobbing ist inzwischen in die Alltagssprache übergegangen und wird deswegen auch immer wieder leichtfertig oder sogar überbesorgt verwendet. Insofern ist es hilfreich, wenn Beschäftigte sich zunächst an den Mobbingbeauftragten wenden, um dort ein Feedback zu ihrer Konflikt-Situation zu erhalten, bevor sie in ihrem Arbeitsbereich agieren. Denn ist erst einmal das Wort »Mobbing« – egal ob berechtigt oder nicht – in einer Abteilung gefallen, dann verhärten sich dort unweigerlich die Fronten.

- **Ersthelfer:** Mobbingbeauftragte verfügen über das Image eines unkompliziert erreichbaren, vertrauensvollen, innerbetrieblichen Ansprechpartners für alle Arten von Konflikten sowie bei sozialen Übergriffen. Eine besondere Bedeutung hat die Gewährleistung der absoluten Verschwiegenheit gegenüber Dritten, dass eine Beratung überhaupt stattgefunden hat und was Gegenstand einer solchen gewesen ist.

  Mobbingbeauftragte wirken als erste Ansprechpartner, wenn jemand sozial ausgegrenzt wird oder sich gemobbt oder diskriminiert fühlt. Man kann sie auch um Rat und Unterstützung bitten, wenn man sich unsicher ist, wie man einen Konflikt austragen soll. Beschäftigte können sich an die Mobbingbeauftragten wenden, bei ihnen einfach mal das Herz ausschütten, Sorgen mitteilen, ein unverstandenes Problem schildern. Die Metapher »Ersthelfer« soll deutlich machen, dass die Mobbingbeauftragten sich als erste Ansprechpartner, als Ratgeber, gegebenenfalls auch als Trostspender verstehen, die auf eine persönliche Anfrage hin tätig werden. Dabei ist ausdrücklich vorgesehen, dass der Konfliktlotse auch für ein einziges Gespräch in Anspruch genommen werden kann, bei dem sich ein Betroffener zu einem ihn bewegenden Problem gedankliche oder gefühlsmäßige Klarheit verschaffen möchte.

  Wird der Mobbingbeauftragte nur als »Ersthelfer« in Anspruch genommen, dann möchte ein Betroffener zunächst ausschließen, dass er sich unmittelbar in ein offizielles Konfliktbearbeitungsverfahren begeben muss. Allerdings kann sich die Aufgabe des Mobbingbeauftragten auch deutlich erweitern, was von den Wünschen des Betroffenen und von der Art des Konflikts abhängt.

- **Konfliktlotse:** In dieser anspruchsvollen Funktion beraten und unterstützen die Mobbingbeauftragten den Ratsuchenden in allen Fragen der Konfliktbewältigung bzw. Mobbingabwehr. Das beginnt bei der gründlichen Analyse des Problems und setzt sich bei der Planung fort, wie die Konfliktbewältigung rein praktisch in Angriff genommen werden kann. Manchmal bleiben die Mobbingbeauftragten im Hintergrund, übernehmen eher die Rolle eines Coaches und bieten auf diese Weise Rückhalt für die selbstverantworteten Lösungsschritte eines Betroffenen. Typischerweise vermitteln sie häufig durch getrennte Gespräche bei den Konfliktparteien, bevor eine gemeinsame Klärung versucht wird. In anderen Fällen begleiten und unterstützen sie den Betroffenen in allen Konfliktaussprachen durch ihre persönliche Anwesenheit. Sie treten dann als »Person des Vertrauens« oder »sozialer Anwalt« in Erscheinung. Die gleichzeitige Wahrnehmung der Funktion eines neutralen Schlichters ist damit jedoch ausgeschlossen. Im Bedarfsfall übernehmen die Mobbingbeauftragten die Federführung bei der Einberufung eines runden Tisches.

- **Konfliktmoderator:** In dieser Funktion treten Mobbingbeauftragte als direkte Vermittler zwischen den Beteiligten sowie zuständigen Vorgesetzten und als Moderatoren in Konfliktgesprächen auf. Hier gelten sie als »Herren des Verfahrens«, sind für die Bewältigung des Mobbingproblems vorschlagsberechtigt und können auch die Teilnahme an diesen Gesprächen für alle Beteiligten verbindlich machen.

Durch die Mitwirkung von Mobbingbeauftragten gelingt es zunehmend, Mobbing und schwerwiegende Konflikte in einer zufriedenstellenden Weise zu Ende zu bringen. Es ist eine anspruchsvolle, aber auch ein sehr befriedigende Aufgabe.

2.3 Konfliktkommission mit »robustem Mandat«

Die Arbeitgeberseite hat ein berechtigtes Interesse daran, dass sich Konfliktlösungsverfahren nicht endlos hinziehen und zu psychologisierenden »Quatschbuden« verkommen. Insofern haben sich Regelungen bewährt, die auf eine zügige Abarbeitung hinzielen und Zuständigkeiten eindeutig regeln. Mit Rückendeckung der Regelungen in der Betriebs- bzw. Dienstvereinbarung sind Teilnahme, Mitwirkung der mittelbar Beteiligten sowie die Zielorientierung des Vorgehens verpflichtend. Insofern es sich um die Bewältigung eines normalen Konflikts handelt, können die Prinzipien einer Mediation (z. B. Freiwilligkeit der Teilnahme, Unparteilichkeit des Mediators) angewandt werden. Bei vorliegendem Mobbing, sexueller Belästigung, Diskriminierung sowie psychischer Gewalt wäre ein derartiges, scheinbar neutrales Vorgehen schädlich, würde es doch den Tätern in die Hände spielen und aus der Verantwortung entlassen. Hier sollte die Konfliktkommission tatsächlich mit einem robusten Mandat ausgestattet sein, d. h. verbindliche Teilnahme und Mitwirkung sichern, konkrete, umsetzbare Lösungen erarbeiten und den Entscheidungsträgern zur Umsetzung empfehlen – was im Einzelfall auch arbeitsrechtliche Sanktionen beinhalten kann.

2.4 Unternehmensleitbild statt Betriebs- bzw. Dienstvereinbarung?

In vielen Unternehmen und Dienststellen gibt es Leitbilder. Mit Hinweis auf die Existenz eines positiv formulierten Leitbildes schmettern Geschäftsführungen sowie Dienststellenleitungen gelegentlich den Wunsch der Interessenvertretung nach Abschluss einer Betriebs- bzw. Dienstvereinbarung »Mobbing« ab. Das braucht sich das Gremium nicht gefallen zu lassen. Erstens ist nicht jedes Leitbild so positiv und unproblematisch, wie es eine Geschäftsführung bzw. Dienststellenleitung gerne darstellt. Wie Wal-Mart anschaulich gezeigt hat, wird dabei nicht selten versucht, unerlaubt in die Persönlichkeitsrechte der Beschäftigten einzugreifen. Zweitens formuliert ein positives Leitbild ausschließlich gewünschte Ziele und Verhaltensweisen aus Sicht des Unternehmens. Nicht berücksichtigt wird dabei, dass ein übereifriges Verfolgen der Ziele eines Leitbildes durchaus zu Mobbing gegenüber Beschäftigten führen kann. Insoweit gibt es aus der Sicht der Interessenvertretung keinen Gegensatz zwischen einem Unternehmensleitbild und einer Betriebs- bzw. Dienstvereinbarung gegen Mobbing & Co.

In den allermeisten Betriebs- und Dienstvereinbarungen zu Mobbing findet sich eine Präambel, in der positiv formuliert wird, dass gutes Betriebsklima und unternehmerischer Erfolg zusammengehören. Der Abschluss einer Betriebs- bzw. Dienstvereinbarung zum Thema »Partnerschaftliches Verhalten am Arbeitsplatz« wirkt auch insofern vorbeugend gegen Mobbing und psychische Gewalt, wenn schwerwiegende Konflikte und andere soziale Übergriffe, die selbst noch kein Mobbing sind, mit einbezogen werden. Dadurch lässt sich eine Menge sozialer Zündstoff in einem frühen Stadium entschärfen.

2.5 Die rechtliche Verankerung der Mobbingbeauftragten

Die rechtliche Verankerung eines Mobbingbeauftragten in Hinblick auf seine Funktion, aber auch im Hinblick auf seinen persönlichen Schutz von eventuellen Benachteiligungen, muss differenziert betrachtet werden. In der betrieblichen Praxis finden sich vier Möglichkeiten, in die Funktion eines Mobbingbeauftragten zu gelangen:

1. **als intern bestimmter Mobbingbeauftragter des Betriebs- bzw. Personalrats:** Ein oder mehrere Mitglieder der Interessenvertretung werden von dem Gremium zu Mobbingbeauftragten gewählt. Es handelt sich dabei zumeist um eine betriebspolitisch veranlasste Entscheidung, weil das Gremium ein innerbetriebliches Zeichen gegen Mobbing setzen will und/oder weil es zu keiner einvernehmlichen Regelung mit der Arbeitgeberseite gekommen ist.

2. **als betrieblicher Mobbingbeauftragter aus den Reihen des Betriebs- bzw. Personalrats:** In der Betriebs- bzw. Dienstvereinbarung wird die Einsetzung von Ansprechpartnern einvernehmlich geregelt, wobei die Funktion des bzw. der betrieblichen Mobbingbeauftragten die Mitglieder der Interessenvertretung übernehmen.

3. **als ehrenamtlicher betrieblicher Mobbingbeauftragter aus dem Kreis der Beschäftigten:** Hierbei handelt es sich üblicherweise um arbeitgeberseitig ausgewählte Beschäftigte (z. B. aus der Personalabteilung), die zu Mobbingbeauftragten bestellt werden.

4. **als vom Arbeitgeber eingestellte Funktionsträger:** In der Regel beauftragt der Arbeitgeber eine externe Person (z. B. Psychologe), in dem Betrieb bzw. in der Dienststelle als Mobbingbeauftragter zu agieren.

Mobbingbeauftragte, die Mitglieder der betrieblichen Interessenvertretung sind, besitzen den besonderen Schutz, den jedes Betriebs- bzw. Personalratsmitglied genießt (z. B. besonderer Kündigungsschutz; vgl. § 15 KSchG). Als Mitglied des Betriebsrats können sie im Rahmen des § 37 Abs. 6 BetrVG auf Kosten des Arbeitgebers an erforderlichen Schulungs- und Bildungsmaßnahmen teilnehmen. Entsprechendes gilt für Personalratsmitglieder gemäß § 46 Abs. 6 BPersVG. Dies ist spätestens seit dem Beschluss des *BAG* vom 15.1.1997 (7 ABR 14/96 – AiB 1997, 410) anerkannt. Für erforderliche Sachmittel (z. B. Fachliteratur zu Mobbing) hat der Arbeitgeber die Kosten zu tragen (vgl. § 40 BetrVG, § 44 BPersVG).

Betriebsratsintern gewählte Mobbingbeauftragte genießen den Vorteil eines relativ freien Handelns, da sie im Rahmen dieser Tätigkeit nicht unter das Weisungsrecht des Arbeitgebers fallen. Zu den Nachteilen gehören Vorbehalte, die ihnen bisweilen von den Vorgesetzten sowie von der Personalabteilung entgegengebracht werden.

Wenn Betriebs- bzw. Personalratsmitglieder als Mobbingbeauftragte auf der Grundlage einer Betriebs- bzw. Dienstvereinbarung handeln, müssen sie sich im Rahmen dessen bewegen, was in der Vereinbarung bezüglich ihrer Funktionen und Kompetenzen festgelegt worden ist. Als Mitglied der Interessenvertretung gelten für sie in allen übrigen Aufgaben die sich aus dem Betriebsverfassungsgesetz bzw. einschlägigen Personalvertretungsrecht ergebenden Rechte und Pflichten. Gelegentlich kann es dabei zu einem Rollenkonflikt kommen. Neben der Mobbingproblematik sind sie mit allen übrigen betrieblichen Problemen belastet, mit denen sich jede Interessenvertretung auseinanderzusetzen hat.

Ehrenamtliche Mobbingbeauftragte aus dem Kreis der Beschäftigten führen ihre Aufgaben auf der Grundlage der betreffenden Betriebs- bzw. Dienstvereinbarung und in dem darin festgeschriebenen Rahmen aus. Aus diesem Grund sollten ihre Rechte und Pflichten in der Vereinbarung umfassend verankert sein. Ansonsten sind Meinungsverschiedenheiten hinsichtlich der Aufgaben und Funktionen des Mobbingbeauftragten vorprogrammiert. Besonders wichtig sind dabei Regelungen bezüglich der Freistellung von der Arbeit für die Zeit der Ausübung des Beauftragtenmandats sowie zum Zwecke der Qualifizierung. Unverzichtbar ist die Festschreibung der Pflicht zur Verschwiegenheit gegenüber nicht involvierten Personen (z. B. Vorgesetzten).

Besorgt fragen sich ehrenamtliche Mobbingbeauftragte, wie es mit ihrem persönlichen und beruflichen Schutz bestellt ist. Sie könnten aufgrund ihrer Tätigkeit von negativ eingestellter Seite durchaus mit beruflichen Nachteilen und im schlimmsten Fall mit einem Arbeitsplatzverlust bedroht werden. Damit sie ihre Aufgabe nach bestem Wissen und Können durchführen könnten, sollte die Betriebs- bzw. Dienstvereinbarung ein entsprechendes Maßregelungsverbot enthalten. Zudem sollte jede Form der Behinderung, Bedrohung sowie Benachteiligung des bzw. der Mobbingbeauftragten mit einer Sanktionsandrohung versehen werden. Wir können Sie beruhigen: In der betrieblichen Praxis scheinen Behinderungen, Bedrohungen und Benachteiligungen von Mobbingbeauftragten bislang kaum stattgefunden zu haben.

Wird eine dem Weisungsrecht des Arbeitgebers unterstehende, fachlich qualifizierte Person (z. B. Arzt, Psychologe, Sozialarbeiter) als Mobbingbeauftragter eingesetzt, so hat diese Konstellation beachtenswerte Konsequenzen. Einerseits ist es positiv zu sehen, wenn der Arbeitgeber das Problembewusstsein hat, eine qualifizierte Kraft mit entsprechendem Zeitbudget und Befugnissen auszustatten, um sich der Mobbingproblematik anzunehmen. Andererseits handelt es sich bei dieser Person eben nicht um ein Mitglied des Betriebs- bzw. Personalrats mit den damit einhergehenden Rechten. Die notwendige Unabhängigkeit bei der Beurteilung von innerbetrieblichen Konflikten sowie der Zuschreibung von Verantwortlichkeiten (z. B. die Nennung des Mobbers beim Namen, das Ansprechen von betrieblichen Missständen) können ebenfalls nicht gegeben sein.

Um Rechtsstreitigkeiten vorzubeugen, sollten in der Betriebs- bzw. Dienstvereinbarung auf jeden Fall die Stellung und die Rechte des bzw. der Mobbingbeauftragten verankert sein. Gemäß dem Motto »neue Besen kehren gut« könnte es ansonsten geschehen, dass zum Beispiel ein Wechsel in der Geschäftsführung bzw. in der Dienststellenleitung dazu führt, dass die Arbeit des bzw. der Mobbingbeauftragten erschwert oder sogar untergraben wird.

Wichtig:
Stellung und Rechte des Mobbingbeauftragten sollten in einer Betriebs- bzw. Dienstvereinbarung festgeschrieben werden, um Rechtsstreitigkeiten vorzubeugen.

Wer die betriebliche Realität kennt, weiß, dass ein Mobbingbeauftragter der zuvor beschriebenen Art nicht in jedem Betrieb und nicht in jeder Dienststelle durchgesetzt werden kann. Die Größe des Betriebes, seine wirtschaftliche Situation und die sich daraus ergebenden finanziellen Möglichkeiten sowie die Einsichtsfähigkeit des Arbeitgebers dürfen nicht übersehen werden. Vergleichbares gilt für die einzelne Dienststelle. Trotzdem sollte versucht werden, das Maximum durchzusetzen. Abstriche können immer noch vorgenommen und Kompromisse eingegangen werden. Wer in den Verhandlungen einen »offiziellen« Mobbingbeauftragten nicht durchzusetzen vermag, bekommt vielleicht eine (zusätzliche) Freistellung für ein Betriebs- bzw. Personalratsmitglied zugestanden, das die Aufgabe des Mobbingbeauftragten übernimmt.

3. Abschluss einer Betriebs- bzw. Dienstvereinbarung zu Mobbing und psychischer Gewalt

In einer gut durchdachten Dienst- bzw. Betriebsvereinbarung erreichen alle Bestrebungen der betrieblichen Interessenvertretung für einen Schutz der Beschäftigten vor den Auswirkungen von Mobbing und psychischer Gewalt – in einem positiven Sinn ausgedrückt für einen fairen Umgang im Betrieb – ihren Höhepunkt.

3.1 Rechtliche Grundlagen

Sowohl unter der Betriebs- als auch unter der Dienstvereinbarung wird ein Vertrag verstanden (vgl. *HaKo-BetrVG*, § 77 Rn. 6; *Altvater u. a.*, § 73 Rn. 2), der von Betriebsrat und Arbeitgeber bzw. Personalrat und Dienststellenleiter gemeinsam geschlossen und schriftlich niedergelegt wird. Betriebs- und Dienstvereinbarungen gelten unmittelbar und zwingend (vgl. § 77 Abs. 4 Satz 1 BetrVG; *Altvater u. a.*, § 73 Rn. 10). Räumlich gilt die Betriebsvereinbarung nur für den oder die Betriebe, für den bzw. die sie abgeschlossen wurde. Sie erfasst – mit Ausnahme der in § 5 Abs. 2 und Abs. 3 BetrVG genannten Personenkreise und soweit sie nicht im persönlichen Geltungsbereich beschränkt ist – alle Arbeitnehmer des Betriebes (zu den Einzelheiten vgl. *HaKo-BetrVG*, § 77 Rn. 19 ff.). Der Geltungsbereich einer Dienstvereinbarung ergibt sich aus ihrem Inhalt, wobei allerdings zu bedenken ist, dass sie nicht über den Geschäftsbereich der Dienststelle hinausgehen kann, deren Leiter die Dienstvereinbarung geschlossen hat (*Altvater u. a.*, § 73 Rn. 13).

Ansatzpunkt für den Abschluss einer Betriebsvereinbarung »Mobbing« ist zunächst § 87 Abs. 1 Nr. 1 BetrVG. Danach hat der Betriebsrat – soweit eine gesetzliche oder tarifliche Regelung nicht besteht – bei Fragen der Ordnung des Betriebes und des Verhaltens der Arbeitnehmer im Betrieb mitzubestimmen. Inhaltlich geht es dabei um die Gestaltung des Zusammenlebens und Zusammenwirkens der Arbeitnehmer im Betrieb (*HaKo-BetrVG*, § 87 Rn. 30). Entsprechendes gilt für die Personalvertretung. Gemäß § 75 Abs. 3 Nr. 15 BPersVG hat der Personalrat – soweit eine gesetzliche oder tarifliche Regelung nicht besteht – gegebenenfalls durch Abschluss einer Dienstvereinbarung mitzubestimmen über die Regelung der Ordnung in der Dienststelle und des Verhaltens der Beschäftigten.

Dass Mobbing die betriebliche Ordnung und das Verhalten der Arbeitnehmer im Betrieb bzw. der Beschäftigten in der Dienststelle betrifft, wird heute nicht mehr infrage gestellt (vgl. zuletzt *LAG München* vom 20. 10. 2005 – 4 TaBV 61/05 – dbr 7/2006, 39). Gesetzliche Regelungen zu Mobbing gibt es nicht, tarifvertragliche Regelungen zu Mobbing existieren ebenfalls keine.

Ansatzpunkt für den Abschluss einer Betriebs- bzw. Dienstvereinbarung »Mobbing« ist ferner das Arbeitsschutzgesetz nebst seinen Verordnungen (vgl. *LAG München* vom 20. 10. 2005 – 4 TaBV 61/05 – dbr 7/2006, 39). Hierbei handelt es sich um Rahmenvorschriften im Sinne des § 87 Abs. 1 Nr. 7 BetrVG, so dass dem Betriebsrat bei Maßnahmen des Arbeitsschutzes ein recht umfangreiches Mitbestimmungsrecht zusteht. Zugleich besteht allerdings auch die Verpflichtung des Betriebsrats gemäß § 80 Abs. 1 Nr. 1 BetrVG, über die Einhaltung von Vorschriften des Arbeitsschutzes zu wachen (vgl. *Kittner/Pieper*, 1. Aufl. 1997, GdA Rn. 102 f.). Wichtig ist in diesem Zusammenhang und insbesondere für eine Aufarbeitung von Mobbing zu wissen, dass der Arbeitsschutz gemäß seinem heutigen Verständnis auch den Schutz der Beschäftigten vor psychischen Belastungen umfasst (vgl. *Kittner/Pieper*, Einleitung Rn. 9).

Entsprechendes gilt für den Personalrat gemäß § 75 Abs. 3 Nr. 11 BPersVG, wobei zu vermerken ist, dass diese personalvertretungsrechtliche Norm weitreichender ist als die betriebsverfassungsrechtliche Vorschrift des § 87 Abs. 1 Nr. 7 BetrVG. Das Mitbestimmungsrecht der Personalvertretung umfasst – soweit eine gesetzliche oder tarifliche Regelung nicht besteht – alle Maßnahmen zur Verhütung von Dienst- und Arbeitsunfällen und sonstigen Gesundheitsschädigungen.

Da dem Betriebsrat in den sich aus § 87 Abs. 1 Nr. 1 und Nr. 7 BetrVG ergebenden mitbestimmungspflichtigen Angelegenheiten ein uneingeschränktes Initiativrecht eingeräumt ist, kann er von sich aus die Initiative ergreifen und vom Arbeitgeber den Abschluss einer Betriebsvereinbarung »Mobbing« verlangen. Sollte der Arbeitgeber hierzu nicht bereit sein, kann der Betriebsrat das Zustandekommen der Betriebsvereinbarung im Wege des Einigungsstellenverfahrens erzwingen (vgl. § 87 Abs. 2 BetrVG). Geregelt ist das Einigungsstellenverfahren in § 76 BetrVG. Zu beachten ist, dass der Arbeitgeber sämtliche Kosten der Einigungsstelle gemäß § 76 a Abs. 1 BetrVG zu tragen hat.

Vergleichbares gilt für den Bereich der Personalvertretung gemäß §§ 69 ff. BPersVG (vgl. *Altvater u. a.*, § 70 Rn. 1 ff.).

> **Wichtig:**
> Der Betriebs- bzw. Personalrat hat ein Initiativrecht zum Abschluss einer Betriebs- bzw. Dienstvereinbarung zu Mobbing. Ihren Abschluss kann der Betriebs- bzw. Personalrat notfalls mit Hilfe der Einigungsstelle »erzwingen«.

Am 16. 8. 2006 ist das Allgemeine Gleichbehandlungsgesetz, kurz AGG genannt, in Kraft getreten. Ziel dieses Gesetzes ist es, Benachteiligungen aus Gründen der Rasse oder wegen der ethnischen Herkunft, des Geschlechts, der Religion oder Weltanschauung, einer Behinderung, des Alters oder der sexuellen Identität zu verhindern oder zu beseitigen (vgl. § 1 AGG). § 7 Abs. 1 AGG bringt es auf den Punkt: »Beschäftigte dürfen nicht wegen eines in § 1 genannten Grundes benachteiligt werden.« Und § 17 Abs. 1 AGG fordert vor allem den Arbeitgeber sowie den Betriebs- bzw. Personalrat auf, »im Rahmen ihrer Aufgaben und Handlungsmöglichkeiten an der Verwirklichung des in § 1 genannten Ziels mitzuwirken.« Maßnahmen, die der Arbeitgeber auf der Grundlage des Allgemeinen Gleichbehandlungsgesetzes ergreift, unterfallen der Mitbestimmung des Betriebsrats gemäß § 87 Abs. 1 Nr. 1, Nr. 7 BetrVG bzw. der Mitbestimmung des Personalrats nach § 75 Abs. 5 Nr. 11, Nr. 15 BPersVG. Dies ist für die betriebliche Beschwerdestelle nach § 13 Abs. 1 AGG insoweit anerkannt, als der Betriebsrat bei der Einführung sowie Ausgestaltung des Verfahrens, in dem Arbeitnehmer ihr Beschwerderecht nach § 13 Abs. 1 wahrnehmen können, nach § 87 Abs. 1 Nr. 1 BetrVG mitzubestimmen hat (vgl. *BAG* vom 21. 7. 2009 – 1 ABR 42/08 – dbr 3/2010, 37). Unter Bezugnahme auf die Entscheidung des BAG vom 25. 10. 2007 (8 AZR 593/96 –; vgl. Kapitel A. 1.1) muss dies aber auch darüber hinaus gelten. Schließlich ist zumindest seit diesem Urteil unbestritten, dass einzelne Mobbinghandlungen Benachteiligungen im Sinne des § 1 AGG sein können (s. a. *Wolmerath*, dbr 10/2007, S. 30 ff.).

Obwohl sich der Abschluss einer Betriebs- bzw. Dienstvereinbarung zu Mobbing im Einzelfall als kompliziert erweisen kann – das gilt unter anderem dann, wenn sich der Arbeitgeber bzw. Dienststellenleiter mit Händen und Füßen wehrt, eine solche Vereinbarung abzuschließen und der Interessenvertretung alle möglichen Steine in den Weg legt –, liegen die Probleme letztendlich in der Beantwortung der Frage, was Inhalt einer Betriebs- bzw. Dienstvereinbarung zu Mobbing sein sollte. Eine Betriebs- bzw. Dienstvereinbarung ist umso besser, je eher sie den konkreten betrieblichen Bedürfnissen gerecht wird. Pauschalierungen oder unumstößliche Verallgemeinerungen sind daher fehl am Platz. Wer es sich zu leicht macht und die Betriebsvereinbarung eines anderen Betriebes oder die Dienstvereinbarung einer anderen Dienststelle abschreibt, der wird nicht das Optimale erreichen. Eher dürfte von einer »Verschlimmbesserung« auszugehen sein. Entsprechendes gilt natürlich auch für solche Regelungen, die die psychische Gewalt zum Gegenstand haben.

3.2 Zentrale Eckpunkte einer Betriebs- bzw. Dienstvereinbarung

Es gibt einige Aspekte, die Bestandteil einer jeden Betriebs- bzw. Dienstvereinbarung sein sollten. Andere Punkte sind dagegen individuell auszugestalten, lassen Verallgemeinerungen wegen der konkreten betrieblichen Situation nicht zu. Ferner ist zu bedenken, dass die Ausgangslagen für die Verhandlungen sowie für den Abschluss einer Vereinbarung zur Mobbingproblematik und/oder zur psychischen Gewalt sehr unterschiedlich sind. So kann es sein, dass der Betriebsrat des einen Betriebs wegen der ablehnenden Haltung des Arbeitgebers nur minimale, der Betriebsrat eines anderen Betriebs wegen der Aufgeschlossenheit und des Problembewusstseins seines Vertragspartners hingegen optimale Vorstellungen verwirklichen kann. Gleiches gilt für den Bereich der Personalvertretung. Demgemäß sind die folgenden Eckpunkte einer Betriebs- bzw. Dienstvereinbarung zur Mobbingproblematik (vgl. Abb. 16) lediglich als Anhaltspunkte sowie Orientierungshilfen gedacht.

Abb. 16: Eckpunkte für eine Betriebs- bzw. Dienstvereinbarung zur Mobbingproblematik

Überschrift:
- z. B. »Betriebsvereinbarung zu sozialem Umgang im Betrieb« oder »Dienstvereinbarung für ein partnerschaftliches Verhalten am Arbeitsplatz«

Präambel:
- Grund für den Abschluss der Betriebs- bzw. Dienstvereinbarung
- Absichten und Ziele der Vertragsparteien

Geltungsbereich:
- Räumlich: für welche(n) Betrieb(e), Abteilung(en) ...
- Persönlich: für welchen konkreten Personenkreis
- Zeitlich: sofern die Geltungsdauer der Betriebsvereinbarung (z. B. aus Gründen ihrer Erprobung) befristet sein soll

---

103

Begriffserklärung und Reichweite:
- Definition von Mobbing sowie psychischer Gewalt*
- Aufzählung von beispielhaften Mobbinghandlungen sowie Erscheinungsformen psychischer Gewalt (= nicht abschließender Katalog, der bei Bedarf ergänzt werden kann)
- Abgrenzung von Verhaltensweisen, die nicht Mobbing sind
- Einbeziehung von Verhaltensweisen, die kein Mobbing sind (z. B. Diskriminierung, [sexuelle] Belästigung, Stalking, Denunzierung)

* Hinweis: Da es sich bei Mobbing nur um eine Erscheinungsform psychosozialer Belastungsfaktoren am Arbeitsplatz handelt, kann eine Betriebs- bzw. Dienstvereinbarung zur Mobbingproblematik ohne größere Schwierigkeiten auf weitere psychosoziale Belastungsfaktoren (z. B. Diskriminierung, [sexuelle] Belästigung, Stalking, Denunzierung) ausgeweitet werden. Damit werden die Betriebsparteien ihrer sozialen Verantwortung gemäß § 17 Abs. 1 AGG gerecht, an der Verwirklichung des in § 1 AGG genannten Ziels einer benachteiligungsfreien Arbeitswelt mitzuwirken.

Verhaltenskodex:
- Aufzählung von einzelnen Verhaltensanforderungen
- Verbot unerwünschter Verhaltensweisen
- Umgang mit Problemen sowie Konfliktsituationen im Betrieb bzw. in der Dienststelle

Betriebsklima:
- Festschreibung von Maßnahmen zur Verbesserung des Betriebsklimas
- Zeitpunkt, Ort und Art der Maßnahmen
- Freistellung für die Teilnahme an den Maßnahmen
- Kostentragung durch den Arbeitgeber

Ansprechpartner/Mobbingbeauftragte bzw. Betriebliche Anlaufstelle:
- Funktion und Aufgabe
- Stellung (z. B. Mitglied des Betriebs- bzw. Personalrats, externe Person)
- Ausstattung (z. B. Büro, Bücher, PC, Schreibkraft)
- Hinziehung von Experten (z. B. Rechtsanwälte, Ärzte, Sachverständige)
- Schulung und Fortbildung
- Kostentragung durch den Arbeitgeber

Konfliktlösungsverfahren:
- Regelung das Verfahrens zur Bewältigung von Konfliktsituationen
- Maßnahmenkatalog/Stufenverfahren
- Möglichkeit der Einschaltung externer Personen (z. B. Selbsthilfegruppe, Arzt, Psychologe)

Schlichtungsstelle:
- Zuständigkeit: Bei Meinungsverschiedenheiten zwischen Betriebs- bzw. Personalrat und Arbeitgeber bzw. Dienststellenleiter, die sich aus der Anwendung der Betriebs- bzw. Dienstvereinbarung ergeben
- Besetzung
- Verfahren

- Hinzuziehung von Sachverständigen
- Kostentragung durch den Arbeitgeber

Hilfe für Mobbingbetroffene:
- Angebot von (therapeutischen) Maßnahmen und Hilfen (z. B. Gespräche, Vertrauen schaffen, Ängste abbauen)
- Zeitpunkt, Ort und Art der angebotenen Maßnahmen
- Freistellung für die Teilnahme an den Maßnahmen
- Kostentragung durch den Arbeitgeber

Sensibilisierung und Qualifizierung:
- Maßnahmen zur Sensibilisierung und Qualifizierung von Vorgesetzten und Beschäftigten (z. B. Vorträge, Seminare, Gesprächskreise)
- Zeitpunkt, Ort und Art der Durchführung der Maßnahmen
- Freistellung für die Teilnahme an den Maßnahmen
- Kostentragung durch den Arbeitgeber

Sanktionen (falls gewünscht):
- Aufzeigen der Sanktionsmittel (z. B. Ermahnung, Abmahnung, Geldbuße, Versetzung, Kündigung)
- Welche Sanktionsmittel kommen wann in Betracht
- Regelung des Verfahrens der Sanktionierung (z. B. Beteiligung der Interessenvertretung, Anhörung des Betroffenen, Aufklärung des Sachverhalts, Anrufung der Schlichtungsstelle bei Meinungsverschiedenheiten)

Schlussbestimmungen:
- Information (z. B. Verteilung der Betriebs- bzw. Dienstvereinbarung an den Adressatenkreis, Aushang am Schwarzen Brett, Vorstellung der Betriebs- bzw. Dienstvereinbarung auf einer Betriebs- bzw. Personalversammlung)
- Salvatorische Klausel
- Pflicht zur Evaluation und Fortschreibung der Betriebs- bzw. Dienstvereinbarung
- Inkrafttreten (einer unbefristeten Betriebsvereinbarung; Kündigung und Nachwirkung)

Vereinzelt wurden in der Vergangenheit Betriebs- sowie Dienstvereinbarungen mit Formulierungen wie »Mobbinghandlungen erfüllen strafrechtliche Tatbestände« versehen. Da weder die betriebliche Interessenvertretung noch die Arbeitgeberseite derartige Feststellungen rechtsverbindlich treffen können und es auch nicht deren Aufgabe ist, solche Wertungen abzugeben, sollte auf derartige Formulierungen verzichtet werden. Sinnvoller und passender ist eher ein Hinweis, dass Mobbinghandlungen strafrechtliche Tatbestände erfüllen sowie arbeits- bzw. dienstrechtliche Sanktionen zur Folge haben können.

Wichtig ist zu bedenken, dass die Arbeit des Betriebs- bzw. Personalrats mit dem Abschluss der Betriebs- bzw. Dienstvereinbarung nicht beendet sein darf. Die Realität zeigt immer wieder, dass Betriebs- und Personalräte verbissen um den Abschluss einer Betriebs- bzw. Dienstvereinbarung kämpfen, diese dann im Betrieb bzw. in der Dienststelle nicht weiter beachten, ihre Umsetzung nicht verfolgen. So meinen manche Interessenvertreter, dass es zum Beispiel Alkoholprobleme von Beschäftigten nicht mehr gibt, sobald sie eine Betriebs- bzw. Dienstvereinbarung »Alkohol am Arbeitsplatz« abgeschlossen haben. Vergleichbares gilt für die Arbeitgeberseite. Wenn sie der Betriebs- bzw. Personalrat nicht drängt, vergessen sie leicht, ihrer sich aus § 77 Abs. 1 Satz 1 BetrVG bzw. § 74 Abs. 1 BPersVG ergebenden Pflicht nachzukommen und die Betriebs- bzw. Dienstvereinbarung umzusetzen.

Wichtig:
Mit dem Abschluss der Betriebs- bzw. Dienstvereinbarung sind die Probleme Mobbing und psychische Gewalt nicht gelöst. Der Betriebs- bzw. Personalrat muss die Umsetzung der Betriebs- bzw. Dienstvereinbarung verfolgen und diese bei Bedarf fortschreiben bzw. korrigieren.

3.3 Durchsetzung einer Betriebs- bzw. Dienstvereinbarung

Erfreulicherweise wachsen die Bereitschaft und das Eigeninteresse von Dienststellenleitungen sowie von Geschäftsführungen, Regelungen für einen fairen Umgang und gegen soziale Entgleisungen wie Mobbing einzuführen. In solchen Fällen ist es überflüssig, von »Durchsetzung« zu sprechen. Vielmehr verständigen sich in solchen Institutionen die Betriebsparteien in einer weitgehend einvernehmlichen Diskussion auf möglichst geschmeidige, aber auch wirksame Maßnahmen.

Der Abschluss einer Betriebs- bzw. Dienstvereinbarung bietet alle Möglichkeiten, ein wirksames und zufriedenstellendes Melde- und Lösungsverfahren aufzubauen. Dabei lassen sich die konkreten betrieblichen Besonderheiten perfekt berücksichtigen.

Inzwischen sind in Deutschland hunderte von Betrieben und Dienststellen diesen Weg gegangen. In vielen weiteren Institutionen wird darüber diskutiert, ob man sich dem anschließen soll. Leider gibt es aber auch weiterhin Arbeitgeber, die wenig bis keine Begeisterung für den Abschluss einer Betriebs- bzw. Dienstvereinbarung zeigen. Manchmal fangen die Probleme sogar schon im eigenen Betriebs- bzw. Personalrat an. Eine Betriebs- bzw. Dienstvereinbarung zu Mobbing ist kein Selbstläufer. Erfahrungsgemäß müssen sich die Initiatoren mit einer Reihe von Widerständen, Bagatellisierungen und Ignoranz auseinandersetzen. Es muss nicht selten viel Überzeugungsarbeit geleistet werden.

Wichtig ist es, vorausschauend auf die Bedenken und Sorgen der Arbeitgeberseite einzugehen. Neben dem vermeintlichen Imageproblem spielt die Sorge von Führungskräften eine große Rolle, dass zukünftig jede unliebsame Entscheidung, Anweisung oder Beurteilung durch Vorgesetzte als »Mobbing« diffamiert werden könnte. Diese Sorgen lassen sich argumentativ gut ausräumen. Leider werden sie von Arbeitgeberseite regelmäßig nicht zur Sprache gebracht. Stattdessen wird lieber in Abrede gestellt, dass es überhaupt ein relevantes Problem gibt. In einer solchen Situation kann der Betriebs- bzw. Personalrat an bestehende Leitbilder sowie Führungsrichtlinien anknüpfen. Eine Betriebs- bzw. Dienstvereinbarung zu Mobbing und/oder zu psychischer Gewalt wird sich dazu kaum in einem Widerspruch befinden, sondern eher in Einklang dazu stehen.

Der Zeitbedarf von dem ersten Gespräch bis zur Leistung der Unterschriften unter eine Betriebs- bzw. Dienstvereinbarung kann aus den vorgenannten Gründen bis zu zwei Jahren betragen. Eine lange Verhandlungsphase hat jedoch keineswegs nur Nachteile, denn diese Zeit kann intensiv zur Sensibilisierung von Beschäftigten und Vorgesetzten genutzt werden. Ein Handlungsdruck ergibt sich allerdings dann, wenn es akute Fälle von Mobbing und/oder psychischer Gewalt in der Dienststelle bzw. in dem Betrieb gibt.

Wenn der Appell an die Einsicht keine Wirkung zeigt, muss die Interessenvertretung sowohl ihre betriebspolitischen als auch die ihr zur Verfügung stehenden juristischen Werkzeuge nutzen.

Es sollte allen Beteiligten klar werden, dass es um mehr als Mobbing und psychische Gewalt geht, nämlich um ein partnerschaftliches Verhalten am Arbeitsplatz. Nahezu alle Betriebe und Dienststellen, in denen es entsprechende Vereinbarungen gibt, haben sowohl schwerwiegende chronische zwischenmenschliche Konflikte am Arbeitplatz als auch soziale Übergriffe in ihre Regelungen einbezogen. Sie tun dies mit der Berechtigung, dass ungelöste zwischenmenschliche Probleme am Arbeitsplatz die Tendenz haben, sich längerfristig in Mobbing auszuwachsen.

Obwohl es um die Verhinderung oder Entschärfung von Mobbing und psychischer Gewalt geht, sollte die Betriebs-bzw. Dienstvereinbarung möglichst eine positiv formulierte Überschrift haben. Denn erstens soll den Beschäftigten nicht kollektiv unterstellt werden, dass sie alle potentielle Mobber sind. Zweitens geht es um Hilfsangebote und Strukturen zur konstruktiven Bewältigung von im Arbeitsleben letztlich unabwendbaren Konflikten und Unstimmigkeiten zwischen Menschen. Fakt ist, dass Konflikte am Arbeitsplatz viel zu häufig wenig sozialverträglich und sachlich nicht optimal ausgetragen werden. Deshalb sollte der Betriebs- bzw. Dienstvereinbarung auch eine Präambel vorangestellt werden, in der die Motive, die Zielrichtung und der Sinn des Ganzen in einem positiven Sinn erläutert wird.

Eine Definition und Erläuterung von Mobbing und psychischer Gewalt ist unerlässlich. Schließlich sollte jedermann wissen, welches Verhalten bei der Arbeit unerwünscht ist. Eines der wichtigsten Elemente einer Betriebs- bzw. Dienstvereinbarung zu Mobbing und psychischer Gewalt ist die Bestimmung von legitimierten Ansprechpartnern, an die sich jeder wenden kann, der sich diskriminiert, gedemütigt oder gemobbt fühlt und/oder sich psychischer Gewalt ausgesetzt sieht. Oberhalb dieser Ebene müssen in der Betriebs- bzw. Dienstvereinbarung Strukturen und Vorgehensweisen definiert werden, wie im Einzelnen vorgegangen wird, sobald sich der Verdacht auf Mobbing oder psychische Gewalt bestätigt. Die Vorgesetzten dürfen sich dabei nicht aus der Pflicht entbunden fühlen, sich selbst zu engagieren, wenn in ihrem Verantwortungsbereich Mobbing vorkommt.

4. Qualifizierung der Akteure

Wer sich als Betriebs- bzw. Personalrat oder Mitarbeitervertretung der Mobbingproblematik annehmen möchte, der muss sich zunächst informieren. Das *BAG* hat in seinem Beschluss vom 15.1.1997 (7 ABR 14/96 – AiB 1997, 410) festgestellt, dass die sachgerechte Behandlung von Beschwerden Kenntnisse über Ursachen und Verläufe von Mobbinggeschehen und das Wissen um konkrete Abhilfemöglichkeiten verlangt. Neben der Lektüre von Büchern und Artikeln in (Fach-)Zeitschriften, dem Gespräch mit in die Mobbingthematik eingearbeiteten Gewerkschaftssekretären, Beratern, Selbsthilfegruppen etc. bietet sich für die Mitglieder der betrieblichen Interessenvertretung vor allem der Besuch von speziellen Schulungs- und Bildungsveranstaltungen zu Mobbing an. Da das diesbezügliche Seminarangebot äußerst umfangreich ist, besteht das Problem eher darin, den »richtigen« Seminaranbieter zu finden. Schauen Sie sich die Ihnen vorliegenden Seminarausschreibungen und Seminarabläufe genau an, befragen Sie den Veranstalter nach der Person des Referenten und dessen Qualifikationen, unterhalten Sie sich mit einem Betriebs- bzw. Personalratsmitglied, das bereits ein Mobbingseminar besucht hat. Seien Sie kritisch. Leider gibt es vereinzelt zwielichtige Seminaranbieter, mit der Mobbingproblematik unzureichend vertraute Referenten sowie unseriöse Selbsthilfegruppen.

Ist der passende Seminaranbieter gefunden, stellen sich regelmäßig zwei Fragen: Hat mich mein Arbeitgeber bzw. Dienststellenleiter zum Zwecke der Seminarteilnahme von der Arbeit freizustellen und wer trägt die durch die Seminarteilnahme entstehenden Kosten?

Gemäß § 37 Abs. 6 Satz 1 i.V.m. Abs. 2 BetrVG sind Betriebsratsmitglieder von ihrer beruflichen Tätigkeit ohne Minderung des Arbeitsentgelts für die Teilnahme an Schulungs- und Bildungsveranstaltungen zu befreien, soweit diese Kenntnisse vermitteln, die für die Arbeit des Betriebsrats erforderlich sind. Entsprechendes gilt – wobei bei den nachfolgenden Ausführungen lediglich eine Bezugnahme auf die Vorschriften des Bundespersonalvertretungsgesetzes erfolgt – für Personalratsmitglieder nach § 46 Abs. 6 BPersVG: Die

Mitglieder des Personalrats sind unter Fortzahlung der Bezüge für die Teilnahme an Schulungs- und Bildungsveranstaltungen vom Dienst freizustellen, soweit diese Kenntnisse vermitteln, die für die Tätigkeit im Personalrat erforderlich sind. Sofern die Erforderlichkeit einer Schulungsteilnahme vorliegt, hat der Arbeitgeber bzw. Dienststellenleiter das betreffende Betriebs- bzw. Personalratsmitglied zum Zwecke der Seminarteilnahme von der Arbeit freizustellen und die durch die Seminarteilnahme entstehenden Kosten (z. B. Seminargebühr, Reisekosten, Übernachtungskosten) gemäß § 40 Abs. 1 BetrVG bzw. § 44 Abs. 1 BPersVG zu tragen (zu den Einzelheiten vgl. *HaKo-BetrVG*, § 37 Rn. 29 ff. und § 40 Rn. 4 ff.; *Altvater u. a.*, § 46 Rn. 84 ff. und § 44 Rn. 36 ff.).

Um den Nachweis der Erforderlichkeit einer Schulungsteilnahme zur Mobbingproblematik erbringen zu können, muss der Betriebs- bzw. Personalrat nach einer Entscheidung des *BAG* aus dem Jahre 1997 eine betriebliche Konfliktlage darlegen, aus der sich ein Schulungsbedarf für ihn ergibt und zu dessen Erledigung das auf dem Seminar vermittelte Wissen notwendig ist (*BAG*, Beschluss vom 15. 1. 1997 – 7 ABR 14/96 – AiB 1997, 410). Hierfür sei ausreichend, wenn der Betriebs- bzw. Personalrat vorträgt, dass er aufgrund der ihm bekannt gewordenen Konflikte initiativ werden wolle, um etwa durch Verhandlungen mit dem Arbeitgeber bzw. Dienststellenleiter über den Abschluss einer Betriebs- bzw. Dienstvereinbarung weiteren Mobbingfällen im Betrieb bzw. in der Dienststelle entgegenzuwirken. Ebenfalls müsste es nach dieser Entscheidung genügen, wenn der Betriebs- bzw. Personalrat im Bedarfsfall gegenüber dem Arbeitgeber bzw. Dienststellenleiter darlegt, dass sich Beschäftigte bei ihm beschwert bzw. einen Sachverhalt geschildert haben, wonach Mobbing im Betrieb bzw. in der Dienststelle existiert bzw. existieren kann (s. a. *ArbG Kiel*, Beschluss vom 27. 2. 1997 – H 5 d BV 41/96 – AiB 1997, 410). Diesbezüglich ist zu beachten, dass der Betriebs- bzw. Personalrat nicht verpflichtet ist, die Namen der Beschwerdeführer zu nennen – was er im Übrigen auch im Interesse der Betroffenen nicht tun sollte.

Unter Bezugnahme auf den Gedanken der Prävention, dem gerade im Zusammenhang mit der Mobbingproblematik eine besonders große Bedeutung zukommt, lässt es das *ArbG Bremen* für die Erforderlichkeit einer Seminarteilnahme genügen, wenn der Betriebsrat den Beschluss fasst, sich inhaltlich mit der Problematik auseinandersetzen zu wollen. Der Betriebsrat könne nicht darauf verwiesen werden, das Eintreten entsprechender Mobbingfälle abzuwarten (*ArbG Bremen*, Beschluss vom 17. 12. 2003 – 9 BV 81/03 – NZA 2004, 538).

Noch einen Schritt weiter geht das *ArbG Weiden*, das sich gegen die Rechtsprechung des Bundesarbeitsgerichts aus dem Jahre 1997 wendet und betont,

dass sich die Einstellung gegenüber der Mobbingproblematik seitdem geändert habe. Ausgehend von dem Umstand, dass es zu den gesetzlichen Aufgaben des Betriebsrats gehöre, Mobbing entgegenzuwirken und vor allem präventiv zu wirken, könne nicht verlangt werden, dass der Betriebsrat eine betriebliche Konfliktlage darlegt, um an einem Mobbingseminar teilnehmen zu können (*ArbG Weiden*, Beschluss vom 22. 6. 2005 – 1 BV 3/05 C – dbr 3/2006, 37).
Wichtig ist zu beachten, dass der Arbeitgeber bzw. Dienststellenleiter die Teilnahme an einer Schulungsveranstaltung nicht mittels eines Verweises auf das Studium von Mobbingliteratur verhindern kann (vgl. *ArbG Frankfurt/ Main*, Beschluss vom 31. 1. 1996 – 7 BV 298/95 – AiB 1996, 557).

> **Wichtig:**
> Nur der Betriebs- bzw. Personalrat, der sich umfassend über die Mobbingproblematik informiert, kann gestaltenden Einfluss auf Konfliktsituationen im Betrieb nehmen.

Die Akzeptanz solcher Schulungsmaßnahmen durch den Arbeitgeber lässt sich erhöhen, wenn der Betriebs- bzw. Personalrat eine Inhouse-Schulung initiiert, zu welcher er Vorgesetzte, Mitarbeiter der Personalabteilung und weitere interessierte Personen mit Arbeitgeberfunktionen einlädt. Damit der Betriebs- bzw. Personalrat ausreichend Zeit für interne Diskussionen hat, kann die Teilnahme von solchen Personen, die nicht der Interessenvertretung angehören, auf den rein fachlichen Teil beschränkt bleiben (d. h. Grundinformation zu Mobbing, Umgang mit Mobbingbetroffenen), während man den betriebspolitischen Teil (z. B. Inhalt und Durchsetzung einer Betriebs- bzw. Dienstvereinbarung) ausschließlich betriebs- bzw. personalratsintern behandelt.

c.   Wie helfe ich mir selbst? Sinnvolles Vorgehen von Betroffenen

Die Wahrscheinlichkeit, im Laufe seines Berufslebens von Mobbing betroffen zu sein, liegt höher, als man vielleicht erwartet. Die Mehrzahl der Beschäftigten geht wie selbstverständlich davon aus, dass es sie persönlich schon nicht »erwischen« wird. Insofern trifft es die meisten dann total unvorbereitet. Das Dilemma für Mobbingbetroffene besteht darin, dass sie sich nun einerseits in einer der hilflosesten und stressigsten Situation ihres (Arbeits-)Lebens befinden und andererseits höchste Anforderungen an ihre sozialen, beruflichen und emotionalen Fähigkeiten gestellt werden, um den Angriff erfolgreich überstehen zu können. Was tun? Hier ist guter Rat teuer, aber zugleich der sprichwörtliche Weg zur Hölle mit guten Ratschlägen gepflastert. Uns ist bewusst, dass wir an dieser Stelle nicht für jeden Betroffenen und für jede Mobbingkonstellation die richtigen Hinweise unterbreiten können, denn jeder Mobbingfall ist ein Unikat. Im Folgenden zeigen wir daher verschiedene – uns sinnvoll erscheinende – Möglichkeiten auf, wie man als Betroffener eine Mobbingsituation durchstehen kann.

1. Der erste Schock: Ich werde gemobbt!

Wie soll ich mich verhalten, wenn mir zum ersten Mal richtig bewusst wird, dass ich von Mobbing betroffen bin? Es geht hier um den Augenblick, an denen einem klar wird, dass es sich um viel mehr als zufällige Feindseligkeiten handelt. Ein ehemals Betroffener beschreibt es so: »*Es gab dann diese Phase, in der mir mit Erschrecken und ungläubiger Furcht klar wurde, dass es ganz gezielt gegen mich geht, dass ich tief in der Seele verletzt werde, dass meine berufliche Existenz vollkommen infrage gestellt wird. Vorher habe ich versucht, das Ganze irgendwie nicht an mich heranzulassen.*«

In der Beratung von Mobbingbetroffenen erleben wir immer wieder, dass dem Ratsuchenden ein Schreck durchfährt, wenn wir ihm bestätigen müssen, dass es sich in seinem Fall tatsächlich um Mobbing handelt. Obwohl der Ratsuchende genau aus dem Grund zu uns gekommen ist, findet er die Bestätigung durch den Experten dann doch furchterregend. Es scheint ein vergleichbares Erlebnis zu sein wie bei einem problematischen Arztbesuch. Man ahnt längst die schlimme Diagnose und hofft trotzdem, dass sie sich nicht bewahrheiten möge.

> **Wichtig:**
> Mobbing ist zwar bedrohlich, aber es ist keine »Krebsdiagnose«.

Es ist nicht problematisch, wenn jemand für kurze Zeit in Panik oder in dessen Gegenteil, in eine Schreckstarre verfällt. Danach muss man jedoch anfangen, dem Problem direkt ins Auge zu schauen. Es gibt keine erfolgversprechende Alternative zu einem aktiven persönlichen Umgehen damit. Mobbing ist ein schweres, aber längst kein »unheilbares« Problem.

Es gibt in paar unausweichliche Fragen, die zügig geklärt werden sollten, sobald einem klar wird, dass man Mobbing oder psychischer Gewalt ausgesetzt ist. Es geht dabei noch nicht um praktische Maßnahmen, sondern eher um die Bestimmung der inneren Richtung. Wir haben diese Fragen in die folgenden fünf Abschnitte verpackt:

1.1   Bin ich betroffen oder Opfer?

Heinz Leymann hat für diejenigen, die Mobbinghandlungen ausgesetzt sind, unterschiedslos den Begriff »Opfer« verwendet. Diese Bezeichnung legt es leider nahe, dass man sich automatisch in einer passiven und ausweglosen Lage fühlt – etwa als »Opfertier« oder als Katastrophenopfer. Nach unserer Auffassung bedeutet die Mobbingbetroffenheit keineswegs, in diesem Sinne »Opfer« zu sein. Es macht beispielsweise sehr wohl einen Unterschied, ob Mobbing gerade erst begonnen hat, ob es lediglich einen Angreifer gibt, ob man Rückhalt bei den Arbeitskollegen hat oder ob es eine entsprechende Betriebsvereinbarung gibt. Mobbing ist mit Sicherheit keine harmlose Situation; man sollte aber seine Selbsthilfekräfte nicht dadurch schwächen, dass man sich selbst vorschnell in die Opferrolle begibt oder hineindrängen lässt.

Darum gilt es, sich nicht in die passive Opferrolle zu begeben. Stattdessen sollte man Schritt für Schritt die eigenen Kräfte sammeln, Überblick gewinnen, Unterstützung suchen und alles, was einem möglich ist, für das eigene Wohlergehen und eine bessere Zukunft in die Wege leiten.

1.2   Darf ich hoffen, dass es von selber aufhört?

Ist es nicht besser abzuwarten? Hört es vielleicht von selber wieder auf? Verbreitet ist unter Betroffenen die Hoffnung, dass die Mobbingattacken, welche häufig auf unspektakuläre Weise begonnen haben, vielleicht auch wieder auf wundersame Weise eingestellt werden. In der betrieblichen Realität hören Mobbing und psychische Gewalt jedoch erst dann auf, wenn der Betroffene zur Strecke gebracht worden ist. Die Erfahrung zeigt sogar: Je länger eine solche Situation hingenommen wird, desto schwieriger wird es, Grenzen aufzuzeigen und eine zufriedenstellende Lösung zu finden.

Man sollte bedenken, dass das Mobbing in der Zeit des hoffnungsvollen Abwartens weitergeht und infolgedessen die eigene psychische, berufliche und gesundheitliche Belastung zunimmt. Ein weiterer Effekt des Abwartens wird häufig gar nicht in Betracht gezogen. Mit fortschreitendem Mobbing haben die Mobber zunehmend »Dreck am Stecken«. Dabei sammelt sich auch arbeits- bzw. dienstrechtlich relevantes Fehlverhalten an. Deswegen wird es für die Mobber dringend, den Gemobbten komplett auszuschalten, bevor er ihnen seinerseits gefährlich werden kann. Eine friedliche oder stille Lösung des

Mobbingkonflikts wird auch deshalb mit zunehmender Dauer immer unwahrscheinlicher.

Darum sollten Sie nicht hoffen, dass es von alleine aufhört. Stattdessen sollten Sie sofort erste eigene Schritte zum Selbstschutz einleiten und hilfreiche Kontakte anbahnen.

1.3   Muss ich da alleine durch?

Die Beratungsstellen berichten übereinstimmend, dass Betroffene oft sehr spät kommen. Oft sind es Scham, Schuld und manchmal sogar Stolz, welche den einen oder anderen Betroffenen davon abhalten, rechtzeitig und umfassend Hilfe zu suchen. Manche fühlen Scham darüber, weil sie überhaupt Ziel von Mobbing geworden sind und weil es ihnen nicht gelungen ist, sich erfolgreich selbst zu verteidigen. Es werden aber Jahr für Jahr so viele neue Fälle von Mobbing bekannt, dass sich niemand dafür schämen muss. Andere plagen Schuldgefühle, sind von Selbstzweifeln angenagt, weil sie glauben, dass eigene Fehler die Ursache für das Mobbing sein könnten. Tatsache ist jedoch, dass die Mobber geradezu gierig nach Fehlern suchen – Fehler, die ja alle Menschen gelegentlich machen –, um absichtlich Schaden zufügen zu können. Außerdem können Fehler niemals solche psychischen Grausamkeiten rechtfertigen, wie wir sie bei Mobbing immer wieder erleben. Und gelegentlich ist es auch der Stolz, der davon abhält, bei psychischer Gewalt nach Hilfe zu suchen. »Da muss ich doch alleine irgendwie mit fertig werden«, denkt so mancher. Faktisch werden wir bei psychischer Gewalt und Mobbing auf eine Weise attackiert, die mit unseren normalen Alltagskonflikten nichts zu tun hat und die wir deswegen mit unserem »Bordwerkzeug« nicht bewältigen können.

Darum sollten Sie nicht versuchen, Mobbing allein bewältigen zu wollen. Stattdessen sollten Sie zügig professionelle Hilfe in Anspruch nehmen, Informationen sammeln und persönliche Unterstützung durch Kollegen und/oder Freunde suchen.

1.4 Helfen mir die anderen, wenn sie wissen, dass ich gemobbt werde?

Um ein Erfolg versprechendes Vorgehen auszuwählen, dass einem den Arbeitsplatz und die Gesundheit erhalten soll, ist es notwendig, die richtige Diagnose zu stellen. Ja nachdem, ob es sich um Mobbing oder psychische Gewalt handelt, empfiehlt sich eine unterschiedliche Vorgehensweise.

Nur äußerst selten ist es ratsam, bei Arbeitskollegen oder Vorgesetzten unmittelbar mit der Tür ins Haus zu fallen und zu erklären, dass man »gemobbt« wird. Obwohl man glauben möchte, dass man mit einer gesicherten Mobbing-Diagnose ein größeres Recht auf Unterstützung haben müsste, ist das Gegenteil oft der Fall. Das mag schizophren klingen. Die Erfahrung zeigt jedoch immer wieder, dass Personen, die einem jetzt helfen könnten, nun erst recht zurückschrecken. *Ulla Dick* (2001) vermutet dazu, dass insbesondere Vorgesetzte dann abblocken und sich nicht mehr zutrauen, etwas zu tun, wenn das Wort »Mobbing« fällt. Dieses Phänomen ist wissenschaftlich noch nicht untersucht. Tatsache ist jedoch, dass das Wort »Mobbing« viele Reflexe und Vorurteile in Gang setzt, die nicht unbedingt zugunsten des Mobbingbetroffenen wirken.

Darum sollten Sie nicht betriebsöffentlich anklagen, dass Sie »gemobbt« werden. Stattdessen sollten Sie eine klare Diagnose vornehmen, aber aus taktischen Gründen die Übergriffe, Gemeinheiten und die Ausgrenzung zunächst ohne Verwendung des Begriffs »Mobbing« kommunizieren. Außerhalb des Betriebs (z. B. beim Arzt, in der Beratungsstelle) sollte man das Wort »Mobbing« hingegen keineswegs ausklammern. Bei guten Freunden, befreundeten Arbeitskollegen und Familienmitgliedern braucht man sich ebenfalls keine taktische Zurückhaltung auferlegen.

1.5 Ist Flucht die beste Verteidigung?

Nach dem ersten Schreck haben etliche Betroffene die Tendenz, schnellstmöglich das Feld zu räumen: »Das halte ich nicht aus, ich muss hier weg!« Diese Fluchttendenzen sind nur zu verständlich. Dennoch sollte sich jeder Betroffene erst ausführlich darüber beraten, ob er dieser Tendenz nachgeben will oder nicht. Es ist durchaus möglich, dass die Situation tatsächlich so verfahren ist oder die Mobber unangreifbar sind, dass einem letztes Endes nichts anderes übrig bleibt als der geordnete Rückzug. Aber man sollte sich nicht selbst

vorzeitig um die (verborgenen) Chancen bringen, die sich bei einem beharr-
lichen Vorgehen und mittels sozialer Unterstützung unvorhergesehen auftun
könnten.

Darum sollte Sie nicht vorschnell aufgeben. Stattdessen sollten Sie erst
Ressourcen zur Unterstützung sammeln und alle Möglichkeiten ausloten, die
Ihnen helfen können, das Mobbing zu unterbinden sowie eine befriedigende
Arbeitssituation wiederherzustellen (s. a. Abb. 17).

Abb. 17: Was man angesichts von Mobbing nicht tun sollte

- Es für lange Zeit nicht wahrhaben wollen
- Hoffen, dass es irgendwie von selber aufhört
- Versuchen, ganz alleine damit zu Recht zu kommen
- Sich mit der festgelegten Behauptung beschweren: »Ich werde gemobbt!«
- Die eigene Versetzung oder Kündigung als einzige Lösung ansehen

---

2. Angreifen, Standhalten oder Flüchten?

Wie gehe ich vor, nachdem mir klar geworden ist, dass ich psychischer Gewalt oder Mobbing ausgesetzt bin und dass sich die Sache nicht in einem klärenden Gespräch zu Ende bringen lässt? Was wird mir am besten helfen, aus meiner bedrohlichen Lage herauszukommen?

Wenn Sie detaillierte Hinweise suchen, welche konkreten Schritte im Einzelfall sinnvoll sein können, dann finden Sie entsprechendes in Kapitel D: Das Vorgehen im Mobbingkonflikt. An dieser Stelle geben wir Ihnen zehn Empfehlungen, wie Sie als Betroffener aus der Defensive in die Offensive kommen. Sie müssen sich auf unsere Ausführungen natürlich immer Ihren eigenen Reim machen, denn Ihr Fall ist zumindest ein kleines bisschen anders als all die Mobbingfälle, mit denen wir bisher zu tun hatten. Beginnen wir mit einem provokativen Vorschlag:

2.1 Nehmen Sie Mobbing als Herausforderung an

Ohne Zweifel, als Betroffener sind sie in der Defensive. Man hat sie auf dem falschen Fuß erwischt, sie sind verunsichert und erschüttert; Angst macht sich breit. Sie sind besorgt. Verständnislosigkeit, Ärger und vielleicht sogar Panik bilden eine unübersichtliche Mischung in Ihrem Innern. Ihre Gegner sind schwer greifbar, deren Handeln ist undurchsichtig, deren Position scheint übermächtig. Möglicherweise haben sie sogar auf die eine oder andere Weise zur Entwicklung dieser Situation beigetragen; Sie waren vielleicht zu naiv, zu gutmütig, zu ehrgeizig oder haben einen Fehler gemacht? Man lässt Sie darüber im Unklaren. Ihre Gegner zeigen kein Interesse an einer einvernehmlichen Klärung. Das ist die Ausgangslage.

Tief in Ihrem Inneren wissen Sie aber auch, dass hier mit gezinkten Karten gespielt wird. Sie wissen, dass es ungerecht, unmoralisch, verletzend und

119

vielleicht sogar menschenverachtend ist, was mit Ihnen getrieben wird. Gesundheit, Wohlbefinden und persönliche Würde sind gefährdet. Letztendlich geht es um Ihre berufliche und menschliche Existenz.

Sie könnten jetzt hoffen, dass irgendwelche Arbeitskollegen oder Vorgesetzte ihre Notlage bemerken, Zivilcourage zeigen und Ihnen mit massiver Hilfe beistehen. Die Mobber würden von denen in die Schranken gewiesen und das Mobbing wäre beendet. Das wäre vielleicht gerecht, ist aber nicht realistisch. Wenn Sie nicht beginnen, sich selbst zu helfen und Gegenwehr zu organisieren, dann werden Sie definitiv auf der Strecke bleiben. Natürlich brauchen Sie Unterstützung, aber ohne eigene Initiative wird Ihnen nicht geholfen. Deshalb raten wir: Nehmen Sie die Herausforderung an.

Oswald Neuberger hat uns in seinem Mobbingbuch kritisch begutachtet, er schreibt:»Esser & Wolmerath entwerfen damit das Bild eines souveränen, starken Opfers, das sich klug, sachlich und kompetent wehren kann; damit unterscheiden sie sich von Leymann, der – einen weit fortgeschrittenen Mobbingverlauf unterstellend – von der Unmöglichkeit des Opfers ausgeht, sich noch aus eigener Kraft aus den Verstrickungen zu lösen.« (*Neuberger* 1999, S. 105) Wir gehen zwar nicht davon aus, dass man als Mobbingbetroffener in einer souveränen, starken Position *ist*, aber davon, dass man souverän und stark *werden* muss. Das unterscheidet uns von dem Ansatz von *Heinz Leymann*: Wir glauben, dass man lernen kann, Woche für Woche ein bisschen souveräner mit der Situation umzugehen.

2.2 Knüpfen Sie Ihr soziales Netzwerk

Durch Mobbing wird das menschliche Grundbedürfnis nach sozialer Nähe, Anerkennung, Sicherheit und Dazugehörigkeit (Integration) massiv angegriffen. Deswegen empfiehlt sich als wichtige Gegenmaßnahme, in besonders starkem Maße auf sein bestehendes soziales Netzwerk zurückzugreifen sowie dieses Netzwerk durch viele weitere Verknüpfungen auszubauen. Für introvertierte Menschen mag dies womöglich ein zusätzlicher Stressfaktor werden. Sie sollten sich dann nicht durch viele neue Beziehungen überfordern, sondern gezielt nach einigen verlässlichen und kompetenten Beziehungspartnern suchen. Ein funktionierendes soziales Netzwerk bietet zwischenmenschliche Solidarität, Verständnis und die Gelegenheit, sich auszusprechen. Das funktionierende soziale Netzwerk ist der Ort, wo Mut gemacht, Ideen produziert und Trost gespendet wird.

Die wichtigsten moralischen Stützen für Mobbingbetroffene sind normalerweise Familienmitglieder und/oder Freunde. Bündnispartner im Betrieb bzw. in der Dienststelle sind von großem Wert, weil sie die betrieblichen Besonderheiten besser einschätzen können als Außenstehende. Von Vorteil ist es, wenn man persönlichen Kontakt zu einem Mitglied des Betriebs- bzw. Personalrats oder der Schwerbehindertenvertretung hat. Zum Netzwerk sollten wohlgesonnene Arbeitskollegen und Vorgesetzte gehören, selbst wenn diese vielleicht in einer anderen Abteilung oder Niederlassung tätig sind. Zwar können diese Menschen nicht unmittelbar eingreifen, doch die moralische Unterstützung durch Personen, welche die betrieblichen Hintergründe kennen, kann sehr ermutigend sein.

Ein besonders wichtiger Partner für Mobbingbetroffene ist die betriebliche Interessenvertretung, weil sie den gesetzlichen sowie betriebspolitischen Auftrag hat, den Schutz eines jeden einzelnen Beschäftigten zu gewährleisten (vgl. § 75 BetrVG, § 67 Abs. 1 BPersVG, § 17 Abs. 1 AGG). Mobbing untergräbt ja nicht nur die soziale Lage des Betroffenen, sondern gefährdet zudem die wirtschaftliche Existenz des Einzelnen bzw. ganzer Familien. Niemand kann diese Bedrohung auf die leichte Schulter nehmen. Bei dem Schutz vor missbräuchlichen und/oder schikanierenden Arbeitsanweisungen, vor ungerechtfertigten Abmahnungen, Versetzungen und Kündigung sowie für die Durchsetzung akzeptabler Arbeitsbedingungen gibt es für Mobbingbetroffene keine Alternative zu einer vertrauensvollen Zusammenarbeit mit dem Betriebs- bzw. Personalrat. Entsprechendes gilt natürlich für die Mitarbeitervertretung. Voraussetzung ist allerdings, dass die betriebliche Interessenvertretung der Mobbingproblematik gegenüber aufgeschlossen ist und über das notwendige Wissen verfügt.

2.3 Geben Sie der Lösung des Mobbingproblems oberste Priorität

Ohne Übertreibung kann man sagen, dass Mobbing eine der größten persönlichen und beruflichen Bewährungsproben darstellt, denen man in seinem Leben ausgesetzt sein kann. Es belastet die Betroffenen bis an die psychischen Grenzen und oft darüber hinaus. Vor der Arbeit, während der Arbeit und in der Freizeit spielt die Angst vor neuen Übergriffen und deren innere Verarbeitung eine dominante Rolle im Leben von Betroffenen. Dennoch ist zu beobachten, dass ein Teil der Betroffenen inkonsequent mit der Situation umgeht.

Manche versuchen, sich mit der Situation zu arrangieren und die Attacken passiv über sich ergehen zu lassen. Manche warten (vergeblich) auf eine

Läuterung des Täters bzw. der Täter, hoffen auf eine Entschuldigung oder Besserung, die aber nicht erfolgt. Andere haben Skrupel davor, sich zu wehren, weil sie das irgendwie »unter Niveau« finden. Oft schwingt die Hoffnung mit, dass sich das Mobbing irgendwie von selbst geben wird. In vielen Fällen wird das berufliche Engagement verstärkt, der herrschende Termindruck und die Abwicklung der Projektaufträge lenken schließlich auch ein wenig von dem bedrohlichen Problem ab.

Wenn Sie durch Mobbing angegriffen werden, sollten Sie der Lösung dieses Problems die oberste Priorität einräumen. Bedenken Sie, was auf dem Spiel steht. Sie dürfen nicht warten, bis das Mobbing unerträglich geworden ist und Sie keine psychischen und körperlichen Reserven mehr haben.

Die Vergabe der Priorität A bedeutet nun keineswegs, dass jeder Gedanke, dass jede private Aktivität von Mobbing geprägt sein sollte. Machen Sie sich nur klar, dass Mobbing Ihr derzeitig größtes Problem ist und dass Ihre wesentlichen Aktivitäten darauf gerichtet sein müssen, zur Abwendung dieser existentiellen Bedrohung beizutragen (vgl. Abb. 18, s. S. 123).

2.4 Finden Sie vertrauensvolle und kompetente Gesprächspartner

Nur wenigen Menschen gelingt es, Mobbing im Alleingang zu bewältigen. Die meisten brauchen für das Wiedererlangen des seelischen Gleichgewichts andere Menschen, mit denen sie über ihre Not sprechen, mit denen sie über Gegenmaßnahmen diskutieren können und die zu ihnen halten. Es nützt keinem, sich in seinem Kummer zu vergraben, um anderen nicht zur Last zu fallen. Wer im privaten Umfeld niemandem vertraut, der sollte professionelle Ansprechpartner aufsuchen. Gewerkschaften, kirchliche Organisationen und Krankenkassen sollten die entsprechenden Namen und Adressen in der Region kennen.

Für eine Selbsthilfegruppe spricht, dass die Teilnehmenden ganz ähnliche Erfahrungen gemacht haben. Hier muss man nicht erst umfassend erläutern, was einem alles passiert ist; hier wird man auf Verständnis und Mitgefühl stoßen. Manche Selbsthilfegruppen bleiben allerdings beim Austauschen der leidvollen Erfahrungen stehen und nutzen ihr Beratungspotential nicht aus, um dem Einzelnen zu helfen, aus der Mobbingsituation herauszukommen.

So wichtig Unterstützung und Mitgefühl der Familienangehörigen auch ist, man sollte als Betroffener vermeiden, dass irgendwann nur noch über Mobbing gesprochen wird. Das führt dazu, dass die Anderen irgendwann nichts mehr

Abb. 18: Handlungsalternativen – Wie ich mir selbst helfen kann!

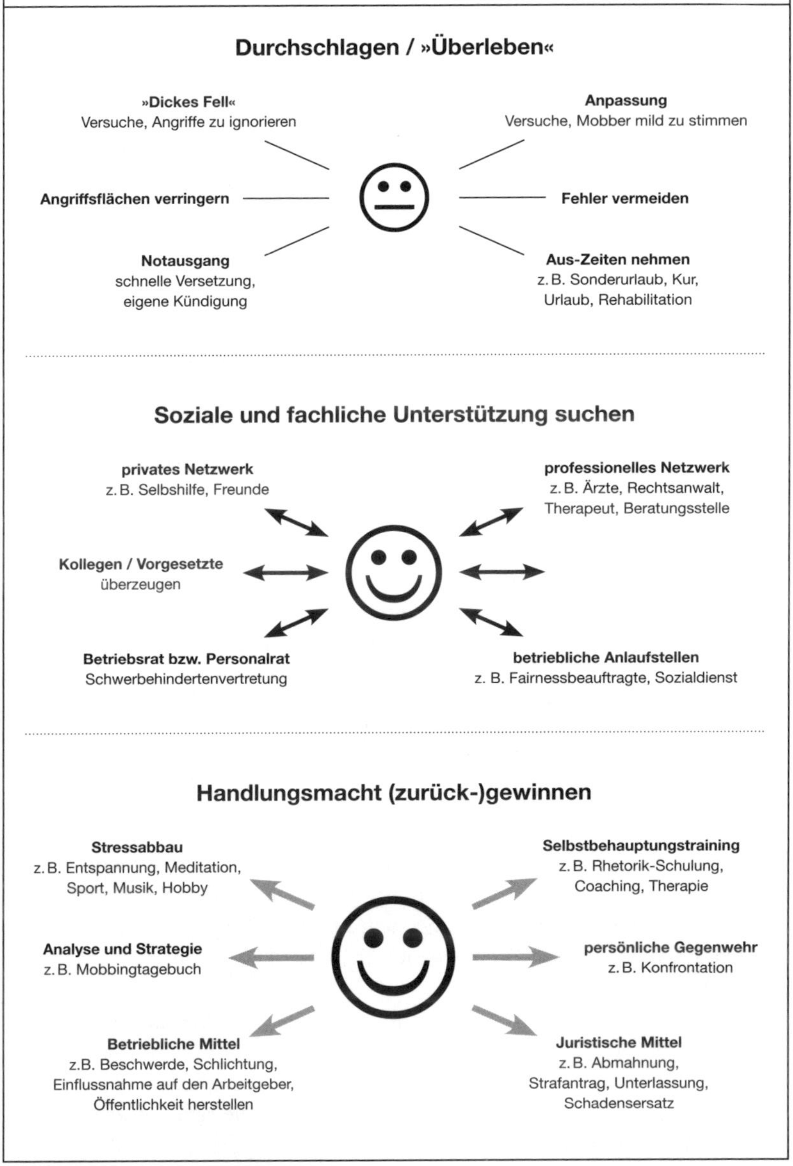

Durchschlagen / »Überleben«

»Dickes Fell«
Versuche, Angriffe zu ignorieren

Anpassung
Versuche, Mobber mild zu stimmen

Angriffsflächen verringern ————

Fehler vermeiden

Notausgang
schnelle Versetzung,
eigene Kündigung

Aus-Zeiten nehmen
z. B. Sonderurlaub, Kur,
Urlaub, Rehabilitation

Soziale und fachliche Unterstützung suchen

privates Netzwerk
z. B. Selbshilfe, Freunde

professionelles Netzwerk
z. B. Ärzte, Rechtsanwalt,
Therapeut, Beratungsstelle

Kollegen / Vorgesetzte
überzeugen

Betriebsrat bzw. Personalrat
Schwerbehindertenvertretung

betriebliche Anlaufstellen
z. B. Fairnessbeauftragte, Sozialdienst

Handlungsmacht (zurück-)gewinnen

Stressabbau
z. B. Entspannung, Meditation,
Sport, Musik, Hobby

Selbstbehauptungstraining
z. B. Rhetorik-Schulung,
Coaching, Therapie

Analyse und Strategie
z. B. Mobbingtagebuch

persönliche Gegenwehr
z. B. Konfrontation

Betriebliche Mittel
z.B. Beschwerde, Schlichtung,
Einflussnahme auf den Arbeitgeber,
Öffentlichkeit herstellen

Juristische Mittel
z. B. Abmahnung,
Strafantrag, Unterlassung,
Schadensersatz

123

davon hören wollen und sich nach und nach abwenden. Ständig mit dem Problem eines lieben Menschen konfrontiert zu sein, aber zugleich nichts Hilfreiches tun zu können, ist für viele nach einer gewissen Zeit unerträglich. Entlastend wäre es, einen Tag oder zwei Tage in der Woche festzulegen, in denen intensiv und zielgerichtet über das Mobbingproblem gesprochen wird, während an den übrigen Wochentagen das Thema Mobbing »tabu« ist. Sie dürfen auch nicht aufhören »zu leben«, d. h. auch ganz normalen familiären Aktivitäten nachzugehen. Wenn wir sagen, dass Betroffene der Lösung des Mobbingproblems oberste Priorität einräumen sollen, ist damit nicht gemeint, dass ununterbrochen darüber zu reden ist.

2.5 Lernen Sie, mit guten Ratschlägen gut umzugehen

Jeder Betroffene muss letzten Endes selbst beurteilen, welcher Weg für ihn akzeptabel ist und was er schließlich als eine befriedigende Lösung ansehen kann. Mobbingbetroffene sind aber – und das erklärt sich aus der außergewöhnlichen und extremen Situation bei Mobbing – zunächst in vieler Hinsicht ratlos, was sie denken, fühlen und tun sollen. Die Kommunikation mit anderen Menschen ist deswegen besonders wichtig: die Beratung, das Abwägen und das gemeinsame Durchdenken von Handlungsmöglichkeiten. Dabei ist zu beachten: Es gibt gut gemeinte und gute Ratschläge. An beidem besteht kein Mangel, wenn man gemobbt wird.

Unterscheiden sollte man sie können. Gutgemeinte Ratschläge sind oft so pauschal gehalten, dass sie irgendwie »immer richtig« sind. Das Problem ist jedoch, dass man praktisch wenig damit anfangen kann oder sogar ein schlechtes Gewissen bekommt. Bei Mobbing beliebt sind etwa Ratschläge dieser Art: »Das musst Du Dir nicht gefallen lassen«, »Lass Dir am besten nichts anmerken« sowie »Lass Dir doch einfach ein dickes Fell wachsen«. Wenn das so einfach wäre. Wenig ermutigend sind auch Aussagen wie: »Das würde ich ganz einfach lösen, da musst Du doch nur ... tun«. Hier erübrigt sich unserer Meinung nach jeder Kommentar.

Wer sich wirklich mit Mobbing und psychischer Gewalt auskennt oder wer auch als Laie ernsthaft helfen möchte, der wird einem Betroffenen genau zuhören und versuchen, sich in den konkreten Fall einzufühlen. Erst danach lassen sich gute Ideen und Vorschläge unterbreiten, die sich umsetzen lassen. Aber auch gute Ratschläge können haarscharf am konkreten Problem vorbei-

124

gehen, denn jeder Mobbingfall ist anders. Frustrieren Sie Ihre Ratgeber nicht, indem Sie alle Vorschläge mit einem »Ja, aber...« ins Leere laufen lassen, weil Ihnen der eine Rat auf den ersten Blick zu riskant und der andere ungewohnt erscheint. Lassen Sie sich stattdessen von alternativen Sichtweisen und Fragen anregen. Entscheiden, was für Sie schließlich am sinnvollsten ist, müssen Sie ohnehin selbst.

2.6 Nehmen Sie professionelle Hilfe in Anspruch

Scheuen Sie sich nicht, umfassend professionelle Hilfe in Anspruch zu nehmen. Schließlich sind die Belastungen für Mobbingbetroffene enorm. Gehen Sie zum Arzt, sobald Sie Beschwerden haben, um möglichen gesundheitlichen (Langzeit-)Schäden vorzubeugen. Lassen Sie sich vom Arzt auch im Hinblick auf eine Stressprävention sowie die Möglichkeit einer psychosomatischen Kur beraten. Nehmen Sie die Beratungsleistung eines Rechtsanwalts bereits in einem frühen Stadium in Anspruch, selbst wenn Sie diese selbst bezahlen müssen. Sobald Sie den Eindruck haben, dass Sie bereits an einer Depression oder anderen psychischen Beeinträchtigung leiden, sollten Sie den Gang zu einem Facharzt für Neurologie und Psychiatrie nicht scheuen. Ihr Leiden hat rein gar nichts mit »verrückt sein« zu tun. Wenn Sie durch das Mobbing seelisch stark aus dem Gleichgewicht geraten sind, könnte Ihnen die Aufnahme einer psychologischen Therapie zu grundlegend besserer Lebensqualität verhelfen. Ähnlich, wie sich Manager einen »Coach« leisten, um mit dem täglichen beruflichen Stress besser fertig zu werden, können Sie versuchen, einen Therapeuten, eine Selbsthilfegruppe oder eine Mobbingberatungsstelle zu finden, um sich in dieser für Sie schweren Zeit unterstützen zu lassen.

Zu den professionellen Helfern, die unmittelbaren Einfluss auf die Situation am Arbeitsplatz haben, gehören kompetente Mitglieder der betrieblichen Interessenvertretung. Weitere betriebliche Ansprechpartner können beispielsweise sein: der Werkarzt, die Sozialberatung im Betrieb, eine vertrauenswürdige Person in der Personalabteilung.

2.7   Dokumentieren Sie das Geschehen

Mobbing und psychische Gewalt setzen sich aus vielen Episoden und Vorkommnissen zusammen. Es passiert Gravierendes, aber auch viel Unscheinbares, dessen brisante Wirkung sich erst nach und nach herausstellt. Das kann kein Mensch detailliert im Gedächtnis behalten. Deswegen sollten Sie sich angewöhnen, nach Feierabend Notizen zu machen. Heben Sie Beweismittel auf. Ganz gleich, ob es sich um böse Anschreiben, verunstaltete Bilder, E-Mails oder eine SMS handelt. Halten Sie schriftlich fest, welche Personen die Übergriffe direkt oder indirekt mitbekommen haben. Das bekannte Stichwort dafür lautet: Mobbing-Tagebuch. Wenn Sie sich bislang keine Aufzeichnungen gemacht haben, dann nehmen Sie sich ein Wochenende und fertigen Sie rückwirkend einen umfassenden Bericht, was bisher geschehen ist. Das ist emotional belastend, aber möglicherweise auch befreiend und kann Ihnen helfen, einige Zusammenhänge klarer zu verstehen.

2.8   Investieren Sie in Lebensqualität

Als Mobbingbetroffener spüren Sie täglich, wie sehr sich die Übergriffe in der Arbeit negativ auf das psychische und körperliche Wohlbefinden insgesamt auswirken. Es ist verständlich, dass die Energie auf schnellstmögliches Abstellen der belastenden Angriffe ausgerichtet wird: »Wenn das Mobbing aufhört, geht es mir auch wieder gut.« In den meisten Fällen gelingt es allerdings nicht, das Mobbing kurzfristig abzustellen. Selbstrettungsversuche wie eine spontane Eigenkündigung oder das Einverständnis in eine überhastete Versetzung führen häufig nicht zu der erhofften Entlastung.

Deswegen sollten Betroffene jede Möglichkeit nutzen, ihr beeinträchtigtes Wohlbefinden und die mangelnde Lebensqualität durch eigene Aktivitäten außerhalb des Arbeitsplatzes zu kompensieren. Lassen Sie sich etwa von einem Arzt beraten, welche natürlichen Mittel Sie gegen Schlafstörungen anwenden können. Pflegen Sie Körper und Seele. Versuchen Sie zum Beispiel mit Meditation, Yoga, autogenem Training oder Sauna Entspannung zu erreichen. Unternehmen Sie, was Ihnen Freude bereitet: gehen Sie angeln, besuchen Sie kulturelle Veranstaltungen, gehen Sie tanzen, schließen Sie sich einem Verein an. Das bringt Sie nicht nur auf andere Gedanken, sondern macht Spass und bringt Sie mit anderen Menschen zusammen. Sie haben die Möglichkeit, Ihr lädiertes Selbstbewusstsein wieder aufzubauen. Regelmäßiger Sport kann Ihnen helfen, die überzähligen Stresshormone abzubauen und körperlich widerstandsfähiger zu werden. Kritiker warnen, dass man nur dem eigentlichen Problem im Betrieb ausweichen würde, indem man Ablenkungen sucht. Unsere Überzeugung dagegen lautet: Sind Körper und Seele gestärkt worden, wird auch die betriebliche Auseinandersetzung besser gelingen.

2.9 Versuchen Sie nicht, den Mobber zu läutern

Einige Opfer von psychischer Gewalt versuchen unablässig, ihren Peiniger dazu zu bringen, mit sich selbst ins Gericht zu gehen und die eigene Schuld einzusehen. Nach dieser Selbsterkenntnis würde dieser, so die Hoffnung, von selbst mit dem Mobbing aufhören. Dieses Konzept ist zum Scheitern verurteilt.

Solange Sie den Mobber davon überzeugen wollen, dass Sie doch eigentlich ein liebenswerter Mensch sind, der die Angriffe gar nicht verdient hat, machen Sie sich von seinem Wohlwollen abhängig. Dasselbe gilt, wenn Sie versuchen, Ihre Handlungsweisen gegenüber dem Mobber ins rechte Licht zu rücken oder sich immer wieder zu rechtfertigen. Das ist in gewisser Weise eine kindliche Haltung: Der Böse soll wieder gut mit einem sein. Es ist naiv, auf solche Einsicht und anschließendes Wohlwollen von Menschen zu hoffen, die einen über Monate extrem feindselig und gnadenlos behandelt haben.

Die Anstrengungen sollten besser auf das pragmatische Ziel konzentriert werden, dass beispielsweise zukünftig die Mobbinghandlungen unterbleiben oder dass der Gemobbte aus dem Schussfeld kommt. Eine Charakteränderung oder Läuterung des Mobbers sollte nicht oberstes Ziel sein.

2.10 Entwickeln Sie Ihre wirksame Strategie

Es sind Monate, manchmal sogar Jahre vergangen, in denen sich das Mobbing bzw. die psychische Gewalt ausgebreitet und an Macht gewonnen haben. Es gibt kein »zu spät«, um diesen Missständen Einhalt zu gebieten. Aber je länger Mobbing wirken konnte, umso langwieriger wird es, um zu erträglichen Zuständen zurückzukehren. Es ist ein Irrtum zu glauben, dass es regelmäßig mit einer öffentlichen Anprangerung und der moralischen Verurteilung des Mobbers getan wäre. Je schneller Sie aktiv reagieren, umso größer sind die Reparaturchancen.

Sie werden nicht darum herumkommen, eine eigene, spezielle Strategie zu entwickeln, die der konkreten Situation und Ihnen als Person angemessen ist. Wenn Sie erst einmal ein passendes strategisches Konzept haben, können Sie merken, wie Sie an Sicherheit und Überzeugungskraft gewinnen. Hätten Sie bei Beginn des Mobbing versucht, Ihrem Peiniger möglichst aus dem Weg zu gehen (Vermeidungsverhalten), so könnte es nun sein, dass Sie einer Begegnung eher erwartungsvoll entgegensehen.

Natürlich wünschen Sie sich, dass die Angriffe lieber heute als morgen vorbei sein sollen. Es ist jedoch realistischer, wenn Sie sich darauf einrichten, dass das Problem noch eine Weile fortdauern wird. Hoffen Sie nicht auf die ganz schnelle Lösung. Es braucht naturgemäß seine Zeit, bis sich die Waage zu ihren Gunsten neigen wird.

Detaillierte Vorschläge, welche Maßnahmen Mobber tatsächlich beeindrucken oder zurückschrecken lassen, behandeln wir in Kapitel F. Viele der denkbaren Handlungsalternativen haben durchaus riskante oder widersprüchliche Seiten. Stets ist es vom konkreten Einzelfall abhängig, was sinnvoller Weise unternommen werden sollte. Von einer gründlichen Analyse und vom betrieblichen Kräfteverhältnis hängt die Entscheidung letztlich ab, ob Sie besser angreifen, standhalten oder lieber das Weite suchen sollten.

3. Wie Phoenix aus der Asche

Der objektive Schlussstrich unter Mobbing und psychische Gewalt ist erreicht, sobald tatsächlich sichergestellt ist, dass gegen den Betroffenen weder von den ursprünglichen Tätern noch von Trittbrettfahrern oder Nachahmern psychische Aggressionen mehr erfolgen werden. Ein solcher Zustand lässt sich (in seltenen Fällen) durch Einsicht der Mobber, etwas häufiger durch einvernehmliche Konfliktschlichtung sowie regelmäßig durch Druck und Sanktionen gegen den Mobber, durch eine organisatorische Trennung der Konfliktparteien (z. B. Versetzung) sowie durch wirksame persönliche Gegenwehr des Mobbingbetroffenen erreichen.

Das Ziel aller Bemühungen gegen das Mobbing besteht in der Erfüllung des Wunsches nach einem neuen Anfang. Betroffene erleben dann weit mehr als nur die Erleichterung, es endlich überstanden zu haben. Außenstehende sind oft überrascht, mit welchem Elan und welcher Kraft die ehemaligen Betroffenen in ihren neuen oder auch in den von Psychoterror befreiten alten Arbeitsbereichen ihre Aufgaben stemmen. Es ist eine Freude, dieses (Wieder-)Aufblühen der Persönlichkeit miterleben zu dürfen – welch ein Unterschied zu den verzagten, gestressten und angeschlagenen Menschen, denen man in der schwierigsten Zeit des Mobbing begegnet ist.

Lesen Sie die Einschätzung eines ehemaligen Mobbingopfers, das mit Unterstützung von Freunden, aber insbesondere auch aus eigener Kraft die Situation erfolgreich meistern konnte:

» Mobbing ist eine sehr böse Erfahrung. Das wünsche ich meinem schlimmsten Feind nicht. Na, sagen wir meinem zweitschlimmsten nicht! Aber ich bin dran gewachsen. Ich habe viel über Menschen und auch über mich selbst gelernt. Ich bin viel stärker geworden. Heute ist diese Erfahrung ein Teil von mir, das gehört einfach zu meinem Leben. So komisch das klingen mag, ich möchte diese Erfahrung aus heutiger Sicht gar nicht mehr missen.«

Doch es gilt realistisch zu bleiben. In einer großen Zahl von Fällen ist das Endresultat der Gegenwehr nicht so eindeutig positiv. Allzu oft wird das Ende der Übergriffe durch faule Kompromisse oder starke persönliche Nachteile erkauft, etwa die eigene ungewollte Versetzung. Wie schaffen es Betroffene, das Mobbing seelisch zu beenden?

3.1   Wann genau ist Mobbing erfolgreich überwunden?

Auch wenn die Mobbinghandlungen definitiv aufgehört haben, ist der subjektive Schlusspunkt häufig noch nicht erreicht. Die erlittene persönliche Demütigung, die gesundheitliche und psychische Belastung während des Mobbing oder die möglicherweise erlittene Rufschädigung können auch nach einer Beendigung der Angriffe auf dem ehemals Mobbingbetroffenen lasten. Manche Betroffene sind regelrecht traumatisiert oder tragen psychische und gesundheitliche Folgeschäden, die erst im weiteren Verlauf abklingen oder erst mit Hilfe von medizinischen Maßnahmen überwunden werden können.

Verbleiben beispielsweise Mobbingbetroffene und vormalige Mobber gleichermaßen am Arbeitsplatz, so bleibt auch die Unsicherheit, ob die Mobbingangriffe wiederaufleben könnten, sobald der Druck auf die Mobber nachlässt.

Häufig wird den Betroffenen ein symbolischer Abschluss vorenthalten, die z. B. in der Form einer Entschuldigung, einer Ehrenerklärung des Vorgesetzten, durch einen Handschlag, zwei Unterschriften unter einem Schlichtungsabkommen oder etwa durch eine Abmahnung des Täters erfolgen könnte. Nicht selten wird irgendetwas hinter den Kulissen ausbaldowert, mit dem Resultat, dass die Mobbingattacken unterbleiben. Das ist durchaus positiv, aber dennoch genauso undurchsichtig wie die Gründe, die ursprünglich zum Mobbing geführt haben. Hinterher tun dann die Beteiligten auch noch so, als wäre nie etwas geschehen. Ist Mobbing in einer solchen Fallkonstellation tatsächlich überwunden?

Daraus erwachsen neue Fragen: Womit muss man sich als Betroffener zufriedengeben? Nach welcher Art Lösung sollte ich streben? Worauf habe ich ein Anrecht? Manche ehemaligen Mobbingbetroffene kämpfen mit großer Leidenschaft für ein bestimmtes Ergebnis. Sie wollen z. B. unbedingt, dass sich der Mobber und/oder die Vorgesetzten persönlich entschuldigen und ihre (Mit)Schuld eingestehen. Das ist nachvollziehbar und wäre tatsächlich angemessen, ist aber angesichts der betrieblichen Realität häufig absolut nicht erreichbar. Das hartnäckige, letzten Endes aber glücklose Streben wird mit dem Satz begründet: »Ich will doch nur Gerechtigkeit«.

> **Wichtig:**
> Gerechtigkeit finden bedeutet, symbolisch das soziale Gleichgewicht wieder herzustellen.
> Genugtuung erleben bedeutet, das innere Gleichgewicht wiederzufinden.

Wir haben bisher betont, dass es zwei verschiedene Möglichkeiten gibt, um nach der Beendigung des akuten Mobbing mit den zugefügten Schäden fertig zu werden. Die eine Möglichkeit ist mit dem Wort »Gerechtigkeit«, die andere mit dem Wort »Genugtuung« verbunden. Mit dem Streben nach Gerechtigkeit wird versucht, das Gleichgewicht der Kräfte auf der sozialen Bühne wiederherzustellen. Mit dem Hoffen auf Genugtuung kann man versuchen, den inneren Frieden wiederzugewinnen.

3.2 Die äußere, soziale Balance wiederherstellen – Gerechtigkeit finden

Nichts ist verständlicher, als dass ein durch Mobbing geschädigter Mensch versucht, alles in Bewegung zu setzen, damit ihm Gerechtigkeit widerfährt. Auch wir halten es für gerechtfertigt, der ungezügelten Aggression von Mobbern Grenzen und Sanktionen entgegenzusetzen. Auch ignorante Vorgesetzte und Arbeitgeber sollten viel stärker die Konsequenzen spüren müssen. Gerade deshalb nehmen die rechtlichen Erwägungen in diesem Ratgeber einen recht großen Stellenwert ein. Allerdings haben wir auch die Beobachtung gemacht, dass »Gerechtigkeit« als unerbittlich verfolgtes Ziel durchaus in eine Sackgasse führen kann.

Ein Problem mit dem Streben nach »Gerechtigkeit« bei der Aufarbeitung von Mobbing und psychischer Gewalt entsteht, wenn Gleiches mit Gleichem vergolten werden soll. Der Betroffene wünscht sich beispielsweise, dass im Nachhinein der Ruf und das Ansehen des Mobbers ruiniert werden, dass er gedemütigt wird, schlaflose Nächte verbringt oder Angst um seinen Arbeitsplatz haben muss. Es besteht die Vorstellung, dass der eigene Schaden, den der Mobbingbetroffene erlitten hat, dadurch wieder gut gemacht werden kann, indem der Verursacher selbst Schaden, Strafe und/oder soziale Ausgrenzung in zumindest ebenso großem Maße erleidet. So verständlich der Wunsch aufgrund der eigenen Verletzungen und Verbitterung im Einzelfall ist, bei der praktischen Umsetzung dieses Wunsches würden moralische und rechtliche Grenzen des Erlaubten bzw. Zulässigen überschritten. Außerdem fragt sich, ob durch den »Gegenschaden« das eigene Leid tatsächlich wieder gut gemacht werden kann. Teilweise schafft die Umsetzung der Vergeltungswünsche mehr Probleme, als sie zu lösen vermag.

Häufig sind bei Mobbing weder Gerechtigkeit noch rechtliche Konsequenzen erreichbar. Die Realisierung des Wunsches nach Sühne kann an mangelnder Beweisbarkeit oder schlicht an Machtkonstellationen scheitern. Viele Zeugen sind – aus unterschiedlichsten Gründen – nicht bereit, vor Gericht oder beim Vorgesetzten wahrheitsgemäß auszusagen. Das Risiko eines strafrechtlichen Vorgehens besteht in der Regel darin, dass eine Vielzahl von Personen von der Strafwürdigkeit des Verhaltens überzeugt werden muss, nicht zuletzt die Staatsanwaltschaft und das Gericht. Berücksichtigt werden müssen weiter die Stichhaltigkeit von Beweisen, die Glaubwürdigkeit von Zeugen, die Einhaltung von Fristen sowie die Regeln der einschlägigen Prozess- bzw. Verfahrensordnung.

Problematisch wird es auch, wenn der Mobbingbetroffene auf speziellen arbeitsrechtlichen bzw. dienstrechtlichen Konsequenzen für den Mobber bestehen möchte – etwa dessen Versetzung, Abmahnung oder Herabgruppierung – oder eine öffentliche Verurteilung wünscht. Die Festlegung auf eine bestimmte Form des gerechten Ausgleichs birgt die Gefahr, dass es als weitere persönliche Niederlage erlebt wird, wenn diese nicht durchgesetzt werden kann.

3.3 Mobbingbetroffene, die keine Ruhe finden können

Gelegentlich berauben sich Mobbingbetroffene selbst der Möglichkeit eines zufriedenstellenden Neuanfangs, weil sie auf die Idee einer irgendwie gearteten Bestrafung des Mobbers und an die strikte Herstellung von »Gerechtigkeit« fixiert waren. Es kann dann durchaus zu der paradoxen Situation führen, dass Mobbingbetroffene eine gute Chance zur Beendigung ihrer bedrückenden Situation ausschlagen (z. B. die Versetzung des Mobbers, die eigene Beförderung), weil das nicht »gerecht« wäre.

Natürlich haben Außenstehende leichter reden, wenn sie eine bestimmte Lösung für tragbar halten, während es der Betroffene als unerträgliche Fortführung der Demütigungen empfindet. Das Problem liegt darin, dass der psychische Schaden aus einem Mobbingkonflikt kaum objektiv zu messen ist. Es lässt sich zwar feststellen, wie oft jemand beleidigt wurde, aber nicht, wie »tief« die einzelne Beleidigung gegangen ist. Es gibt Mobbingbetroffene, die einfach keine Ruhe finden können und hartnäckig in jeder erdenklichen Weise versuchen, die Situation noch einmal grundlegend von vorne aufzurollen.

Leymann (1995, S. 114) hat diese Verhaltensweisen als Obsession bezeichnet, was soviel wie zwanghafte Besessenheit bedeutet. *Leymann* betonte ausdrücklich, dass diese Obsessionen durch die besonders ausweglosen und gemeinen Mobbingsituationen zustande kommen, also äußere Ursachen haben. Die Gefahr ist jedoch mit den Händen zu greifen, dass man sich in einen ausweglosen und

132

endlosen Kampf mit allen möglichen Institutionen begibt. Regelrechte Obsessionen gelten in Fachkreisen als sehr schwer therapierbare psychische Störungen. Wie kann ich als Betroffener vermeiden, in diese Falle zu tappen?

Ein intensives Streben nach Gerechtigkeit ist der Versuch, das äußere, soziale Gleichgewicht wiederherzustellen. Während des Mobbing befinden sich die Macht, die Initiative des Handelns und der Erfolg offensichtlich auf der Seite des Mobbers. Im Nachhinein möchte der traumatisierte Betroffene dies nun wieder ausgleichen. Der Wunsch, dass das Mobbing beendet werden soll, hat sich erfüllt. Nun soll allen Umstehenden noch einmal vorgeführt werden, was für ein schlechter Mensch der Mobber war. Aber es bleibt ein schmerzender Stachel im Fleisch des Betroffenen: Auch wenn der Mobber unmoralisch und unsozial gehandelt hat, bleibt doch die Tatsache der vorübergehenden Unterlegenheit, persönlichen Schwäche und vorübergehenden Handlungsunfähigkeit des Mobbingbetroffenen bestehen. Diese Erniedrigung schmerzt. Durch eine demonstrative Bestrafung oder offizielle Missbilligung würde nun der Mobber in die unterlegene Position gedrückt und müsste unangenehme Konsequenzen erdulden. Das soziale Gleichgewicht würde sich – für alle Außenstehenden sichtbar – wieder zu Gunsten des Mobbingbetroffenen verschieben.

Wenn in der Dienststelle bzw. in dem Betrieb diesem Verlangen nachgegangen wird, dann ist schließlich für den ehemals Betroffenen das Mobbing auch formal beendet. Ein Problem entsteht, wenn einerseits die Institution zu inkompetent oder verstrickt ist, um solche symbolischen Schritte einzuleiten oder wenn andererseits der Betroffene zu stark auf eine bestimmte Form der Wiedergutmachung fixiert bleibt.

Es geht hier nicht darum, das Streben nach Gerechtigkeit und die Forderung nach Bestrafung von Mobbern infrage zu stellen. Es geht vielmehr um problematische, selbstschädigende Handlungsweisen von Mobbingbetroffenen. Insbesondere kann die Hoffnung trügerisch sein, dass der innere Friede ausschließlich durch eine bestimmte äußere, symbolische Handlung oder eine spezielle Bestrafung des Täters erreicht werden kann.

3.4 Die innere Balance wiederherstellen – Genugtuung finden

Wir haben Menschen kennengelernt, die Mobbing aus eigener Kraft erfolgreich überwinden konnten. Es handelte sich dabei keineswegs um Bagatellfälle, sondern um Mobbingsituationen, die teilweise Jahre andauerten und beruflich sowie menschlich existenzbedrohlich waren. Die Betroffenen berichten übereinstimmend von einem enorm wichtigen äußeren Faktor, der ihnen geholfen hat. Es gab jeweils mindestens einen Menschen, der an sie glaubte und sie persönlich unterstützte. Es existierte darüber hinaus aber auch ein innerer Faktor, der für die erfolgreiche Überwindung des Mobbing entscheidend war: Dies war der (am Anfang oft schwache) Wille zur Selbstbehauptung und die wachsende Überzeugung, dass sie selbst ihre Lage zum Besseren ändern müssten.

Abb. 19: Was einem Betroffenen Genugtuung verschaffen kann

Gestärktes Selbstwertgefühl
- Den Glauben an sich selbst bewahrt zu haben
- Die Freude, zur eigenen Stärke zurückgefunden zu haben
- Das Gefühl, über sich selbst hinausgewachsen zu sein
- Selbst gerecht und fair geblieben zu sein

Soziale Anerkennung und Unterstützung
- Solidarität durch die Arbeitskollegen erfahren zu haben
- Solidarität durch Familie und Freunde erfahren zu haben
- Neue Freunde gefunden zu haben
- Einen Meinungsumschwung im Betrieb bewirkt zu haben

Den (moralischen) Sieg davongetragen zu haben
- Ansehensverlust des Mobbers erlebt zu haben
- Respekt der Arbeitskollegen und/oder der Vorgesetzen gewonnen zu haben
- Sicheres Gefühl gewonnen zu haben, dass man moralisch im Recht ist
- (Indirektes) Schuldeingeständnis des Mobbers zu erleben

Persönliche Erfolge trotz Mobbing
- Berufliches Fortkommen trotz Mobbing erfahren zu haben
- Berufliche Anerkennung erfahren zu haben
- Situation erhobenen Hauptes überstanden zu haben

Hinter die Kulissen des Mobbers geschaut zu haben
- Die schwachen, erbärmlichen Motive des Mobbers erkannt zu haben
- Erlebt zu haben, dass der Mobber auch nur »mit Wasser kocht«
- Entdeckt zu haben, dass der Mobber selbst Furcht hatte

Andere Erlebnisse, die das Gleichgewicht wiederherstellen können
- Der ehemalige Mobber braucht selbst Hilfe und Rat
- Der ehemalige Mobber wird selbst gemobbt und/oder erleidet Ungerechtigkeiten
- Erfahren, dass auch andere »starke« Persönlichkeiten unter Mobbing gelitten haben

---

Rückblickend beurteilen diese Menschen ihre Erlebnisse ziemlich übereinstimmend mit etwa denselben Gedanken: »Es war eine sehr harte Erfahrung. Ich

möchte nicht wieder so etwas auf eine so brutale Weise lernen müssen. Aber, aus heutiger Sicht, muss ich sagen, diese Erfahrung hat mich auch stark gemacht.«
Es ist vielleicht nicht überraschend, dass in keinem dieser Fälle ein juristischer Schlussstrich angestrebt wurde. Es war zu keiner Versetzung oder anderen arbeits- bzw. dienstrechtlichen Konsequenz für den Mobber gekommen. Trotzdem sprachen die ehemaligen Betroffenen von einem befriedigenden Ende des Mobbing. Offenbar ist es diesen Betroffenen gelungen, die belastenden Erfahrungen des Mobbing auf eine Weise psychisch zu verarbeiten, dass sie das Gefühl hatten, erstarkt und gewachsen zu sein. Sie konnten so das innere Gleichgewicht, den inneren Frieden wiederherstellen. Dieses Gefühl von Genugtuung stellt sich meistens ungeplant ein.

Beispiele für spontane Genugtuung:
Simone B. hatte als nicht von ihrer beruflichen Tätigkeit freigestelltes Betriebsratsmitglied unter dauerhaften Mobbingangriffen ihres Vorgesetzten zu leiden, der sie mit unsachlicher Kritik wegen angeblicher Schlechtleistung und zu häufiger Abwesenheit traktierte. Mit Unterstützung des Betriebsrats gelang es ihr immerhin, den Mobber zum Schweigen zu bringen. Dennoch wurmte sie die erlittene Demütigung weiterhin. Beinahe zwei Jahre später kam eben dieser Abteilungsleiter ins Betriebsratsbüro, um sich in einer wichtigen arbeitsrechtlichen Frage beraten zu lassen. Augenblicklich hatte Simone B. das Gefühl tiefer Genugtuung.
In einem anderen Fall hatte die gemobbte Vera H. bereits ihren Arbeitsplatz aufgrund von Mobbing gekündigt. Der Geschäftsführer, dem die Vorfälle erst im Nachhinein bekannt wurden, entschuldigte sich nachträglich persönlich bei der Betroffenen und bot ihr eine Wiedereinstellung an. Sie empfand diese Geste des Geschäftsführers als persönlich außerordentlich befriedigend, auch wenn sie das Angebot nicht annahm. Für sie war das Kapitel Mobbing damit abgeschlossen.

Genugtuung ist ein individuelles Erleben, das nicht per Beschluss herbeigeführt werden kann. Man muss abwarten, bis es sich von selbst einstellt. Ist es aber passiert, dann ist der innere Frieden dauerhaft wiederhergestellt (vgl. Abb. 19).

3.5 Mobbing verarbeiten und loslassen können

Mobbing und psychische Gewalt stellen schwere psychische, soziale und körperliche Beeinträchtigungen dar. Es sollte klar sein, dass man im Anschluss an akutes Mobbing eine längere Erholungs- und Verarbeitungsphase braucht. Die existentielle Bedrohung durch Mobbing macht es wahrscheinlich, dass die Vorfälle immer wieder durchlebt, überdacht und nachgefühlt werden müssen. Betroffene fragen sich im Nachhinein, was sie und andere Beteiligte hätten anders oder besser machen können. Es werden Überlegungen getroffen, um zukünftigen Gefahren besser gegenübertreten zu können. Schuldzuweisungen werden erstellt und wieder verworfen. Wut, aber auch Verzweiflung und Trauer treten immer wieder auf.

Die Verarbeitung einer Mobbingerfahrung ist mit dem Prozess des Trauerns zu vergleichen. Zwar ist kein nahestehender Mensch gestorben, doch das naive Vertrauen in ein neutrales bis wohlwollendes Verhalten der Mitmenschen wurde grundlegend infrage gestellt. Außerdem erlebt jeder Betroffene die Grenzen seiner sozialen Macht. Man erfährt stattdessen, wie gefährdet die eigene soziale Position sein kann. Diese Erlebnisse immer und immer wieder gedanklich und gefühlsmäßig durchzuarbeiten, das ist normal. Auch im Gespräch mit anderen wird dieses Thema immer wieder angesprochen werden. Schließlich wird es aber gelingen, die gemachten Erfahrungen als Teil der eigenen Geschichte zu akzeptieren und notwendige Lehren für die Zukunft zu ziehen. Die Betroffenen selbst und das soziale Umfeld müssen dafür die notwendige Geduld aufbringen.

D. Wie helfe ich Betroffenen? Beratung und Unterstützung durch betriebliche Ersthelfer

Dieses Kapitel enthält Hinweise und Vorschläge für Menschen, die den Betroffenen von Mobbing und psychischer Gewalt durch Rat und Tat zu Seite stehen wollen. Dabei legen wir ein besonderes Augenmerk auf die betrieblichen Unterstützer. Wie können sie – ohne als Therapeut, Berater, Lebenskrisenhelfer oder Coach ausgebildet zu sein – verantwortungsgerecht und wirkungsvoll beraten und helfen?

1. Wer darf bei Mobbing helfen?

Betroffene von Mobbing und psychischer Gewalt brauchen eine engagierte und kompetente Unterstützung. Das ist unstreitig. Die persönliche und zugleich berufliche Stabilisierung lässt sich umso wirksamer sicherstellen, je »dichter« die Helfer an den Betroffenen und ihrer sozialen Problemsituation dran sein können. Das zeigt die Erfahrung. Externe Experten mögen über notwendige fachliche Kompetenz verfügen, sie werden jedoch im Allgemeinen nur »Termine« anbieten können, vermögen die betrieblichen Besonderheiten nicht sicher einzuschätzen und sind nur in einem für Mobbing relevanten Teilbereich Experten (z. B. medizinisch, psychologisch, juristisch).

So wertvoll etwa ein guter Jurist bei der Durchsetzung einer zufriedenstellenden Abfindungsregelung sein mag, so unerreichbar dürfte er sein, wenn ein Mobbingbetroffener etwa Trost nach einer am Vormittag erlittenen Demütigung an seinem Arbeitsplatz sucht. Deswegen darf man die Bedeutung von engagierten Unterstützern vor Ort, d. h. im eigenen Betrieb bzw. in der eigenen Dienststelle, nicht unterschätzen. Am Arbeitsplatz gibt es kaum Personen mit relevanten Qualifikationen, die zugleich in Unabhängigkeit vom Arbeitgeber aktiv werden können. Und außerhalb der Betriebe und Dienststellen hängt es stark von der Region ab, in der man lebt. Deswegen gibt es derzeit keinen Weg vorbei an engagierten Laien, die ihre Qualifikation erst im Laufe der Zeit durch wiederholte Hilfeeinsätze erwerben können.

> **Hinweis:**
> Es gibt weder in den Betrieben und Dienststellen noch außerhalb ein engmaschiges Netz professioneller Mobbingberatung. Wirksame Hilfe bei Mobbing steht und fällt deswegen mit dem Engagement von qualifizierten Laien.

Im öffentlichen Dienst gibt es die Tendenz, dass Dienststellenleitungen ausschließlich die Vorgesetzten als die zuständigen Ansprechpartner für Mobbing erklären möchten. Für den Fall, dass der zuständige Vorgesetzte selbst Verursacher des Mobbing sei, müsse sich der Betroffene eben an den nächsthöheren Vorgesetzten wenden. Es wird erklärt, dass es ja zur ureigensten Kompetenz von Vorgesetzten gehören müsse, das Personal gut zu führen und eventuelle

Mobbingsituationen in Eigenregie abzuwehren. In Wirklichkeit geht es wohl eher um den kaschierten Versuch, die Unantastbarkeit der Hierarchie zu gewährleisten und den Personalrat herauszuhalten. Personalräte sollten deswegen drauf achten, dass die Themen Mobbing und psychische Gewalt nicht ohne ihr Mitwirken angegangen werden. Darüber hinaus ist der Personalrat gut beraten, eigene Ansprechpartner für Mobbing zu benennen und in der Dienststelle bekannt zu machen.

Wir ermutigen die innerbetrieblichen Helfer schon seit vielen Jahren mit den Worten: Du musst kein psychologischer Experte sein, um Mobbingbetroffene gut beraten zu können. Was aber qualifiziert Menschen am Arbeitsplatz, bei Mobbing hilfreiche Unterstützung bieten zu können? Sicherlich gehört mehr als Alltagswissen über die Mobbingproblematik dazu. Daher sind der Besuch von geeigneten Seminaren und die Lektüre von spezieller Literatur unverzichtbar. Von besonderer Bedeutung sind jedoch menschliche Qualitäten. Im Umgang mit Betroffenen heißt das: Einfühlungsvermögen zeigen, Zuhören können und Geduld haben. Eine gewisse Professionalität sollte erworben werden, die wir mit den folgenden Worten charakterisieren: »Nähe zu den Menschen, aber Distanz zum Problem.« Bei der Bewältigung der zugrunde liegenden Konflikte bedarf es sicherlich persönlicher Integrität und Glaubwürdigkeit, Fairness, Konfliktbereitschaft sowie Kreativität; aber auch Konsequenz gehört dazu. Eine weitere positive Voraussetzung ist in vielen Mobbingkonflikten die konkrete Kenntnis des Arbeitsplatzes sowie der Arbeitsbedingungen und -beziehungen, um realistische Lösungen finden zu können. Das sind einige Vorteile von betriebsinternen Mobbinghelfern.

Wer darf also bei Mobbing helfen? Dies sind erstens Menschen, deren Hilfe von Betroffenen gesucht wird, d. h. Personen des Vertrauens. Zweitens ist das jeder, der sich ernsthaft und selbstkritisch an die Thema heranarbeitet und versucht, mit Zivilcourage und gutem Menschenverstand jemandem zur Seite zu stehen. Drittens sind Fachkräfte zu nennen, deren Profession für die Überwindung des Mobbinggeschehens relevant ist.

2. Beratung durch Professionelle

Mit »Professionellen« meinen wir an dieser Stelle Menschen, die in einem Beruf (Profession) arbeiten, der für die Überwindung eines konkreten Mobbingproblems bedeutsam sein können. In der Praxis werden von Betroffenen die folgenden drei Berufsgruppen besonders häufig in Anspruch genommen: Mediziner (insbesondere Allgemeinmediziner, Betriebsärzte sowie Fachärzte für Neurologie und Psychiatrie), Juristen (insbesondere Fachanwälte für Arbeitsrecht) sowie Psychologen (insbesondere niedergelassene Psychotherapeuten).

Man darf sagen, dass Mobbingsituationen nicht nur die Betroffenen selbst, sondern auch ihre professionellen Helfer häufig vor große Herausforderungen stellen. Dilettanten und Halbherzige sind für Ratsuchende in diesem Zusammenhang die größten Katastrophen. Aber man muss auch ergänzen: Die Beratung durch Professionelle ist im Hinblick auf eine wirkliche hilfreiche Unterstützung bei Mobbing und psychischer Gewalt nicht immer professionell genug. Diese kritische Einschätzung bezieht sich nicht auf deren berufliche Kernkompetenz – darüber können und wollen wir uns kein Urteil erlauben –, sondern auf deren fehlende Würdigung der Besonderheiten von Mobbing bzw. psychischer Gewalt.

Leymann beklagte in zugespitzter Form die aus seiner Sicht damals verbreitete Inkompetenz seiner Fachkollegen und ordnete dem Phänomen sogar eine eigene (vierte) Mobbingphase zu: »Ärzte, Psychiater, Psychologen etc. wählen aus unzutreffendem Wissen solche Diagnosen, die weiterhin stigmatisieren und schuldzuschreibend wirken« (*Leymann* 1995 a, S. 46). Aus heutiger Sicht lässt sich diese Kritik so pauschal nicht aufrechterhalten. Dennoch bleiben Wünsche offen.

Wer als Mediziner, Jurist oder Psychologe mit einem Mobbingbetroffenen zu tun hat, der sollte nie außer Acht lassen, dass sein Mandant bzw. Patient ein Problem am Hals hat, das regelmäßig über die Grenzen der Professionalität des einzelnen Arztes, Juristen sowie Psychologen hinausreicht. Die Betroffenen sehen sich auf vielfältige Weise *gleichzeitig* infrage gestellt: beruflich, rechtlich, gesundheitlich, psychisch, biographisch, sozial und existentiell. Diese grundlegende Betroffenheit sollte man als Professioneller in seinen Überlegungen und Vorschlägen in Rechnung stellen. Es ist empfehlenswert mitzudenken, was in den anderen »Feldern« passieren könnte, wenn man selbst zu bestimmten Maßnahmen rät, oder welche Ressourcen mobilisiert werden sollten, damit eine Verbesserung der Situation langfristig gesichert werden kann.

Mobbingberatung durch Professionelle ist aus unserer Sicht immer dann zu wenig professionell, wenn der Berater das Mobbingproblem und den Mobbing-betroffenen zwar kompetent, aber ausschließlich professionszentriert durch seine nur-medizinische, nur-juristische oder nur-psychotherapeutische Brille betrachtet. Neben der mikroskopischen Betrachtung braucht man bei Mobbing halt auch den weiten Blick.

Hinweis:
Mobbingberatung durch Professionelle setzt voraus, dass man sein jeweiliges Geschäft »versteht« und dementsprechend verantwortungsvoll handelt, aber zugleich in der Lage ist, die Grenzen der eigenen Wirkungsmacht zu erkennen, und dass man bereit ist, andere Professionen und Akteure in synergetischer Form zu beteiligen oder dem Ratsuchenden vorschlägt, diese zusätzlichen Ressourcen einzubeziehen.

Die Lösung des Dilemmas sollte weder darin bestehen, dass man alle Fragen, die das Feld der eigenen Profession überschreiten, komplett ausblendet oder abblockt (Motto: »Damit habe ich nichts zu tun, dafür ist der ... zuständig«), noch sollte man in gewisser Selbstüberschätzung versuchen, alles andere gleich mit zu erledigen. Es ist stattdessen wesentlich, dass man sich als professioneller Berater im Bereich seiner beruflichen Kompetenz souverän bewegt, aber zugleich das Gesamtgeschehen des Mobbing nicht aus den Augen verliert und einzuschätzen lernt, wo die eigenen Grenzen sind und wer als flankierender oder ergänzender Akteur sinnvoll einbezogen werden soll.

Es gibt derzeit noch wenig Literatur sowie Qualifizierungsangebote, in denen spezifisch für einzelne Berufgruppen das Thema Mobbing aufbereitet wird. Ein Ratgeber für den (niedergelassenen) Arzt wurde jüngst von Peter Teuschel veröffentlicht, der als Psychiater in München arbeitet (*Teuschel* 2010).

Neben den drei genannten Berufsgruppen werden natürlich Beratungsstellen in Anspruch genommen. Das sind unter anderem psychosoziale Beratungs-stellen (insbesondere der freien Wohlfahrtsverbände) sowie Beratungsangebote der Gewerkschaften und der Kirchen (Kirchlicher Dienst in der Arbeitswelt [KdA], katholische Betriebsseelsorge). Auch Kundenberater der Bundesagentur für Arbeit und solche der Krankenkassen kommen heute durchaus in die Situation, einen Mobbingbetroffenen zu beraten. Für Gemeindeseelsorger und Mitarbeiter der Telefonseelsorge dürfte es quasi normal sein, mit Anfragen konfrontiert zu werden, die eine Mobbingsituation und/oder psychische Gewalt zum Gegenstand haben. Darüber hinaus gibt es Informationsangebote im Internet, bei denen zwar keine direkte Beratungsleistung angeboten (allenfalls ein gegenseitiges Beraten im Chat), aber auf Beratungsangebote hingewiesen wird. Schließlich finden sich in manchen Großstädten halb-kommerzielle Beratungsstellen, die unter Namen wie »Mobbing-Hilfe« firmieren. Die Kompetenz dieser Beratungsangebote sollte zumindest darin bestehen, dass sie als Ansprechpartner zur Verfügung stehen, dass sie zuhören, Grundinformationen zum Thema vermitteln sowie weiterführende Adressen, Hilfen und Informationen zur Verfügung stellen können.

3. Professionelle Beratung durch betriebliche »Ersthelfer«

Betriebs- und Personalratsmitglieder – Gleiches gilt für Mitarbeitervertreter – haben viele Kompetenzen, aber normalerweise keine juristische, medizinische und/oder psychologische Berufsausbildung. Dennoch müssen und wollen sie häufig in Mobbingkonflikten tätig werden. Und tatsächlich sind sie häufig erfolgreich. Was sind die wichtigsten Dinge, die zu beachten und anzuwenden sind, damit ein Mitglied der Interessenvertretung erfolgreich beraten und begleiten kann?

3.1 Zuhören wollen

Das Wichtigste passiert bereits, sobald sich jemand ausreichend Zeit nimmt und vorurteilsfrei den Schilderungen eines Mobbingbetroffenen zuhört. Immer wieder hört man die Aussage: »Sie sind der Erste, der mir wirklich zuhört und das ernst nimmt, was ich sage.«

Dieser Satz spiegelt auch einen Teil des üblichen Leidenswegs von Mobbingbetroffenen wider: Keiner hatte sich bislang wirklich Zeit genommen. Vorschnell wurde in manchem Gespräch die Schwierigkeit des Betroffenen, sich effektiv gegen die Mobber zu wehren, als persönliches Unvermögen abgewertet. Oft wurden halbherzige Ratschläge und wenig einfühlsamer Trost gespendet, was den Eindruck erweckte, man wolle den Betroffenen nur möglichst schnell abfertigen.

Es gibt zwar Naturtalente des Zuhörens, aber den meisten Menschen fällt dies einigermaßen schwer. Für die Beratung von Mobbingbetroffenen ist das jedoch besonders wichtig. Gutes Zuhören heißt nicht schweigend dabeisitzen. Durch die Körpersprache (z. B. zugewandte Kopfhaltung, Blickkontakt, zustimmende Gestik und Mimik) kann man dem Ratsuchenden eine ungeteilte Aufmerksamkeit signalisieren. Dadurch kann sich der Ratsuchende auf sein Thema konzentrieren, anstatt Interesse erheischen zu müssen. Kurze verbale

143

Signale unterstützen den Eindruck bleibender Aufmerksamkeit. Übertriebenes Gebaren wirkt allerdings unglaubwürdig. Das wichtigste Element guten Zuhörens sind gezielte Fragen, mit denen sich das Problem genauer verstehen lässt oder mit deren Hilfe es aus unterschiedlichen Blickwinkeln betrachtet werden kann. Hier entfaltet sich die aktive Seite des Zuhörens.

> **Hinweis:**
> **Elemente des aktiven Zuhörens**
> - Aufmerksamkeit signalisieren (z. B. Nicken, verbale Bestätigung)
> - Zeit lassen, um Aussagen und Einschätzungen »wachsen« zu lassen
> - Verständnisfragen stellen (z. B.: Habe ich das richtig verstanden?)
> - Präzisierungsfragen stellen (z. B.: Wie war das jetzt am Dienstag genau?)
> - Bedeutungsfragen stellen (z. B.: Wie wichtig ist Ihnen das?)
> - Rotationsfragen stellen (z. B.: Wie sehen die anderen das Problem?)

Fragen, um den Ratsuchenden in eine bestimmte Richtung zu drängen, sowie das Infragestellen des Ratsuchenden haben mit einem guten Zuhören nichts zu tun. Gutes Zuhören funktioniert nicht nebenbei. Versuchen Sie in der Mobbingberatung kein Multitasking! Suchen Sie nach Räumlichkeiten, in denen man ungestört sprechen kann. Machen Sie sich eines klar: Die Zeit, die Sie dem Betroffenen einräumen, ist ein bedeutendes Geschenk. Für die Unterstützung von Betroffenen ist der Faktor Zeit sehr wichtig.

3.2 Vertrauen aufbauen

Das erste Gespräch, das zwischen Ihnen und einem Mobbingbetroffenen in dieser Angelegenheit stattfindet, legt den Grundstein für eine vertrauensvolle Beratung. Vertrauen ist für ein erfolgreiches, gemeinsames Vorgehen unersetzlich. Es lässt sich aber nicht erzwingen, sondern muss zwischen den Beteiligten wachsen.

Als Mobbingberater können Sie Ihren Teil dazu beitragen, dass Vertrauen wächst. Allgemein lässt sich empfehlen, glaubwürdig und vertrauenswürdig zu sein. Sie müssen nicht alles sagen, was Sie denken. Manchmal ist es sogar ratsam, etwas zurückzuhalten und es erst zu einem anderen Zeitpunkt vorzubringen. Alles, was Sie sagen, muss ehrlich sein. Legen Sie offen, was Sie sich zutrauen und wo Sie Probleme bei der Unterstützung sehen. Wenn Sie selbst im Augenblick nicht weiterwissen, dann überspielen Sie das nicht. Wecken Sie keine falschen Hoffnungen. Tun Sie aber unbedingt das, was Sie versprochen haben zu tun.

Hinweis:
Vertrauensbildende Haltung und Verhalten von Mobbingberatern
- Glaubwürdig sein und vertrauenswürdig auftreten
- Die Vertraulichkeit des Wortes steht an oberster Stelle
- Vorschläge unterbreiten, aber auch zurückhaltend sein können – je nach Erfordernis
- Gefühlsmäßig beteiligt sein, aber nicht mitgerissen werden
- Eigene Grenzen akzeptieren und nennen
- Ausreichend Zeit mitbringen

Wenn sie Vertrauen erzeugen wollen, dann vermeiden Sie jedes Doppelspiel: Entrüsten Sie sich beispielsweise nicht im Beisein des Mobbingbetroffenen heftig über den untätigen Arbeitgeber, während Sie dem Geschäftsführer später im Beisein des Betroffenen sprichwörtlich Honig um den Bart schmieren. Taktische Winkelzüge sowie die Beteiligung an Machtspielchen, auch wenn sie zum Vorteil des Betroffenen angelegt sind, untergraben das bestehende Vertrauen. Sprechen Sie offen mit dem Mobbingbetroffenen darüber, welche Erwartungen Sie erfüllen können und welche nicht.

Vertrauen ist keine Einbahnstraße. Auch Sie haben ein Recht darauf, sich auf die Aussagen des Betroffenen verlassen zu können. Denn es ist nie auszuschließen, dass Einzelne ihre Betroffenheit nur vortäuschen oder maßlos übertreiben, um sich Vorteile zu verschaffen. Allerdings kommt das nur selten vor; denn dies ist ein umständlicher und riskanter Weg. Ein derartiger Missbrauch der Beratung bleibt nicht lange unentdeckt. Wenn Sie also bedacht vorgegangen sind, brauchen Sie sich um Ihren guten Ruf keine Sorge machen. Übertriebene Vorsicht, gar Misstrauen gegenüber Ratsuchenden ist deswegen kein empfehlenswerter Selbstschutz. Im Gegenteil untergräbt eine distanzierte Haltung gegenüber dem Mobbingbetroffenen die Zusammenarbeit. Skepsis wird auch nicht davor schützen, dass Ihnen von bösen Zungen Parteilichkeit oder mangelnde Objektivität vorgeworfen werden. In der Beratung bleibt Ihnen gar nichts anderes übrig, als sich auf den Menschen einzulassen, der zu Ihnen kommt. Wer Unterstützung in Form von Mobbingberatung anbietet, der sollte dieses Versprechen auch praktisch einlösen und nicht nachträglich versuchen, eine irgendwie neutrale, unangreifbare Position einzunehmen. Sonst wird die Mobbingberatung zur Mogelpackung.

Gelegentlich passiert es, dass ein Ratsuchender irrtümlich überzeugt ist, dass er gemobbt wird. Wenn sich bei einem genaueren Hinsehen herausstellt, dass dies nicht der Fall ist, darf man nicht von Vertrauensmissbrauch ausgehen, sondern von einer einfachen Fehleinschätzung. Das Aufklären solcher Irrtümer gehört schließlich zu den deeskalierenden Aufgaben eines Mobbingberaters.

145

3.3 Klares Rollenverständnis

In Mobbingkonflikten zu beraten und darüber hinaus sogar zu vermitteln, ist keine Aufgabe, die man auf die leichte Schulter nehmen kann. Wichtig ist es, sich über die eigene Rolle im Klaren zu sein, die man in dem jeweiligen Fall innehat. Es macht einen Unterschied, ob man als Ersthelfer in einem vertraulichen Vier-Augen-Gespräch mit dem Mobbingbetroffenen oder etwa als Person des Vertrauens am runden Tisch im Beisein von Vorgesetzten agiert. Die Anforderungen an die unterschiedlichen Rollen sind im Kapitel B. 2.2. dargestellt.

Wir bedienen uns des Begriffs des betrieblichen Ersthelfers, um damit die Rolle des Mobbingbeauftragten in der ersten Phase anschaulich auf den

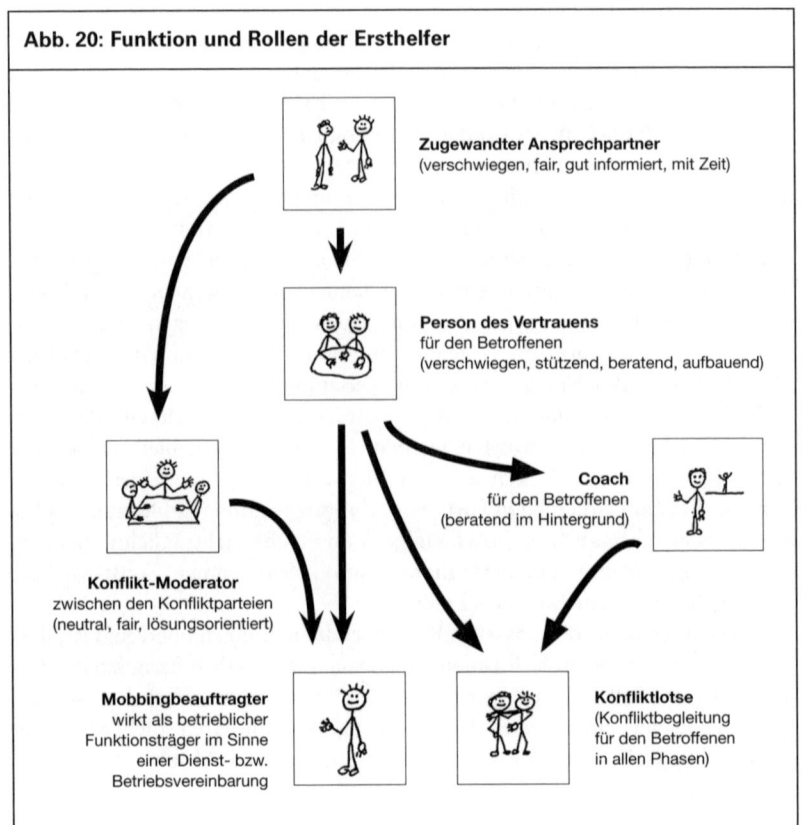

Abb. 20: Funktion und Rollen der Ersthelfer

Zugewandter Ansprechpartner
(verschwiegen, fair, gut informiert, mit Zeit)

Person des Vertrauens
für den Betroffenen
(verschwiegen, stützend, beratend, aufbauend)

Coach
für den Betroffenen
(beratend im Hintergrund)

Konflikt-Moderator
zwischen den Konfliktparteien
(neutral, fair, lösungsorientiert)

Mobbingbeauftragter
wirkt als betrieblicher
Funktionsträger im Sinne
einer Dienst- bzw.
Betriebsvereinbarung

Konfliktlotse
(Konfliktbegleitung
für den Betroffenen
in allen Phasen)

Punkt zu bringen. Mobbingbetroffene haben einen hohen Leidensdruck. Ihnen wird übel mitgespielt, sie leiden, sind krank. Ihnen drohen die Probleme über den Kopf zu wachsen; sie glauben, keine Reserven und Ressourcen mehr zu haben und sie reagieren besonders sensibel. Unabhängig vom Eigenanteil beim Entstehen des Mobbingkonflikts oder von möglicherweise versäumten Gelegenheiten brauchen die Betroffenen in dieser unübersichtlichen und bedrohlichen Situation vor allem zwischenmenschliche Unterstützung. Solche Unterstützung zu geben ist die zentrale Aufgabe als Ersthelfer bei Mobbing (vgl. Abb. 20).

Nach der anfänglichen Beratungsphase in der Rolle des Ersthelfers müssen der Mobbingbeauftragte und der Betroffene gemeinsam entscheiden, wie es weitergehen soll. Dadurch wandelt sich auch die Rolle des Mobbingbeauftragten. Sie kann sich in die eines persönlichen Coachs, eines Konfliktlotsen, einer begleitende Person des Vertrauens oder eines Konfliktmoderators entwickeln. Welche Anforderungen damit verbunden sind, lässt sich unseren Ausführungen in Kapitel B. 2.2 entnehmen. Zu beachten ist dabei, dass nicht alle diese Rollen kompatibel sind. Sie können also nicht durch denselben Menschen wahrgenommen werden. Wer sich aufgrund guter Gründe beispielsweise in die Rolle eines Coachs oder einer Person des Vertrauens begeben hat, kann in demselben Mobbingfall anschließend nicht mehr in die Rolle eines überparteilichen, neutralen Konfliktmoderators schlüpfen.

Es gibt nirgends in Deutschland eine offizielle Stellenbeschreibung für Konfliktlotsen, Mobbingbeauftragte sowie Mobbingersthelfer. Es ist gegenwärtig ein freiwilliges soziales (Ehren)amt, das aufgrund eigenen Beschlusses, der Entscheidung der Interessenvertretung oder auf der Grundlage einer Betriebs- bzw. Dienstvereinbarung ausgeübt wird. Es ist deswegen für jeden Mobbingbeauftragten sinnvoll und legitim, sowohl sein persönliches Angebot als auch seine persönlichen Grenzen für seine Beratungstätigkeit einmal zu formulieren (vgl. Abb. 21, s. S. 148).

3.4   Neutralität – ein schwieriges Unterfangen bei Mobbing

Für die Schlichtung von »normalen« Konflikten gibt es keine Alternative zur Neutralität des Konfliktmoderators. Beide Seiten können nur einem Schlichter vertrauen, der den Interessen beider Seiten in neutraler Weise Geltung verschafft. In einer besonderen Form von Konfliktschlichtung, der Mediation,

Abb. 21: Persönliche »Geschäftsbedingungen« für Beratung

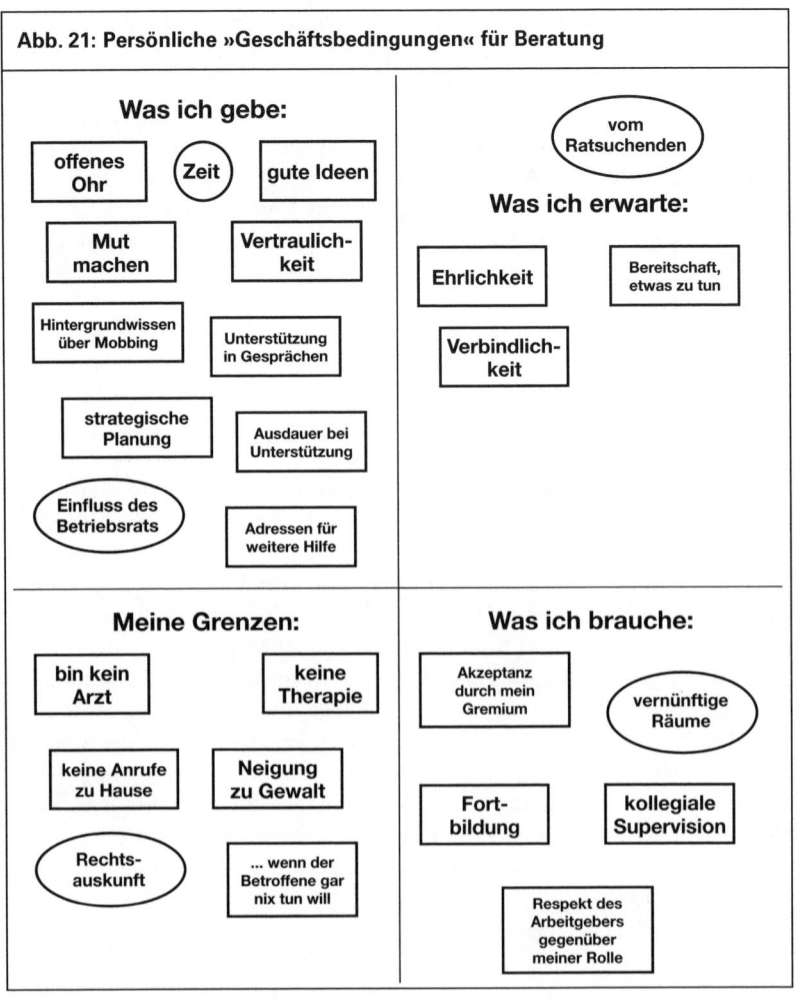

erwartet man sogar die Allparteilichkeit des Konfliktschlichters. Hierbei geht man davon aus, dass beide Konfliktparteien eine Lösung anstreben und sich freiwillig auf die Mediation einlassen.

Beim Vorliegen von Mobbing und von psychischer Gewalt sieht die Sache aber komplett anders aus. Die Mobber wollen im Prinzip gar keine einvernehmliche Lösung, sondern das Opfer zur Strecke bringen. Wenn sie sich aufgrund äußeren Drucks oder zur Pflege des eigenen Images auf eine Konfliktschlichtung einlassen (müssen), dann meistens nur, um das eigene Gesicht zu wahren und den Mobbingbetroffenen in einem möglichst schlechten Licht dastehen zu lassen (etwa als unglaubwürdig, überempfindlich). Andererseits sind die Mobbingbetroffenen aufgrund der negativen, einschüchternden und demütigenden Vorerfahrungen in der vorausgegangenen Mobbingzeit häufig gar nicht in der Lage, souverän und auf Augenhöhe ihr eigenes Anliegen zu verteidigen. Derartige pseudo-neutrale Besprechungen werden dann häufig in Tribunale gegen den Mobbingbetroffenen umfunktioniert, in denen die Mobber ihre ganze Überlegenheit erneut zu Lasten des Betroffenen ausspielen.

Weil Mobbing kein Konflikt auf Augenhöhe, sondern ein asymmetrischer Konflikt ist, braucht der Betroffene in der Vorbereitung und Durchführung solcher Konfliktgespräche persönlichen Beistand. Wer als Ersthelfer, dann als persönlicher Coach gewirkt hat, kann nicht mehr als neutraler Konfliktmoderator auftreten. Im Gegenteil, er wird weiterhin als eine Person des Vertrauens gebraucht. Außerdem ist zu beachten: Der Mobbingbetroffene würde sich verraten fühlen, während die Mobber die Neutralität des als Moderator auftretenden Ersthelfers bei erster Gelegenheit ohnehin anzweifeln würden. Damit wäre die Funktion des Mobbingbeauftragten ausgelöscht. Ehrlicher und wirkungsvoller wird es an dieser Stelle, wenn eine weitere – von beiden Seiten akzeptierte Person – in die Rolle des Konfliktmoderators tritt, wobei der Mobbingbetroffene seine Person des Vertrauens behalten darf.

Es gibt allerdings das Problem der Befangenheit. Gegebenenfalls sollte ein Berater auf seine Beteiligung an der Schlichtung verzichten. Das gilt insbesondere dann, wenn der Berater mit dem Mobbingbetroffenen oder dem Mobber persönlich befreundet war oder ist oder wenn der Mobbingschlichter selbst in einer starken beruflichen Abhängigkeit von einem der Beteiligten steht. Dasselbe gilt, wenn der Konfliktlotse selbst »alte Rechnungen« offen hat oder den Mobbingbetroffenen persönlich selbst nicht wertschätzt. Die Verstrickung des Beraters mit den beteiligten Personen ist hier zu stark.

Es ist immer problematisch, vor die Alternative gestellt zu werden, entweder um der Gerechtigkeit willen die Freundschaft (oder das eigene berufliche Fortkommen) zu riskieren oder umgekehrt wegen der Freundschaft die Gerechtigkeit zu beugen.

Mobbingberatung ist im Allgemeinen nicht mit einem einzelnen Beratungsgespräch erledigt. Sie geht regelmäßig, wenn der Betroffene es wünscht, in eine längere Phase von unterstützenden Gesprächen über. Dies ist erforderlich, weil Betroffene zunächst eine intensive und vertrauensvolle Aufarbeitung ihrer Situation benötigen, bevor sie sich auf »offenes Gelände« wagen.

Selbstverständlich ist es möglich und sinnvoll, als Ersthelfer oder Konfliktlotse des Mobbingbetroffenen, Gespräche mit demjenigen zu führen, der das Mobbing betreibt – sei es, um sich selbst ein umfassendes Bild zu machen, sei es um die Gesprächsbereitschaft der anderen Seite auszuloten. Je mehr er sich auf Gespräche mit dem Betroffenen bereits eingelassen hat und seine Betroffenheit für gerechtfertigt und begründet hält, desto weniger wird er in den Gesprächen mit den (vermeintlichen) Mobbern »neutral« sein. Statt erzwungener oder geheuchelter Neutralität halten wir den fairen Umgang auch mit denjenigen, die wahrscheinlich zu Recht des Mobbing beschuldigt werden, für den richtigen Weg. Wichtiger als Neutralität ist unseres Erachtens eine gewisse Unbefangenheit und Offenheit, sich auch tatsächlich für die Argumente und die Sichtweise des Mobbers zu interessieren. Denn nur mit solcher Offenheit lässt sich eine Bereitschaft für Lösungen erzeugen.

3.5 Das gute Erstgespräch

Das erste Gespräch gehört dem Mobbingbetroffenen als Person. Erst die folgenden Gespräche gehören zunehmend der Problemlösung. Der Betroffene braucht diese Chance, seine Gedanken und Gefühle einmal ungefiltert herauszulassen. Oft gab es für ihn bisher keine Gelegenheit, das ganze Geschehen im Zusammenhang darstellen zu dürfen. Bieten Sie als Beratungsperson diese wichtige Gelegenheit.

> **Hinweis:**
> **Vorgehen im Erstgespräch: Zuhören – Nachfragen – Verstehen**
> - Situation des Betroffenen wirklich verstehen wollen
> - Problem und Problemsicht des Betroffenen ernst nehmen
> - Keine voreiligen Ratschläge geben, Ruhe bewahren
> - Realistische Zuversicht vermitteln

Nicht alles, was der Mobbingbetroffene vorbringt, ist völlig durchdacht. Manches mag sich sogar widersprüchlich anhören. Das ist zu erwarten. Der Betroffene hatte bislang zumeist keine Gelegenheit, seine Situation in einem Gespräch grundlegend anzusprechen und gründlich zu analysieren. Fassen Sie sich in Geduld. Hören Sie aufmerksam zu und versuchen Sie, so viel wie möglich zu verstehen. Fragen Sie nach, wenn Sie etwas nicht verstanden haben. Aber stellen sie den Betroffenen nicht infrage. Vor allem sollten Sie sich Ihre Warum-Fragen für die spätere Mobbinganalyse aufheben (vgl. Kapitel F. 2.). Belasten Sie das Gespräch auch nicht mit voreiligen Ratschlägen. Zugespitzt ausgedrückt sind in dieser Beratungsphase eigentlich alle Ratschläge voreilig.

Mancher Ratsuchende wird nach kurzer Zeit nur so »sprudeln«. Andere äußern sich nur zögerlich und stellen ihre Situation unscharf oder mit allgemeinen Redewendungen vor. Lassen Sie sich auch hier nicht entmutigen. Das Wichtigste in einem Erstgespräch ist nicht, ob Sie das Problem vollständig verstanden und schon Lösungen parat haben, sondern ob zwischen dem Mobbingbetroffenen und Ihnen Vertrauen zu wachsen beginnt.

Zum Ende des ersten (oder zweiten) Gesprächs sollten Sie gemeinsam die Ziele der Beratung festlegen. Finden Sie heraus, welchen Verlauf die Beratung nehmen soll: Möchte der Betroffene nur moralische Unterstützung? Sucht er in Ihnen einen Konfliktlotsen oder will er versuchen, seinen Fall selbst zu lösen? Im Verlauf der weiteren Gespräche sollten Sie überprüfen, ob die ursprüngliche Zielsetzung noch gilt oder verändert werden soll. Dies schafft Klarheit zwischen den Beteiligten und gibt der Beratung eine klare Linie sowie Verbindlichkeit. Das trägt dazu bei, spätere Enttäuschungen wegen unausgesprochener Erwartungen zu vermeiden.

Geben Sie dem Ratsuchenden ein möglichst klares Bild darüber, was Sie zu tun in der Lage sind, wie viel Zeit Sie investieren können und welche Eingriffsmöglichkeiten Sie derzeit sehen. Verweisen Sie von vornherein darauf, dass es keine schnellen Lösungen geben wird, sondern dass mit Bedacht vorgegangen werden muss.

Hinweis:
Machen Sie den Betroffenen darauf aufmerksam, dass es bei Mobbing keine ganz schnellen Lösungen gibt.

Wir haben darauf hingewiesen, dass es im Erstgespräch nicht um Ratschläge geht. Andererseits empfehlen wir, Ruhe zu bewahren und realistische Zuversicht zu vermitteln. Wie geht das – ohne die Unterbreitung praktischer Ratschläge?

3.6 Realistische Zuversicht vermitteln

Für Betroffene, die emotional aufgewühlt sind und Furcht vor der Weiterentwicklung ihrer Mobbingsituation haben, kann die Ruhe, welche der Berater durch ein sicheres und überlegtes Vorgehen im Gespräch ausstrahlt, von großer Bedeutung sein. Typischerweise kommen Betroffene erst dann zur Beratung, wenn das Mobbing schon recht weit fortgeschritten ist. Gerade wenn die Beratungsperson nicht in eine hektische Betriebsamkeit verfällt, sondern besonnen vorgeht, strahlt sie ohne Worte Zuversicht aus, dass es eine Lösung geben wird. Auch mit dosierten Worten kann man diese realistische Zuversicht zum Ausdruck bringen, indem man z. B. sagt: »Ich bin mir sicher, dass wir eine gute Lösung für sie finden werden.« Übertreibungen bewirken allerdings das Gegenteil.

Es spricht nichts dagegen, bereits im Erstgespräch sachliche Informationen über Mobbing, dessen Ursachen und Verlauf in einen gewissen Umfang zu vermitteln. Hinweise auf wichtige externe Ansprechpartner, etwa eine bestehende Selbsthilfegruppe in der Region, haben ebenfalls ihren Platz im Erstgespräch. Allein das voreilige Lösen wollen und Ratschläge geben nach dem Muster: »Da könnten Sie gleich mal ...« sollte unterbleiben.

Zuversicht vermitteln Sie auch dadurch, dass Sie sachliche Informationen über Ursachen, Verlauf und Folgen von Mobbing, aber auch über die Möglichkeiten zur Gegenwehr aufzeigen. Auch über die Grenze zwischen Konflikt und Mobbing kann man gegebenenfalls aufklären. Geben Sie dem Betroffenen Hinweise auf empfehlenswerte Literatur sowie Internet-Seiten. Überlassen Sie ihm eine Kopie aus Ihren eigenen Mobbingunterlagen, etwa der Mobbingdefinition oder einer Liste der Mobbinghandlungen.

Mobbingbetroffene kommen regelmäßig mit dem Gefühl zur Beratung, dass die eigenen subjektiven Möglichkeiten ausgeschöpft sind. Einen Überblick über die rechtlichen und außerrechtlichen Handlungsmöglichkeiten zu geben, ist deswegen wichtig. In einem Erstgespräch sollten hiervon besser nur einige Aspekte angesprochen werden, weil sonst zunächst mehr Verwirrung als Orientierung gestiftet wird. Mit fortdauernder Beratung muss über alle Handlungs- und Widerstandsmöglichkeiten informiert und beraten werden.

> **Hinweis:**
> **Realistische Zuversicht durch sachliche Informationen unterstützen**
> - Über Ursachen, Verlauf und Folgen von Mobbing informieren
> - Die Bedeutung von sozialen Bündnispartnern und Unterstützern vermitteln
> - Unterschiedliche Widerstands- und Handlungsmöglichkeiten aufzeigen
> - Positive Beispiele sammeln und präsentieren
> - Mobbingliteratur zur Verfügung stellen und seriöse Internet-Angebote vorstellen
> - Adressen für externe Beratungen, Selbsthilfe sowie professionelle Hilfe überreichen

Zuversicht kann auch durch Berichte über erfolgreich abgeschlossene Mobbingfälle vermittelt werden. In den Medien werden allerdings eher schlechte Nachrichten verbreitet; bei Mobbing gibt es daher nur wenige Artikel über erfolgreich beendete Mobbingfälle. Deswegen lohnt es sich, positive verfasste Berichte zu sammeln und sie den akut Betroffenen bekannt zu machen. Eine Ausnahme bildet vielleicht die Selbsthilfeliteratur zu Mobbing. Hier wollen die Autoren mit Beispielen belegen, dass ihre Methoden erfolgreich gewesen sind.

In der Selbsthilfeliteratur gibt es dann auch Vorschläge, wie Mobbing überwunden werden kann. So anregend diese Vorschläge sein mögen, sie müssen stets geprüft werden, ob sie auch in dem konkreten Fall zu einer Lösung führen können.

3.7 Ressourcen finden und pflegen

Ein Mobbingbetroffener ist in der Defensive und verfügt in dem Augenblick, in dem er zur Beratung kommt, definitiv über wenige persönliche Ressourcen, um das gegen ihn gerichtete Mobbing allein zu überwinden. Nein schlimmer, die Ressourcen reichen nicht einmal aus, um die eigene Gesundheit zu erhalten, um optimistisch zu bleiben. Die Gefahr besteht, den Arbeitsplatz, das Selbstwertgefühl oder mehr zu verlieren.

Der Mobbingbeauftragte kann einen extrem wichtigen Beitrag zum Erstarken des Betroffenen leisten, indem er sich systematisch und dauerhaft auf die gemeinsame Suche nach Ressourcen für den Betroffenen aufmacht. Dabei kann es sowohl darum gehen, verschollene Ressourcen wieder neu zu beleben als auch darum, neue Ressourcen zu erschließen.

Die wichtigste Ressource eines Menschen dürfte sein soziales Netzwerk sein. Die orientierenden Fragen lauten: Welche Menschen unterstützen mich? Wer steht mir bei? Wem bin ich wichtig? Wer schätzt mich wert? Wer hält zu mir? Und abgeschwächt: Wem ist meine problematische Situation nicht egal? Wenn sich im aktuellen Netzwerk nicht sehr viele Menschen befinden, sollte in Richtung Zukunft gefragt werden: Wer wird mich zukünftig unterstützen? Wem könnte es wichtig werden, die Ungerechtigkeit mir gegenüber abzustellen?

> **Hinweis:**
> Soziale Unterstützung ist das Wichtigste, wenn man Mobbing überstehen und überwinden will.

Soziale Unterstützung und Wertschätzung durch Partner, Familienmitglieder, Kinder, Eltern, Freunde, Verwandte sowie ehemalige und gegenwärtige Arbeitskollegen bieten einen emotional mächtigen Schutzschirm gegen Mobbing. Freundschaft und Verständnis schützen davor, psychisch ins Abseits zu geraten. Auch wenn wir an anderer Stelle vor voreiligen Ratschlägen warnen, so geben wir hier den eindringlichen Rat: Führen Sie dem Mobbingbetroffenen immer wieder die Bedeutung sozialer Unterstützung für sein seelisches Überleben vor Augen. Helfen Sie ihm dabei, soziale Kontakte und Unterstützung zu aktivieren, zu bewahren und neue zu finden. Weil Mobbing dem Betroffenen den sozialen Boden unter den Füßen wegzieht, sind die soziale Verbundenheit und die Wertschätzung in den anderen Lebensbereichen für ihn umso wichtiger.

Das private Netzwerk ist besonders wichtig für die persönliche Stabilität. Bei Mobbing stellt sich jedoch regelmäßig die Frage nach darüber hinausgehenden Ressourcen, insbesondere nach professioneller Unterstützung. Je nachdem, wie der Mobbingfall gelagert ist und je nach persönlicher Situation und Widerstandkraft sind hier verschiedene Spezialisten gleichzeitig oder nacheinander gefragt.

Abb. 22: Professionelle Ressourcen für Betroffene

- Niedergelassener Arzt, Hausarzt des Vertrauens, Betriebsarzt
- Psychiater, Fach- bzw. Rehaklinik für Psychosomatik
- Rechtsanwalt, Gewerkschaftssekretär
- Psychotherapeut, psychologische Beratungsstelle, sozialpsychiatrischer Dienst
- Mobbingberatungsstelle, Anlaufstelle für Selbsthilfegruppen
- Beratungsstellen der KdA, katholische Betriebsseelsorge
- Agentur für Arbeit, Integrationsamt

Darüber hinaus können sich Betroffene hilfreiche Informationen und Adressen im Internet besorgen und in einen Erfahrungsaustausch mit anderen Betroffenen eintreten.

Zu den persönlichen Ressourcen zählen unter anderem berufliche Fähigkeiten, jede Art von aktivierender Freizeitbeschäftigung und Hobbys.

3.8 Leitfaden für die Beratung

Jedes Beratungsgespräch mit einem Mobbingbetroffenen hat seine Besonderheit. Je nach der Situation und den Beteiligten nehmen die Gespräche einen unterschiedlichen Verlauf. Wir wollen uns nicht anmaßen, einen verbindlichen Standard für Beratungsgespräche erstellen zu wollen. Betriebs- und Personalratsmitglieder sowie Mitarbeitervertreter sind nicht ständig mit Mobbingfällen beschäftigt. Dies führt dazu, in einer akuten Situation nicht auf Routine zurückgreifen zu können. Die folgende Checkliste (vgl. Abb. 23) soll es ermöglichen, im »Eifer des Gefechts« einigermaßen den Überblick zu behalten.

Abb. 23: Checkliste für das Beratungsgespräch

1. Vor dem Gespräch
- Kurze eigene Einstimmung auf das bevorstehende Gespräch
- Störquellen (vor allem: Handy) möglichst ausschalten
- Angenehme Gesprächssituation schaffen
- Sitzordnung weder zu distanziert noch zu vertraulich

2. Begrüßung
- Wenige einleitende Worte (»Türöffner«)
- Getränk anbieten, soweit vorhanden
- Einverständnis einholen: »Darf ich mir Notizen machen?«
- Zeitraum gemeinsam festlegen (nicht länger als 60 Minuten)
- Absolute Vertraulichkeit zusichern

3. Zielsetzung für dieses Beratungsgespräch erfragen
- Frage: »Was ist für Sie das Ziel dieses Gesprächs?« oder »Welchen Wunsch haben Sie (heute) an mich?«

4. Schilderung des Problems
- Ratsuchenden frei aussprechen lassen; hören Sie zu, was ihn bewegt
- Ratsuchenden als Person »annehmen«; keine Wertungen abgeben
- Mit Worten und Gesten zeigen, dass Sie zuhören; Ablenkungen vermeiden
- Nachfragen, um die Gefühle und Erlebnisse besser nachempfinden zu können
- Nachfragen, um den Sachverhalt und die Zusammenhänge besser verstehen zu können
- Abschließende Zusammenfassung des Problems

5. Mögliche Lösungen prüfen
- Ziele und Erwartungen des Ratsuchenden erfragen: »Was möchten Sie erreichen?«
- Erwartungen des Ratsuchenden an die Rolle des Beraters erfragen
- Mögliche Lösungen und Unterstützung aus der Sicht des Beraters einbringen
- Keine Lösungen aufdrängen; nicht auf Vorschlägen beharren
- Gemeinsame Beratung alternativer Wege zur Verbesserung der Situation

6. Schwierigkeiten einkalkulieren
- Nicht gegen unrealistische Ziele des Ratsuchenden argumentieren; stattdessen gemeinsam eine Pro und Contra-Liste der möglichen Folgen erstellen
- Keine oberflächliche Ermutigung bei Angst und Zurückhaltung des Ratsuchenden; stattdessen vorsichtig die Konsequenzen des Nichthandelns besprechen

- Nicht in Unruhe kommen, wenn Sie als Berater ebenfalls keine Lösung wissen; stattdessen beiderseitige Bedenkzeit vereinbaren

7. **Auf Lösungen hinarbeiten, nicht bei Problemen stagnieren**
- Nicht auf Dauer mit denselben Problemen im Kreis drehen
- Auf einen »ersten (bzw. nächsten) Schritt« hinarbeiten

8. **Bündnis eingehen**
- Vereinbarung treffen, was als Nächstes getan werden soll
- Arbeitsteiliges vorgehen; Betroffener und Berater erledigen ihre »Hausaufgaben«
- Vereinbaren, in welcher Rolle der Berater für den Betroffenen da sein soll

Die Checkliste, kurz vor dem Gespräch noch einmal durchgelesen, bewahrt einen vor Flüchtigkeitsfehlern. Beim Überfliegen der Checkliste wird man sich vielleicht daran erinnern, dass es angesichts der zu erwartenden Menge an Informationen und deren Unübersichtlichkeit sinnvoll sein wird, Notizen anzufertigen.

3.9 Schwierigkeiten meistern

Selbstverständlich gelingt nicht alles perfekt. Manche Schwierigkeiten sind eher selbstgestrickt, andere entstehen in der Zusammenarbeit mit dem Betroffenen. Wichtig ist, keine übertriebenen Erwartungen an sich selbst zu stellen.

Eine Schwierigkeit kann darin bestehen, dass man die Bedürftigkeit des Betroffenen nach einer schnellen Entspannung allzu deutlich spürt und versucht, dieser Erwartung möglichst rasch nachzukommen. Aber: Eine gute Mobbingberatung zeigt sich nicht darin, dass die Berater für jede nur denkbare Problemlage spontan fertige Lösungen präsentieren können. Die Konfliktkonstellationen, die in dem Betrieb bzw. in der Dienststelle auftauchen, sind dazu viel zu unterschiedlich. Berater brauchen ein Grundwissen zu Mobbing und ein gutes Einfühlungsvermögen für die Situation des Betroffenen. Sie sollten Freude daran haben, passende Konzepte für die Lösung des jeweils vorliegenden Mobbingproblems zu entwickeln; aber sie sollten sich nicht selber mit der Erwartung in Stress bringen, schnellstens Lösungen präsentieren zu müssen. Im Gegenteil erhöht es die Glaubwürdigkeit, wenn sich Berater das Recht nehmen, eine Nacht über das Problem zu schlafen. Das ist zudem Ausdruck von Ernsthaftigkeit und Sorgfalt.

Die Qualität von Mobbingberatern zeigt sich insbesondere in ihrer Fähigkeit, mit Unsicherheit und der Tatsache, eben noch keine sichere Lösung zu wissen, umgehen zu können. Eine gewisse Gelassenheit ist also konflikttechnisch von Vorteil und strahlt Ruhe in Richtung des Betroffenen aus.

> **Hinweis:**
> Wer beraten will, der muss nicht (sofort) für alles einen Rat haben.

Eine weitere Schwierigkeit kann sich ergeben, dass an den Berater etwas widersprüchliche Anforderungen gestellt sind. Mobbingberater müssen einerseits handlungsfreudig sein, andererseits aber auch zurückhaltend sein können, um ihrer Aufgabe gerecht zu werden. Wie das funktionieren soll? In bestimmten Situationen, die sich aus der Beratung ergeben, müssen Sie entschlossen handeln, beispielsweise in der Konfrontation mit einem Vorgesetzten, dem Arbeitgeber, dem Dienststellenleiter oder dem Mobber. Hier kann es erforderlich sein, dass Sie die Interessen des Mobbingbetroffenen ganz entschieden vertreten. Andererseits ist auch immer wieder Zurückhaltung angesagt. Vor allem dürfen Sie nicht ungefragt stellvertretend für den Mobbingbetroffenen handeln oder ihn zu Entscheidungen treiben. Aber auch beim Umgang mit Mobbern und Vorgesetzten kann diplomatisches Geschick von größerer Wirkung sein als ein moralischer »Eisenbesen«. Es ist nicht zu vermeiden, dass hier gelegentlich Fehler passieren. Versuchen Sie besonnen und reflektiert vorzugehen.

Es ist zwar wichtig, sich auf die Schilderungen des Mobbingbetroffenen einzulassen und mitzufühlen, aber emotional mitgerissen darf man wiederum nicht sein. Wir empfehlen daher: Halten Sie innerlich *Abstand zu den Vorgängen* bei gleichzeitiger *Nähe zur Person*.

Sicherlich ist Ihr Zeitkonto nicht unbegrenzt. Daraus ergeben sich gelegentlich Abstimmungsprobleme sowie Missverständnisse. Für das erste Gespräch muss jedoch unbedingt gelten: Nehmen Sie sich ausreichend Zeit. Wenn Sie spontan Sympathie für den Betroffenen haben, dann verbergen Sie das nicht aus »Neutralitätsgründen«. Wenn Sie hingegen Antipathie verspüren, sollten Sie das nicht zum Ausdruck bringen, sondern zumindest versuchen, dem Betreffenden gegenüber fair und offen zu bleiben. Es geht ja nicht um Freundschaft.

Es besteht die Furcht, dass ein Mobbingbetroffener während einer Beratung »außer sich geraten« könnte. Im Großen und Ganzen ist diese Furcht unbegründet, weil sich Mobbingbetroffene in existentieller Not normalerweise dorthin wenden, wo sie professionelle Hilfe erwarten können, nämlich bei einem Arzt, einer Klinik, einem Therapeuten sowie der Telefonseelsorge. Sehr selten kann es dennoch geschehen, dass ein Mobbingbetroffener in extremer Wut, Panik oder Verzweiflung in die Beratung kommt und die Gefahr besteht, dass er sich im Affekt zu unüberlegten Handlungen hinreißen lässt. Er droht beispielsweise, sofort fristlos zu kündigen, das Büro seines Peinigers zu zertrümmern oder mit Suizid. Obwohl die meisten Berater wahrscheinlich niemals damit konfrontiert werden, halten wir es für sinnvoll, wenn Sie sich einmalig gedanklich mit solchen Extremsituationen auseinandersetzen, um dann im Ernstfall handlungsfähig zu sein.

Was Sie in einer solchen Situation tun können? Versuchen Sie, selber ruhig zu bleiben. Das heißt vor allem, dass Sie den »roten Faden« der Beratung nicht aus den Händen gleiten lassen dürfen. Im Affekt bricht die ganze Not des Betroffenen durch. Der Hilferuf nach außen ist dramatisch, damit den Außenstehenden die Ernsthaftigkeit des Anliegens deutlich wird.

Bringen Sie Ruhe in das Gespräch. Das erreichen Sie, indem Sie sich die Vorfälle weiter schildern lassen. Enthalten Sie sich dabei jeder negativen Bewertung, hören Sie zu, fragen Sie nach. Versuchen Sie nicht, hektisch gegen die unüberlegten Handlungen zu argumentieren. Es hilft mehr, wenn Sie Verständnis zeigen können: »Das Ganze ist für Sie also so schlimm, dass Sie nun schon daran denken ...« Kommen Sie im weiteren Verlauf des Gesprächs auf die Unterstützungsmöglichkeiten und Auswege, die es gibt. Als Außenstehender haben Sie einen gefühlsmäßigen Abstand zu dem Problem und können sachlicher abwägen, welche Möglichkeiten einem Mobbingbetroffenen heute, morgen und in der nächsten Woche zur Verfügung stehen. Das ist es, was der Mobbingbetroffene im Affekt von Ihnen benötigt.

Dabei darf es in dieser Extremsituation aber nicht stehenbleiben. Beide Beteiligten brauchen jetzt professionellen Support. Rufen Sie eine Klinik, einen Arzt oder Therapeuten, die Telefonseelsorge oder den sozialpsychiatrischen Dienst an. Diese Stellen kennen sich mit akuten seelischen Krisen aus. Vielleicht verfügt der Mobbingbetroffene schon über entsprechende Kontakte – fragen Sie ihn. Rufen Sie im Einverständnis mit dem Mobbingbetroffenen eine dieser Stellen an. Erklären Sie am Telefon, dass Sie die entstandene Situation nicht allein bewältigen können und daher kompetente Hilfe benötigen. Übergeben Sie das Gespräch gegebenenfalls an den Mobbingbetroffenen. Lassen Sie einen Arzt kommen oder fahren Sie notfalls gemeinsam zu einer Einrichtung, die Kriseninterventionen durchführt. Telefonnummern dieser Dienste können leicht im Internet sowie über das örtliche Gesundheitsamt und die Telefonauskunft ermittelt werden.

Wenig hilfreich in der Beratung sind Appelle der Art: »Nimm es doch nicht so schwer!« oder »Mach dir einfach nichts daraus!«. Das Problem für den Mobbingbetroffenen besteht doch gerade darin, dass es so schwer für ihn ist und dass er es deswegen so schwer nimmt. Bei der Verkündigung von »Dickes

Fell«-Parolen fühlt sich der Ratsuchende zu Recht nicht ernst genommen oder sogar abgewertet. Als Außenstehender hat man leicht reden. Wären wir selbst in der Situation, würde uns die Souveränität möglicherweise auch schnell abhanden kommen. Auch Tröstungen wie »Denk lieber an etwas anderes« sind immer noch populär. Aber wir sollten nicht vergessen, dass es darum geht, Probleme zu bewältigen, und nicht darum, dem Betroffenen die Probleme auszureden. Auch tröstende Ermutigungen der Art: »Es wird schon wieder« kann man sich getrost sparen. Sie ermutigen nicht. Diese Art von Trost versucht vom Leid »wegzutrösten«. Es ist eine traditionelle Art und Weise, so wie wir kleine Kinder trösten, indem man sie ablenkt. Setzen wir gedankenlos diese Art von Trost für Erwachsene ein, dann erleben sie bloß ein leicht durchschaubares Ablenkungsmanöver.

> **Hinweis:**
> **Keinen billigen Trost spenden**
> - Keine pauschalen Tröstungen (z. B. »Wird schon wieder«)
> - Keine Verharmlosung (z. B. »Nimm's doch nicht so schwer«)
> - Keine Entmündigung (z. B. »Das machen wir schon«)
> - Keine eigenen Heldengeschichten (z. B. »Bei mir war es so: ...«)

Statt Trost können Sie schlicht und einfach ihr Mitgefühl ausdrücken: »Ja, das ist eine sehr bedrückende Situation für Sie!« oder »Das ist ja so eine Gemeinheit, die Sie da jede Woche durchmachen. Überkommt Sie da nicht manchmal eine fürchterliche Wut?« Diese Art von Mitgefühl geht nicht vom bedrohlichen Thema weg, sondern lässt sich darauf ein.

Eine andere uneffektive Form der Beratung besteht darin, dass der Berater bevorzugt erfolgreiche Lösungen für Probleme aus seiner eigenen Vergangenheit schildert. Oder dass spontane Einfälle zum Besten gegeben werden, die aber einen Praxistest noch nicht bestanden haben. Das nennen wir »Heldengeschichten«. Sie mögen gut gemeint sein, sind es aber häufig nicht. Den Heldengeschichten ist positiv der Versuch abzugewinnen, sich mit dem Betroffenen auf die gleiche Ebene zu stellen: »Sieh, ich war auch schon mal in so einer schwierigen Situation. Ich bin also wie Du, nicht besser und nicht schlechter. Du kannst mir vertrauen, ich stehe zu Dir.« Heldengeschichten hinterlassen beim Ratsuchenden aber häufig und unterschwellig eine gegenteilige Botschaft: »Es ist doch ganz einfach, mit der Situation fertig zu werden, Du müsstest Dich nur besser anstellen.«

Mobbingbetroffene haben ohnehin mit ihrem Selbstwertgefühl zu kämpfen. Nun begegnen sie jemandem, dem Lösungen so leicht über die Lippen kommen und der selbst scheinbar alles im Griff hat. Das kann erniedrigend wirken und

Zweifel hervorrufen, ob sich der Berater auf die Situation des Betroffenen wirklich einlassen will. Natürlich dürfen Berater auch eigene Erlebnisse und eigene Problemlösungsideen in die Beratung einfließen lassen. Es kommt auf das Fingerspitzengefühl an. Lassen Sie Ihre »Heldengeschichten« so einfließen, dass Sie dabei nicht »besser dastehen« als der Betroffene. Der Mobbingbetroffene muss in diesen Beispielen Muster von tatsächlich gelungenen Konfliktbearbeitungen erkennen können, wobei ihm genügend Spielraum gelassen wird, seinen eigenen Weg zu gehen.

3.10   Die »Ja, aber ... «-Falle

In die »Ja, aber ... «-Falle tappen Sie, wenn Sie zu früh, zu häufig, zu heftig Ratschläge erteilen oder wenn Sie die Ängste des Ratsuchenden nicht wahrnehmen. Ein Beispiel:

> **Hinweis:**
> **Beispiel für die »Ja, aber ... «-Falle**
> *Berater:* Das beste Mittel gegen den Mobber wäre ein Mobbingtagebuch.
> *Ratsuchender:* Nun, das habe ich schon mal versucht, aber das bringt ja doch nichts.
> *Berater:* Wieso, in einem anderem Fall hatte es guten Erfolg. Sie müssen es nur machen!
> *Ratsuchender:* Gut und schön, aber was mach ich letzten Endes damit? Bewiesen ist dann doch nichts.
> *Berater:* Sie müssen einfach Zeugen und andere Beweismittel dazu bekommen. Fragen Sie doch mal einen Arbeitskollegen, der dabei war, ob er das bezeugt.
> *Ratsuchender:* Aber mit mir will doch keiner mehr was zu tun haben.
> *Berater:* Haben Sie denn schon einmal wirklich versucht, einen zu fragen?
> *Ratsuchender:* Nein, aber das würde ich auch nicht versuchen. Das wäre ein gefundenes Fressen.
> *Berater (langsam ärgerlich):* Was wollen Sie nun eigentlich? Soll ich Ihnen nun helfen oder was? Jeden Ratschlag, den ich hier vorbringe, machen Sie zunichte.

In diesem Beispiel geht der Berater nicht mit offenen Ohren in das Gespräch. Hinter den abwehrenden Bemerkungen des Ratsuchenden, die den Berater schließlich wütend machen, zeigen sich jeweils ernst zu nehmende Aspekte des Problems. Der Berater möchte hier seinen eigenen Tipp, das Mobbingtagebuch, an den Mann bringen und wischt die Bedenken des Ratsuchenden vom Tisch. Am Ende einer »Ja, aber ... «-Falle droht fast immer ein Zerwürfnis. Der Berater wird ärgerlich, weil er sich in eine Falle gelockt fühlt: einerseits ist er um Rat gebeten worden, andererseits wird jeder Rat mit einem »Aber« infrage gestellt. Der Ratsuchende fühlt sich nicht respektiert und nicht wirklich gehört. Er wird seinerseits ärgerlich oder enttäuscht.

Eine »Ja, aber ...«-Falle kann zuschnappen, ohne dass der Berater Fehler macht. Dies ist dann der Fall, wenn der Ratsuchende überfordert, wankelmütig, seiner Ziele und Erfolgschancen unsicher ist. Um praktische Experimente zu vermeiden, die Risiken bergen und Angst heraufbeschwören, wird erst einmal alles infrage gestellt und zerredet. Das ist bei Mobbingbetroffenen sicherlich nicht selten der Fall. Diese Falle kann aber auch dann zuschnappen, wenn der Mobbingbetroffene eigentlich gar nicht aktiv werden will, wenn er insgeheim hofft, dass Sie die Probleme stellvertretend für ihn in die Hand nehmen. Die »Ja, aber ...«-Falle ist nicht unbedingt auf das Wörtchen »aber« angewiesen. Man kann auch auf andere Weise Einwände formulieren. Das Gefühl, in dieser Falle zu sitzen, kann Sie auch dann überkommen, wenn Sie nun schon mehrere Sitzungen hatten und sich scheinbar weiter alles nur im Kreis dreht, obwohl Sie schon viele Ansätze von Lösungen vorgebracht haben.

Hinweis:
Drei mögliche Ursachen für die »Ja, aber ...«-Falle
- Die mit den guten Vorschlägen verbundenen Schwierigkeiten und Risiken werden nicht genau analysiert und nicht fundiert ausgeräumt (rationaler Engpass)
- Die Ängste vor dem Handeln und die Erwartungsängste vor negativen Konsequenzen sind sehr groß (emotionaler Engpass)
- Der Ratsuchende will, dass der Ratgeber stellvertretend handelt, oder er will gar nicht, dass etwas getan werden soll (motivationaler Engpass)

Egal, welche Gründe hinter der Falle stecken, Sie können sich in drei Schritten wieder selbst aus dieser befreien. Der erste Schritt besteht darin, dass Sie offen ansprechen, dass Sie das Gefühl haben, in einer »Ja, aber ...«-Falle zu sitzen. Fragen Sie den Mobbingbetroffenen, ob er das auch so sieht. Wenn ja, dann gehen Sie zum zweiten Schritt über. Wenn nicht, versuchen Sie in Erfahrung zu bringen, welchen praktischen Nutzen die Gespräche aus der Sicht des Mobbingbetroffenen hatten. Der zweite Schritt besteht darin, dass Sie etwa fragen: »Wie müsste der Rat beschaffen sein, der Ihnen helfen könnte?« Sie kommen damit dem persönlichen Zerwürfnis (Enttäuschung, Ärger) zuvor und geben beiden Seiten eine neue Chance, das Mobbingproblem sachlich und von derselben Seite des Tisches aus zu betrachten. Geben Sie dem Ratsuchenden ausreichend Zeit darüber nachzudenken, welche Aspekte und Bedingungen ein »guter Ratschlag« haben müsste. Mit ziemlicher Sicherheit werden dem Betroffenen einige einfallen und Sie können dann gemeinsam weiter an Lösungen arbeiten.

Wichtig:
Eine hilfreiche Frage, wenn die Beratung nicht weiterkommt, lautet: »Wie müsste der Rat beschaffen sein, der Ihnen helfen könnte?«

Die Frage: »Wie müsste der Rat beschaffen sein, der Ihnen helfen könnte?«

161

muss mit Bedacht eingesetzt werden, weil sie sich ansonsten verschleißt. Versuchen Sie, in einem dritten Schritt herauszufinden, welche tieferen Ursachen dahinter liegen, dass Sie beide in die Falle geraten sind. Wurde nicht genug nachgedacht, lag ein rationaler (gedanklicher) Engpass vor. Wurden die Ängste, Erwartungen und Befürchtungen nicht genügend berücksichtigt, dann sind Sie auf einen emotionalen Engpass gestoßen. Möglicherweise haben Sie versäumt, sich genau über die Ziele der Beratung zu verständigen, so dass zum Beispiel die Motive von Ratgeber (»Etwas gegen den mobbenden Vorgesetzten unternehmen!«) und Ratsuchendem (»Mal alles loswerden können«) nicht übereinstimmen.

3.11   Das erste Mal

Die Furcht, den Anforderungen und Erwartungen nicht gerecht zu werden, lässt sich nicht mit Worten oder Buchstaben ausräumen. Zur Erhöhung der Handlungsfähigkeit bieten sich vertiefende Schulungsmaßnahmen zum Thema »Mobbing«, »Konfliktmanagement« sowie »Mediation« an. Des Weiteren können Seminare mit dem thematischen Schwerpunkt »Gesprächsführung« bzw. »Grundlagen der Kommunikation« hilfreich sein. Eine wirkungsvolle Unterstützung kann durch eine professionelle oder kollegiale Supervision erfolgen. Darüber hinaus dürfte der kontinuierliche Kontakt mit anderen Stellen, die mit Mobbing befasst sind, den eigenen Horizont erweitern. Irgendwann ist das erste Mal – auch für einen betrieblichen Konfliktberater. Wenn Sie im Text bis hierher gekommen sind, dann sollten Sie sich ausreichend Anregung und Ermutigung angelesen haben, um in der konkreten Anforderung ihren Mann bzw. ihre Frau stehen zu können. Wir wünschen Ihnen viel Erfolg!

Die rechtliche Seite des Mobbing – Chancen und Risiken von juristischen Maßnahmen

Immer wieder stellen sich vor allem die von Mobbing Betroffenen die Frage, wie dieses Phänomen rechtlich zu bewerten ist und welche juristischen Maßnahmen sich daraus ableiten lassen. In der gleichen Weise tun dies Vorgesetzte, der Betriebs- bzw. Personalrat sowie diejenigen Personen, die als Mobbingbeauftragte oder -berater mit einer konkreten Mobbingsituation konfrontiert werden. Dass dies in vergleichbarer Weise auch für Diskriminierungen, Belästigungen sowie der psychischen Gewalt gilt, liegt auf der Hand.

Die Schwierigkeit der rechtlichen Bewertung von Mobbing ist immer wieder darin zu erblicken, dass es eine Vielzahl von Verhaltensweisen gibt. Würde man jede dieser Verhaltensweisen als eine in sich abgeschlossene Handlung bewerten, dann würde dem Mobbinggeschehen in seiner Gesamtheit erst bei der Bestimmung des Sanktionsmittels (z. B. Geld- oder Freiheitsstrafe) sowie der Sanktionshöhe (z. B. 15 oder 20 Tagessätze Geldstrafe, drei oder fünf Monate Gefängnis) eine – dann allerdings nicht zu unterschätzende – Bedeutung zukommen. Eine solche Betrachtungsweise würde den Mobber schützen und den Mobbingbetroffenen benachteiligen. Schließlich hängt von dem Zeitpunkt der Vornahme einer Handlung der Beginn von rechtlich bedeutsamen Fristen ab. Das *BAG* hat diesen Umstand erkannt und wertet das Gesamtverhalten als eine Verletzungshandlung im Rechtssinne. Es gelangt damit zu dem Ergebnis, dass eine arbeitsvertraglich oder tarifvertraglich vereinbarte Ausschlussfrist regelmäßig erst mit dem letzten Tun des Mobbers beginnt (Urteil des *BAG* vom 16. 5. 2007 – 8 AZR 709/06).

Zu beachten ist weiter, dass sich Generalisierungen bei der rechtlichen Bewertung von Mobbing verbieten. Auch wenn zwei Situationen auf den ersten Blick identisch erscheinen, so können die Ergebnisse höchst unterschiedlich ausfallen – der Teufel steckt halt im Detail. Maßgebend ist für die Bewertung stets der konkrete Einzelfall mit seinen ganz individuellen Besonderheiten.

Wer sich mit der Mobbingproblematik auseinandersetzen möchte, der sollte die rechtliche Seite des Mobbing kennen. Dies ist sowohl für die Beratung von Mobbingbetroffenen hilfreich als auch für die erste Bewertung dessen, ob und gegebenenfalls welche rechtlichen Schritte eingeleitet werden können bzw. sollen. Hierbei sollte man in jedem Fall auf fachkundige Juristen zurückgreifen. Nur so kann man sich vor allem als Mobbingbetroffener vor Halbwahrheiten und gut gemeinten Tipps, die sich später als fatal herausstellen, schützen. Vor allem Formulierungen wie: »Vor kurzem habe ich in der ...-Zeitung gelesen ...«, »Ich habe gehört ...« und/oder »Ich habe da einen Freund ...« sollten hellhörig machen.

Wichtig:
Für die rechtliche Bewertung von Mobbing kommt es auf den konkreten Einzelfall mit seinen individuellen Besonderheiten an. Generalisierungen sind fehl am Platz.

Richtet der Jurist einen globalen Blick auf das Mobbingphänomen, dann scheinen die juristischen Aspekte, die bei Mobbing eine Rolle spielen können, unendlich zu sein. Wird hingegen die konkrete Situation betrachtet, dann fokussieren sich die Aspekte auf recht überschaubare Handlungsmöglichkeiten. Und wenn man sich dann auch noch die bislang ergangene Rechtsprechung vergegenwärtigt, dann scheint sich die juristische Seite auf zwei Punkte zu konzentrieren: Schadensersatz und Schmerzensgeld. Dabei fällt auf, dass die meisten Fälle für die von Mobbing Betroffenen negativ ausgegangen sind. Mut kann dies dem Leser an dieser Stelle nicht machen.

Eine desillusionierende Betrachtung der juristischen Seite von Mobbing ist jedoch äußerst hilfreich. Denn sie öffnet vor allem dem Mobbingbetroffenen die Augen und kann vor einem »juristischen Tiefschlag« bewahren. Insoweit sind juristische Theorie und rechtliche Realität zwei Paar Schuhe. Wenden wir uns zunächst der theoretischen Seite des Rechts zu, wobei wir mit eher »philosophischen« Aspekten beginnen.

1. Chancen und Grenzen des Rechts

Wenn die eigene Situation schwierig oder vielleicht sogar aussichtslos ist, dann wird häufig das Recht als der letzte noch greifbare Rettungsring gesehen. »Wer anders soll mir jetzt noch helfen können, nachdem die Vorgesetzten und die betriebliche Interessenvertretung mir kein Ohr gegönnt haben«, ist immer wieder zu vernehmen. Hinzu kommt, dass Mobbingbetroffene nicht selten von ihren nicht-juristischen Unterstützern zu hören bekommen, dass man auf jeden Fall klagen solle. Schließlich werde einem doch ganz übel mitgespielt; und dass es sich in dem vorliegenden Fall um Mobbing handelt, liege klar auf der Hand.

Dabei wird außer Acht gelassen, dass das Recht eine sprichwörtliche Hilfskrücke ist, die dann greifen soll, wenn eine einvernehmliche Regelung zwischen den Betroffenen nicht möglich ist. Das gilt für alle Lebenslagen. Insoweit sind Richter »Streitentscheider«, aber keine »Konfliktbewältiger« in dem Sinn einer win-win-Lösung. Richter entscheiden einen Rechtsstreit, bewältigen damit aber nur höchst selten den dahinter liegenden Konflikt. Gerade deshalb gibt es bei gerichtlichen Auseinandersetzungen »Gewinner« und »Verlierer«. Dies ist selbst bei einer Streitbeilegung im Vergleichsweg der Fall. Denn man gibt etwas, um etwas anderes zu bekommen – wobei der Konflikt in der Regel in den Hintergrund tritt. Von einer Konfliktbewältigung wird nicht die Rede sein. Die Beendigung eines Arbeitsverhältnisses gegen Zahlung einer Abfindung ist das beste Beispiel für eine solche Situation. Zwar erhält der Arbeitnehmer eine Abfindung, gleichwohl hat er seinen Arbeitsplatz verloren – was vor allem dann tragisch ist, wenn der betreffende Arbeitnehmer die ihm zur Last gelegte arbeitsvertragliche Verfehlung überhaupt nicht begangen hat.

Hinzu kommt, dass »Recht haben« und »Recht bekommen« zwei unterschiedliche Paar Schuhe sind, wobei »Recht« nicht automatisch mit »Gerechtigkeit« gleichzusetzen ist. Ob jemand vor Gericht Recht bekommt, hängt von zahlreichen Faktoren ab. Wer etwas von einem anderen begehrt, der muss dem Gericht sein Begehren darlegen und die dafür maßgebenden Tatsachen gegebenenfalls auch beweisen können. Er muss das Gericht überzeugen, dass alle

165

Voraussetzungen dafür vorliegen, um ihm das Begehrte zusprechen zu können. Dies bedeutet in der Konsequenz zweierlei:

- Wem die Worte fehlen und wer sein Begehren nicht in einer von dem Gericht nachvollziehbaren Weise artikulieren (= substantiiert darlegen) kann, der wird seinen Prozess verlieren.
- Wer seine Darlegung nicht mit entsprechenden Beweisen untermauern kann, der wird seinen Prozess ebenfalls verlieren – es sei denn, dass die andere Seite (= Beklagter) zu den dargelegten Aspekten schweigt oder diese sogar ausdrücklich zugesteht.

Stark überspitzt kann man sagen: Wer vor Gericht bei Bedarf überzeugend lügen kann, der hat die besseren Karten. Ihm wird insoweit mit einem hohen Grad an Wahrscheinlichkeit Recht gegeben, obwohl dies höchst ungerecht ist.

Und ein Weiteres kommt hinzu, wenn man sich den Prozessbevollmächtigten zuwendet, bei denen es sich in der Regel um Rechtsanwälte handelt. Er meint es gut und will seinen Mandanten bestmöglich vertreten. Dass er dabei auch bisweilen über das sprichwörtliche Ziel hinausschießen kann, weil er – beabsichtigt oder unbeabsichtigt – »Benzin in das lodernde Feuer gießt«, liegt auf der Hand. Bisweilen versperrt er auf diese Weise eher Türen, als dass er diese öffnet. Die Bewältigung eines Konfliktes in dem Sinn einer win-win-Lösung wird dann schnell immer unwahrscheinlicher. Es hilft einem Mobbingbetroffenen in seiner Not kaum weiter, dass ein derartiges Verhalten weniger auf der Seite seines Prozessbevollmächtigten als auf der Seite des Prozessbevollmächtigten des Mobbers sowie seines Arbeitgebers zu erwarten ist. Aber dieses Wissen kann hilfreich sein für die Entscheidung, ob die Beschreitung des Rechtsweges oder die Ergreifung sonstiger juristischer Mittel in dem vorliegenden Fall wirklich abgebracht ist. Auf der anderen Seite kann ein »Benzin in das Feuer gießen« angebracht sein, wenn es darum geht, eine Basis für Verhandlungen bezügliche einer einvernehmlichen Beendigung des Beschäftigungsverhältnisses gegen Zahlung einer Abfindung zu bereiten.

Die Entscheidung, ob die Beschreitung des Rechtswegs oder das Ergreifen einer bestimmten juristischen Maßnahme in dem konkreten Einzelfall anzuraten ist, können wir dem Mobbingbetroffenen nicht abnehmen. Hierzu bedarf es in der Regel einer fundierten Rechtsberatung unter Berücksichtigung aller Umstände der jeweiligen Situation. Was wir an dieser Stelle tun können, ist das Anbieten einiger Fragen, deren Beantwortung eine Entscheidungsfindung erleichtern kann (vgl. Abb. 24).

Abb. 24: Fragen, die vor einer Entscheidungsfindung beantwortet werden sollten

- Was ist mein Ziel, was will ich erreichen (z. B. meinen Arbeitsplatz behalten, das Unternehmen verlassen)?
- Was erhoffe ich mir für den Fall, dass ich das Ziel erreiche (z. B. Genugtuung, Wiedergutmachung, Gerechtigkeit)?
- Was ist erforderlich, damit ich das Ziel erreichen kann (z. B. Erhebung einer Klage)
- Kann ich – möglichst genau – artikulieren, was mir widerfahren ist, was ich alles erlebt habe (z. B. Wer hat was wann und wo getan)?
- Kann ich das, was ich artikulieren kann, gegebenenfalls auch beweisen (z. B. Urkunden, Zeugen)?
- Welche Folgen sind mit einem Scheitern der angedachten Maßnahme verbunden bzw. was ist in einem solchen Fall zu erwarten (z. B. Verhärtung der Situation)?
- Hilft mir die angedachte Maßnahme wirklich, sofern sie erfolgreich ist? (z. B. Versetzung auf einen anderen Arbeitsplatz)
- Wird mit alledem wirklich das erreicht, was ich mir erhoffe (z. B. Genugtuung, Wiedergutmachung, Gerechtigkeit)?
- Gibt es eine Alternative zu der angedachten Maßnahme?
- Was und welche Maßnahmen erfordert die Alternative?
- Welche Chancen und Risiken sind mit dieser Alternative verbunden?

In manchen Fällen ist es ratsam, dass der juristische Helfer im Hintergrund bleibt, mithin nach außen nicht in Erscheinung tritt. Insoweit besteht seine Unterstützung in einem Beraten und Coachen. Ein solches Vorgehen kann sich vor allem dann anbieten, wenn ein sprichwörtliches Aufheizen der Situation vermieden werden soll. Es gibt viele Mobbinglagen, die auf diese Weise bewältigt worden sind. In anderen Fällen gibt es einen Zeitpunkt, in dem der juristische Berater aus dem Hintergrund heraustritt und nach außen erkennbar aktiv wird. Es kommt auf die besonderen Umstände des Einzelfalls an. Und das genau ist die Kunst, wenn es darum geht, sich der juristischen Seite von Mobbing zuzuwenden.

2. Rechtlich betrachtet: Der Mobber

In rechtlicher Hinsicht dürften sich in sehr vielen Fällen Sanktionen gegen den Mobber erübrigen. In den frühen Phasen von Mobbing wird sich der Mobber regelmäßig im Rahmen des rechtlich Erlaubten bewegen. Schließlich muss der bloße Ausdruck von Missachtung, Nichtachtung, Missbilligung, Abneigung sowie die Austragung zwischenmenschlicher Konflikte als Bestandteil des sozialen Lebens von jedem Mitglied der Gesellschaft hingenommen werden. Weiter wird der Mobber zunächst kaum vorsätzlich handeln. Nur selten wird er bereits zu Beginn mit seinen Handlungen beabsichtigen, dem Mobbingbetroffenen Schaden zuzufügen. Eher wird es der Mobber als »normal« ansehen, Konflikte am Arbeitsplatz auszutragen, indem er seinen Kontrahenten mit Missachtung, Missbilligung oder sozialer Ausgrenzung »bestraft«. Das Verhalten wird als rechtens, als sozialadäquat, betrachtet (s. a. *Däubler*, S. 79). Mit Fortschreiten des Mobbingprozesses werden rechtliche Konsequenzen hingegen immer wahrscheinlicher. Ab einem bestimmten Zeitpunkt schlägt das sozialadäquat Erlaubte oftmals in rechtlich zu sanktionierende Handlungen um. Nun geht es dem Mobber häufig nur noch um die Verwirklichung seines Zieles – die »Beseitigung« seines Kontrahenten. Angriffe werden gezielt geplant und erreichen somit die Stufe des vorsätzlichen Handelns.

2.1 Strafrechtliche Aspekte

Um in strafrechtlicher Hinsicht zur Verantwortung gezogen werden zu können, muss der Mobber einen Straftatbestand in rechtswidriger Weise verwirklicht haben. Ferner wird verlangt, dass der Mobber vorsätzlich (d. h. nach einer im Strafrecht gebräuchlichen Kurzformel: mit Wissen und Wollen) gehandelt hat. Fahrlässiges Handeln (d. h. der Mobber verwirklicht einen Straftatbestand rechtswidrig und vorwerfbar, ohne die Verwirklichung zu erkennen oder zu

168

wollen) ist hingegen nur strafbar, wenn das Gesetz ein solches ausdrücklich mit Strafe bedroht hat (vgl. § 15 StGB).

Als rechtswidrig wird die Verwirklichung eines Straftatbestandes bezeichnet, wenn sie der Rechtsordnung widerspricht – mithin in Widerspruch mit der Gesamtheit der Rechtsvorschriften steht, die die Rechtsgemeinschaft zur Regelung der Beziehungen untereinander getroffen hat.

In der frühen Phase von Mobbing wird es – wie bereits erörtert – regelmäßig an der Rechtswidrigkeit ermangeln. Als gesellschaftlich zulässig und somit als sozialadäquat wird es betrachtet, wenn jemand von den Arbeitskollegen »geschnitten« wird. Weder die Bereitschaft zur Kommunikation noch die Verpflichtung zu korrektem sozialen Verhalten kann erzwungen werden (s. a. *Däubler*, S. 79). Sobald allerdings die Grenze dessen, was noch als sozialadäquat betrachtet und somit als rechtlich zulässig erachtet werden kann, überschritten wird, ist eine rechtswidrige Tatbestandsverwirklichung die Regel.

Mobbing ist – abstrakt betrachtet – geeignet, eine Reihe von Straftatbeständen zu verwirklichen. In Betracht kommen vor allem:

- Sachbeschädigung (§ 303 StGB)
- Vorsätzliche Körperverletzung (§ 223 StGB)
- Fahrlässige Körperverletzung (§ 229 StGB)
- Nachstellung (§ 238 StGB)
- Nötigung (§ 240 StGB)
- Beleidigung (§ 185 StGB)
- Üble Nachrede (§ 186 StGB)
- Verleumdung (§ 187 StGB)
- Beleidigung trotz Wahrheitsbeweises (§ 192 StGB)
- Straftaten gegen Betriebsverfassungsorgane und ihre Mitglieder (§ 119 BetrVG).

Nach § 303 Abs. 1 StGB wird bestraft, wer rechtswidrig **eine fremde Sache beschädigt oder zerstört**. Aber auch die versuchte Beschädigung bzw. Zerstörung einer fremden Sache ist gemäß § 303 Abs. 3 StGB mit Strafe bedroht. Relativ häufig dürfte eine Strafbarkeit des Mobbers nach dieser Vorschrift in Betracht kommen. Schließlich kann eine solche Tat am Arbeitsplatz recht leicht ausgeführt werden. Kaum ein Beschäftigter rechnet damit, dass eine ihm gehörende Sache am Arbeitsplatz beschädigt oder im schlimmsten Fall sogar vollständig zerstört wird. Wer auf eine günstige Gelegenheit wartet sowie die Arglosigkeit des Mobbingbetroffenen ausnutzt, kann eine solche Tat ohne große Anstrengungen begehen.

Beispiel für eine Sachbeschädigung:
Herr Meier ist über das Verhalten eines Arbeitskollegen Schmidt empört. Nach der Beendigung seiner Spätschicht kommt Herr Meier an dem PKW des Arbeitskollegen vorbei. Er nutzt die Gelegenheit und zieht mit seinem Autoschlüssel, den er in der Hand hält, über den Lack des Fahrzeugs. Tiefe Kratzer, die bis auf das Blech reichen, sind die Folge.

Setzt der Mobber sein Handeln bewusst ein, um den Mobbingbetroffenen in dessen Gesundheit zu schädigen, so ist Raum für eine Strafbarkeit wegen **vorsätzlicher Körperverletzung** gemäß § 223 Abs. 1 StGB, soweit durch die Handlung des Mobbers ein – wenn auch nur vorübergehender – pathologischer Zustand hervorgerufen oder gesteigert wird. Die versuchte Körperverletzung ist gemäß § 223 Abs. 1 StGB ebenfalls strafbar.

Eine Strafbarkeit wegen **fahrlässiger Körperverletzung** (§ 230 StGB) kommt in Betracht, wenn der Mobber zwar nicht bewusst und gewollt den Körper oder die Gesundheit des Mobbingbetroffenen verletzt hat, er jedoch – in ihm vorwerfbarer Weise – damit rechnen konnte, dass der Mobbingbetroffene einen derartigen Schaden erleiden würde.

Beispiel für eine vorsätzliche Körperverletzung:
Die Arbeitskollegen Meier und Müller geraten auf einer Baustelle in Streit. Herr Müller gerät hierbei derart in Wut, dass er zu einem Messer greift und damit auf seinen Arbeitskollegen Meier losgeht. Dieser erleidet mehrere Stichwunden, die im Krankenhaus behandelt werden müssen.

Beispiel für eine versuchte vorsätzliche Körperverletzung:
Die Arbeitskollegen Meier und Müller geraten nach einiger Zeit wiederum während der Arbeit in Streit. Abermals gerät Herr Müller derart in Wut, dass er zu einem Messer greift und damit auf seinen Arbeitskollegen Meier losgeht. Der Vorarbeiter Schmidt geht dazwischen und schlägt mit einem Besen das Messer aus der Hand des Herrn Müller. Durch das Eingreifen des Vorarbeiters wird verhindert, dass Herr Meier verletzt wird.

Beispiel für eine fahrlässige Körperverletzung:
Die Arbeitskollegen Meier und Müller sind damit beschäftigt, ein Gerüst aufzubauen. Meier legt Laufbretter auf das Gerüst, ohne diese zu sichern. Seinem Arbeitskollegen sagt er hiervon nichts. Herr Müller, der davon ausgeht, dass die Laufbretter gesichert sind, besteigt das Gerüst und stürzt unweigerlich in die Tiefe. Ein gebrochenes Bein ist die Folge.

Wird Mobbing eingesetzt, um den Mobbingbetroffenen zu einer bestimmten Handlung (z. B. Niederlegung des Betriebsratsamtes, Kündigung des eigenen Arbeitsverhältnisses), Duldung oder zu einem Unterlassen (z. B. Nichtantritt einer Dienstreise, Verzicht auf die Stellung eines Strafantrages) zu bewegen, kann eine Bestrafung wegen **Nötigung** (§ 240 StGB) in Frage kommen. Erforderlich ist der Einsatz des Nötigungsmittels »Gewalt« oder »Drohung mit einem empfindlichen Übel«. Gewalt in diesem Sinne ist der physisch (körperlich) vermittelte Zwang zur Überwindung eines geleisteten oder erwarteten Widerstands. Drohung ist hingegen das Inaussichtstellen eines künftigen Übels, auf dessen Eintritt der Drohende Einfluss hat oder zu haben vorgibt. Ist dieses Übel von einer solchen Erheblichkeit, dass seine Ankündigung bereits geeignet erscheint, den Bedrohten im Sinne des Verlangens des Drohenden zu motivieren, ist die Drohung mit einem empfindlichen Übel versehen (vgl. *Fischer*, § 240 Rn. 30 ff.).

Beispiel für eine Nötigung durch den Einsatz von Gewalt:
Herr Meier hält seinen Arbeitskollegen Müller fest, damit dieser die Stempeluhr nicht mehr rechtzeitig bedienen kann.

Beispiel für eine Nötigung durch das Drohen mit einem empfindlichen Übel:
Herr Meier teilt seiner Arbeitskollegin Müller mit, dass er im Betrieb einige »interessante« Geschichten aus dem Leben von Frau Müller erzählen werde, falls diese an ihrer Bewerbung für die Stelle der Abteilungsleitung festhalte.

Eine Strafbarkeit wegen **Beleidigung** (§ 185 StGB) kommt in Betracht, wenn mit der Handlung des Mobbers eine Missachtung oder Nichtachtung des Mobbingbetroffenen einhergeht, die seinen ethischen oder sozialen Wert betrifft. Für die Beantwortung der Frage, ob eine derartige Ehrverletzung vorliegt, ist maßgeblich, wie ein außenstehender Dritter die Handlung verstehen würde. Unerheblich ist hingegen, auf welche Weise die Miss- bzw. Nichtachtung zum Ausdruck gebracht wurde und wie der Mobbingbetroffene diese verstanden hat (vgl. *Fischer*, § 185 Rn. 8; s. a. *Däubler*, S. 80).

Beispiel für eine Beleidigung:
Herr Meier geht in die Kantine. Dort wird er, ohne hierzu einen Anlass gegeben zu haben, von seinem Arbeitskollegen Müller angerempelt und wüst beschimpft. Der Angriff von Müller endet mit den Worten: »Du perverser Hurenbock.«

Abzugrenzen ist die Beleidigung von dem »**Kollegenscherz**«, der als solches einer strafrechtlichen Sanktion entzogen ist. Er ist nur dann als Beleidigung strafbar, wenn der Scherz eingesetzt wird, um die Minderwertigkeit des Gefoppten zum Ausdruck zu bringen.

Beispiel für einen »Kollegenscherz« und für seine Abgrenzung zur Beleidigung:
Herr Meier begrüßt seinen Arbeitskollegen Müller am Arbeitsplatz mit den Worten: »Da kommt ja unsere alte Schwuchtel.« Hierauf antwortet Herr Müller: »Tag, Kanake.«
Auch wenn es nicht die allerfeinsten Umgangsformen sind, so handelt es sich bei den Äußerungen der beiden Arbeitskollegen um in strafrechtlicher Hinsicht bedeutungslose »Kollegenscherze«.
Stellen Sie sich einmal vor, dass Herr Meier seinen Arbeitskollegen Müller immer mit den Worten: »Da kommt ja unsere alte Schwuchtel« am Arbeitsplatz begrüßt, obwohl ihn Herr Müller bereits mehrfach gebeten hat, diese Form der Begrüßung zu unterlassen. Herr Meier weiß, dass seine Worte nicht gehört werden wollen. Seine Äußerungen sind unzweideutig als Beleidigungen aufzufassen, da er mit diesen gezielt eine Minderwertigkeit seines Arbeitskollegen Müller zum Ausdruck bringt.

Während sich die Beleidigung auf einer Ebene zwischen zwei Personen abspielt – die eine Person beleidigt, die andere Person wird beleidigt –, tritt bei der üblen

171

Nachrede und bei der Verleumdung eine dritte Person hinzu. Der, um den es letztendlich geht, ist allerdings nicht »Ohrenzeuge« der Tat.

Verbreitet oder behauptet der Mobber gegenüber einem oder mehreren Dritten nachweislich unwahre Tatsachen über den Mobbingbetroffenen, die geeignet sind, diesen verächtlich zu machen, so ist an eine Strafbarkeit wegen **übler Nachrede** (§ 186 StGB) zu denken.

Da es bei der Strafbarkeit wegen übler Nachrede nur darauf ankommt, ob die verbreitete bzw. behauptete Tatsache nachweislich unwahr ist (d. h. frei erfunden ist und somit nicht als wahr bewiesen werden kann), wird der Mobber gemäß § 186 StGB auch dann bestraft, wenn er die Unerweislichkeit der Tatsache nicht kennt – er also nicht weiß, dass die Tatsache frei erfunden und somit nicht als wahr bewiesen werden kann. Wird die Tatsache als wahr bewiesen, entfällt eine Strafbarkeit wegen übler Nachrede, da der Mobber ja dann etwas erzählt hat, was der Wahrheit entspricht. In einem solchen Fall kann nur noch eine Strafbarkeit wegen **Beleidigung trotz Wahrheitsbeweises** (§ 192 StGB) in Frage kommen. Voraussetzung ist, dass das Vorhandensein einer Beleidigung aus der Form der Behauptung oder Verbreitung oder aus den Umständen, unter welchen sie geschah, hervorgeht. Strafrechtlich verboten ist insoweit die Behauptung bzw. Verbreitung einer wahren Tatsache in einer herabsetzenden verunglimpfenden Weise.

Kennt der Mobber die Unwahrheit der von ihm behaupteten oder verbreiteten Tatsache, ist eine Strafbarkeit wegen **Verleumdung** (§ 187 StGB) zu prüfen.

Beispiel für eine üble Nachrede:
Herr Meier erzählt in der Kantine, dass seine Arbeitskollegin Müller – was nachweislich nicht der Fall ist – in ihrer Freizeit als Prostituierte tätig sei. Herr Meier will diese »Info« von einem anderen Arbeitskollegen erfahren haben; ob sie der Wahrheit entspricht, sei ihm nicht bekannt.

Beispiel für eine Verleumdung:
Herr Meier erzählt in der Kantine aus verschmähter Liebe, dass seine Arbeitskollegin Müller in ihrer Freizeit der Prostitution nachgeht. Er weiß, dass dies nicht stimmt und er seiner Arbeitskollegin Müller mit seinem Gerede Schaden zufügt.

Beispiel für eine Beleidigung trotz Wahrheitsbeweises:
Herr Müller ist vor einiger Zeit wegen falscher uneidlicher Aussage (vgl. § 153 StGB) verurteilt worden. Sein Arbeitskollege Meier erzählt dies in der Kantine. Seinen Bericht beendet er mit folgenden Worten: »Wer einmal lügt, der lügt immer; und wer lügt, ist auch noch zu ganz anderen Sachen fähig. Denkt doch einmal an die Pakete, die immer wieder aus seinem Lieferwagen verschwinden. Mehr sage ich dazu nicht. Und ausgerechnet den wollt ihr in den Betriebsrat wählen.«

§ 119 BetrVG enthält die Strafandrohung für **Straftaten gegen Betriebsverfassungsorgane und ihre Mitglieder**. Richtet sich das Mobbing beispielsweise gegen ein Mitglied bzw. Ersatzmitglied

- des Betriebsrats bzw. Gesamt- oder Konzernbetriebsrats,
- der Jugend- und Auszubildendenvertretung bzw. Gesamt- oder Konzern-Jugend- und Auszubildendenvertretung,
- der Einigungsstelle oder
- des Wirtschaftsausschusses

um seiner Tätigkeit willen, so ist eine Strafbarkeit gemäß § 119 Abs. 1 Nr. 3 BetrVG möglich.

Vergleichbares gilt, wenn das Gremium, dem das oben bezeichnete Mitglied bzw. Ersatzmitglied angehört, durch Mobbing in seiner Tätigkeit behindert oder gestört wird (vgl. § 119 Abs. 1 Nr. 2 BetrVG).

Führt Mobbing zu einer Behinderung oder Beeinflussung der Wahl etwa des Betriebsrats oder der Jugend- und Auszubildendenvertretung, so kommt eine Strafbarkeit wegen § 119 Abs. 1 Nr. 1 BetrVG in Betracht.

Beispiel für Straftaten gegen Betriebsverfassungsorgane und ihre Mitglieder:
Der Vorgesetzte Müller schikaniert den Betriebsratsvorsitzenden Meier, um diesen zur Niederlegung seines Amtes und zu einem Ausscheiden aus dem Arbeitsverhältnis zu bewegen.

Wegen **Nachstellung** (Stalking) macht sich gemäß § 238 StGB strafbar, wer einen Menschen unbefugt nachstellt, indem er beharrlich

- seine räumliche Nähe aufsucht,
- unter Verwendung von Telekommunikationsmitteln oder sonstigen Mitteln der Kommunikation oder über Dritte Kontakt zu ihm herzustellen versucht,
- unter missbräuchlicher Verwendung von dessen personenbezogenen Daten Bestellungen von Waren oder Dienstleistungen für ihn aufgibt oder Dritte veranlasst, mit diesem Kontakt aufzunehmen,
- ihn mit der Verletzung von Leben, körperlicher Unversehrtheit, Gesundheit oder Freiheit seiner selbst oder einer ihm nahe stehenden Person bedroht oder
- eine andere vergleichbare Handlung vornimmt

und dadurch seine Lebensgestaltung schwerwiegend beeinträchtigt.

Beispiel für eine Nachstellung:
Frau Meier hat eine »Affäre« mit ihrem Arbeitskollegen Müller beendet, womit dieser nicht einverstanden ist. Nach dem Motto: »Ich und sonst niemand« ruft er seine Arbeitskollegin mehrmals am Tag sowie in der Nacht an. Sobald sich Frau Meier meldet, legt er auf. Zudem »verfolgt« Herr Müller seine Arbeitskollegin. Wo immer sie hingeht taucht auch Herr Müller auf. Nach einiger Zeit traut sich Frau Meier nicht mehr aus dem Haus. Wenn sie zu Hause ist, vermeidet sie es, das Licht einzuschalten. Sobald das Telefon klingelt, fängt sie an zu zittern.

Dies sind einige zentrale strafrechtliche Aspekte, die im Zusammenhang mit einer konkreten Mobbingsituation von Bedeutung sein können. Soweit also die theoretische Seite. Wenden wir uns nunmehr der strafrechtlichen »Realität« zu.

Liegt die Verwirklichung eines Straftatbestandes durch den Mobber nahe, so stellt sich die Frage nach den drei »W«: »Wer« muss »was« »wie« tun, damit gegen den Mobber strafrechtlichte Sanktionen verhängt werden können?

Um tätig werden zu können, müssen die Strafverfolgungsbehörden Kenntnis von dem strafrechtlich relevanten Verhalten erhalten. Dies kann auf zweierlei Weise geschehen – mittels Strafanzeige oder Strafantrag.

Bei der **Strafanzeige** handelt es sich um die Mitteilung des Verdachts einer Straftat versehen mit der Anregung, die Strafverfolgbarkeit zu prüfen. Strafanzeige kann jedermann bei der Staatsanwaltschaft, der Polizei sowie dem Amtsgericht erstatten, ohne allerdings hierzu rechtlich verpflichtet zu sein.

Der **Strafantrag** ist hingegen die Erklärung des Verletzten oder sonst gesetzlich dazu Berechtigten, dass er die Strafverfolgung wegen einer Straftat wünsche, deren Verfolgung das Gesetz von einem solchen Antrag abhängig macht.

Der Strafantrag ist insoweit Prozessvoraussetzung (vgl. §§ 194, 230, 238 Abs. 4, 303 c StGB, § 119 Abs. 2 BetrVG) für die

- (versuchte) Sachbeschädigung (§ 303 StGB)
- (versuchte) Körperverletzung (§ 223 StGB)
- fahrlässige Körperverletzung (§ 229 StGB)
- Nachstellung (§ 238 StGB)
- Beleidigung (§ 185 StGB)
- üble Nachrede (§ 186 StGB)
- Verleumdung (§ 187 StGB)
- Beleidigung trotz Wahrheitsbeweises (§ 192 StGB)
- Straftaten gegen Betriebsverfassungsorgane und ihre Mitglieder (§ 119 Abs. 1 BetrVG).

Insoweit spricht man bei diesen Straftaten auch von »Antragsdelikten«. Nur die Nötigung (§ 240 StGB) ist ein »Offizialdelikt«, das auch ohne einen entsprechenden Strafantrag verfolgt und bestraft werden kann.

Dieser Umstand führt zu der Erkenntnis, dass es für eine strafrechtliche Sanktionierung des Mobbers regelmäßig eines Strafantrags bedarf, den grundsätzlich nur der Mobbingbetroffene innerhalb einer Frist von drei Monaten ab Kenntniserlangung von der Tat stellen kann (§ 77 b StGB; zu den Ausnahmen der Antragsberechtigung vgl. §§ 77 Abs. 2, Abs. 3, 77 a, 238 Abs. 4 StGB und § 119 Abs. 2 BetrVG). Wird bedacht, dass der Mobbingbetroffene – solange er sich noch in einer akuten Mobbingsituation befindet – häufig psychisch schwer angeschlagen ist, so wird er eher selten von der Möglichkeit Gebrauch machen und einen Strafantrag gegen den Mobber stellen. Schließlich wirft die Möglichkeit der Stellung eines Strafantrags für den Mobbingbetroffenen zahlreiche Fragen auf.

Mögliche Fragen, die sich einem Mobbingbetroffenen stellen:

- Was geschieht, wenn der Mobber von dem Strafantrag erfährt; wird er mich in Ruhe lassen, oder wird alles nur noch schlimmer?
- Was geschieht, wenn der Mobber nicht sanktioniert wird; hat er dann einen Freibrief für sein Tun?
- Wird das Gericht mir oder dem Mobber glauben?
- Kann ich das Tun des Mobbers beweisen?

Oftmals wird dem Mobbingbetroffenen – solange er sich noch in dem Geschehensprozess befindet – die erforderliche Kraft fehlen, aus eigenem Antrieb heraus tätig zu werden. Die psychische Belastung ist für ihn einfach zu groß. An einer strafrechtlichen Aufarbeitung wird er von sich aus häufig erst zu einem späteren Zeitpunkt Interesse haben, wenn er einen gewissen Abstand zu dem Geschehen (z. B. nach erfolgtem Ausscheiden aus dem Betrieb, nach einem längeren Klinikaufenthalt) hat und ein weiteres Mal in eine Auseinandersetzung mit dem Mobber – sei es auch nur aus Rachegefühlen heraus – eintreten kann. Nur wird es dann für die Stellung eines Strafantrags in der Regel zu spät sein.

Wichtig:
Um dem Mobber einer strafrechtlichen Sanktion zuführen zu können, bedarf es regelmäßig eines Strafantrages des Mobbingbetroffenen, der innerhalb einer Frist von drei Monaten ab Kenntniserlangung von der Straftat zu stellen ist.

2.2   Zivilrechtliche Aspekte

In zivilrechtlicher Hinsicht kommen schwerpunktmäßig als mögliche Sanktionen gegen den Mobber in Betracht:

- Schadensersatz wegen unerlaubter Handlung (§ 823 BGB);
- Widerruf und Unterlassung ehrverletzender Äußerungen (analog §§ 1004, 823 BGB);
- Unterlassung von Mobbinghandlungen (analog §§ 1004, 823 BGB);
- Schmerzensgeld (§ 253 Abs. 2 BGB);
- Geldentschädigung wegen der Verletzung des allgemeinen Persönlichkeitsrechts (Art. 1 Abs. 1, Art. 2 Abs. 1 GG).

Nach § 823 Abs. 1 BGB ist unter anderem zum **Schadensersatz** verpflichtet, wer das Leben, den Körper, die Gesundheit oder die Freiheit eines anderen verletzt.

Erforderlich für die Schadensersatzpflicht des Mobbers ist eine vorsätzliche oder fahrlässige Schadenszufügung. In dem frühen Stadium von Mobbing wird es regelmäßig am Vorsatz mangeln. Ob der Mobber später mit Vorsatz gehandelt hat, ist eine Frage der Beweisbarkeit, zu der wir später zurückkommen werden.

Wahrscheinlicher ist eine **fahrlässige Deliktsverwirklichung**. Gemäß § 276 Abs. 2 BGB handelt fahrlässig, »wer die im Verkehr erforderliche Sorgfalt außer acht lässt«. Fahrlässig handelt in diesem Sinne sowohl derjenige, der den Schaden zwar voraussieht aber hofft, er werde nicht eintreten (sog. bewusste Fahrlässigkeit), als auch derjenige, der den Erfolg nicht voraussieht, ihn aber bei gehöriger Sorgfalt hätte voraussehen und verhindern können (sog. unbewusste Fahrlässigkeit). Anders als im Strafrecht stellt der zivilrechtliche Fahrlässigkeitsbegriff nicht auf die dem Täter zumutbare Einsichts- und Handlungsfähigkeit ab. Vielmehr wird ein objektiver Sorgfaltsmaßstab angelegt. Dieser beurteilt sich nach den Anforderungen (sprich typischen Kenntnissen und Fähigkeiten) der im engeren Verkehrskreis Beteiligten.

Beispiel für ein fahrlässiges Verhalten in zivilrechtlicher Hinsicht:
Herr Meier baut an seiner Maschine eine Sicherungsvorrichtung ab, die es ihm ermöglicht, eine höhere Stückzahl zu produzieren. Zum Ende seiner Schicht übergibt er die Maschine seinem Arbeitskollegen Müller, dem die Manipulation verborgen bleibt. Herr Meier weiß, dass sein Arbeitskollege einem erhöhten Verletzungsrisiko ausgesetzt ist, hofft aber, dass diesem nichts geschehen werde. Herr Müller erleidet in seiner Schicht einen Arbeitsunfall mit erheblichen Verletzungen. Herr Meier hat fahrlässig gehandelt.

Aufgrund der nunmehr fast 20-jährigen Diskussion über Mobbing in der bundesdeutschen Arbeitswelt darf davon ausgegangen werden, dass die möglichen Folgen von Mobbing für die davon Betroffenen allgemein bekannt sind. Auch wenn sich Mobber häufig nicht als solche betrachten und sie ihr Wirken mit Floskeln wie »so schlimm ist es doch gar nicht, was ich da tue« zu rechtfertigen versuchen, dürfte ihnen in zivilrechtlicher Hinsicht in den wohl überwiegenden Fällen fahrlässiges Handeln vorgeworfen werden können.

Ob der Mobbingbetroffene tatsächlich Schadensersatz erhalten wird, hängt maßgeblich davon ab, ob er die verletzende Handlung, das Verschulden des Mobbers, den Schadenseintritt sowie die jeweilige Zurechenbarkeit nicht nur darlegen, sondern auch beweisen kann. Gelingt ihm das vor Gericht nicht, verliert der Mobbingbetroffene den Prozess und damit vielleicht auch den Rest seines Selbstwertgefühls. Selbst wenn der Mobbingbetroffene den Prozess gewinnt, so ist damit nicht automatisch der Erhalt von Schadensersatz gewährleistet. Schlimmstenfalls hält der obsiegende Mobbingbetroffene mit dem Urteil einen Titel in der Hand, aus dem er unter Umständen erfolglos die Zwangsvollstreckung gegen den unterlegenen Mobber versuchen kann, weil dieser vermögenslos ist.

Neben der Erhebung einer Schadensersatzklage besteht für den Mobbingbetroffenen die Möglichkeit, den Mobber auf **Widerruf und Unterlassung** ehrverletzender Äußerungen bzw. Unterlassung von Mobbinghandlungen in Anspruch zu nehmen (analog §§ 1004, 823 BGB). Es darf nicht darüber hinweggesehen werden, dass den Mobbingbetroffenen auch hier die Darlegungs- und Beweislast trifft. Doch kann er gegen den unterlegenen Mobber, der einer gerichtlich auferlegten Unterlassungspflicht zuwider handelt, durch das Gericht für jeden Fall der Zuwiderhandlung ein Ordnungsgeld (höchstens 250 000 € je Zuwiderhandlung), und für den Fall, dass das Ordnungsgeld nicht beigetrieben werden kann, Ordnungshaft oder (direkt) Ordnungshaft von bis zu sechs Monaten (insgesamt aber nicht länger als zwei Jahre; vgl. § 890 ZPO) verhängen lassen.

Gemäß § 253 BGB kann der Mobber insbesondere im Falle der Verletzung des Körpers oder der Gesundheit des Mobbingbetroffenen verpflichtet sein, wegen eines Schadens – der kein Vermögensschaden sein darf – **Schmerzensgeld** zu zahlen. Mit der Zahlung des Schmerzensgeldes soll dem Mobbingbetroffenen Genugtuung verschafft und ihm zudem ein Ausgleich dafür gewährt werden, dass seine Lebensqualität deutlich gemindert ist (vgl. *Däubler*, BGB, S. 1144). Als Nichtvermögensschaden im Sinne dieser Vorschrift kommen vor allem nachteilige Folgen für die körperliche und seelische Verfassung des Mobbingbetroffenen (z. B. Schmerzen, Kummer, Sorgen, Wesensänderung, Schmälerung der Lebensfreude) in Betracht.

Bei Eingriffen in das **allgemeine Persönlichkeitsrecht** kann der Mobbingbetroffene einen Schadensersatzanspruch aus § 823 BGB i. V. m. Art. 1 Abs. 1, 2 Abs. 1 GG haben. Ein solcher wurde beispielsweise einer Anzeigenvertreterin zuerkannt, deren Arbeitgeber eine krankheitsbedingte Arbeitsunfähigkeit zum Anlass genommen hatte, in seiner Stadtteilzeitung zu berichten, dass die Anzeigenvertreterin an »astraler Hypertrophie« (mithin unter einer eingebildeten Krankheit) leide und für lange Zeit nicht mehr tätig werden könne (Urteil des *LAG Berlin* vom 5. 3. 1997 – 13 Sa 137/96).

2.3   Arbeitsrechtliche Aspekte

Mobber beeinflussen durch ihr Verhalten das Betriebsklima in einer nicht zu unterschätzenden Weise. Mobbing hat unter anderem Einfluss auf die Qualität der zu verrichtenden Arbeit sowie deren Ergebnisse und auf den Krankenstand – Aspekte, die von Betriebs- bzw. Personalräten und Arbeitgebern oftmals zu gering gewertet werden.

Mobber verstoßen mit ihrem Verhalten gegen ihre **arbeitsvertraglichen Nebenpflichten** – sich für die Interessen des Arbeitgebers sowie des Betriebes bzw. der Dienststelle einzusetzen und alles zu unterlassen, was diese Interessen beeinträchtigen könnte –, indem sie ihrem Arbeitgeber einen finanziellen Schaden in unterschiedlichster Höhe zufügen – ein Schaden, der beispielsweise in krankheitsbedingten Lohnfortzahlungskosten oder (Gewährleistungs-)Ansprüchen Dritter besteht. § 7 Abs. 3 AGG bestimmt sogar ausdrücklich für den Fall einer Benachteiligung im Sinne des AGG, dass es sich dabei um die Verletzung vertraglicher Pflichten handelt. Die Verletzung arbeitsvertraglicher Nebenpflichten darf nicht zu gering bewertet werden. Allein die den Arbeitgebern in Deutschland entstehenden Ausfallkosten wegen mobbingbedingter Fehlzeiten wurden bereits im Jahr 1996 auf über 15 Milliarden Euro geschätzt (*Lindemeier*, S. 4).

Die durch Mobbing verursachten Nebenpflichtverletzungen können mit einer Ermahnung, einer Abmahnung, einer Versetzung und als letztes Mittel mit einer verhaltsbedingten ordentlichen oder außerordentlichen (Änderungs-)Kündigung sanktioniert werden, wobei sich ihre Rechtmäßigkeit nach allgemeinen arbeitsrechtlichen Grundsätzen richtet.

> **Wichtig:**
> In arbeitsrechtlicher Hinsicht kommen für den Mobber als Sanktionsmöglichkeiten die Ermahnung, die Abmahnung, die Versetzung sowie die Kündigung in Betracht.

Mittels einer **Ermahnung**, die sowohl mündlich als auch schriftlich ausgesprochen werden kann, kann die Verletzung arbeitsvertraglicher Pflichten (z. B. unentschuldigtes Fehlen) gerügt und der Ermahnte zur Einhaltung seiner arbeitsvertraglichen Pflichten angehalten werden. Die Ermahnung setzt sich somit aus zwei Bestandteilen zusammen:
1. die Beschreibung einer Verletzung arbeitsvertraglicher Pflichten und
2. die Aufforderung zur Verhaltensänderung.

Wird diesem Sanktionsmittel ein dritter Bestandteil, die Androhung von Rechtsfolgen für den Fall der Wiederholung, hinzugefügt, so handelt es sich um eine **Abmahnung**. Die in Aussicht gestellte Rechtsfolge besteht in der Regel in der Androhung einer Kündigung des Arbeitsvertrags.

Beispiel für eine Ermahnung:

Vorarbeiter Meier demütigt seinen Untergebenen Müller, indem er ihn vor allen Arbeitskollegen anweist, sich zu bücken und seine Schuhe zu küssen. Andernfalls werde Herr Müller schon sehen, wer der Herr im Hause ist. Herr Müller beugt sich dieser Anweisung. Der Geschäftsführer sieht dies durch Zufall, spricht den Vorarbeiter auf diesen Vorfall an und erklärt ihm, dass er sein menschenverachtendes Verhalten nicht duldet. Anschließend fordert er ihn auf, sein Verhalten gegenüber Untergebenen ab sofort und für die Zukunft zu ändern.

Beispiel für eine Abmahnung:

Herr Meier äußert in der Kantine lauthals ausländerfeindliche Parolen. Der Geschäftsführer erfährt hiervon durch die Beschwerde eines ausländischen Arbeitnehmers. Der Geschäftsführer bestellt den Herrn Meier in sein Büro und weist ihn darauf hin, dass er es zu unterlassen habe, ausländerfeindliche Handlungen auf dem Betriebsgelände vorzunehmen. Sofern er sein Verhalten nicht ändere, habe er mit der Kündigung seines Arbeitsvertrags zu rechnen.

Da es in dem ersten Beispiel an der Androhung von rechtlichen Konsequenzen (Rechtsfolgen) für den Fall einer Wiederholung fehlt, handelt es sich um eine Ermahnung. Demgegenüber werden in dem zweiten Beispiel Rechtsfolgen angedroht, so dass der Geschäftsführer eine Abmahnung ausgesprochen hat.

Dem Arbeitgeber steht es zur freien Disposition, ob er wegen einer Verletzung der arbeitsvertraglichen Pflichten von der Möglichkeit Gebrauch macht, eine Ermahnung oder eine Abmahnung auszusprechen. Möchte er über das Fehlverhalten hinwegsehen, wird er auf den Ausspruch einer Abmahnung bzw. Ermahnung verzichten. Möchte er hingegen »erzieherische« Ziele verfolgen, dürfte er am ehesten eine Abmahnung aussprechen. Schließlich stellt diese ein starkes Druckmittel dar, um den Betreffenden zu einer Änderung seines Verhaltens am Arbeitsplatz zu bewegen.

Bei der **Kündigung** handelt es sich um das schärfste Sanktionsmittel arbeitsvertraglicher Pflichtverletzungen, da sie auf die Beendigung des Arbeitsverhältnisses gerichtet ist. Bei Mobbing dürfte sie von dem Arbeitgeber regelmäßig als eine verhaltensbedingte Kündigung – nach einer erneuten Pflichtverletzung trotz vorhergehender Abmahnung – unter Einhaltung der im Einzelfall zu beachtenden Kündigungsfrist ausgesprochen werden (vgl. § 622 BGB).

Nur wenn dem Arbeitgeber unter Berücksichtigung aller Umstände des Einzelfalles und unter Abwägung der Interessen sowohl des Arbeitgebers als auch des Arbeitnehmers die Fortsetzung des Arbeitsverhältnisses bis zum Ablauf der Kündigungsfrist nicht zuzumuten ist, kann der Ausspruch einer außerordentlichen (fristlosen) Kündigung erfolgen (vgl. § 626 BGB).

Beide Kündigungsarten sind sog. Beendigungskündigungen, da sie auf die Beendigung des Arbeitsverhältnisses abzielt. Hiervon unterscheidet sich die **Änderungskündigung** dadurch, dass sie auf eine vertragliche Umgestaltung des Arbeitsverhältnisses gerichtet ist. Der Arbeitgeber spricht zwar die Kündigung des Arbeitsvertrags aus, bietet dem Arbeitnehmer jedoch den Abschluss eines neuen Arbeitsvertrags zu geänderten – in der Regel schlechteren – Konditionen an.

Beispiel für eine ordentliche (fristgemäße) Kündigung:
Nachdem Herr Meier seine ausländerfeindliche Hetze trotz erfolgter Abmahnung fortgesetzt hat, wird ihm – nach erfolgter Anhörung des Betriebsrats gemäß § 102 BetrVG – unter Einhaltung der sich aus dem einschlägigen Tarifvertrag ergebenden Kündigungsfrist gekündigt.

Beispiel für eine außerordentliche (fristlose) Kündigung:
Das ausländerfeindliche Verhalten von Herrn Meier eskaliert eines Tages, indem er seinen ausländischen Arbeitskollegen ohne ersichtlichen Grund tätlich angreift und mit einem Messer schwer verletzt. Um das Leben und die Gesundheit seiner ausländischen Arbeitnehmer besorgt, sieht der Geschäftsführer keine andere Wahl, als Herrn Meier mit sofortiger Wirkung zu kündigen.

Beispiel für eine Änderungskündigung:
Herr Meier diskriminiert und beleidigt fortlaufend seinen ausländischen Arbeitskollegen. Da der Geschäftsführer einerseits nicht auf die Arbeitskraft von Herrn Meier verzichten möchte, andererseits dessen Arbeitskollegen vor den Angriffen des Herrn Meier schützen will, spricht er Letzterem gegenüber die Kündigung des Arbeitsvertrags unter Beachtung der tarifvertraglich einzuhaltenden Kündigungsfrist aus, wobei er ihm gleichzeitig das Angebot unterbreitet, weiterhin für ihn in einer 5 km entfernten Betriebsstätte zu gleichen arbeitsvertraglichen Bedingungen zu arbeiten.

Eine Änderungskündigung wird vor allem dann ausgesprochen, wenn eine Versetzung des Mobbers auf einen anderen Arbeitsplatz mittels der Ausübung des Direktionsrechts (auch Weisungsrecht genannt) durch den Arbeitgeber nicht möglich ist. Dies ist etwa dann der Fall, wenn die zu verrichtende Tätigkeit des Mobbers im Arbeitsvertrag ganz genau beschrieben ist. Ist die vom Mobber zu verrichtende Tätigkeit hingegen nur grob umrissen, dann kann eine Versetzung im Wege der Zuweisung eines anderen Arbeitsplatzes möglich sein.

Beispiel für eine Versetzung durch Weisung:
Frau Meier ist als »Sachbearbeiterin« eingestellt. In ihrem Arbeitsvertrag hat sie sich bereit erklärt, jede ihrer Ausbildung und beruflichen Fähigkeit entsprechende Tätigkeit zu verrichten. Der Geschäftsführer möchte Frau Meier von dem Einkauf in den Verkauf versetzen, wo sie eine vergleichbare Tätigkeit verrichten soll. Um die Versetzung zu erreichen, genügt eine entsprechende Weisung.

Beispiel für eine Versetzung durch Änderungskündigung:
Frau Meier ist als »Sekretärin des Geschäftsführers« eingestellt. Dies steht so in ihrem Arbeitsvertrag. Möchte der Geschäftsführer beispielsweise der Frau Meier einen Arbeitsplatz in der Abteilung Vertrieb zuweisen, dann muss er eine Änderungskündigung aussprechen.

Mit seinem Urteil vom 24.4.1996 hat das *BAG* (5 AZR 1031/94) unmissverständlich klargestellt, dass ein Arbeitnehmer seine Versetzung nicht dadurch verhindern kann, indem er von seinem Arbeitgeber den Ausspruch einer Abmahnung an Stelle der beabsichtigten Versetzung mit der Begründung verlangt, die Abmahnung stelle das mildere Mittel gegenüber der Versetzung dar. Schließlich – so das *BAG* – ist es Sache des Arbeitgebers zu entscheiden, wie er auf betriebliche Konfliktlagen reagieren will.

2.4 Dienstrechtliche Aspekte

Verletzt ein Beamter schuldhaft die ihm obliegenden Pflichten, so begeht er gemäß § 77 Abs. 1 Satz 1 BBG ein Dienstvergehen, das mit Disziplinarmaßnahmen (z. B. Verweis, Geldbuße; vgl. § 5 BDG) sanktioniert werden kann. Im Zusammenhang mit der Mobbingproblematik stehen folgende Pflichten im Vordergrund, deren Missachtung eine Disziplinierung zur Folge haben können (vgl. *Wolmerath*, S. 198 m. w. N.):

1. Die Pflicht zur Wahrung des Betriebsfriedens verpflichtet den Beamten, falsche Beschuldigungen, Verdächtigungen, Beleidigungen, Bedrohungen und Tätlichkeiten gegenüber seinen Arbeitskollegen zu unterlassen.
2. Die Pflicht zu achtungswürdigem und vertrauensvollem Verhalten verpflichtet den Beamten, Beleidigungen und Verunglimpfungen seines Vorgesetzten sowie achtungswidrige Äußerungen über die Dienststelle und/oder über seine Vorgesetzten gegenüber Dritten zu unterlassen. Gleiches gilt für Drohungen und Tätlichkeiten.
3. Die Pflicht, Gesetz und Recht zu wahren, mithin »Straftaten im Amt« (z. B. den Kollegendiebstahl) zu unterlassen.
4. Die Pflicht zu Gehorsam, d. h. Anordnungen des Vorgesetzten zu befolgen (vgl. § 55 Satz 2 BBG).
5. Die Pflicht zur Vermeidung jeglicher Verquickung von dienstlichen Handlungen bzw. Unterlassungen mit privaten Interessen.

Soweit es sich bei dem Beamten um einen **Vorgesetzten** handelt, treffen diesen unter anderem folgende Pflichten:

1. Vorgesetzte haben Beleidigungen von Untergebenen zu unterlassen.
2. Vorgesetzten obliegt die Fürsorge für die ihnen unterstellten Beamten.
3. Vorgesetzte haben den Dienst im erforderlichen Maße zu beaufsichtigen. Pflichtwidrig handelt insoweit auch, wer Pflichtwidrigkeiten seiner Untergebenen duldet, fördert oder sogar veranlasst.
4. Vorgesetzte sind gegenüber ihren Untergebenen verpflichtet, jeden Missbrauch ihrer Dienststellung zu unterlassen.

3. Rechtlich betrachtet: Der Arbeitgeber

Mobbing kann auch für den Arbeitgeber (bzw. Dienstherrn) mit Konsequenzen behaftet sein. So kann er selbst als Mobber auftreten. In diesem Fall unterfällt er vorstehend aufgezeigten Sanktionsmöglichkeiten. Aber auch dann, wenn er nicht selbst aktiv als Mobber tätig wird, können sich für ihn strafrechtliche, zivilrechtliche sowie arbeits- bzw. dienstrechtliche Konsequenzen ergeben.

3.1 Strafrechtliche Aspekte

Hat die für den Arbeitgeber bzw. Dienstherrn handelnde Person (z.B. Geschäftsführer, Dienststellenleiter) einen anderen (z.B. Vorgesetzten, Arbeitskollegen des Mobbingbetroffenen) zu einer vorsätzlich begangenen Tat bestimmt – in ihm den Entschluss zur Tatbegehung hervorgerufen –, so wird sie gemäß § 26 StGB als **Anstifter** genau wie der Täter betraft.

Beispiel für eine Anstiftung:
Der Geschäftsführer möchte das Betriebsratsmitglied Müller »loswerden«. Er überzeugt zu diesem Zweck den Vorgesetzten von Herrn Müller, diesen so lange psychisch unter Druck zu setzen, bis Herr Müller kündigt.

Besteht das Tun des »Arbeitgebers« lediglich in einer vorsätzlichen Hilfeleistung (z.B. verbaler Beistand; Aushändigung eines Zimmerschlüssels, der es dem Mobber ermöglicht, seinen Arbeitskollegen am Arbeitsplatz ein- oder auszusperren) des Mobbers zu einer vorsätzlich begangen Tat, so ist dieser in strafrechtlicher Hinsicht Helfer und als solcher wegen **Beihilfe** (vgl. § 27 StGB) zu bestrafen.

Beispiel für eine Beihilfe:
Geschäftsführer Meier weiß, dass Herr Müller seinen Arbeitskollegen Schmidt mobbt. Er bittet Herrn Müller zu einem Gespräch. Im Verlaufe dieser Unterredung gibt der Geschäftsführer dem Herrn Müller unmissverständlich zu verstehen, dass Herr Schmidt eine derartige Behandlung verdiene. Herr Müller solle nur so weitermachen.

Eine Straftat kann nicht nur durch ein aktives Tun begangen werden. Auch ein Nichttätigwerden (sog. **Unterlassen**) kann strafbar sein (vgl. § 13 StGB). Voraussetzung hierfür ist allerdings, dass der »Arbeitgeber« rechtlich dafür einzustehen hat, dass die Schadensverursachung beim Mobbingbetroffenen nicht eintritt und die Unterlassung der Verwirklichung des gesetzlichen Tatbestandes durch ein Tun entspricht. Die Rechtspflicht des »Arbeitgebers«, dafür Sorge zu tragen, dass die Beschäftigten im Betrieb bzw. in der Dienststelle nicht durch Handlungen Dritter Schaden an Leben, Gesundheit oder Eigentum erleiden, lässt sich aus der Fürsorgepflicht des Arbeitgebers bzw. Dienstherrn herleiten. So ist beispielsweise der Arbeitgeber gehalten, seine Beschäftigten vor tätlichen Angriffen seitens der Arbeitskollegen zu schützen sowie die freie Entfaltung der Persönlichkeit aller im Betrieb Beschäftigten sicherzustellen (s. a. § 75 Abs. 2 Satz 1 BetrVG).

Voraussetzung der Strafbarkeit wegen Unterlassens ist allerdings, dass der »Arbeitgeber« von solchen Mobbinghandlungen positive Kenntnis erlangt, aufgrund derer er eine strafrechtlich relevante Schadensverursachung vorhersieht und dennoch untätig bleibt, obwohl es ihm wegen seiner besonderen Stellung gegenüber seinen Beschäftigten ein Leichtes ist, dem Mobbing ein Ende zu bereiten.

Beispiel für ein strafrechtlich relevantes Unterlassen:
Der Geschäftsführer erfährt, dass Herr Müller von seinem Arbeitskollegen Schmidt gemobbt wird. Ihm ist bekannt, dass Herr Müller bereits mehrfach in Tränen ausgebrochen ist und sich wegen der Mobbingangriffe in ärztlicher Behandlung befindet. Der Geschäftsführer befürchtet eine unmittelbar bevorstehende Eskalation der Situation. Dennoch unternimmt er nichts. Kurze Zeit später erleidet Herr Müller im Verlaufe einer Mobbingattacke einen Nervenzusammenbruch.

Eine Strafbarkeit des »Arbeitgebers« wegen unterlassener Hilfeleistung (vgl. § 323 c StGB) ist möglich, wenn dieser Zeuge eines Mobbingangriffes ist und nicht zur Abwendung eines Schadens beim Mobbingbetroffenen tätig wird, obwohl es ihm in zumutbarer Weise möglich ist.

Beispiel für eine unterlassene Hilfeleistung:
Der Geschäftsführer beobachtet, wie Herr Müller seinen Arbeitskollegen Schmidt wütend beschimpft, ihn regelrecht »fertig macht«. Herr Schmidt steht unmittelbar vor einem Nervenzusammenbruch, was für den Geschäftsführer deutlich zu erkennen ist. Dennoch greift dieser weder ein noch unternimmt er etwas, sondern wendet sich ab und verlässt den Ort des Geschehens. Unmittelbar danach bricht Herr Schmidt zusammen.

183

3.2 Arbeitsrechtliche Aspekte

Soweit er nicht selbst als Mobber handelt, ist an eine Schadensersatzpflicht des Arbeitgebers wegen der Verletzung seiner arbeitsvertraglich geschuldeten **Fürsorgepflicht** zu denken. Die Fürsorgepflicht verpflichtet ihn vor allem, seine Beschäftigten vor Beeinträchtigungen seelischer und körperlicher Art zu schützen. Wird durch Mobbing z. B. die Gesundheit des Mobbingbetroffenen in Mitleidenschaft gezogen, obwohl dem Arbeitgeber die Mobbingsituation bekannt ist und er diese in zumutbarer Weise – etwa aufgrund seines Weisungsrechts – beseitigen kann, so hat er dem Mobbingbetroffenen den durch sein Verhalten verursachten Schaden (z. B. Heilungskosten, Differenz zwischen Entgelt und Krankengeld nach Ablauf der Entgeltfortzahlungspflicht) zu ersetzen.

Zu beachten ist hierbei, dass sich der Arbeitgeber auch das Verhalten solcher Personen zurechnen lassen muss, die als Personalleiter oder in einer Vorgesetztenfunktion an seiner Stelle handeln (vgl. § 278 BGB; s. a. *Däubler*, S. 83 f.).

Das *LAG Thüringen* hat die Arbeitgeberpflichten in seinem Urteil vom 10. 4. 2001 (5 Sa 403/00 – PersR 2001, 352 = AuR 2001, 274) wie folgt beschrieben:

»*Der Arbeitgeber ist verpflichtet, das allgemeine Persönlichkeitsrecht der bei ihm beschäftigten Arbeitnehmer nicht selbst durch Eingriffe in deren Persönlichkeits- oder Freiheitssphäre zu verletzen, diese vor Belästigungen durch Mitarbeiter oder Dritte, auf die er einen Einfluss hat, zu schützen, einen menschengerechten Arbeitsplatz zur Verfügung zu stellen und die Arbeitnehmerpersönlichkeit zu fördern. Zur Einhaltung dieser Pflichten kann der Arbeitgeber als Störer nicht nur dann in Anspruch genommen werden, wenn er selbst den Eingriff begeht oder steuert, sondern auch dann, wenn er es unterlässt, Maßnahmen zu ergreifen oder seinen Betrieb so zu organisieren, dass eine Verletzung des Persönlichkeitsrechts ausgeschlossen wird.*«

Damit hat das *LAG Thüringen* dem Arbeitgeber eine **Organisationspflicht** dergestalt auferlegt, seinen Betrieb so zu organisieren, dass keiner seiner Beschäftigten durch Mobbing Schaden erleidet. Die Konsequenz ist mithin, dass der Arbeitgeber nach den Grundsätzen der Haftung für Organisationsverschulden in Regress genommen werden kann, der dieser Pflicht nicht nachkommt.

In seinem Urteil vom 19. 2. 2004 (2 Ta 12/04 – EzA-Schnelldienst 12/2004, 15 = AuR 2004, 275) gelangt das *LAG Rheinland-Pfalz* zu der folgenden Feststellung: Die zahlreich in Betracht kommenden Mobbinghandlungen können darin bestehen, dass der Betroffene tätlich angegriffen oder auch nur geringschätzig behandelt, von der Kommunikation ausgeschlossen, beleidigt oder diskriminiert wird. Für den Arbeitgeber besteht die Nebenpflicht aus dem Arbeitsverhältnis, das Opfer vor derartigen Belästigungen und Attacken zu schützen und allgemein für ein ausgeglichenes Betriebsklima zu sorgen. Bei einer Verletzung dieser Pflicht können Schmerzensgeldansprüche des Opfers in Betracht kommen.

> **Merke:**
> Der Arbeitgeber ist verpflichtet, seinen Betrieb so zu organisieren, dass keiner seiner Beschäftigten durch Mobbing zu Schaden kommt.

Sofern der Arbeitgeber seine Fürsorgepflicht verletzt, kann er deswegen von dem Mobbingbetroffenen »ermahnt« bzw. »abgemahnt« werden. Allerdings kann sich dies – insoweit sei ein Vorgriff auf den Abschnitt 5.4 (s. S. 198 ff.) gestattet – ein Arbeitnehmer in aller Regel nur dann erlauben, wenn er für seinen Arbeitgeber derart wichtig ist, so dass dieser auf ihn nicht verzichten kann. Dies ist beispielsweise bei ausgewiesenen Experten der Fall. Je leichter es hingegen ist, Arbeitnehmer auszutauschen, desto unbeeindruckter wird ein Arbeitgeber letztendlich von einer ausgesprochenen »**Ermahnung**« bzw. »**Abmahnung**« durch **den Mobbingbetroffen** sein. Der Arbeitgeber wird in diesem Fall den sich wehrenden Arbeitnehmer auf die Tatsache hinweisen, dass er »gehen« könne, wenn es ihm bei seinem Arbeitgeber nicht mehr gefalle. So ist es nicht besonders verwunderlich, dass Arbeitnehmer von der Möglichkeit des Ausspruchs einer »Ermahnung« bzw. »Abmahnung« so gut wie keinen Gebrauch machen. Sie werden allenfalls zur Vorbereitung eines Schadensersatzprozesses gegen den Arbeitgeber ausgesprochen werden. Aus Gründen ihrer Beweisbarkeit sollten »Ermahnungen« und »Abmahnungen« schriftlich ausgesprochen werden. Wegen ihrer rechtlichen Bedeutung und möglichen Folgen sollte von ihnen nur in Absprache mit einem fachkundigen Juristen Gebrauch gemacht werden.

Soweit dem Mobbingbetroffenen ein Festhalten an seinem Arbeitsverhältnis nicht mehr abverlangt werden kann, ist an eine ordentliche (fristgemäße) Kündigung unter Einhaltung der im Einzelfall zu beachtenden Kündigungsfrist zu denken. Soweit dem Arbeitnehmer ein Abwarten bis zum Ablauf der Kündigungsfrist nicht zugemutet werden kann, ist der Ausspruch einer außerordentlichen (fristlosen) Kündigung des Arbeitsvertrags gemäß § 626 BGB möglich (vgl. Abschnitt 4. bezüglich der Möglichkeiten und Konsequenzen für den Mobbingbetroffenen). Hierbei ist stets zu bedenken, dass die Kündigung gemäß § 623 BGB schriftlich erfolgen muss.

> **Wichtig:**
> Verletzt der Arbeitgeber seine Fürsorgepflicht gegenüber dem Mobbingbetroffenen, so kann der Arbeitgeber von dem Mobbingbetroffenen »ermahnt« und »abgemahnt« werden. Gegebenenfalls kann der Arbeitsvertrag (fristlos) gekündigt werden. Hiervon wird regelmäßig jedoch nur derjenige Gebrauch machen können, der in sozialer Hinsicht abgesichert ist oder auf den der Arbeitgeber – aus welchen Gründen auch immer – nicht verzichten kann.

Gemäß einem Urteil des *BAG* vom 21.3.2001 (5 AZR 352/99) können die Voraussetzungen für ein Beschäftigungsverbot nach § 3 Abs. 1 MuSchG unter anderem dann vorliegen, wenn psychisch bedingter Stress Leben oder Gesundheit von Mutter und Kind gefährdet. Voraussetzung hierfür ist, dass der gefährdende Stress gerade durch die Fortdauer der Beschäftigung verursacht oder verstärkt wird.

3.3 Dienstrechtliche Aspekte

Da es in disziplinarrechtlicher Hinsicht ohne Belang ist, in welcher Form eine Dienstpflichtverletzung begangen wird (d.h. Versuch oder Vollendung, Anstiftung bzw. Beihilfe oder Täterschaft), kann auch der Dienstherr bzw. Dienststellenleiter mit einer Disziplinarmaßnahme sanktioniert werden, der – ohne Mobber zu sein – tatenlos bleibt, obwohl er beispielsweise infolge einer Beschwerde des Mobbingbetroffenen oder eines Hinweises des Personalrats oder aus der Belegschaft von einer konkreten Mobbingsituation in Kenntnis gesetzt wurde.

Nach einer Entscheidung des *BGH* vom 1.8.2002 (III ZR 277/01 – DÖD 2002, 283) haftet der Dienstherr des Schädigers nach **Amtshaftung**sgrundsätzen für Schäden, die dadurch entstehen, dass ein Polizeibeamter im Rahmen der gemeinsamen Dienstausübung durch seinen Vorgesetzten systematisch und fortgesetzt schikaniert wird. In vergleichbarer Weise hat das *OLG Stuttgart* am 28.7.2003 (4 U 51/03 – NVwZ-RR 2003, 715) entschieden, dass Mobbing zu einem Amtshaftungsanspruch führen kann, wenn Vorgesetzte eines Beamten im Rahmen der gemeinsamen Dienstausübung durch pflichtwidrige Handlungen das Persönlichkeitsrecht des Beamten oder dessen Gesundheit geschädigt haben.

4. Rechtlich betrachtet: Die Interessenvertretung

Sofern sich einzelne oder mehrere Betriebs- bzw. Personalratsmitglieder an Mobbing beteiligen, gelten für sie gegenüber dem bereits Dargelegten in juristischer Hinsicht keine Besonderheiten. Je nach der Lage des konkreten Einzelfalls kann Mobbing den Ausschluss eines Mitglieds aus dem Betriebsrat oder – sofern alle Betriebsratsmitglieder mobben, was hoffentlich in der betrieblichen Praxis nicht vorkommt – die Auflösung des Betriebsrats nach § 23 Abs. 1 BetrVG rechtfertigen. Entsprechendes gilt für den Personalrat und seine Mitglieder gemäß § 28 Abs. 1 BPersVG. Voraussetzung ist hierfür eine grobe Verletzung der gesetzlichen Pflichten: Nach § 75 Abs. 1 BetrVG ist der Betriebsrat verpflichtet, darüber zu wachen, dass alle im Betrieb tätigen Personen nach den Grundsätzen von Recht und Billigkeit behandelt werden, insbesondere, dass jede Benachteiligung von Personen aus Gründen ihrer Rasse oder wegen ihrer ethnischen Herkunft, ihrer Abstammung oder sonstigen Herkunft, ihrer Nationalität, ihrer Religion oder Weltanschauung, ihrer Behinderung, ihres Alters, ihrer politischen oder gewerkschaftlichen Betätigung oder Einstellung oder wegen ihres Geschlechts oder ihrer sexuellen Identität unterbleibt. Der Betriebsrat hat ferner die freie Entfaltung der Persönlichkeit der im Betrieb beschäftigten Arbeitnehmer zu schützen und zu fördern (§ 75 Abs. 2 Satz 1 BetrVG). An ihn gerichtete Beschwerden (vgl. § 85 Abs. 1 BetrVG) hat der Betriebsrat nachzugehen; bei berechtigten Beschwerden hat er beim Arbeitgeber auf Abhilfe hinzuwirken. Kommt der Betriebsrat bzw. eines seiner Mitglieder den auferlegten Amtspflichten nicht nach oder verstößt er selbst gegen die in § 75 Abs. 1 BetrVG niedergelegten Grundsätze (z. B. durch absichtliches Untätigbleiben), so kann hierin die gemäß § 23 Abs. 1 BetrVG erforderliche Pflichtverletzung liegen.

Entsprechendes gilt für den Personalrat und seine Mitglieder. Gemäß § 67 Abs. 1 Satz 1 BPersVG hat die Personalvertretung darüber zu wachen, das alle Angehörigen der Dienststelle nach Recht und Billigkeit behandelt werden, insbesondere, dass jede Benachteiligung von Personen aus Gründen ihrer Rasse oder wegen ihrer ethnischen Herkunft, ihrer Abstammung oder sonstigen

Herkunft, ihrer Nationalität, ihrer Religion oder Weltanschauung, ihrer Behinderung, ihres Alters, ihrer politischen oder gewerkschaftlichen Betätigung oder Einstellung oder wegen ihres Geschlechts oder ihrer sexuellen Identität. Anregungen und Beschwerden von Beschäftigten hat die Personalvertretung entgegenzunehmen und, falls sie berechtigt erscheinen, durch Verhandlung mit dem Leiter der Dienststelle auf ihre Erledigung hinzuwirken (§ 68 Abs. 1 Nr. 3 BPersVG). Letztendlich hat die Personalvertretung gemäß § 66 Abs. 1 Satz 1 BPersVG alles zu unterlassen, was geeignet ist, die Arbeit und den Frieden der Dienststelle zu beeinträchtigen.

Beispiel für eine grobe Pflichtverletzung:
Frau Müller fühlt sich von ihrem Vorgesetzten ständig schikaniert und bloßgestellt. Sie richtet daher eine Beschwerde an ihre betriebliche Interessenvertretung und verbindet dies mit der ausdrücklichen Bitte, für Abhilfe zu sorgen. Die Interessenvertretung, die sich mit solch einem »Pillepalle« nicht befassen will, geht den Beschwerden nicht nach. Sie landen sofort nach ihrem Erhalt im Papierkorb.

5. Rechtliche Handlungs-möglichkeiten des Mobbing-betroffenen

Für den Mobbingbetroffenen stellt sich im Anschluss an die Darstellung der juristischen Seite die Frage, was er konkret in seinem Fall unternehmen kann, um sich mit rechtlichen Mitteln gegen das Mobbing zur Wehr zu setzen. In juristischer Hinsicht stehen dem Mobbingbetroffenen je nach der Lage des konkreten Einzelfalls insbesondere folgende Handlungsmöglichkeiten zur Verfügung:

- Beschwerde an den Betriebs- bzw. Personalrat
- Beschwerde an den Vorgesetzten oder Arbeitgeber bzw. Dienstherrn
- »Ermahnung« des Arbeitgebers bzw. Dienstherrn
- »Abmahnung« des Arbeitgebers bzw. Dienstherrn
- Kündigung des Arbeitsverhältnisses
- Erhebung einer Schadensersatzklage gegen den Arbeitgeber bzw. Dienstherrn
- Erhebung einer Schadensersatzklage gegen den Mobber
- Stellung eines Strafantrags
- Sühneversuch vor der zuständigen Vergleichsbehörde (vgl. S. 192)
- Erhebung einer Privatklage gegen den Mobber.

Bereits an dieser Stelle sei ein wichtiger Hinweis erlaubt: Der Ausgang eines straf-, disziplinar-, zivil- und arbeitsrechtlichen Verfahrens lässt sich nur schwer vorhersagen. Schließlich gibt es zu viele Unwägbarkeiten, die bei der Verfahrenseinleitung nicht bedacht werden oder zu diesem Zeitpunkt nicht erkennbar waren. Da jeder Fall – mögen auch Gemeinsamkeiten oder Ähnlichkeiten vorliegen – aufgrund seiner Besonderheiten individuell zu bewerten ist, verbieten sich Verallgemeinerungen. Insbesondere Zeitungsberichte und Erzählungen Dritter bieten keine Gewähr für Verallgemeinerungen sowie für eine vollständige und richtige Berichterstattung. Lassen Sie sich nicht durch gut gemeinte Ratschläge Dritter (z.B. Selbsthilfegruppe, Therapeut, Gutachter, Berater) in eine gerichtliche Auseinandersetzung treiben, auch wenn Ihre Gerichts- und Anwaltskosten vielleicht von einer Rechtsschutzversicherung getragen werden. Seien Sie kritisch. Schließlich sind »Recht haben« und »Recht bekommen« zwei unterschiedliche Paar Schuhe. Stets müssen dem Mobber seine rechtlich relevanten Handlungen bewiesen werden. Hierin liegt häufig das Problem. Prozesse gehen häufig nur deswegen verloren, weil die Beweisführung misslingt, es keine Beweise gibt bzw. vorhandene Beweismittel aus Unachtsamkeit sowie Unkenntnis nicht in die gerichtliche Auseinandersetzung eingeführt worden sind. Um rechtlich bedeutsames Tun beweisen zu können – eine Pflicht, die grundsätzlich den Mobbingbetroffenen trifft – bedarf es daher einer äußerst sorgfältigen Vorgehensweise. Eine sorgfältige und gut durchdachte Vorbereitung der gerichtlichen Auseinandersetzung ist in der Regel wichtiger als die eigentliche Prozessführung. Mögliche Zeugen sollten im Vorfeld befragt werden, ob sie vor Gericht aussagen würden. Um sich auch noch nach längerer Zeit an einzelne Geschehnisse erinnern zu können, sollten aussagewillige Zeugen gebeten werden, den Geschehensverlauf schriftlich festzuhalten. Beweise (z. B. ärztliche Befunde, beleidigende Briefe) sollten sorgfältig aufbewahrt werden, um sie gegebenenfalls in ein Gerichtsverfahren einführen zu können. Auch aus Gründen der Beweiserleichterung und -sicherung ist es für den Mobbingbetroffenen ratsam, ein Mobbing-Tagebuch (s. S. 221) zu führen. Anhand schriftlicher Aufzeichnungen lassen sich später einzelne Geschehensverläufe besser nachvollziehen und Lücken im Erinnerungsvermögen schließen – auch wenn dem Mobbing-Tagebuch als solchem kein alleiniger und unumstößlicher Beweiswert zukommt. Schließlich können Tagebuchaufzeichnungen frei erfunden und Bestandteil einer Strategie sein, um eine bestimmte Person des Mobbing zu bezichtigen. Insoweit kann niemals ausgeschlossen werden, dass die gute Idee des Mobbing-Tagebuchs von einem Mobber zu seinen Zwecken »missbraucht« wird.

> **Wichtig:**
> Wer das Verhalten des Mobbers sanktioniert haben möchte, sollte zunächst umfassend Beweise sichern.

Wer rechtliche Schritte erwägt, der sollte stets bedenken, welche Folgen sich für ihn aus einem negativen Verfahrensausgang ergeben können. Was ist, wenn der Mobber vor Gericht »gewinnt«; hat er dann nicht »Oberwasser« mit der Folge, dass der Mobbingbetroffene in einem noch intensiveren Maß Mobbingangriffen ausgesetzt wird? Der vor Gericht obsiegende Mobber wird sich in seinem Handeln vielfach bestätigt fühlen und zu der Überzeugung gelangen, im Rahmen des gesetzlich Erlaubten zu handeln. Es besteht insoweit die Gefahr, dass er den Mobbingbetroffenen als persönliches »Freiwild« begreift.

Der vor Gericht obsiegende Mobbingbetroffene kann mit einem Sieg zwar die »Schlacht« gewinnen, aber dennoch den »Krieg« verlieren. Schließlich geschieht es nicht selten, dass ein Täter zum Opfer stilisiert und dem eigentlichen Opfer die Schuld für bestimmte Ereignisse aufgebürdet wird.

Wichtig:
Wer die Einleitung rechtlicher Schritte erwägt, sollte auch die Risiken bedenken.

5.1 Unterstützung der Unterstützer

In der Praxis erlebt man immer wieder, dass sich ein Mobbingbetroffener zwar an den Mobbingbeauftragten, an einen Rechtsanwalt sowie an seinen Hausarzt wendet, um von diesen Unterstützung zu erfahren, diese jedoch im Gegenzug häufig bei ihrer Aufgabe nicht ausreichend unterstützt. Offensichtlich glaubt der eine oder andere Mobbingbetroffene, dass beispielsweise der von ihm beauftragte Rechtsanwalt schon alles richten wird, sobald man diesem das Mandat übertragen und ihm das Anliegen vorgetragen hat. Dies genügt jedoch leider nicht. Jeder Unterstützer braucht neben dem Vertrauen des Mobbingbetroffenen vor allem die für seine Arbeit erforderlichen Informationen, um überhaupt im Interesse des Mobbingbetroffenen tätig werden zu können. Wer dem Unterstützer dieses Wissen nicht vermittelt, kann nicht mit optimaler Hilfe rechnen.

Dass diese Wissensvermittlung für den Mobbingbetroffenen nicht immer leicht ist, liegt auf der Hand. Von Ängsten, Selbstzweifeln und Hilflosigkeit gelähmt, müssen Mobbingbetroffene oftmals ihre eigene Passivität überwinden, in die sie aufgrund der Mobbingangriffe geraten sind. Wer meint, vergleichbar einem Schiffbrüchigen ohne eigenes Zutun aus »seiner Seenot« gerettet werden zu müssen, wird keine Erfolg versprechende Unterstützung erfahren können. Es muss jedem Mobbingbetroffenen bewusst sein, dass er die ihm »zugeworfene Rettungsweste« auch ordentlich »überzieht«.

Hilfreich kann es sein, insbesondere einem Rechtsanwalt vor dem ersten Gespräch eine schriftlich abgefasste ausführliche Schilderung des Mobbinggeschehens zur Verfügung zu stellen, die auch die Nennung möglicher Zeugen und anderer Beweismittel beinhalten sollte. Diese ermöglicht dem Unterstützer eine ausführliche Vorbereitung auf das erste Gespräch. Diese Vorgehensweise hat zwei weitere Vorteile. Zum einen kann man das gesamte Mobbinggeschehen für sich selbst noch einmal in Ruhe aufarbeiten (vgl. S. 221). Wer Geschehensabläufe in Ruhe in seine Erinnerung ruft und zu Papier bringt, der wird eher wichtige Ereignisse, Beweismittel etc. dokumentieren. In Gesprächen wird manches vergessen und anderes mehrfach berichtet – zumal, wenn man die

191

Erlebnisse vielleicht zunächst einem Arzt, anschließend einem Rechtsanwalt und dann noch einem Psychologen erzählen muss. Einmal schriftlich niedergelegt, kann die Sachverhaltsschilderung nach Bedarf vervielfältigt und den unterschiedlichsten Unterstützern zur Verfügung gestellt werden.

5.2 Sühne und Privatklage

Mit Ausnahme der Nötigung (§ 240 StGB) sowie der Straftaten gegen Betriebsverfassungsorgane und ihre Mitglieder (§ 119 BetrVG) sind die (versuchte) Sachbeschädigung, die (versuchte) vorsätzliche und fahrlässige Körperverletzung, die Nachstellung, die Beleidigung, die üble Nachrede, die Verleumdung sowie die Beleidigung trotz Wahrheitsbeweises sog. Privatklagedelikte. Der Verletzte kann unter Umgehung der Staatsanwaltschaft Klage erheben (vgl. § 374 StPO). Voraussetzung ist jedoch, dass zuvor erfolglos die Sühne zwischen dem Täter und dem Opfer versucht worden ist. Zuständig für den Sühneversuch sind die von der jeweiligen Landesjustizverwaltung bezeichneten Vergleichsbehörden (vgl. § 380 StPO; *Meyer-Goßner*, § 380 Rn. 3).

> **Beachte: Zuständige Stelle für den Sühneversuch in dem jeweiligen Bundesland**
> - Baden-Württemberg: die Gemeinde
> - Bayern: die Gemeinde
> - Berlin: das Schiedsamt
> - Brandenburg: die Schiedsstelle
> - Bremen: das Amtsgericht
> - Hamburg: die öffentliche Rechtsauskunfts- und Vergleichsstelle
> - Hessen: das Schiedsamt
> - Mecklenburg-Vorpommern: die Schiedsstelle
> - Niedersachsen: das Schiedsamt
> - Nordrhein-Westfalen: das Schiedsamt
> - Rheinland-Pfalz: die Schiedsperson
> - Saarland: die Schiedsleute
> - Sachsen: die Schiedsstelle
> - Sachsen-Anhalt: die Schiedsstelle
> - Schleswig-Holstein: das Schiedsamt
> - Thüringen: die Schiedsstelle

Die Staatsanwaltschaft darf bei Privatklagedelikten nur dann eine öffentliche Klage erheben, wenn dies im öffentlichen Interesse liegt (vgl. § 376 StPO). Dies ist dann der Fall, wenn der Rechtsfrieden über den Lebenskreis des Verletzten hinaus gestört und die Strafverfolgung ein gegenwärtiges Anliegen der Allgemeinheit ist (vgl. *Meyer-Goßner*, § 376 Rn. 1).

Bei Mobbing dürfte die Staatsanwaltschaft ein öffentliches Interesse an der Strafverfolgung nur in den seltensten Fällen bejahen, so dass der Mobbingbetroffene in der Regel auf die Erhebung der Privatklage (Hinweis: Voraussetzung ist der erfolglose Sühneversuch) angewiesen ist. Ob die Erhebung einer Privatklage letztendlich zu einer für den Mobbingbetroffenen befriedigenden Problemlösung führen kann, ist fraglich. Lediglich 6 % aller Privatklagen führen zu einer Verurteilung. So ist es nicht verwunderlich, dass nur ca. 10 % der auf die Möglichkeit der Erhebung einer Privatklage verwiesenen Opfer überhaupt eine Privatklage erheben (vgl. *Roxin/Schünemann*, S. 470).

Weiter ist zu bedenken, dass das Verfahren durch das Gericht wegen geringer Schuld des Täters eingestellt werden kann (vgl. § 383 Abs. 2 StPO).

Ferner ist nicht auszuschließen, dass der Mobber in die »Offensive« geht und Widerklage (vgl. § 388 StPO) erhebt – was unweigerlich die seelisch angespannte Situation des Mobbingbetroffenen verschärft, da er jetzt gleichzeitig Kläger und Beklagter ist.

Beendet werden kann das Privatklageverfahren neben der Verurteilung oder der Einstellung durch Klagerücknahme oder durch gerichtlichen Vergleich. In dem Vergleich wird im Gegenzug zu der Zurücknahme der Privatklage meist von dem Angeklagten eine Ehrenerklärung abgegeben.

Beispiel für eine Ehrenerklärung:
»Der Angeklagte nimmt seine beleidigenden Äußerungen mit Bedauern zurück.«

Dem Mobbingbetroffenen ist mit der Abgabe einer solchen Erklärung regelmäßig nicht gedient, da sie vor zukünftigen Mobbingangriffen kaum schützen kann. Soll eine Ehrenerklärung wirklich vor Mobbing schützen können, muss sie weit gefasst und mit der Möglichkeit der Sanktionierung von Fehlverhalten versehen sein. Ob sie im Vergleichswege durchgesetzt werden kann, hängt von den Umständen des konkreten Einzelfalls ab.

Beispiel einer weit gefassten Ehrenerklärung:
»Der Angeklagte nimmt seine beleidigenden Äußerungen mit Bedauern zurück. Er sichert zu, Äußerungen aller Art, die den Kläger beleidigen oder in sonstiger Weise in seiner Ehre beeinträchtigen können, zu unterlassen. Für jeden Fall der Zuwiderhandlung wird der Angeklagte an das Deutsche Rote Kreuz eine Spende in Höhe von 1000 € tätigen. Die Feststellung der Zuwiderhandlung obliegt der für den Wohnsitz des Angeklagten zuständigen Schiedsperson Max Müller.«

Wichtig:
Nur eine gut durchdachte Ehrenerklärung kann den Mobbingbetroffenen vor weiteren Mobbingangriffen schützen.

193

5.3   Beschwerde

Sofern mit der Einlegung rechtlicher Schritte nicht eine »Vergangenheitsbewältigung« erreicht werden soll, müssen Mittel und Wege beschritten werden, die äußerst schnell zum erhofften Erfolg führen können, damit das »Werk« des Mobbers nicht vollendet werden kann.

Ein derartiges Mittel kann die Beschwerde sein, die zu jeder Zeit von jedem Beschäftigten erhoben werden kann. Das Beschwerderecht fußt auf dem Beschäftigungsverhältnis. Daneben findet es sich in einzelnen gesetzlichen Bestimmungen verankert (vgl. §§ 84 ff. BetrVG, § 68 Abs. 1 Nr. 3 BPersVG, § 171 BBG, § 13 AGG, § 17 Abs. 2 ArbSchG).

Beispiel für eine Beschwerde:
»Sehr geehrter Herr Müller, seit einigen Monaten werde ich von meinem Vorgesetzten, Herrn Bäcker, ständig schikaniert. Diesen Umstand nehme ich zum Anlass, mich direkt an Sie zu wenden. ...«

Zur Unterstützung oder Vermittlung kann der sich beschwerende Mobbingbetroffene – sofern vorhanden – ein Mitglied des Betriebs- bzw. Personalrats hinzuziehen, was nahezu immer anzuraten ist. Beispielsweise kann das Betriebsratsmitglied bei einem Gespräch mit dem Arbeitgeber die Moderatorenrolle übernehmen und dafür Sorge tragen, dass der Arbeitgeber nicht seinerseits durch Redewendungen wie: »Na, sind Sie nicht an der Situation selber schuld?« oder »Da dürfen Sie nicht so kleinlich sein!« in die sprichwörtliche Kerbe haut. Bei der Auswahl des hinzuziehenden Betriebs- bzw. Personalratsmitglieds ist der Mobbingbetroffene frei. Der Betriebs- bzw. Personalrat selbst kann ihm weder ein Betriebs- bzw. Personalratsmitglied benennen noch ein bestimmtes Betriebs- bzw. Personalratsmitglied »vorschreiben«.

Adressat der Beschwerde ist regelmäßig zunächst der unmittelbare Vorgesetzte. Beamte haben hierbei gemäß § 171 Abs. 1 BBG den Dienstweg einzuhalten. Wird der Vorgesetzte nicht tätig oder versagt dieser der Beschwerde den Erfolg, so kann der Mobbingbetroffene den betrieblichen Instanzenzug bis zum Arbeitgeber bzw. Dienstherrn selbst beschreiten (s. a. *Haller/Koch*, S. 357 m. w. N.).

Daneben kann sich der Mobbingbetroffene direkt an den Betriebsrat wenden, indem er seine Beschwerde an diesen richtet (vgl. § 85 Abs. 1 BetrVG). Der Mobbingbetroffene ist in seiner Entscheidung frei, ob er seine Beschwerde an den Arbeitgeber oder an den Betriebsrat richtet. Beide Beschwerdewege stehen gleichrangig nebeneinander.

Hält der Betriebsrat die an ihn gerichtete Beschwerde für berechtigt, so hat er beim Arbeitgeber auf Abhilfe hinzuwirken, was gegebenenfalls unter Einschaltung der Einigungsstelle erfolgen kann (§ 85 Abs. 1, 2 BetrVG). Die Entscheidung, die Einigungsstelle anzurufen, beschließt der Betriebsrat nach pflichtgemäßem Ermessen. Es bedarf hierzu nicht der Zustimmung des sich Beschwerenden. Somit kann die Einigungsstelle auch gegen den ausdrücklich erklärten Willen des Mobbingbetroffenen angerufen werden.

Allerdings kann der Mobbingbetroffene dem Einigungsstellenverfahren die Grundlage entziehen, indem er die Beschwerde zurücknimmt. Hingegen kann der Mobbingbetroffene selbst nicht die Einigungsstelle anrufen.

Wichtig ist, dass dem Beschwerdeführer wegen der Erhebung der Beschwerde keine Nachteile entstehen dürfen (vgl. § 84 Abs. 3 BetrVG). Vergleichbares gilt für die Beschwerde, die an den Personalrat gerichtet wird, auch wenn die Beschwerde in § 68 Abs. 1 BPersVG nur äußerst knapp bemessen angesprochen wird und es eine genauere gesetzliche Regelung des Beschwerdewesens nicht gibt (vgl. *Altvater u. a.*, § 68 Rn. 14 ff.).

Die Erhebung der Beschwerde kann in allen Fällen form- und fristlos erfolgen. Lediglich tarifvertragliche Ausschlussfristen sind gegebenenfalls zu beachten (s. a. *HaKo-BetrVG*, § 84 Rn. 14). Mit der Erhebung der Beschwerde sollte nicht zu lange gewartet werden. Je später die Beschwerde erhoben wird, desto schwieriger wird es, den Sachverhalt aufzuklären sowie eine bestehende Konfliktsituation zu lösen.

Aus Gründen der Beweissicherung – damit später niemand sagen kann, es hätte keine Beschwerde gegeben – sollte die Beschwerde nicht mündlich, sondern stets schriftlich erhoben werden, wobei der Mobbingbetroffene eine Kopie des Schreibens für sich behalten sollte.

Der Ausgang des Beschwerdeverfahrens ist dem Mobbingbetroffenen mitzuteilen.

Wird der Beschwerde stattgegeben, so ist in der den Missstand anerkennenden Erklärung eine vertragliche Selbstbindung des Arbeitgebers zur Abhilfe zu erblicken (vgl. *HaKo-BetrVG*, § 84 Rn. 20). Hilft der Arbeitgeber der Beschwerde nicht ab – was stets der Fall sein dürfte, wenn er selbst der Mobber bzw. Anstifter oder Helfer ist –, dann kann der Mobbingbetroffene vor dem Arbeitsgericht im Urteilsverfahren auf Abhilfe klagen und im Falle des Obsiegens – soweit erforderlich – die Zwangsvollstreckung betreiben. Vergleichbares gilt für die Beschwerde eines Beamten (vgl. *Wolmerath*, S. 196).

Der Ausgang des Beschwerdeverfahrens ist von verschiedenen Faktoren abhängig. Handeln beispielsweise der Geschäftsführer sowie der Betriebsrat ohne jedes Fingerspitzengefühl, so wird der Beschwerde jeder Erfolg versagt bleiben. Wohl durchdachtes Vorgehen und soziale Handlungskompetenz der beteiligten Personen sind gefordert (s. a. Abb. 25, S. 196).

Abb. 25: Verfahrensablauf einer Beschwerde gemäß §§ 84, 85 BetrVG:

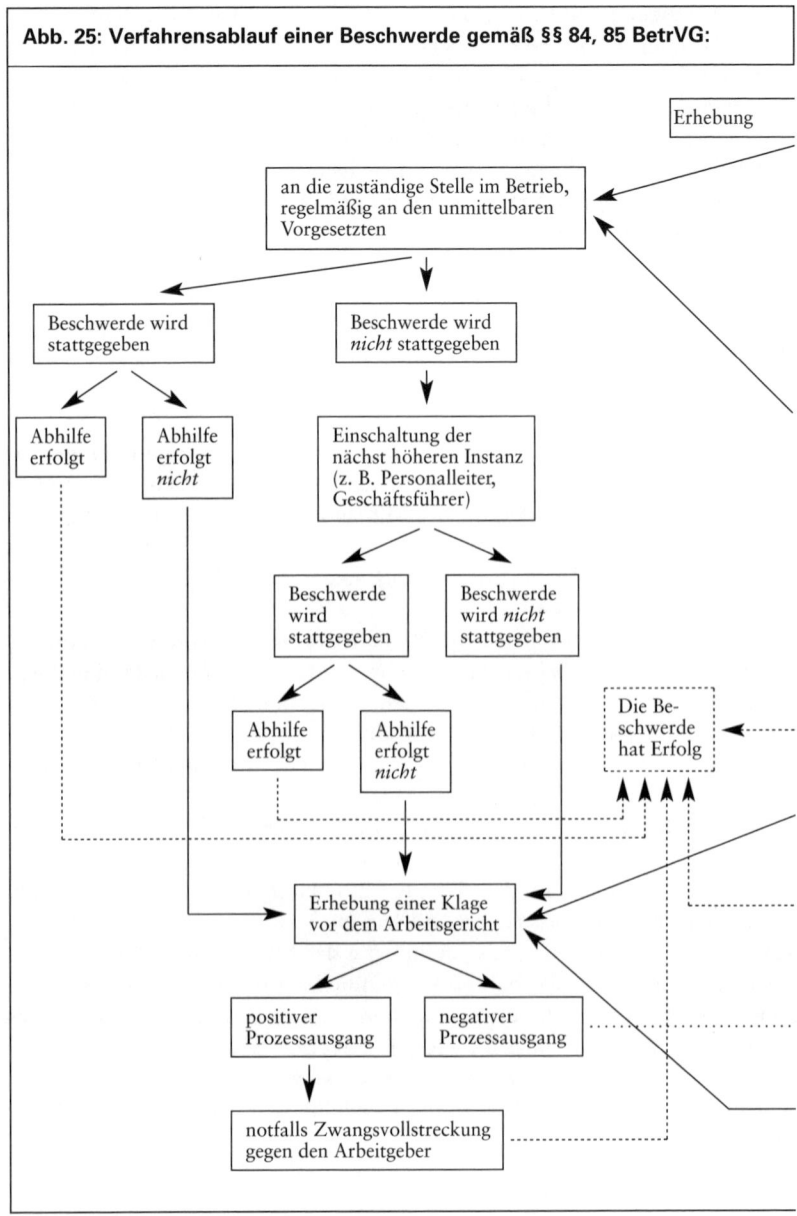

196

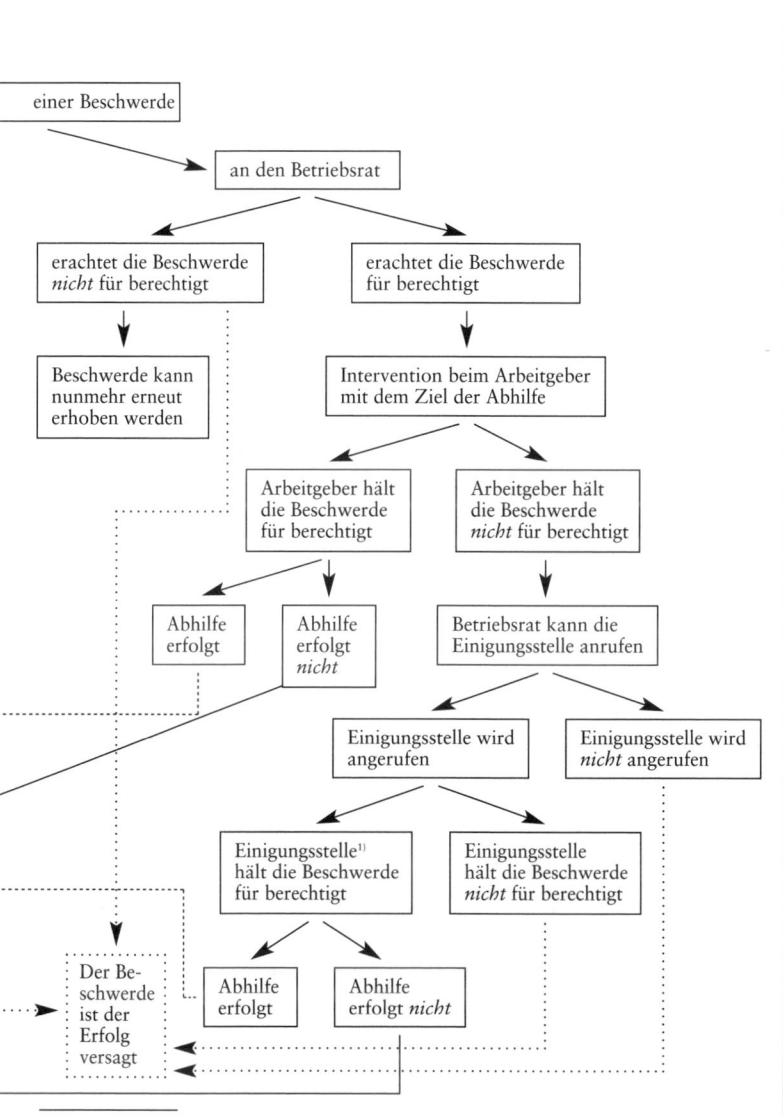

einer Beschwerde

an den Betriebsrat

erachtet die Beschwerde *nicht* für berechtigt

erachtet die Beschwerde für berechtigt

Beschwerde kann nunmehr erneut erhoben werden

Intervention beim Arbeitgeber mit dem Ziel der Abhilfe

Arbeitgeber hält die Beschwerde für berechtigt

Arbeitgeber hält die Beschwerde *nicht* für berechtigt

Abhilfe erfolgt

Abhilfe erfolgt *nicht*

Betriebsrat kann die Einigungsstelle anrufen

Einigungsstelle wird angerufen

Einigungsstelle wird *nicht* angerufen

Einigungsstelle[1] hält die Beschwerde für berechtigt

Einigungsstelle hält die Beschwerde *nicht* für berechtigt

Abhilfe erfolgt

Abhilfe erfolgt *nicht*

Der Beschwerde ist der Erfolg versagt

1) Nach der h. M. entscheidet die Einigungsstelle dann nicht verbindlich über die Berechtigung einer Beschwerde, wenn sie einen Rechtsanspruch zum Gegenstand hat.

197

Auf das Verhalten etwa von Vorgesetzten, des Geschäftsführers sowie des Betriebsrats hat der Mobbingbetroffene nur einen äußerst geringen Einfluss. Allerdings kann er versuchen, bei diesen eine Sensibilisierung für das Problem (z. B. durch die Zurverfügungstellung von Literatur, die Nennung der Telefonnummer einer Selbsthilfegruppe) zu erreichen.

Damit der Beschwerde nicht von vornherein der Erfolg versagt bleibt, sollte sich der Mobbingbetroffene zunächst umfassend informieren und nach einer fundierten juristischen Beratung entscheiden, »wie« er »was« »wann« anpackt.

> **Wichtig:**
> Die Beschwerde ist – wenn sie gut vorbereitet wird – ein Erfolg versprechendes Mittel, gegen Mobbing anzugehen.

Sofern einer an die Arbeitgeberseite gerichteten Beschwerde der Erfolg versagt bleibt oder die von diesem getroffenen Maßnahmen nicht ausreichen, um Sicherheit und Schutz der Gesundheit des Mobbingbetroffenen zu gewährleisten, kann der Mobbingbetroffene von seinem **außerbetrieblichen Beschwerderecht** gemäß § 17 Abs. 2 ArbSchG Gebrauch machen und sich an die für den Arbeitsschutz zuständige Aufsichtsbehörde wenden, ohne dass ihm aus der Wahrnehmung dieses Beschwerderechts Nachteile entstehen dürfen.

Soweit es den Anwendungsbereich des AGG betrifft, besteht gemäß § 13 Abs. 1 AGG die Möglichkeit, sich bei der dafür vorgesehenen Beschwerdestelle zu beschweren. Ob und in welchem Maße ein solcher Schritt von Erfolg gekrönt sein kann, hängt von der Qualität der Beschwerdestelle ab. Insoweit kann auf die vorstehenden Ausführungen verwiesen werden.

5.4 »Ermahnung«, »Abmahnung« und Kündigung

Mobbt der »Arbeitgeber« selbst oder kommt er seiner Fürsorgepflicht nicht nach, so kann der Mobbingbetroffene diesen wegen dieses Verhaltens »ermahnen« sowie »abmahnen«. Auch kann der Mobbingbetroffene im Einzelfall berechtigt sein, seine Arbeitsleistung zurückzuhalten (vgl. § 273 Abs. 1 BGB), mithin der Arbeit fernbleiben, ohne auf die ihm zustehende Vergütung verzichten zu müssen. Soweit eine Verletzung der Fürsorgepflicht seitens des Arbeitgebers vorliegt, darf der Mobbingbetroffene von dem Zurückbehaltungsrecht erst dann Gebrauch machen, nachdem er den Arbeitgeber erfolglos auf die Fürsorgepflichtverletzung hingewiesen und ihm die Gelegenheit auch in zeitlicher Hinsicht eingeräumt hat, den beanstandeten Missstand abzustellen (vgl. *Hessisches LAG*, Urteil vom 26.8.1997 – 5 Sa 535/97).

Bei einer unzumutbaren Weiterbeschäftigung kann der Mobbingbetroffene das Arbeitsverhältnis fristlos kündigen. Dies ist gemäß § 626 Abs. 1 BGB dann der Fall, wenn dem Mobbingbetroffenen unter Berücksichtigung aller Umstände des Einzelfalls und unter Abwägung der Interessen sowohl des Mobbingbetroffenen als auch des Arbeitgebers die Fortsetzung des Arbeitsverhältnisses bis zum Ablauf der Kündigungsfrist oder – bei einem befristeten Beschäftigungsverhältnis – bis zur vereinbarten Beendigung des Arbeitsverhältnisses nicht zugemutet werden kann. Zu bedenken ist in diesem Zusammenhang, dass eine vom Arbeitgeber veranlasste fristlose Kündigung den sich aus § 628 Abs. 2 BGB ergebenden Schadensersatzanspruch auslösen kann. Sofern dies der Fall ist, hat der Arbeitgeber dem Mobbingbetroffenen den »durch die Aufhebung des Dienstverhältnisses entstehenden Schaden« (z. B. entgangene Vergütung, Bewerbungskosten) zu ersetzen.

Der Ausspruch einer »Ermahnung«, einer »Abmahnung« oder einer Kündigung des Arbeitsverhältnisses sowie die Geltendmachung des Rechts der Zurückbehaltung der Arbeitsleistung tragen sicher dazu bei, Mobbing im Betrieb publik zu machen. Daher können diese rechtlichen Handlungsmöglichkeiten bei Bedarf zu betriebspolitischen Zwecken eingesetzt werden, was allerdings nicht der Regelfall sein dürfte. Stets muss bedacht werden, dass der Wert einer »Ermahnung« bzw. »Abmahnung« umso geringer ist, je leichter der Mobbingbetroffene durch einen anderen Arbeitnehmer ersetzt werden kann. Der Effekt einer »Ermahnung« bzw. »Abmahnung« dürfte für den überwiegenden Teil der Arbeitnehmer recht gering sein. Das Mittel der »Ermahnung« bzw. »Abmahnung« kann im konkreten Einzelfall eher ein ausgewiesener Fachmann wirksam einsetzen, der von seinem Arbeitgeber benötigt und nur schwer ersetzt werden kann. Ebenfalls ist zu bedenken, dass der Wert einer »Ermahnung« bzw. »Abmahnung« von der Rolle des Arbeitgebers abhängt, die er bei dem Gesamtgeschehen innehat. Eine »Ermahnung« kann den Arbeitgeber »wachrütteln«, der bislang passiv war und sich mit dem betrieblichen Problem vielleicht nicht auseinandersetzen wollte. Toleriert oder unterstützt er hingegen das Mobbing, so wird einer »Ermahnung« jeder Erfolg verwehrt sein; eher ist mit weiteren Schikanen, gewissermaßen als Bumerang, zu rechnen. Ob eine »Ermahnung« bzw. »Abmahnung« des Arbeitgebers ausgesprochen werden soll, ist daher reiflich zu überlegen; die Chancen sind mit den möglichen Gefahren abzuwägen. Vergleichbares gilt für die Geltendmachung des Rechts bezüglich der Zurückbehaltung der Arbeitsleistung gemäß § 273 Abs. 1 BGB.

Hier besteht die Gefahr, dass der Arbeitgeber das Fernbleiben von der Arbeit zum Anlass nimmt, dem Mobbingbetroffenen wegen eigenmächtigen Fernbleibens von der Arbeit gemäß § 626 BGB fristlos zu kündigen.

Der Ausspruch einer Kündigung durch den Arbeitnehmer ist zwangsläufig mit dem Verlust des Arbeitsplatzes verbunden. Zudem hat sie regelmäßig die Verhängung einer Sperrzeit durch die Agentur für Arbeit zur Folge mit der Konsequenz, dass der Mobbingbetroffene für die Zeit der Sperrzeit keine Leistungen der Arbeitsagentur erhält (vgl. § 144 Abs. 1 Nr. 1 SGB III).

Die Verhängung einer Sperrzeit kann bisweilen verhindert werden. Hierzu ist es erforderlich, sich **vor** dem Ausspruch der beabsichtigten Kündigung bei der Arbeitsagentur genau zu erkundigen, sich dort beraten zu lassen und die weiteren Schritte mit dem zuständigen Sachbearbeiter abzustimmen. Kann der Mobbingbetroffene etwa ärztliche Atteste, beleidigende Schreiben von Arbeitskollegen, schriftliche Ermahnungen sowie Abmahnungen des Arbeitgebers, schriftliche Aufzeichnungen von Arbeitskollegen oder des Betriebsrats vorlegen, die es dem Sachbearbeiter ermöglichen, das erlebte Trauma des Mobbingbetroffenen nachvollziehen und die Notwendigkeit einer Kündigung des Arbeitsvertrags verstehen zu können, so ist die Verhängung einer Sperrzeit eher unwahrscheinlich. Zumindest darf von einer Verkürzung der Sperrzeit ausgegangen werden, wenn der Entschluss des Mitarbeiters, das Arbeitsverhältnis von sich aus zu kündigen, verständlich und entschuldbar ist (vgl. *LSG Rheinland-Pfalz*, Urteil vom 28.2.2003 – 1 AL 57/01 – EzA-Schnelldienst 5/2003, 20). Auf jeden Fall ist es ratsam, fachkundigen Rechtsrat einzuholen.

Vergleichbares gilt für den Abschluss eines Vertrags, mit dem der Mobbingbetroffene und sein Arbeitgeber den Arbeitsvertrag auflösen (sog. Auflösungsvereinbarung, Auflösungsvertrag). Ein solcher Schritt ist möglich, sollte allerdings niemals ohne Beiziehung eines Rechtsanwalts oder Gewerkschaftssekretärs erfolgen. Schließlich enthalten Auflösungsverträge häufig an versteckter Stelle Klauseln, die zum Inhalt haben, dass der Mobbingbetroffene keinerlei Ansprüche (z.B. auf Restlohn, Urlaubsabgeltung, Zeugnis) mehr gegen den Arbeitgeber hat.

> **Wichtig:**
> Wer seinen Arbeitsvertrag wegen Mobbing kündigen möchte, sollte diesen Schritt sorgfältig vorbereiten, um die Verhängung einer Sperrzeit durch die Agentur für Arbeit zu vermeiden. Hierzu gehört es, mögliche – vor allem schriftliche – Beweismittel zu sammeln, die der Arbeitsagentur bei Bedarf vorgelegt werden können und es erlauben, den Schritt des Mobbingbetroffenen nachzuvollziehen.

6. Rechtliche Handlungsmöglichkeiten der Interessenvertretung

Neben dem Mobbingbetroffenen hat auch der Betriebs- bzw. Personalrat die Möglichkeit, in rechtlicher Hinsicht gegen Mobbing am Arbeitsplatz vorzugehen. Unterteilen lassen sich diese in zweifacher Hinsicht – Handlungsmöglichkeiten gegenüber dem Mobber sowie gegenüber dem Arbeitgeber bzw. Dienststellenleiter einerseits und kurzfristige sowie mittel- bis längerfristige Handlungsmöglichkeiten andererseits. Der Unterschied zwischen kurzfristigen und mittel- bis längerfristigen Handlungsmöglichkeiten des Betriebs- bzw. Personalrats besteht darin, dass kurzfristige Handlungen häufig reine Reaktionen zum Gegenstand haben, während mittel- bis längerfristiges Handeln ein Agieren, ein Gestalten durch den Betriebs- bzw. Personalrat beinhaltet. Vergleichbares gilt natürlich auch für die Mitarbeitervertretung. Ziel einer jeden Interessenvertretung muss es sein, die Belange der Beschäftigten und somit auch die des Mobbingbetroffenen – wahrzunehmen.

Um die rechtlichen sowie außerrechtlichen (betriebspolitischen) Handlungsmöglichkeiten zu erfahren, die der Betriebs- bzw. Personalrat bei Mobbing hat, muss er sich qualifizieren.

Das *BAG* hat in seinem Beschluss vom 15. 1. 1997 (7 ABR 14/96 – AiB 1997, 410) festgestellt, dass die sachgerechte Behandlung von Beschwerden Kenntnisse über Ursachen und Verläufe von Mobbinggeschehen und das Wissen um konkrete Abhilfemöglichkeiten verlangt. Dieses kann sich der Betriebs- bzw. Personalrat insbesondere durch das Lesen von Literatur und den Besuch von speziellen Schulungsveranstaltungen aneignen. Die Kosten für die erforderliche Literatur hat der Arbeitgeber gemäß § 40 Abs. 2 BetrVG bzw. der Dienststellenleiter gemäß § 44 Abs. 2 BPersVG zu tragen.

Die durch die Teilnahme von Betriebsratsmitgliedern an einer Schulungsveranstaltung entstehenden Kosten hat der Arbeitgeber gemäß § 37 Abs. 6 i. V. m. § 40 BetrVG zu tragen, sofern der Betriebsrat eine betriebliche Konfliktlage darlegt, aus der sich ein Schulungsbedarf für ihn ergibt und zu dessen Erledigung das auf dem Seminar vermittelte Wissen notwendig ist (*BAG*, Beschluss vom 15. 1. 1997, a. a. O.). Hierfür ist ausreichend, wenn der Betriebsrat vorträgt, dass er aufgrund der ihm bekanntgewordenen Konflikte initiativ werden wolle, um etwa durch Verhandlungen mit dem Arbeitgeber über den Abschluss einer Betriebsvereinbarung weiteren Mobbingfällen im Betrieb entgegenzuwirken. Ebenfalls müsste es nach dieser Entscheidung des *BAG* genügen, wenn der Betriebsrat im Bedarfsfall gegenüber dem Arbeitgeber darlegt, dass sich Beschäftigte bei ihm beschwert bzw. einen Sachverhalt geschildert haben, wonach Mobbing im Betrieb existiert bzw. existieren kann (s. a. *ArbG Kiel*, Beschluss vom 27. 2. 1997 – H 5 d BV 41/96 – AiB 1997, 410). Diesbezüglich ist zu bedenken, dass der Betriebsrat nicht verpflichtet ist, Namen zu nennen – was er im Übrigen auch im Interesse der Betroffenen auf keinen Fall tun sollte.

Nach einer Entscheidung des *ArbG Bremen* aus dem Jahre 2003 soll es für die Erforderlichkeit einer Seminarteilnahme bereits genügen, wenn der Betriebsrat den Beschluss fasst, sich inhaltlich mit der Mobbingproblematik auseinandersetzen zu wollen (vgl. *ArbG Bremen*, Beschluss vom 17. 12. 2003 – 9 BV 81/03 – NZA 2004, 538). Von der Erforderlichkeit der Darlegung einer betrieblichen Konfliktlage, wie es das *BAG* im Jahre 1997 gefordert hat, sieht das *ArbG Weiden* ab. Schließlich gehöre es nach § 80 Abs. 1 BetrVG zu den Aufgaben des Betriebsrats, dem Mobbing entgegenzuwirken (vgl. *ArbG Weiden*, Beschluss vom 22. 6. 2005 – 1 BV 3/05 C – dbr 3/2006, 37).

In diesem Zusammenhang ist ebenfalls zu beachten, dass der Arbeitgeber die Teilnahme an einer Schulungsveranstaltung nicht mittels eines Verweises auf das Studium von Mobbingliteratur verhindern kann (vgl. *ArbG Frankfurt/Main*, Beschluss vom 31. 1. 1996 – 7 BV 298/95 – AiB 1996, 557).

Diese dargelegten Grundsätze gelten auch für die Teilnahme von Personalratsmitgliedern an Schulungs- und Bildungsveranstaltungen zu Mobbing, wobei sich die entsprechende Kostentragungspflicht des Dienststellenleiters aus § 46 Abs. 6 i. V. m. § 44 BPersVG ergibt.

> **Wichtig:**
> Nur der Betriebs- bzw. Personalrat, der handelt, kann gestaltenden Einfluss auf das miteinander Umgehen im Betrieb bzw. in der Dienststelle nehmen.

6.1 Rechtliches Vorgehen gegen den Mobber

Rechtliche Handlungsmöglichkeiten gegen den Mobber bestehen insoweit, als der Betriebs- bzw. Personalrat wegen eines Sachverhaltes, der seiner Meinung nach Anlass zur Strafverfolgung gibt, Strafanzeige (vgl. S. 174) erstatten kann. Daneben kann der Betriebsrat – eine vergleichbare Regelung existiert für die

Personalvertretung nicht – gemäß § 119 Abs. 2 BetrVG Strafantrag (vgl. S. 174) stellen, soweit er einen Straftatbestand des § 119 Abs. 1 BetrVG (vgl. S. 172 f.) für begangen erachtet.

Sofern die Begehung einer Straftat durch den Mobber unmittelbar bevorsteht oder der Mobber mit der Ausführung einer solchen bereits begonnen hat, kann der Betriebs- bzw. Personalrat bei Bedarf die **Polizei** einschalten und diese um Hilfe bitten.

Wird durch Mobbing nachhaltig der Betriebsfrieden gestört (was häufig der Fall sein dürfte), so kann der Mobber im Rahmen des § 104 BetrVG – eine vergleichbare Regelung existiert für den Bereich der Personalvertretung nicht – auf Verlangen des Betriebsrats versetzt und im schlimmsten Fall sogar entlassen werden. Voraussetzung ist, dass der Mobber durch sein gesetzwidriges Verhalten oder durch grobe Verletzung der in § 75 Abs. 1 BetrVG enthaltenen Grundsätze wiederholt in ihm vorwerfbarer Weise grob und ernstlich den Betriebsfrieden gestört hat.

Nicht zu verwechseln ist die in § 104 BetrVG geregelte »Entfernung betriebsstörender Arbeitnehmer« mit der so genannten Druckkündigung. Als Druckkündigung wird eine Kündigung bezeichnet, bei der sich der Arbeitgeber dem »Druck« eines Dritten (dies können beispielsweise einzelne Arbeitnehmer, die gesamte Belegschaft und einzelne oder mehrere Vorgesetzte, aber auch Kunden und andere betriebsfremde Personen sein) beugt und die Kündigung, diesem Diktat folgend, ausspricht.

Beispiel für eine Druckkündigung:
Die Arbeitskollegen Meier, Müller und Schmidt fordern von ihrem Arbeitgeber die Kündigung von Herrn Schulze, da dieser HIV-infiziert ist und sie Angst haben, sich mit dem Virus am Arbeitsplatz zu infizieren. Der Arbeitgeber könne wählen: Entweder er entlasse Herrn Schulze, oder er müsse sich für die von Meier, Müller und Schmidt besetzten Positionen neue Mitarbeiter suchen. Der Arbeitgeber folgt dem Druck der drei Arbeitskollegen, da er diese in seinem Betrieb zwingend benötigt und ihr Weggehen mit größeren Folgen behaftet wäre als das Ausscheiden von Herrn Schulze.

Ob die Ausübung von Druck auf den Arbeitgeber geeignet ist, Mobbing am Arbeitsplatz zu begegnen, lässt sich nicht pauschal beantworten. Sie ist ein typisches Beispiel für ein bloßes »Reagieren«. Es wird versucht, ein betriebliches Problem durch »Druck« zu lösen, ohne die Ursachen für das Problem an den Wurzeln zu packen. In der betrieblichen Praxis dürfte die Gefahr bestehen, dass nicht der Mobber, sondern vielmehr der Mobbingbetroffene unter dem Druck anderer aus seinem bisherigen Wirkbereich herausgedrängt wird.

6.2 Rechtliches Vorgehen gegen den Arbeitgeber

Soweit rechtliche Handlungsmöglichkeiten in Bezug auf den Arbeitgeber bzw. Dienststellenleiter in Betracht kommen, sind diese in kurzfristige und mittel- bis längerfristige zu unterscheiden. Kurzfristige Handlungsmöglichkeiten sind auf die Erstattung einer Strafanzeige, der Stellung eines Strafantrags, der »Ermahnung« bzw. »Abmahnung« des Arbeitgebers bzw. Dienststellenleiters (z.B. wegen Verstoßes gegen die in § 75 BetrVG bzw. § 67 Abs. 1 BPersVG aufgestellten Grundsätze für die Behandlung von Betriebsangehörigen) oder – diese Möglichkeit hat allerdings nur der Betriebsrat – der Einleitung eines Verfahrens gemäß § 23 Abs. 3 BetrVG beschränkt, soweit der Arbeitgeber selber mobbt.

Aber auch gegen den nicht mobbenden, aber untätig bleibenden Arbeitgeber bzw. Dienststellenleiter sind rechtliche Schritte möglich. So kann er »abgemahnt« werden, wenn er den in § 75 BetrVG bzw. § 67 Abs. 1 BPersVG niedergelegten Grundsätzen für die Behandlung der Betriebsangehörigen verletzt. Tritt diese Verletzung wiederholt auf, so ist – soweit es den Bereich der Betriebsverfassung betrifft – an eine Einleitung des Verfahrens wegen der Verletzung gesetzlicher Pflichten gemäß § 23 Abs. 3 BetrVG zu denken.

Beispiel für ein kurzfristiges Handeln:
Der Betriebsrat hat den Geschäftsführer wiederholt auf den Umstand hingewiesen, dass Herr Fischer wegen seiner Zugehörigkeit zu einer Sekte gemobbt wird, und ihn um Intervention gebeten. Als der Arbeitgeber auf das dritte Abhilfeersuchen nicht reagiert, erhält er von dem Betriebsrat eine »Abmahnung«. Der Geschäftsführer reagiert auch nicht, als es zu weiteren Angriffen gegenüber Herrn Fischer kommt. Daraufhin leitet der Betriebsrat ein Verfahren gemäß § 23 Abs. 3 BetrVG ein, um ein Tätigwerden des Geschäftsführers zu erreichen.

Mittel- bis längerfristige Handlungsmöglichkeiten sind nicht so sehr gegen den Arbeitgeber bzw. Dienststellenleiter gerichtet, sondern sollten ihn in den Prozess der Bewältigung sowie der Prävention von Mobbing einbeziehen. Zu diesen Aktionsmitteln gehören vor allem:

- der Abschluss einer Betriebs- bzw. Dienstvereinbarung zur Mobbingproblematik (vgl. S. 100 ff.),

- die Ernennung eines betrieblichen Mobbingbeauftragten bzw. die Einrichtung einer betrieblichen Anlaufstelle für Mobbingbetroffene (vgl. S. 90 ff.).

Wichtig:
Der Abschluss einer Betriebs- bzw. Dienstvereinbarung zur Mobbingproblematik sowie die Installation eines betrieblichen Mobbingbeauftragten bzw. einer betrieblichen Anlaufstelle für Mobbingbetroffene sind geeignete Mittel, um über die reine Konfliktbewältigung im konkreten Einzelfall hinaus generalpräventiv gegen Mobbing vorzugehen.

7. Stichwort BEM

Seit einiger Zeit beschäftigt sich sowohl die Arbeitgeberseite als auch die Interessenvertretung in den Betrieben und Dienststellen mit dem »BEM«. Hierbei handelt es sich um die Abkürzung für das betriebliche Eingliederungsmanagement, das seine gesetzliche Grundlage in § 84 Abs. 2 SGB IX erfahren hat.

Wortlaut des § 84 Abs. 2 Satz 1, 2 SGB IX:
»Sind Beschäftigte innerhalb eines Jahres länger als sechs Wochen ununterbrochen oder wiederholt arbeitsunfähig, klärt der Arbeitgeber mit der zuständigen Interessenvertretung im Sinne des § 93, bei schwerbehinderten Menschen außerdem mit der Schwerbehindertenvertretung, mit Zustimmung und Beteiligung der betroffenen Person die Möglichkeiten, wie die Arbeitsunfähigkeit möglichst überwunden werden und mit welchen Leistungen oder Hilfen erneuter Arbeitsunfähigkeit vorgebeugt und der Arbeitsplatz erhalten werden kann (betriebliches Eingliederungsmanagement). Soweit erforderlich wird der Werks- oder Betriebsarzt hinzugezogen.«

Obwohl sich diese Vorschrift im Sozialgesetzbuch IX – Rehabilitation und Teilhabe behinderter Menschen – befindet, besteht in Rechtsprechung und Literatur Einvernehmen darüber, dass das betriebliche Eingliederungsmanagement auf alle Beschäftigten Anwendung finden soll, sofern sie innerhalb eines Zeitraums von zwölf Monaten entweder an einem Stück oder zusammengerechnet länger als sechs Wochen arbeitsunfähig sind.

Dabei gilt für den betroffenen Arbeitnehmer das Prinzip der Freiwilligkeit. Es steht ihm frei, an einem betrieblichen Eingliederungsmanagement teilzunehmen. Er kann sich mithin weigern, an einem BEM teilzunehmen, was für ihn allerdings mit Nachteilen verbunden sein kann. Für den Arbeitgeber stellt sich das betriebliche Eingliederungsmanagement hingegen mehr oder weniger als eine Pflicht dar. Setzt er sich grundlos darüber hinweg, dann muss er davon ausgehen, dass das Arbeitsgericht eine aus krankheitsbedingten Gründen ausgesprochene Kündigung wegen des nicht durchgeführten BEM für unwirksam erklären wird.

Worin bestehen nun die Chancen für den von psychischer Gewalt oder Mobbing betroffenen Beschäftigten? Ziel des betrieblichen Eingliederungsmanagements ist es herauszufinden, wie die Arbeitsunfähigkeit überwunden, einer erneuten Arbeitsunfähigkeit vorgebeugt und der Arbeitsplatz erhalten werden kann. Das *BAG* (2 AZR 198/09 – dbr 12/2010, 41) spricht insoweit von einem »unverstellten, verlaufs- und ergebnisoffenen Suchprozess.«

Sofern man allen Beteiligten einen guten Willen unterstellt, bietet das BEM die Chance, die Mobbingsituation quasi von hinten nach vorne bzw. rückwärts aufzuarbeiten, wobei das Wort »Mobbing« (gleiches gilt für die psychische Gewalt) zunächst nicht, oftmals auch überhaupt nicht fallen wird. Denn im Vordergrund stehen nicht die Mobbingsituation des Betroffenen und damit verbunden das Verhalten des Mobbers, sondern die Arbeitsunfähigkeit des Mobbingbetroffenen und die Beantwortung der Frage, wie diese überwunden werden kann. Hierzu ein Beispiel, das sich so ähnlich an einer Universität ereignet hat.

Beispiel für ein erfolgreich durchgeführtes BEM:
Ein Mitarbeiter ist an der Universität Mobbing ausgesetzt. Jeder Versuch, das Problem in den Griff zu bekommen, war bislang aus den unterschiedlichsten Gründen gescheitert. In einer fast aussichtslos erscheinenden Lage wurde die Idee geboren, ein BEM durchzuführen. Schließlich hatte man eine Dienstvereinbarung zum betrieblichen Eingliederungsmanagement abgeschlossen und ein entsprechendes »Eingliederungsteam« ernannt. Die Beteiligten setzten sich zusammen und sprachen über die Arbeitsunfähigkeit des Mitarbeiters. Dabei kamen sein Krankheitsbild und die Ursachen dafür zur Sprache, ohne dass das Wort »Mobbing« fiel. Plötzlich war alles recht einfach, da sich alle einig waren, dass es so nicht weitergehen dürfe. Es folgten einige Gespräche mit den Vorgesetzten des Mitarbeiters, in denen es keine Schuldzuweisungen, sondern einen Blick gab, der in die Zukunft gerichtet war. Die scheinbar »unkaputtbare Nuss« war geknackt.

Bei allen Chancen, die ein betriebliches Eingliederungsmanagement bieten kann, darf man die Augen nicht davor verschließen, dass dieses »Werkzeug« nur so gut ist wie die »Handwerker«, die damit arbeiten. Sofern ein Arbeitgeber das BEM als eine andere Form eines zu Disziplinierungszwecken gedachten »Krankenrückkehrgesprächs« betrachtet, dürften die Chancen, die mit einem BEM verbunden sein können, kaum zu realisieren sein. Vor allen in solchen Situationen ist die betriebliche Interessenvertretung aufgerufen, für ein BEM zu sorgen, welches das Wort »betriebliches Eingliederungsmanagement« auch wirklich verdient. Mit dem Engagement der betrieblichen Interessenvertretung steht und fällt das BEM und die damit verbundenen Chancen für die von Mobbing und psychischer Gewalt Betroffenen.

206

8. **Stichwort AGG**

Am 18.8.2006 ist das Allgemeine Gleichbehandlungsgesetz (AGG) in Kraft getreten. Ziel dieses Gesetzes ist es gemäß § 1 AGG (vgl. Anhang Nr. 3), Benachteiligungen aus Gründen der Rasse oder wegen der ethnischen Herkunft, des Geschlechts, der Religion oder Weltanschauung, einer Behinderung, des Alters oder der sexuellen Identität zu verhindern oder zu beseitigen. Von Mobbing sowie psychischer Gewalt ist in dieser Vorschrift nicht die Rede. Schaut man sich jedoch den § 3 Abs. 3 AGG an, dann fällt auf, dass die gesetzliche Definition der »Belästigung« Parallelen zum Mobbingbegriff aufweist. Man darf sogar noch einen Schritt weitergehen. Sofern eine auf Mobbing oder psychische Gewalt beruhende Belästigung (= Benachteiligung) eines Beschäftigten aus Gründen der Rasse oder wegen der ethnischen Herkunft, des Geschlechts, der Religion oder Weltanschauung, einer Behinderung, des Alters oder der sexuellen Identität erfolgt, kann das AGG gemäß § 7 Abs. 1 in Verbindung mit §§ 1, 3 Abs. 3 AGG unmittelbar angewendet werden. In solch einem Fall ist der Arbeitgeber nach § 12 Abs. 1 Satz 1 AGG verpflichtet, »die erforderlichen Maßnahmen zum Schutz vor Benachteiligungen wegen eines in § 1 genannten Grundes zu treffen«, was gemäß § 12 Abs. 3 Satz 2 AGG die Umsetzung, Versetzung oder Kündigung des Mobbers zur Folge haben kann. Wie aber ist mit den Mobbinghandlungen zu verfahren, die nicht von § 1 AGG erfasst werden?

Mit der Beantwortung dieser Frage hatte sich das *BAG* im Herbst 2007 zu befassen. In seinem Urteil vom 25.10.2007 (8 AZR 593/06) hebt der mit der Entscheidung befasste *Achte Senat* zunächst hervor, dass der Gesetzgeber mit der »Belästigung« in § 3 Abs. 3 AGG letztlich auch das Mobbing umschrieben hat, soweit dieses seine Ursachen in der Rasse, in der ethnischen Herkunft, in dem Geschlecht, in der Religion oder Weltanschauung, in einer Behinderung, im Alter oder in der sexuellen Identität des Belästigten hat. Dabei erkennt er an, dass das Mobbing deutlich über den Begriff der Belästigung im Sinne des § 3 Abs. 3 AGG hinausgeht.

Weiter führt der *Achte Senat* aus, dass der in § 3 Abs. 3 AGG umschriebene

Mobbingbegriff, der sich lediglich auf Benachteiligungen aus einem der in § 1 AGG genannten Gründe bezieht, auf die Fälle der Benachteiligung eines Arbeitnehmers – gleich aus welchen Gründen – übertragen werden kann. Und weiter heißt es in der Entscheidung: § 3 Abs. 3 AGG zeigt vor allem, dass es grundsätzlich auf die Zusammenschau der einzelnen unerwünschten Verhaltensweisen ankommt, um beurteilen zu können, ob eine Mobbingsituation vorliegt. Schließlich stellt § 3 Abs. 3 AGG darauf ab, ob ein durch Einschüchterungen, Anfeindungen, Erniedrigungen, Entwürdigungen oder Beleidigungen gekennzeichnetes Umfeld geschaffen wird. Ein solches Umfeld wird in der Regel durch ein fortdauerndes Verhalten geschaffen; ein einmaliges Handeln genügt insoweit nicht.

Mithin sind alle Handlungen bzw. Verhaltensweisen, die dem systematischen Prozess der Schaffung eines bestimmten Umfeldes zuzuordnen sind, in die Betrachtung mit einzubeziehen. Einzelne Handlungen sowie Verhaltensweisen dürfen bei der Beurteilung der Situation nicht unberücksichtigt gelassen werden. Schließlich ist für Mobbing die systematische, sich aus vielen einzelnen Handlungen bzw. Verhaltensweisen zusammengesetzte Verletzung kennzeichnend, wobei den einzelnen Handlungen bzw. Verhaltensweisen bei einer isolierten Betrachtung oft keine rechtliche Bedeutung zukommt.

Soweit es die Fürsorgepflicht des Arbeitgebers betrifft, hebt der *Achte Senat* dessen Pflicht hervor, auf das Wohl und auf die berechtigten Interessen seiner Arbeitnehmer Rücksicht zu nehmen. Daher trifft den Arbeitgeber die Pflicht, seine Arbeitnehmer vor Belästigungen durch Vorgesetzte, Mitarbeiter oder Dritte, auf die er Einfluss hat, zu schützen und ihnen einen menschengerechten Arbeitsplatz zur Verfügung zu stellen. Da sich § 12 AGG als die Konkretisierung der dem Arbeitgeber obliegenden Fürsorgepflicht darstellt, kommt der erkennende Senat zu dem Ergebnis, dass die für die Fälle der sexuellen Belästigung und der Benachteiligung wegen der in § 1 AGG genannten Gründe gesetzlich auferlegten Verpflichtungen des Arbeitgebers auf die Mobbingproblematik übertragen werden können. Eine analoge Anwendung des § 12 AGG bejaht das Gericht für solche Mobbingfälle, die sich ab dem 18. 8. 2006 ereignet haben. Für sich davor ereignete Mobbingfälle will der *Achte Senat* die allgemeine Fürsorgepflicht des Arbeitgebers entsprechend den in den gesetzlichen Regelungen zum Ausdruck kommenden Grundsätzen konkretisiert wissen.

Mit der vorliegenden Entscheidung des *Achten Senats* stellt sich die Frage nach den sich daraus ergebenden Konsequenzen. Die Antwort liegt auf der Hand. Denn wenn sich das *BAG* dafür ausspricht, § 12 AGG analog auf solche Mobbingfälle anzuwenden, bei denen von einer Belästigung im Sinne des § 3 Abs. 3 AGG gesprochen werden kann, die nicht von einem der in § 1 AGG abschließend aufgeführten Benachteiligungsgründe umfasst werden, dann muss die Möglichkeit einer analogen Anwendung für sämtliche Regelungen des Allgemeinen Gleichbehandlungsgesetzes gelten. Schließlich betont der *Achte Senat* in seinem Urteil zu Recht, dass der in § 3 Abs. 3 AGG umschriebene Mobbingbegriff, der sich lediglich auf einen der in § 1 AGG genannten Gründe bezieht, auf alle Fälle der Benachteiligung eines Arbeitnehmers übertragen werden kann. Damit ergeben sich für die Mobbingproblematik folgende Konsequenzen: Sofern sich eine Mobbingsituation

- aus zumindest einem der in § 1 AGG genannten Gründe einer Benachteiligung zusammensetzt, können die Regelungen des Allgemeinen Gleichbehandlungsgesetzes unmittelbar angewendet werden.

- nicht aus den in § 1 AGG genannten Gründen einer Benachteiligung zusammensetzt, können die Regelungen des Allgemeinen Gleichbehandlungsgesetzes analog angewendet werden (vgl. *Wolmerath 2011*, S. 285).

Auf einen wichtigen Aspekt soll abschließend eingegangen werden. § 13 Abs. 1 Satz 1 AGG verpflichtet den Arbeitgeber bzw. Dienststellenleiter, eine so genannte betriebliche Beschwerdestelle einzurichten, an die sich Beschäftigte wenden können, sofern sie sich »im Zusammenhang mit ihrem Beschäftigungsverhältnis vom Arbeitgeber, von Vorgesetzten, anderen Beschäftigten oder Dritten wegen eines in § 1 genannten Grundes benachteiligt fühlen.« Zumindest der Betriebsrat hat nach einem Beschluss des *BAG* vom 21. 7. 2009 (1 ABR 42/08) mitzubestimmen bei der Einführung und Ausgestaltung des Verfahrens, in dem die Beschäftigten ihr Beschwerderecht nach § 13 Abs. 1 Satz 1 AGG wahrnehmen können. Dagegen soll nach dieser Entscheidung kein Mitbestimmungsrecht bestehen bei der Beantwortung der Frage, wo der Arbeitgeber die Beschwerdestelle errichtet (d. h. Betrieb oder Unternehmen) und wie er diese personell besetzt. Betriebs- und Personalräte sowie Mitarbeitervertretungen sollten ihre Möglichkeiten der Einflussnahme nutzen, damit ein Beschwerdeverfahren eingerichtet wird, das dem der Beschwerdestelle zugedachten Zweck entspricht. Wie eine entsprechende Betriebsvereinbarung ausgestaltet werden kann, ist beispielhaft im Anhang 2 dokumentiert.

F. Das Vorgehen bei akutem Mobbing – Systematisches Herangehen überwindet psychische Gewalt

In diesem Kapitel geht es vor allem um praktisches Handwerkszeug für ein möglichst erfolgreiches Vorgehen, wenn ein Fall von Mobbing oder psychischer Gewalt ausgebrochen ist. Um nicht nur Handgriffe zu lernen, sondern mehr vom Handwerk zu verstehen, werden wir ebenso das theoretische Verständnis vertiefen.

Wir nehmen hierbei die Perspektive eines Mobbingbeauftragten (typischerweise eines Personal- bzw. Betriebsratsmitglieds) ein, der von einem Betroffenen um Hilfe gebeten wurde. Wir stellen uns vor, dass die Rolle des »betrieblichen Ersthelfers« durchlaufen wurde. Der oder die Mobbingbetroffene hat mit uns vereinbart, dass wir ihm bzw. ihr nun auch aktiv als »Konfliktlotse« (vgl. Kap. B. 2) beistehen sollen. Es geht also um Fragen wie: »Was ist jetzt am sinnvollsten zu tun?«, »In welcher Reihenfolge sollten wir vorgehen?«, »Was sollte lieber vermieden werden?«

Unsere Darstellungsweise hat den Grund, dass in den Betrieben und Dienststellen kompetente Helfer gebraucht werden, die in der Lage sind, bei unterschiedlichen Mobbingfällen hilfreich tätig zu werden. Wir stellen demnach eine systematische Herangehensweise vor, welche dann auf den jeweiligen konkreten Mobbingfall angewendet und angepasst werden muss. Dieser Teil ist also so etwas wie ein Ratgeber für Ratgeber. Selbstverständlich können auch unmittelbar von Mobbing betroffene Menschen die hier zusammengestellten Anregungen auf ihre eigene Situation übertragen und damit aus eigener Kraft Verbesserungen erzielen.

1. Es geht um Macht

Diese Überschrift mag irritieren. Mobbingbetroffene erleben ja vornehmlich die eigene Ohnmacht. Sie möchten am liebsten, dass »es einfach nur aufhört«. Einen Machtkampf zu führen, das ist oft das Letzte, was sie sich vorstellen können. Auch viele Mobbinghelfer mag es abschrecken, bei der Hilfe für Betroffene in Kategorien der Macht zu denken. Macht scheint ihnen identisch zu sein mit Machtmissbrauch oder Gewalt.

Wir stellen die »Machtfrage« als erstes, weil wir strategisches Denken für eine erfolgreiche Überwindung von Mobbingfällen für erforderlich halten. Es geht uns keineswegs um spektakuläre Machtkämpfe oder gar um Gegen-Mobbing. Die Kunst des erfolgreichen Eingreifens im konkreten Mobbingfall besteht im Wesentlichen darin, im Laufe der Zeit eine deutliche Machtverschiebung zugunsten des Mobbingbetroffenen zu erreichen. Mit anderen Worten: Wir wollen erreichen, dass die Mobber mit dem Mobbing nachhaltig aufhören (müssen), obwohl sie damit keineswegs aufhören wollen.

> **Hinweis:**
> Erfolgreiches Eingreifen bei Mobbing bewirkt, dass die Mobber mit dem Mobbing nachhaltig aufhören (müssen), obwohl sie damit keineswegs aufhören wollen.

Denn eines sollte klar sein: Mobbing hört nicht freiwillig auf. Warum mobben Mobber? Sie versuchen, eigene wichtige Ziele zu erreichen und/oder eigene Ängste unwirksam zu machen (vgl. Kapitel A.). Und demzufolge kann Mobbing erst dann zu Ende sein, wenn der Betroffene zur Strecke gebracht ist. Wäre es anders, dann würden alle Mobbingfälle allein durch ein freundliches Aufmerksammachen der Täter, dass sie leider so etwas wie Mobbing betreiben, beendet werden. Der fiktive Dialog würde sich in etwa so anhören. A: »Ist Ihnen eigentlich bewusst, dass Sie Mobbing betreiben?« B: »Ehrlich? Oh wie unangenehm, das wollte ich nicht. Gut, dass Sie mir das sagen.« A: »Und, sind Sie bereit, damit aufzuhören?« B: »Was für eine Frage? – selbstverständlich, sofort!« In der betrieblichen Realität kommt das nicht vor. Weil diejenigen, die Mobbing oder psychische Gewalt anwenden, nicht freiwillig aufgeben werden (weil sie ja eigene Motive und Ziele verteidigen), ist es also auch eine Frage des Einsatzes von Macht, wenn man Mobbing abstellen will.

> **Hinweis:** Drei relevante Aspekte von Macht für die Überwindung von Mobbing:
> - Deutungsmacht
> - Verletzungsmacht
> - Handlungsmacht

Es scheint, dass drei unterschiedliche Aspekte von Macht angemessen zu berücksichtigten sind. Unseres Erachtens ist sogar die Reihenfolge wichtig, in der sie abgehandelt werden sollten. Erstens muss herausgearbeitet werden, dass es sich tatsächlich um Mobbing bzw. psychische Gewalt handelt und nicht um normale innerbetriebliche Probleme oder Konflikte. Hierbei geht es um die Deutungsmacht. Es muss zweitens erreicht werden, dass der schon eingetretene, aber auch der noch zu erwartende Schaden für den Betroffenen minimiert wird. Dabei geht es um die Verletzungsmacht der Mobber gegenüber der Widerstandsfähigkeit des Betroffenen. Es muss drittens sichergestellt werden, dass zukünftig kein Mobbing gegen die betroffene Person vorgenommen werden kann bzw. keine psychische Gewalt von demjenigen mehr ausgehen wird, der das Mobbing betrieben hat. Das wäre eine Frage der Handlungsmacht.

1.1   Deutungsmacht

Mit dem Begriff »Deutungsmacht« wollen wir die Wichtigkeit herausstellen, von wem und wie die Situation eines Mobbingbetroffenen gedeutet und damit auch bewertet wird. Von Seiten der Arbeitgeber wird sehr häufig die ungeprüfte Behauptung in dem Raum gestellt: »Bei uns gibt es kein Mobbing!« oder es wird interpretiert, dass es bloß um einen normalen Konflikt handeln würde. Setzt sich eine solche Meinung durch, dann hat ein Betroffener schlechte Karten.

Was sagen die Mobber? Sie deuten das Geschehen auf eine ganz eigene Weise. Da wird etwa behauptet, dass überhaupt nichts passiert sei (»Das bildet sich der ... alles ein«) oder dass derjenige, der sich gemobbt fühlt, wohl einen psychischen Schaden hat bzw. besonders bösartig ist. Mobber interpretieren das Geschehen generell zu Lasten des Betroffenen: Das Problem sei ausschließlich aufgrund dessen Inkompetenz, Unzuverlässigkeit, Egoismus, Begriffsstutzigkeit oder anderer persönlicher Mängel zustande gekommen. Man selbst habe sich stets korrekt verhalten und sich nichts vorzuwerfen.

Ausgerechnet die Betroffenen von psychischer Gewalt reagieren regelmäßig mit Unsicherheit und großem Selbstzweifel: Was habe ich bloß falsch gemacht?

Bin ich gut genug? Es muss wohl an mir liegen. Der systematische Missbrauch des Weisungsrechts durch Vorgesetzte, indem Untergebene etwa mit unlösbaren Aufgabenstellungen beauftragt werden, deren Nichterfüllung dann zu massiver, destruktiver Kritik und Bedrohung führt, provozieren geradezu solche Selbstbeschuldigungen der Betroffenen. Denn diese wollen das Unmögliche dann doch noch irgendwie möglich machen und kreiden sich das »Versagen« selbst an. Ein Mobbingopfer wurde jahrelang an einem Fehler festgenagelt, der ihm ein einziges mal viele Jahre zuvor unterlaufen war. Solange er sich selbst für dieses Versagen schämte und die massiven Übergriffe als deswegen berechtigt erachtete, blieb er vollkommen ausgeliefert. Zumindest solange, bis er das perfide Spiel durchschaut hatte, dass mit ihm gespielt wurde. Will sich ein Mobbingbetroffener seelisch befreien, dann muss er zunächst begreifen, was mit ihm angestellt wird.

> **Hinweis: Wie einfach sich Mobbing in Abrede stellen lässt**
> - Bei uns gibt es kein Mobbing
> - Das sind alles ganz normale Konflikte
> - Das bilden Sie sich nur ein
> - Der ... (gemeint ist der Mobbingbetroffene) ist nur etwas zu empfindlich
> - Diese Behauptung ist unverschämt! Ich werde Sie deswegen zur Rechenschaft ziehen
> - Das ist normales Konkurrenzverhalten. Sie müssen eben mehr Leistung bringen
> - Lehrjahre sind keine Herrenjahre
> - Ja, so wie Sie sich verhalten haben, da müssen Sie sich nicht wundern
> - Den ... (gemeint ist der Mobber) ändern sie nicht mehr, da muss man sich ein dickes Fell wachsen lassen

Deutungsmacht zu besitzen, das bedeutet, dass die Übergriffe und Missstände, dass die Gemeinheiten und systematischen Verletzungen bei ihrem wirklichen Namen genannt werden; und dass es gelingt, einen wesentlichen Personenkreis im Arbeitsumfeld sowie Entscheidungsträger zu überzeugen, dass Mobbing oder psychische Gewalt vorliegt. Es gilt zu erreichen, dass die üblichen Relativierungen und Verharmlosungen nicht mehr überzeugen. Deswegen hat ein Mobbingbetroffener in einem Betrieb bzw. in einer Dienststelle mit einer abgeschlossenen Betriebs- bzw. Dienstvereinbarung zur Mobbingproblematik schon allein deshalb bessere Chance auf eine zufriedenstellende Lösung, weil bereits allgemein anerkannt ist, dass es Mobbing geben kann.

Es gilt also herauszufinden, welches »Spiel« tatsächlich gespielt wird. Weiter gilt es, die gewonnene Erkenntnis allgemeinverständlich und überzeugend zu kommunizieren. Wenn eine Mehrheit und/oder wichtige Entscheidungsträger diese Überzeugung teilen, dass es sich um nicht zu akzeptierende Vorfälle handelt, dann ist es nicht mehr weit zu einer zufriedenstellenden Lösung.

1.2   Verletzungsmacht

In der Phase akuten Mobbings liegt die Fähigkeit, psychisch, sozial und beruflich zu verletzen, einseitig und eindeutig auf Seiten der Mobber. Die Unterlegenheit des Opfers ist ein Bestandteil der Mobbingdefinition von *Heinz Leymann* (vgl. *Leymann* 1993). Vergrößert wird die Verletzbarkeit des Betroffenen durch die soziale Isolation am Arbeitsplatz, etwa durch pseudo-neutrale Arbeitskollegen. Die Selbstzweifel und das schwindende Selbstwertgefühl des Betroffenen tun ein Übriges.

Solange das Mobbing andauert muss es darauf ankommen, diese Verletzungsgefährdung zu minimieren – soweit es irgendwie möglich ist. Dazu kann die Mobilisierung sozialer Unterstützung ebenso gehören wie die medizinische oder sportliche Kompensation des Stresserlebens infolge von Mobbing. Auch kann eine psychotherapeutische Begleitung helfen, die Auswirkungen von psychischer Gewalt in Grenzen zu halten. Eine häufige Form, die Verletzungsmacht des Mobbers gegenüber dem Gemobbten zu beenden, besteht darin, den Mobbingbetroffenen durch eine Versetzung aus der sprichwörtlichen Schusslinie zu nehmen. Dies ist unbefriedigend, aber leider nicht selten dessen letzte Rettung.

Es gilt herauszufinden, welche Verletzungen der Mobber dem Betroffenen zufügen will und kann und welche Gegenmaßnahmen realistisch sind, um die Verletzungsmöglichkeiten des Mobbingbetroffenen einzuschränken.

1.3   Handlungsmacht

Mobbing ist ein asymmetrischer Konflikt, die Handlungsmacht ist ungleich verteilt. Bei psychischer Gewalt hat sich jemand durch perfide Manipulation und perverse Kommunikation einen Vorteil verschafft. Der Betroffene ist in der Defensive.

Das Vorgehen bei akutem Mobbing umfasst einerseits alle Anstrengungen, um den Betroffenen aus der Defensive zu bringen. Insbesondere geht es jedoch um nachhaltige Maßnahmen, welche die Handlungsmacht desjenigen einschränkt, der das Mobbing betreibt. Das Spektrum sinnvoller Maßnahmen kann sich von verbaler Gegenwehr bis hin zu juristischen Auseinandersetzungen erstrecken. Was sinnvoll ist, muss in jedem Einzelfall entschieden werden. Abschließend sei noch einmal betont: Mobbing wird in der Regel nicht freiwillig eingestellt, sei es etwa aus Mitleid, Einsicht oder Scham des Täters. Alle

Bestrebungen des Mobbingbetroffenen und seiner Unterstützer müssen letzten Endes darauf hinauslaufen, dass die durch das Mobbing angestrebten Ziele nicht erreicht werden und/oder dass der »Preis« für eine Fortsetzung des Mobbing für den Mobber zu groß wird.

Imponierender Aktionismus und vorschnelles Eingreifen helfen allerdings nicht. Eine systematische, gründliche Analyse des konkreten Mobbingfalls muss dem praktischen Vorgehen vorausgehen. Unsere Devise lautet: Erst kommt das Begreifen des Problems und erst dann das Eingreifen.

2. Die Mobbinganalyse

Eine ausführliche Mobbinganalyse ist die solide Grundlage für ein effektives und sicheres Eingreifen in einem Mobbingkonflikt. Mobbingfälle sind komplizierte soziale Geschehnisse mit den verschiedensten Beteiligten, die von jeweils unterschiedlichen Interessen und Sorgen motiviert sind. Einfache Eingriffe wie das isolierte »Machtwort« eines Vorgesetzten haben bei Mobbing selten die Wirkung, die man sich von ihnen verspricht. Jeder gescheiterte Lösungsversuch erschwert die erfolgreiche Lösung einer Mobbingsituation.

Hinweis:
Erst weitgehend begreifen, was los ist, und dann eingreifen.

Am Ende der Analyse sollte man soviel von dem vorliegenden Fall begriffen haben, dass der Berater und der Betroffene gemeinsam ein erfolgversprechendes Handlungskonzept (vgl. Kapitel F. 4.) für das anschließende praktische Vorgehen daraus ableiten können.

Unsere Mobbinganalyse umfasst neun Schritte (vgl. Abb. 26), mit deren Hilfe man sehr systematisch ein umfassendes Bild des Problems und der möglichen Richtungen bekommt, wie der konkrete Mobbingfall beendet werden könnte. Betroffenen hilft dieses Vorgehen, um sich sehr viel bewusster zu werden, in welcher Situation sie sich befinden. Dies ist nicht in dem Sinn zu verstehen, dass die Panik vergrößert wird, sondern die Klarheit und auch die Zuversicht, dass etwas getan werden kann und was getan werden sollte.

Natürlich können Sie Ihre Analyse auch mit anderen Fragen und in anderer Reihenfolge vornehmen. Wir wollen Ihnen keine Vorschriften machen. Allerdings sollten Sie die Mobbinganalyse nicht allzu oberflächlich betreiben.

Der Mobbingbetroffene und der Berater sollten die Analyse gemeinsam durchführen, wobei eine Einbeziehung des Betriebs- bzw. Personalrats und/oder des Arbeitgebers bzw. Dienststellenleiters notwendig werden kann, wenn sich aus der Analyse ergibt, dass rechtliche Schritte angebracht sind. Die insgesamt neun Analyseschritte werden in den folgenden Abschnitten erläutert.

Abb. 26: Die 3 × 3 Schritte der Mobbinganalyse

Ein klares Bild des Mobbing gewinnen

1.	2.	3.
Den Sachstand ermitteln	Das Problem einschätzen	Die Ziele bestimmen

Die Beweggründe für das Mobbing herausfinden

4.	5.	6.
In die Haut des Mobbers schlüpfen	Kosten/Nutzen-Rechnung des Mobbing	Goldene Brücken projektieren

Das betriebliche Kräftesystem ausloten

7.	8.	9.
Ohnmacht & Stärken des Betroffenen	Macht und Schwachstellen des Mobbers	Interne & externe Ressourcen

2.1 Den Sachstand ermitteln (Erster Analyseschritt)

Zunächst muss es darum gehen, möglichst viele Informationen detailliert zusammenzutragen, was in den letzten Monaten (oder gegebenenfalls Jahren) passiert ist und worauf sich aktuell die Einschätzung stützt, dass wir von Mobbing oder psychischer Gewalt sprechen dürfen.

217

2.1.1 Tiefeninterviews mit dem Betroffenen

Die erste und entscheidende Quelle für die Sachstandsermittlung (vgl. Abb. 27) ist natürlich der Betroffene selbst. Aufgrund seiner Aufgeregtheit beim Erzählen des Erlebten können dessen Darstellungen manchmal eine Herausforderung für den Zuhörer sein. Es sind ausreichend Zeit und eine geduldige Form aktiven Zuhörens erforderlich, um hier am Ende eine klar umrissene Darstellung der Sachverhalte zusammentragen zu können.

Die Schilderungen sind erwartungsgemäß emotional. Aber der Extrakt sollte eine Sachdarstellung des Geschehens sein, also insbesondere auch der tatsächlich erfolgten systematischen Schlechtbehandlungen, Übergriffe, Ausgrenzungen, Benachteiligungen und Diskriminierungen.

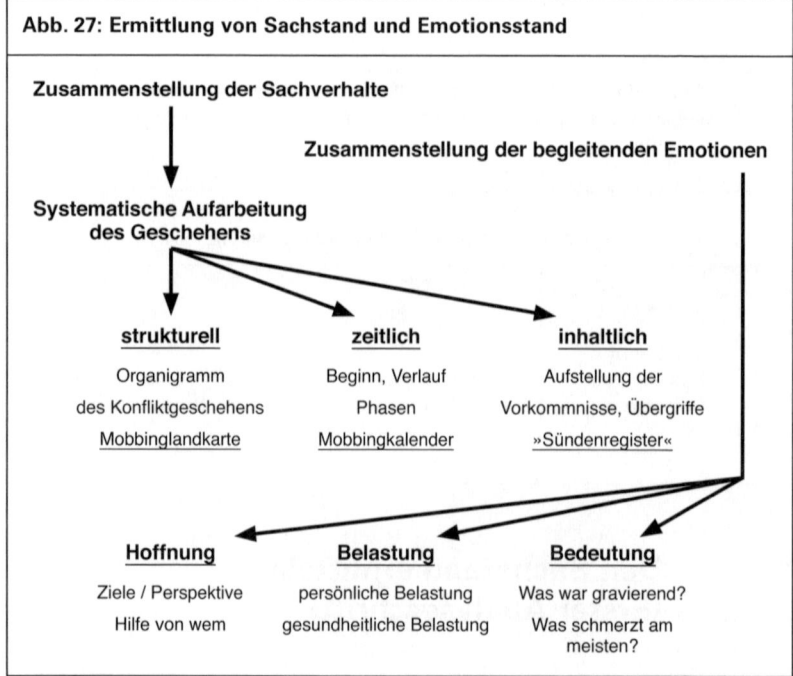

Abb. 27: Ermittlung von Sachstand und Emotionsstand

Zusammenstellung der Sachverhalte

Zusammenstellung der begleitenden Emotionen

Systematische Aufarbeitung des Geschehens

strukturell	**zeitlich**	**inhaltlich**
Organigramm	Beginn, Verlauf	Aufstellung der
des Konfliktgeschehens	Phasen	Vorkommnisse, Übergriffe
Mobbinglandkarte	Mobbingkalender	»Sündenregister«

Hoffnung	**Belastung**	**Bedeutung**
Ziele / Perspektive	persönliche Belastung	Was war gravierend?
Hilfe von wem	gesundheitliche Belastung	Was schmerzt am meisten?

Die erlittenen Übergriffe sind keineswegs nur sachliche und emotionslose Übertretungen. Im Gegenteil, es werden extreme psychische, soziale, gesundheitliche sowie berufliche Gefährdungen erzeugt und moralische Normen verletzt. Persönlichkeitsrechte werden verletzt. Auch dem sollte in den Interviews mit dem Betroffenen auf den Grund gegangen werden. Was verletzt besonders? Wovor besteht besondere Furcht? In welcher Weise werden die Persönlichkeitsrechte besonders angegriffen? Wie wird das berufliche Selbstverständnis infrage gestellt sowie die berufliche Existenz gefährdet? Welche Bedeutung misst der Betroffene einzelnen Übergriffen zu (das muss sich ja nicht mit dem decken, was der Mobbingbeauftragte für relevant erachtet)? Nicht zuletzt geht es auch um die Richtung des späteren Vorgehens: Welche Ziele strebt der Betroffene an, welche Hoffnung treibt ihn?

Zur Abrundung kann um eine Darstellung der Arbeitsumgebung, der normalen Anforderungen, aber auch der Überforderungen und der Stressfaktoren am Arbeitsplatz gebeten werden.

2.1.2 Erstmal schnell die Gegenseite befragen?

Typischerweise wird ein Mitglied der Interessenvertretung, dem ein Beschäftigter eine Beschwerde vorträgt, zum Ende des Gesprächs folgenden Satz sagen: »Du verstehst doch, dass ich bei dem Problem, das Du mir soeben geschildert hast, erst einmal die Gegenseite frage, wie diese das Problem sieht?« Und typischerweise wird der Beschäftigte dem zustimmen, sofern er sich nicht vor dem nachtragenden Verhalten seines Vorgesetzten fürchtet.

Für »normale« Konflikte ist dieses Herangehen durchaus in Ordnung. Bei tatsächlichem Mobbing und psychischer Gewalt erzeugt ein derartiges Vorgehen hingegen ein gravierendes Problem – und zwar für den Betroffenen. Der Mobber dürfte kaum zugeben, dass er Mobbing betreibt bzw. betrieben hat. Stattdessen dürfte er sein Verhalten ändern (sprich: noch subtiler und verborgener vorgehen) und seine Aktivitäten zudem massiv verstärken, weil der Mobbingbetroffene nunmehr zu einer realen Gefahr geworden ist, und binnen kurzer Zeit dem Mobbingbetroffenen einen »Gnadenstoß« versetzen.

Der Mobbingbeauftragte wollte fair und vorurteilsfrei an die Sache herangehen, aber im Ergebnis hat er seinen Schützling der psychischen Gewalt ausgeliefert. Sobald ein Berater im Erstgespräch den Eindruck gewinnt, dass es sich um Mobbing handeln kann, darf er nicht mehr naiv-neutral an das Problem herangehen. Ein groteskes Beispiel lieferte leider der Personalrat einer großen Institution. Er legte dem Arbeitgeber das detaillierte Mobbing-Tagebuch eines Mobbingbetroffenen vor und bat um Abhilfe. Der Dienststellenleiter hatte nichts anderes zu tun, als dem mobbenden Vorgesetzten dieses zuzuleiten mit dem Vermerk: »Ihnen wird anhand der beigefügten Unterlage vorgeworfen, Mobbing zu betreiben. Bitte nehmen Sie dazu bis zum ... schriftlich Stellung.« Dieser Fall endete für den Betroffenen letztlich in einer Katastrophe.

Sobald Ihre Einschätzung wächst, dass es sich tatsächlich um Mobbing handeln kann, raten wir Ihnen, in dieser frühen Phase auf eine direkte Befragung der Gegenseite zu verzichten. Machen Sie als Mobbingberater die Pferde nicht vorzeitig scheu. Die Mobbinganalyse soll dem Mobbingbetroffenen helfen, sich über seine Not, seine Bedürfnisse und Interessen bewusst zu werden. Er soll in die Lage versetzt werden, eine positive Zielrichtung zu formulieren, was er erreichen möchte und welche Arten der Schlechtbehandlung zukünftig unterblieben sollen. Das muss in Ruhe geschehen. Bei dieser Reflexion kann es ja sogar geschehen, dass man sich klar wird, dass es sich gar nicht um Mobbing handelt und für die Lösung des Problems ganz andere Wege beschritten werden müsse. Was würde geschehen, wenn man den Vorgesetzten in einer solchen Situation bereits mit einem Mobbingvorwurf konfrontiert hätte?

Das vorschnelle »erst mal die Gegenseite fragen« entspringt einer Furcht von Beratern, ungerecht zu wirken, vereinnahmt sowie später als «parteiisch« beschimpft zu werden. Wenn er vorschnell die Gegenseite befragt hat, dann gerät der Berater oft in die paradoxe Situation, dass er beide Seiten irgendwie verstehen kann und letztlich auch nicht mehr weiß, was er zur Beilegung des Konflikts beitragen könnte. Bei echtem Mobbing kommt hinzu, dass eine Seite eben ständig mit gezinkten Karten spielt. Die Gefahr ist immens, dass der Mobber seine Attacken auf eine noch subtilere Weise intensiviert, während Sie noch dabei sind, das Problem verstehen zu wollen.

Vertrauen Sie Ihrem eigenen Urteilsvermögen. Hat der Betroffene nachvollziehbar Probleme? Leidet er? Möchte er die Situation in einer Weise und mit einer Zielrichtung ändern, die berechtigt erscheint? Haben die Schilderungen des Betroffenen Hand und Fuß? Gibt es externe Fakten sowie Indizien, die dafür sprechen, dass Ihnen die Wahrheit mitgeteilt wurde? Warum reicht Ihnen das nicht? Glauben Sie, dass ein Mobber auf Nachfrage zugeben wird: »Stimmt, ich habe tatsächlich gemobbt. War nicht so toll, sehe ich ein. Gut, dass Sie mich darauf ansprechen. Mach' ich nicht mehr.«

Wichtig:
Berater verzichten während der Mobbinganalyse auf eine frühzeitige Befragung des Mobbers, weil dadurch der Betroffene unvorbereitet in eine wahrscheinliche Zuspitzung der Auseinandersetzung geraten wird.

Die Hauptsorge von Betriebs- sowie Personalräten liegt vermutlich darin, dass sie einem Aufschneider zum Opfer fallen könnten, der ihnen nur glaubhaft vorspielt, ein Mobbingopfer zu sein. Der Versuch, solchem Missbrauch zu entgehen, in dem man den potentiellen Täter möglichst schnell nach seiner Sicht der Dinge befragt, löst das Dilemma nicht. Wir appellieren deshalb, die Mobbinganalyse gemeinsam mit dem Betroffenen gründlich zu Ende zu bringen und sich damit Klarheit zu verschaffen, wo die Probleme zu liegen scheinen und was der Betroffene braucht, um gesund und motiviert schaffen zu können. Man vergibt sich nichts an vermeintlicher Fairness, wenn man die andere Seite erst später zu Wort kommen lässt.

2.1.3 Dokumentation durch den Betroffenen – Das Mobbing-Tagebuch

Im Beratungsgespräch mit dem Betroffenen werden typischerweise sehr viele Dinge angesprochen. Dabei den Überblick zu behalten, ist schwierig. Deswegen ist es ein sinnvoller Arbeitsauftrag, eine vollständige Dokumentation des bisherigen Geschehens aus der Sicht des Betroffenen erstellen zu lassen. Die Vorgänge beim Mobbing sind zu komplex, als dass man sich nur auf das Gedächtnis verlassen kann. Einen solchen Bericht zu verfassen ist für den Betroffenen zwar keine leichte, aber eine durchaus lohnenswerte Aufgabe.

Was der Lohn dafür ist? Der Mobbingbetroffene kann damit aus der defensiven Haltung heraustreten. Das Geschehen verliert seinen überwältigenden Charakter, es lässt sich systematischer anschauen. Dadurch, dass die Mobbingvorfälle gedanklich bearbeitet und gemeinsam mit dem Mobbingberater und/ oder weiteren Personen besprochen werden, kann der Mobbingbetroffene emotionalen Abstand zum Geschehen gewinnen. Die Betrachtung des Mobbinggeschehens wird versachlicht. Eine ausführliche und sachliche Dokumentation kann zudem bei einer innerbetrieblichen sowie einer eventuell nachfolgenden juristischen Aufarbeitung der Mobbingsituation helfen.

Während die Dokumentation des Erlebten einen systematischen Blick in die Vergangenheit erlaubt, dient ein Mobbing-Tagebuch dem Festhalten der aktuellen Vorfälle und Begleitumstände. Es unterscheidet sich von dem herkömmlichen Tagebuch dadurch, dass über den Inhalt auch diskutiert wird. Was im Mobbing-Tagebuch festgehalten werden sollte, zeigt die Abb. 28.

Ein Mobbing-Tagebuch ist sinnvoll, jedoch kein unbedingtes Muss. Schließlich fällt nicht jedem Mobbingbetroffenen das Schreiben leicht. Als Alternative dazu können Aufzeichnungen auch im Verlaufe des Beratungsgesprächs gefertigt werden.

Abb. 28: Leitfragen für das Mobbing-Tagebuch

1. Was ist heute wann genau wie vorgefallen?
2. Welche äußeren Bedingungen/Umstände lagen vor?
3. Wer ist direkt/indirekt gegen mich vorgegangen? Wer hat zugeschaut?
4. Was war der erkennbare Zweck oder das vermutliche Ziel der Handlung? (z. B. Verletzung meiner Selbstachtung oder meines sozialen Ansehens, destruktive Kritik, Untergraben meiner Arbeits- und/oder Leistungsfähigkeit)
5. War ein bestimmter Anlass ausschlaggebend? Ist eine besondere Ursache zu erkennen?
6. Welche Gefühle und Reaktionen wurden bei mir ausgelöst?
7. Konnte ich auf den Vorfall angemessen reagieren? Wie habe ich reagiert?
8. Wer oder was hat mich unterstützt?
9. Gab es Zeugen für den Vorfall? Gibt es weitere bzw. andere Beweise?

2.1.4 Die Mobbing-Landkarte

Eine wichtige Möglichkeit, das »Mobbingpuzzle« zusammenzusetzen, besteht in der Erstellung einer Mobbing-Landkarte (vgl. Abb. 29). Darauf werden alle Personen dargestellt, welche mit dem Mobbingbetroffenen in einem arbeitsmäßigen, organisatorischen sowie kommunikativen Zusammenhang stehen – also nicht bloß diejenigen, die etwa das Mobbing unmittelbar betreiben, sondern auch desinteressierte, neutrale und natürlich auch wohlgesonnene Personen. Womöglich gibt es weitere »Opfer«. Wenn man so will, erstellen wir ein »Organigramm des Mobbing« in dem betreffenden Arbeitsbereich. In die Mobbing-Landkarte müssen insbesondere auch die Personen in der übergeordneten Hierarchie eingetragen werden, unabhängig von ihrer bisherigen Einbeziehung oder Beteiligung. Im Einzelfall können auch externe Personen wichtig sein.

Welchen Sinn macht eine solche Landkarte? Sie verhilft zu einer realistischen Einschätzung des Kräfteverhältnisses am Arbeitsplatz. Beispielsweise unterschätzen Betroffene immer wieder die Menge an potentiellen Mitstreitern sowie heimlichen Helfern. Es kann sich deutlicher herausstellen, dass der Mobbingbetroffene gar nicht der Einzige ist, dem übel mitgespielt wird, oder dass der Mobber sehr isoliert dasteht. Die Mobbing-Landkarte kann ein Anreiz sein, die Beziehungen des Betroffenen systematisch auszubauen. Manchmal macht eine solche Darstellung deutlich, dass es einen bisher unerkannten Drahtzieher geben muss. Hilfreich ist eine Mobbing-Landkarte insbesondere dann, wenn Entscheidungsträger sowie Externe schnell und umfassend über die

Situation in Kenntnis gesetzt werden müssen. Eine optisch übersichtliche Darstellung ist hier stets viel beeindruckender als ausschweifende Ausführungen.

Abb. 29: Beispiel für eine Mobbing-Landkarte

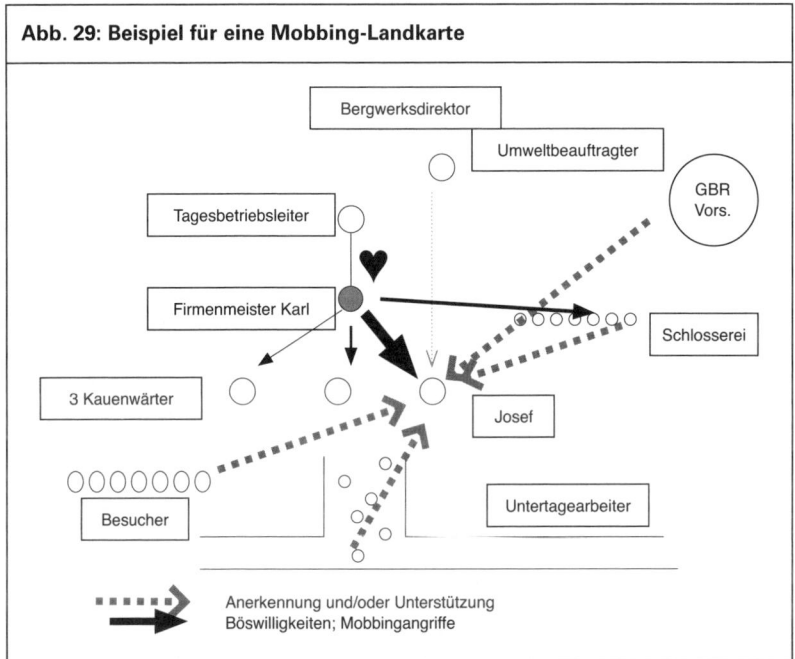

Neben den handelnden (oder abwartenden) Personen werden in der Mobbing-Landkarte die Beziehungen und deren (z. b. feindselige, freundliche) Aktivitäten untereinander durch Pfeile und Beschriftungen kenntlich gemacht. Gegebenenfalls muss auch ein Feld für ehemalige Mobbingbetroffene, welche die Abteilung schon verlassen mussten, eingerichtet werden.

2.1.5 Der Mobbing-Kalender

Der Mobbing-Kalender ist keine eigenständige Informationsquelle, sondern ein weiteres Mittel, um die bereits vorhandenen Informationen zu strukturieren und damit besser begreifen zu können. Es geht darum, einen Überblick über den zeitlichen Verlauf des Mobbing zu bekommen. Wann gab es (aus heutiger Sicht) die ersten Andeutungen von Feindseligkeit? Ab wann wurde es systematisch? In Verbindung mit dem vierten Analyseschritt kommt es hier gelegentlich

223

zu aufschlussreichen Einsichten. Banale Anlässe können sich im Nachhinein als die Auslöser von Mobbing herausstellen.

Aber auch aus dem weiteren Verlauf des Mobbing lassen sich Schlüsse ziehen. Gab es Schwankungen, grausame Höhepunkte und/oder Phasen relativer Ruhe? Standen vielleicht organisatorische oder personelle Veränderungen mit der Intensität oder der Art des Mobbing in Zusammenhang? Nicht selten wird bei einer derartigen Aufstellung deutlich, wie lange das Mobbing tatsächlich schon andauert.

2.1.6 Weitere Informationsquellen

Im Prinzip können ergänzende Informationen von allen direkt und indirekt am Geschehen Beteiligten eingeholt werden. Sie runden das Bild ab und lassen manches von dem, was der Betroffene erlebte, in anderem Licht erscheinen. Das Problem ist: Viele Arbeitskolleginnen und -kollegen erleben sich selbst als potentiell mobbinggefährdet und halten sich bedeckt oder »neutral«. Wenn der Mobbingbeauftragte Glück hat, erhält er Auskünfte hinter vorgehaltener Hand. Man sollte jedoch nicht vergessen, dass solche Aussagen immerhin die ursprünglichen Schilderungen des Betroffenen definitiv bestätigen.

> **Hinweis: Ergänzende Informationsquellen über die Mobbingvorkommnisse**
> - Eigene Beobachtungen des Beraters
> - Berichte aus dem Arbeitsbereich (z. B. Kollegen, Vorgesetzte)
> - Berichte von Außenstehenden (z. B. Betriebsarzt, Therapeut, Seelsorger, Beratungsstelle)
> - Sachliche Beweise und Indizien (z. B. E-Mails, herabsetzende Beurteilungen, schikanöse Weisungen)
> - Diejenigen, die das Mobbing betreiben sollen

Berichte von unbeteiligten Dritten (z. B. Kunden, Hausarzt) sind sehr wertvoll. Hier muss man von keiner Verstrickung und keiner Selbstschutzmentalität ausgehen. Von Vorteil ist es, wenn sich der Mobbingbeauftragte persönlich einen Eindruck verschaffen kann. Das ist manchmal schwer, wenn das Mobbing überwiegend im Verborgenen oder in Vier-Augen-Situationen durchgeführt wird. Dem kann in einem gewissen Rahmen Abhilfe verschafft werden, wenn etwa per Handynotruf ein Betriebs- bzw. Personalratsmitglied im Augenblick des Mobbingübergriffs angepiept wird und dann »zufällig« auf der Bildfläche erscheint und den Vorfall mitbekommt.

> **Hinweis:**
> Achten Sie auf eine frühzeitige Sicherung von geeigneten Beweismitteln wie ärztliche Atteste, Zeugenaussagen und dergleichen.

Hilfreich sind alle Beweise, welche die Mobbingangriffe bestätigen. Dies können schriftliche Weisungen, E-Mails, widersprüchliche Beurteilungen, Dienstpläne, zerrissene Papiere usw. sein. Die Beschaffung bzw. Sicherung solcher Beweise sollte Aufgabe des Mobbingbetroffenen sein.

2.2 Das Problem einschätzen (Zweiter Analyseschritt)

Im ersten Analyseschritt geht es um die umfassende Sammlung und Aufbereitung von Informationen. Im zweiten Schritt ist eine erste inhaltliche Beurteilung erforderlich: Ist es tatsächlich Mobbing – mit der Perspektive Arbeitsplatzverlust? Liegt psychische Gewalt vor – mit der Gefahr der psychischen Desintegration? Oder haben wir es eher mit einem Fall von Belästigung zu tun, mit einer betrieblichen »Nervensäge«, die aber nicht wirklich Schaden anrichtet, wenn man sie nur richtig zu nehmen weiß? Handelt es sich womöglich »nur« um einen ernstzunehmenden und langwierigen Konflikt, den die Beteiligten aber aufgrund ihrer Verstrickung nicht alleine bewältigen können; oder reagiert jemand komplett überempfindlich und interpretiert jede Bemerkung als beginnendes Mobbing?

2.2.1 Das Problem auf den Punkt bringen

Um diese ernsthafte Einschätzung dürfen sich die Beteiligten nicht herumdrücken. Bei Mobbingbetroffenen lässt sich oftmals beobachten, dass sie selbst davor zurückschrecken, beim richtigen Namen zu nennen, was ihnen angetan wird. Vielleicht spielt hier magisches Denken eine Rolle – nach dem Motto: Solange das erlittene Übel noch nicht mit dem Wort »Mobbing« bezeichnet wurde, ist es vielleicht auch kein Mobbing. Aber auch manche Mobbingberater zeigen eine Scheu, die ofensichtlichen Dinge beim Namen zu nennen. Es ist ja richtig, nicht vorschnell und leichtfertig zu (ver)urteilen, aber man kann es mit Neutralitätsgehabe auch übertreiben. Diese Absicherungshaltung führt manchmal zu absurden Versuchen, erst unendliche viele Informationen zu sammeln, danach unterschiedlichste Fachmeinungen einzuholen, die Meinung von Arbeitskollegen und auch dem Mobber abzufragen, um sich letztendlich doch auf keine verbindliche Einschätzung festzulegen.

Abb. 30: Einschätzung: Ist es Mobbing – oder was?

1. Feststellen, ob detaillierte und **glaubwürdige Informationen**, Schilderungen, Belege, Bestätigungen, eigene Beobachtungen vorliegen, die ein inhaltliches Urteil gestatten.
2. Feststellen, welches Maße der sozialen, beruflichen, gesundheitlichen sowie psychischen **Beeinträchtigung** besteht oder droht. Besteht die **Schutzbedürftigkeit** eines Beteiligten?
3. Einschätzen, welcher Definition das Geschehen am ehesten entspricht:

   ○ **Falscher Alarm**   ○ **Machtmissbrauch**   ○ **Körperliche Gewalt, Bedrohung**

   ○ **Einfacher Konflikt** (evtl. überbewertet)   ○ **Schwerwiegender, aber offener Konflikt**   ○ **Extremer Konflikt (unterschwellig, bösartig)**

   ○ **Konflikt mit Mobbingrisiko**   ○ **Mobbing im Anfangsstadium**   ○ **Mobbing**

   ○ **Belästigung, sexuelle Belästigung**   ○ **Diskriminierung**   ○ **Psychische Gewalt**

   ○ **Etwas anderes:** ...

Hinweis: Fundstellen der Definitionen im Text
- Mobbing (Kap. A. 1. und A. 2.; Abb. 1) sowie Bossing (Kap. A. 4.4)
- Konflikt (Kap. A. 3., Abb. 9)
- psychische Gewalt (Kap. A. 5.2; Abb. 14) sowie Gewalt (Kap. A. 5.1)
- Belästigung; Diskriminierung; sexuelle Belästigung (Kap. E.)

Der Mobbingbeauftragte und der Betroffene müssen das Geschehen ernsthaft bewerten und zu einer Einschätzung kommen: Belästigung, Konflikt, psychische Gewalt, Stressfolgen, Mobbing – oder eben nichts davon. Warum? Erstens, weil sich, je nachdem, vollständig unterschiedliche Bedrohungen sowie Chancen für den Betroffenen ergeben. Zweitens, weil sich, je nachdem, sehr unterschiedliche Herangehensweisen empfehlen bzw. kontraproduktiv sein können (s. a. Abb. 30).

2.2.2   Das Problem gegen den Strich bürsten

Manchmal besteht eine Unsicherheit darüber, welche Art von »Spiel« betrieben wird. Oft tappt man beispielsweise im Dunkeln darüber, was die Motive und Hintergründe von Mobbing angeht. Aber die Taten sprechen dann bei einem genaueren Hinsehen doch eine eindeutige Sprache. Es kann aber auch sein, dass die Verhältnisse für jedermann – Beteiligte wie Beobachter – zweideutig, widersprüchlich und undurchsichtig sind.

In solch einer Situation kann es hilfreich sein, wie die Kriminalisten im Tatort die Fakten aus ganz unterschiedlichen Richtungen anzuschauen und Spekulationen nach dem Motto: »Was wäre wenn …?« anzustellen Es geht sozusagen darum, das bisherige Wissen gegen den Strich zu bürsten (vgl. Abb. 31).

Abb. 31: Paradoxe Fragen

- Welche Art von Übergriffen/Angriffen wurde definitiv nicht eingesetzt? Was waren die Gründe dafür (z. B. Fairness, Furcht, mangelnde Intelligenz)?
- Standen die heutigen Gegner früher oder zwischenzeitlich in einer positiven Beziehung?
- Wären die Auseinandersetzungen plausibler, wenn man sich vorstellt, dass bei einigen Beteiligten noch »alte Rechnungen« offen sind, die hier insgeheim noch beglichen werden sollen?
- Welche problematischen »Kleinigkeiten« aus der Anfangszeit der Auseinandersetzung können aus heutiger Sicht der Stein des Anstoßes gewesen sein?
- Werden die Übergriffe/Angriffe auf eigene Rechnung oder möglicherweise für einen Dritten durchgeführt? Wer eventuell ist die graue Eminenz bzw. der Drahtzieher?
- Könnten Motive wie Neid, Eifersucht und Ansehensverlust die entscheidende Rolle spielen?
- Fehlt dem Team ein »äußerer Feind« oder ein größeres Problem oder eine größere Herausforderung?
- Ist den Beteiligten überhaupt klar, um welche konkreten Streitpunkte es geht? Was könnten die sinnvollen Sachthemen sein, über die sich die Beteiligten richtig streiten könnten?
- Werden kriminelle Aktivitäten (z. B. Betrug, Bestechung, Vorteilsnahme) verdeckt?
- Wie schlimm würde es (in der Phantasie der Beteiligten) sein, wenn das Problem gelöst wäre?

Beispiel:

In einem Mobbingfall blieb zunächst unbegreiflich, warum der Mitarbeiter Müller immer wieder mit vehementer Wut auf den Leiter der Betriebsfeuerwehr losging und ihm das Leben schwer machte. Es war kein persönliches Motiv zu erkennen. Müller meinte lediglich, dass er den Leiter nicht leiden könne, weil dieser so autoritär sei. Das erklärte aber keineswegs die Heftigkeit der Angriffe und ebenso wenig die Tatsache, dass Müller selbst über Magengeschwüre klagte, die er aufgrund der Auseinandersetzungen hätte. Schließlich fiel einem Betriebsratsmitglied auf, dass die Wutausbrüche immer nur dann auftraten, wenn Herr Müller mit Herrn Schneider gemeinsam Dienst hatte. Diese zunächst nebensächliche Beobachtung war schließlich der Schlüssel zum Verständnis des Mobbingproblems. Es stellte sich heraus, dass Herr Schneider der eigentliche Betreiber des Mobbing war. Dieser hatte sich ebenfalls auf die Leitungsstelle

227

beworben, war jedoch nicht berücksichtigt worden. Schneider schob rachsüchtig den cholerischen Müller vor, um dem Leiter der Betriebsfeuerwehr das Leben schwer zu machen.

2.3 Die Ziele bestimmen (Dritter Analyseschritt)

Worauf genau sollen all die Anstrengungen hinauslaufen? Dies ist keine triviale Frage. Denn wenn die akut Betroffen von Mobbing und psychischer Gewalt in die Beratung kommen, wollen sie zumeist nur eines:»Es soll aufhören!« Wenn Sie wieder beginnen, Pläne zu machen, dann wünschen sie sich meistens:»Ich will nur ganz in Ruhe arbeiten dürfen.«

Solche Wünsche sind menschlich gesehen mehr als verständlich. Sobald es aber darum geht, betriebliche Entscheidungsträger wie den Vorgesetzten, die Personalabteilung oder gar die Geschäftsführung zu überzeugen, müssen die Ziele (Forderungen) deutlicher formuliert werden.

In der Abb. 32 finden sich Vorschläge für die großen Zielrichtungen. Es geht aber ebenso um das »Kleingedruckte«. Die Leitfrage sollte lauten: Wie müsste zukünftig der Umgang miteinander, die Kommunikation untereinander und das Zusammenarbeiten sowohl in guten als auch in stressigen Zeiten organisiert sein, damit die Zusammenarbeit den Standards (d. h. miteinander Umgehen nach Recht und Gesetz, Schutz der Persönlichkeitsrechte) genügt? Was müsste definitiv unterlassen werden, damit es nicht wieder zu Mobbing, Diskriminierung oder anderen Formen der psychischen Gewalt kommt?

Die Erwartungen des Betroffenen bezüglich der zukünftigen Gestaltung der Kommunikation und der Arbeitsgestaltung sollten klar und unmissverständlich zum Ausdruck gebracht werden.

Beispiel:
»Ich möchte fachlich angemessene Antworten, wenn ich eine fachliche Frage stelle. Nur auf diese Weise kann ich sachgerecht eingearbeitet werden. Ich möchte, dass auch mir Kaffee mitgebracht wird, wenn das für alle anderen erfolgt. Ich möchte kritische Anmerkungen zu meiner Arbeit direkt hören, anstatt dass sie hinter meinem Rücken geäußert werden. Ich bin offen für Kritik, denn ich möchte Fehler vermeiden. Aber ich bitte mir aus, dass Kritik sachlich und ohne Beleidigungen mit Worten oder Mimik vorgetragen wird. Ich möchte auch die Gelegenheit bekommen, meinen Obolus einzubringen, wenn für ein Geburtstagsgeschenk gesammelt wird.«

Pauschale Appelle wie etwa »Hört doch endlich auf mit dem Quatsch!« geben dem Mobber keine ausreichend klare Richtung vor. Was denn Quatsch ist und wo er aufhört, bleibt ihm überlassen.

Abb. 32: Zielrichtungen bei Mobbing und psychischer Gewalt

Verwandlung in einen sachlich lösbaren Konflikt, z. B. durch
- Erzwingen eines offiziellen Schlichtungsverfahrens
- Umwandlung des personenbezogenen Mobbing in einen Sachkonflikt
- Festlegung auf soziale und berufliche Standards im gegenseitigen Umgang

Wirkungsvolle persönliche Gegenwehr, z. B. durch
- Veränderung des Kräfteverhältnisses
- »Immunisierung« des Betroffenen gegen die Angriffe
- Den Mobber mit seinen eigenen Mitteln schlagen, seine »Leichen im Keller« finden

Erfolgreiche Unterdrückung weiterer Mobbingangriffe, z. B. durch
- einhellige Missbilligung von Mobbing, offene Solidarisierung mit dem Betroffenen
- betriebliche Öffentlichkeitsarbeit (z. B. Bloßstellen der Mobbingangriffe)
- Abmahnung des Mobbers durch den Arbeitgeber

Wiederherstellung des guten Rufs, z. B. durch
- eine Ehrenerklärung des Arbeitgebers
- Wiedereinsetzung in alte Rechte

Wiedergutmachung erlittener beruflicher Nachteile, z. B. durch
- Einsatz in dem bisherigen Bereich
- Ausgleich von finanziellen Nachteilen
- Angebot einer beruflichen Qualifizierung

Geordneter eigener Rückzug (bei einer großen Verletzungsmacht des Mobbers), **z. B. durch**
- eigene Versetzung in einen unproblematischen Arbeitsbereich
- Ausspruch einer Kündigung
- Auflösung des Arbeitsvertrags

Trennung der Konfliktparteien, z. B. durch
- Veränderung der Arbeitsorganisation oder der Anwesenheitszeiten
- Versetzung der Konfliktparteien

Sanktionierung des Mobbers, z. B. durch
- eine Abmahnung oder Versetzung des Mobbers
- soziale Verurteilung des Mobbers im Betrieb bzw. in der Dienststelle

---

Wichtig:
Den Mobbern gegenüber sollte klar formuliert werden, welches Verhalten zukünftig erwartet wird und welche negativen Verhaltensweisen zu unterlassen sind. Diese Forderungen sollten so formuliert werden, dass insbesondere unbeteiligte Dritte sagen müssten: Ja, das ist doch normal, dass man so arbeiten möchte. Ja, das sind ganz berechtigte Erwartungen.

229

Es hat einen doppelten Vorteil, wenn der Mobbingbetroffene seine Erwartungen als positive Forderungen formuliert. Erstens zeigt es, dass er an Klarheit und Sicherheit gewonnen hat. Zweitens bringt eine klare verbale Vorgabe den Mobber eher in den Zugzwang, inhaltlich erklären zu müssen, wieso er zur Erfüllung dieser Forderungen nach einem fairen Umgang nicht bereit ist. Dies gilt insbesondere, wenn das Mobbingproblem offiziell etwa mit dem Vorgesetzten oder am offiziellen runden Tisch diskutiert wird.

Nach unseren Erfahrungen fällt Betroffenen diese Art von detailgenauer Zielbestimmung nicht leicht. Manche wollen sich mit unbestimmten Formulierungen, wie »in Ruhe meine Arbeit machen« oder »es soll aufhören« zufriedengeben. Der Mobbingbeauftragte muss hier Überzeugungsarbeit leisten, weil damit die Überzeugungskraft gegenüber neutralen Außenstehenden zunimmt.

2.4 In die Haut des Mobbers schlüpfen (Vierter Analyseschritt)

Die zentrale Frage beim vierten Analyseschritt lautet: Warum mobben die Mobber überhaupt und warum tun sie es mit der bisher gezeigten Ausdauer? – wobei das Wort »Mobbing« hier stellvertretend für psychische Gewalt oder Diskriminierung usw. stehen kann, ebenso wie für die große Hartnäckigkeit oder Militanz in einem eskalierten Konflikt. Was treibt den oder die Mobber an?

Wichtige Fragestellung:
Warum betreiben die Mobber das Mobbing, anstatt ihre legitimen Interessen auf zivile Weise zu verwirklichen?

Die Antworten, die man gewinnt, sind in zweierlei Hinsicht wichtig:

Erstens quält es viele Betroffene von Mobbing bzw. psychischer Gewalt, dass sie nur schwer verstehen, warum sie überhaupt angegriffen werden. Sie suchen mehrheitlich in irgendeiner Weise die Schuld bei sich selbst und fragen sich unentwegt: Was habe ich bloß (falsch) gemacht? Warum ich? Ich habe mir doch soviel Mühe gegeben, was hätte ich bloß noch tun sollen? In diesem Selbstzweifel werden sie von den Mobbern selbstredend gern bestärkt. Je mehr der Betroffene aber die »Logik« von Mobbing verstehen lernt, im Prinzip und in im konkreten Fall, umso mehr seelischen Abstand kann er gewinnen. Mit Erstaunen stellen Betroffene fest, wie weit die Mobber von persönlicher Stärke entfernt sind, von welchen Ängsten und welchem Kleinmut sie angetrieben werden. Viele Betroffene erleben es schließlich als eine seelische Befreiung, wenn ihnen diese toxische Mischung aus Erbärmlichkeit, Niedertracht und Machtinstinkt bei den Tätern in aller Deutlichkeit bewusst wird. Und damit zerreißt das Gefühl der eigenen Ohnmacht und Unterlegenheit.

Zweitens liefern sie Aufschluss über mögliche Schwachstellen, Fehler, Ängste und Sorgen, Inkompetenzen, Überforderungen, Zwänge, Leichen im Keller sowie Hoffnungen und Ziele des Mobbers. Mobber handeln zwar nach außen aggressiv und wirken überlegen, aber nicht selten sind sie innerlich schwach und ihre Beweggründe sind defensiv. Bei jeder Form von zwischenmenschlicher Auseinandersetzung ist es von Vorteil, seinen Gegner möglichst genau zu kennen. Mobbing macht da keine Ausnahme. Vergessen wir nicht: Mobbing ist keine sehr souveräne Art, sein Leben zu meistern und sich im Arbeitsleben einen angemessenen Platz zu erobern. Kompetenz sowie Menschenkenntnis wären besser. Wenn wir genau hinschauen, offenbart uns ein Mensch, der Mobbing betreiben muss, sehr viel über seine Schwächen. Wenn das Überwinden von Mobbing insbesondere auch eine Frage der Macht ist, den Mobber am Weitermachen zu hindern, dann wird die Kenntnis seiner Schwächen ein wichtiges Instrument sein. Das kann in Form von Konfrontation geschehen, aber auch in Form einer einvernehmlichen Lösung, zu welcher der Mobber nicht mehr nein sagen kann. Das könnte zum Beispiel der Fall sein, wenn man ihm Gelegenheit gibt, sein »Gesicht« nicht zu verlieren.

> **Wichtig:**
> Ein Mensch, der Mobbing betreiben muss, offenbart eine Menge über eigene Schwächen und Ängste.

Wie bekommen wir heraus, was den Mobber im Innersten antreibt? Wenige werden öffentlich zugeben: »Ich mobbe gern und ich weiß keine bessere Methode, um mein eigenes Fell zu retten.« Man bekommt es eher indirekt heraus als direkt. Wir verweisen zunächst auf unsere Ausführungen zu den persönlichen Motiven der Mobber in Kap. A. 4. Wenn man diese Erläuterungen liest und sich gleichzeitig einen konkret vorliegenden Fall vor Augen führt, sollten einige Assoziationen entstehen: Es muss Gründe dafür geben, warum gemobbt wird und keine anderen Mittel der Interessenwahrung benutzt werden: Der Mobber muss sich beeinträchtigt fühlen. Diese Beeinträchtigung kann aus der Vergangenheit herrühren (z. B. Rache, offene Rechnung). Sie kann in der Gegenwart liegen, aber auch in die Zukunft projiziert sein (z. B. Angst vor zukünftigen Nachteilen, vor Konkurrenz, vor Aufdeckung). Dem Mobber scheint ein fairer Interessenausgleich verbaut oder zu riskant. Seine Eigeninteressen sind größer als seine moralischen Bedenken und er hofft, dass die

Probleme mit der erfolgreichen Ausgrenzung der gemobbten Person verschwinden werden. In die Haut des Mobbers zu schlüpfen bedeutet keineswegs, dass wir ein therapeutisches Mitgefühl entwickeln sollen, alles zu verstehen und damit zu rechtfertigen.

> **Wichtig:**
> Sich in den Mobber einfühlen heißt nicht, sein Verhalten zu billigen und mit ihm übereinzustimmen.

Die Mobbermotive lassen sich oft aus den Worten, Behauptungen und Handlungen der Mobber erschließen. Oft genug attackieren Mobber ihre Opfer genau mit den Unterstellungen, bei denen sie selber Dreck am Stecken haben. Wer überall Lügen und Betrug wittert, der kennt sich möglicherweise selbst gut damit aus. Wer anderen überall Fehler nachzuweisen versucht, der ist häufig diesbezüglich selbst nicht gut aufgestellt, es sei denn, er ist Perfektionist. Auch über diesen indirekten Weg lässt sich überraschend gut erschließen, ob die urtümliche Triebkraft des Mobbers etwa aus Eitelkeit, Angst vor Versagen oder Minderwertigkeitsgefühlen herrührt.

2.5 Kosten-/Nutzen-Rechnung des Mobbing (Fünfter Analyseschritt)

Im Folgenden geht es um die Ökonomie des Mobbing bzw. der psychischen Gewalt. Es ist ja nicht so, dass sich ein Mobber bewusst mit der Alternative auseinandersetzt: »Soll ich jetzt mobben oder nicht, wobei kommt mehr heraus?« Aus einem emotionalen Impuls heraus (oder aus Gewohnheit) hat er sich für das Mobben entschieden – und er bleibt dabei. Über Alternativen braucht er nicht nachzudenken, solange sein Mobbing »erfolgreich« in die für ihn richtige Richtung geht.

Es lohnt sich, die Gründe und Vorteile zusammenzutragen, warum sich das Mobbing aus Sicht eines Mobbers gut »rechnet«. Es liegt nahe, in diese Rechnung auch die großen, objektiven Schäden, die in einer Abteilung (in der gemobbt wird) einbeziehen – also die Nebenfolgen des Mobbing, wie etwa Resourcenverschwendung für Manipulationen, Ausfallzeiten wegen Krankheit, erniedrigte Produktivität usw. So merkwürdig das für Außenstehende auch erscheinen mag, in der inneren Kosten/Nutzen-Rechnung des Mobbers sind das keine relevanten Posten.

Was haben wir davon, wenn wir die Rechnung erstellt haben? Der Weg der Konfrontation wird uns Überlegungen abverlangen, wie sich die Kosten für das

Mobbing so erhöhen lassen, so dass sich für den Mobber das Weitermachen nicht lohnt (vgl. Abb. 34).

Wenn die Hoffnung auf eine gemeinsame Lösung noch nicht erloschen ist, gibt es ein weiteres Verfahren. Es beginnt damit, dass wir uns ernsthaft fragen: Was hätte der Mobber eigentlich davon, wenn er mit dem Mobbing freiwillig aufhören würde? Was wäre, wenn sich der Mobber den Erwartungen des Betroffenen fügen und dementsprechend das Mobbing bedingungslos und vollständig einstellen würde? Sie können diesen Gedanken entsprechend der Vorlage in der Abb. 33 für Ihren konkreten Fall durchspielen.

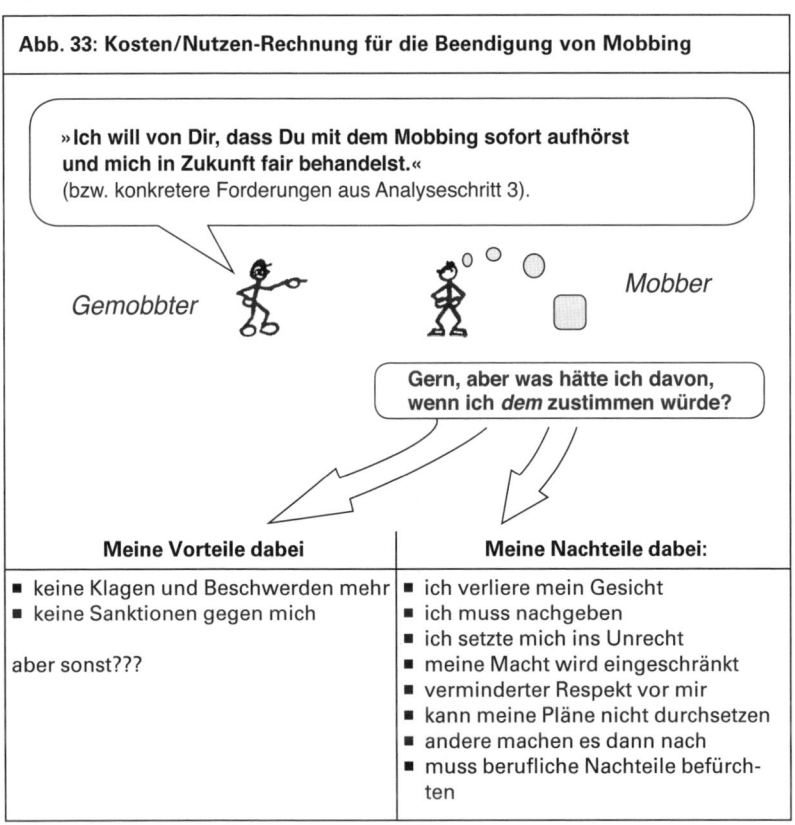

Abb. 33: Kosten/Nutzen-Rechnung für die Beendigung von Mobbing

»Ich will von Dir, dass Du mit dem Mobbing sofort aufhörst und mich in Zukunft fair behandelst.«
(bzw. konkretere Forderungen aus Analyseschritt 3).

Gemobbter

Mobber

Gern, aber was hätte ich davon, wenn ich *dem* zustimmen würde?

Meine Vorteile dabei	Meine Nachteile dabei:
■ keine Klagen und Beschwerden mehr ■ keine Sanktionen gegen mich aber sonst???	■ ich verliere mein Gesicht ■ ich muss nachgeben ■ ich setzte mich ins Unrecht ■ meine Macht wird eingeschränkt ■ verminderter Respekt vor mir ■ kann meine Pläne nicht durchsetzen ■ andere machen es dann nach ■ muss berufliche Nachteile befürchten

---

Abb. 34: Gegenmaßnahmen, damit sich Mobbing nicht mehr »rechnet«

- Erfolgreiche Gegenwehr des Mobbingbetroffenen
- Mobbinghandlungen zeigen keine Wirkung mehr
- Mobbing wird öffentlich missbilligt, die öffentliche Meinung wendet sich gegen den Mobber
- Glaubhafte Sanktionen werden angekündigt bzw. durchgesetzt
- Berufliche Anerkennung, soziale Akzeptanz und Wirkungsmacht der Mobbers sinken
- Empfindliche (Arbeits-)Rechtliche Konsequenzen drohen
- Gegen-Mobbing (problematisch)

Typischerweise überwiegen aus der Sicht des Mobbers die Nachteile. Das gilt sowohl für die Menge an Vor- bzw. Nachteilen als auch für die Wichtigkeit der Punkte. Im ersten Durchgang muss man oft eine ernüchternde Bilanz ziehen: Es gibt für Mobber wenig Gründe, freiwillig aufzuhören. Allerdings gibt es eine Hintertür, die wir im sechsten Analyseschritt öffnen.

2.6   Goldene Brücken bauen (Sechster Analyseschritt)

Im sechsten Schritt geht es um einen Test. Wir testen, ob eine einvernehmliche Lösung überhaupt realistisch ist. Wir gehen von der obigen Kosten/Nutzen-Rechnung aus, die wir so realitätsnah wie möglich erstellt haben (vgl. Abb. 33, S. 233). Sehr wahrscheinlich gibt es aus der Sicht des Mobbers wesentlich mehr Nachteile als Vorteile. Daher überlegen wir, wie eine Kosten/Nutzen-Rechnung aussehen muss, die es dem Mobber ermöglicht, von dem Mobbing abzulassen (vgl. Abb. 35, S. 235).

Ist es möglich, einige der aus Sicht des Mobbers bestehenden Nachteile abzuschwächen oder nicht eintreten zu lassen? Können wir ihm zusätzliche Vorteile in Aussicht stellen, sofern er bereit ist, sich auf eine einvernehmliche, nachhaltige Einigung einzulassen? Bei diesen Zugeständnissen dürfen natürlich weder ethische noch gesetzliche Normen verletzt werden. Stellt man es geschickt an, dann kann man zuerst ein glaubwürdiges Druckpotential aufbauen (vgl. Abb. 34). Das Angebot an den Mobber besteht darin, von der Umsetzung der drohenden Sanktionen abzusehen.

Es geht darum, Vorteile zusammenzutragen, die es dem Mobber erleichtern können, von Mobbing abzulassen – und nicht um »objektive« Vorteile.

Abb. 35: Goldene Brücke

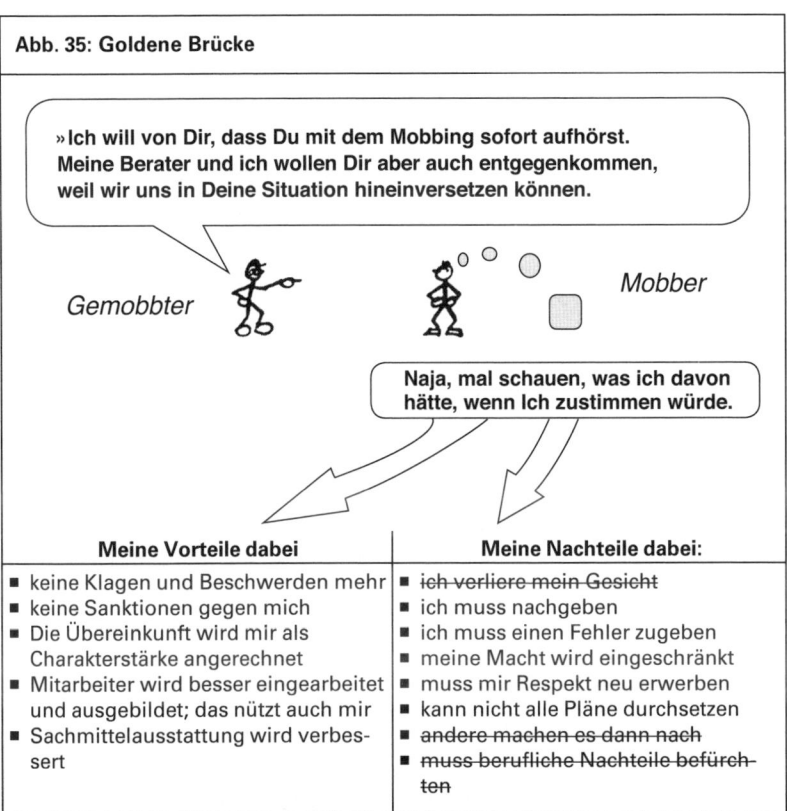

»Ich will von Dir, dass Du mit dem Mobbing sofort aufhörst.
Meine Berater und ich wollen Dir aber auch entgegenkommen,
weil wir uns in Deine Situation hineinversetzen können.

Gemobbter

Mobber

Naja, mal schauen, was ich davon
hätte, wenn Ich zustimmen würde.

Meine Vorteile dabei	Meine Nachteile dabei:
■ keine Klagen und Beschwerden mehr	■ ~~ich verliere mein Gesicht~~
■ keine Sanktionen gegen mich	■ ich muss nachgeben
■ Die Übereinkunft wird mir als Charakterstärke angerechnet	■ ich muss einen Fehler zugeben
■ Mitarbeiter wird besser eingearbeitet und ausgebildet; das nützt auch mir	■ meine Macht wird eingeschränkt
■ Sachmittelausstattung wird verbessert	■ muss mir Respekt neu erwerben
	■ kann nicht alle Pläne durchsetzen
	■ ~~andere machen es dann nach~~
	■ ~~muss berufliche Nachteile befürchten~~

Dieser Unterschied sollte berücksichtigt werden. Zu beachten ist zudem, dass wir uns immer noch in der Mobbinganalyse befinden, d. h. wir verhandeln noch nicht, sondern wir betreiben ein gedankliches Sandkastenspiel für die in Kürze stattfindenden Gespräche mit dem Mobber. Wenn wir bei diesen Überlegungen zu der Überzeugung gelangen, dass es für den Mobber subjektiv (aus seiner Sicht) keinerlei Vorteile bringt, wenn er mit dem Mobben aufhört, dann wird der Weg aus dem Mobbing wahrscheinlich über Konfrontation gehen müssen.

Den fünften und den sechsten Analyseschritt brauchen wir bei Fällen von psychischer Gewalt nicht. Bei purer psychischer Gewalt ist die perverse Kommunikation ja Selbstzweck. Der Täter will Macht und Abhängigkeit zu spüren, Verletzlichkeit und Desorientierung erzeugen, um genau dies zu genießen. Das intensive Einfühlen in die Motivlage des Mobbers, um ihm lösungssuchend entgegenzukommen, würde dem Täter nur für weitergehende Manipulationen in die Hände spielen.

2.7 Ohnmacht und Stärken des Betroffenen (Siebter Analyseschritt)

Mobbing ist gemein – es kann auch den Stärksten treffen, denn es trifft ihn an seiner schwächsten Stelle. Ein Mobbingbetroffener fühlt sich typischerweise den Angriffen zunächst ohnmächtig ausgeliefert. Aber diese Ohnmacht wird nicht durch die wirkliche Macht oder Überlegenheit des Mobbers erzeugt, sondern sie entsteht im Kopf des Betroffenen.

Der siebte Analyseschritt verlangt Fingerspitzengefühl im Umgang mit dem Ratsuchenden. Einerseits neigen Mobbingbetroffene sehr schnell dazu, sich selbst zu beschuldigen und die Schuld bei sich zu suchen. Und es ist wichtig, ihnen zu helfen, diese zerstörerischen Selbstbezichtigungen abzustellen. Andererseits reagieren sie sehr empfindlich auf mögliche Vorhaltungen und Hinweise auf Versäumnisse. Im Psycho-Jargon wird gerne von den »eigenen Anteilen« gesprochen, mit denen man selbst zu den zwischenmenschlichen Schwierigkeiten beigetragen hat, unter denen man leidet. Für diejenigen, die durch Mobbing, insbesondere aber durch psychischen Gewalt betroffen sind, hört sich der Begriff »eigener Anteil« immer wie eine verdeckte Schuldzuschreibung an.

2.7.1 Wie kommen Ohnmacht und Schwachstellen zustande?

Wenn Vertrauen zwischen dem Betroffenem und dem Mobbingbeauftragten besteht, dann ist es jetzt an der Zeit, auch einen genaueren Blick auf selbstverschuldete Fehler und/oder Versäumnisse zu werfen, ebenso auf unverschuldete Schwachstellen des Mobbingbetroffenen. Das darf nicht zu Kommentaren und Ratschlägen der Art führen: »Sei doch nicht so empfindlich!« oder »Warum hast du nicht dies und das getan?« So etwas hat der Mobbingbetroffene wahrscheinlich schon öfter gehört. Geholfen hat es nicht, solidarisch war es auch nicht.

Das muss gemeinsame Arbeit sein. Sie kann dadurch unterstützt werden, dass sich der Betroffene auch an einer anderen, vertrauten Stelle (z. B. Partner, Therapeut, Selbsthilfegruppe) damit auseinandersetzt und die Ergebnisse der dortigen Überlegungen in die Mobbinganalyse mit einbringt.

»Ohnmacht« ist nicht einfach etwas, das einem durch die dominanten Handlungen anderer aufgezwungen wird, sondern auch eine psychologische Bereitschaft, ein Gefühl, das sich entwickelt hat. Das Ohnmachtsgefühl eines Mobbingbetroffenen kann die direkte Folge der scheinbar unumschränkten Macht eines Geschäftsführers oder des Machtmissbrauchs eines Vorgesetzten sein. Aber kein Mensch hat real unumschränkte Macht. Kann es sich nicht auch umgekehrt verhalten? Weil sich der Mobbingbetroffene unsicher gefühlt und entsprechend verhalten hat, wuchs dem Mobber seine Macht überhaupt erst zu. Diesen Gedanken zu akzeptieren fällt vielen Mobbingbetroffenen schwer. Manche sehen lieber ausschließlich Übergriffe und Machtmissbrauch.

Wichtig:
Mobbingbetroffene sollten sich ihrer Schwachstellen bewusst werden und sie dem Zugriff des Mobbers entziehen. Das Ausnutzen der Schwachstellen des Betroffenen ist der einzige machtvolle Hebel, über den der Mobber seine psychologische Verletzungsmacht ausüben kann.

Der ökonomischen und juristischen Macht der Arbeitgeberseite sind alle Beschäftigten ausgesetzt. Soziale und fachliche Macht lassen sich aushandeln und diskutieren. Aber bei Mobbing und insbesondere bei psychischer Gewalt spielt der psychologische Aspekt von Macht/Ohnmacht die entscheidende Rolle. Die Macht eines Mobbers über den Mobbingbetroffenen kommt auch deswegen zustande, weil sich der Betroffene selbst in einem gewissen Maß »angriffswürdig« fühlt. Jeder Mensch hat Elemente in seiner Biografie, in seinem Charakter, in seiner Arbeitsleistung usw., die nicht perfekt, nicht optimal und/oder nicht sozialverträglich sind. Sobald der Mobber ein solches Element herausfindet und dann gezielt oder intuitiv gegen den Betroffenen zur Anwendung bringt, »spielt« der Betroffene freiwillig-unfreiwillig mit. Wir haben dieses fatale Phänomen »inneres Einverständnis« genannt (vgl. Abb. 36).

Beispiel:
Eine junge Führungskraft aus Brandenburg wird für drei Monate einer Ausbilderin am Standort Düsseldorf unterstellt. Die dortige Führungskraft macht regelmäßig abfällige Bemerkungen über »Ossis« und erschwert der neuen Kraft die Einarbeitung in jeder Hinsicht. Mit lapidaren Bemerkungen, etwa wie man die Uhrzeiten in richtigem Deutsch sagen müsse (z. B. »Viertel vor Eins« statt »Dreiviertel Eins«) wird der Neuen täglich Unfähigkeit und Provinzialität bescheinigt. Obwohl sie sich fachlich so schnell eingearbeitet hat, dass sie die Aufgaben allein meistern kann, als ihre Ausbilderin in Urlaub ist, bleibt sie verunsichert. Sie ist sich nicht sicher, ob sie es mit ihrem »Ossi«-Migrationshintergrund mit den Menschen im mondänen Düsseldorf wohl jemals aufnehmen kann.

Es ist ausgesprochen befreiend, wenn es dem Mobbingbetroffenen gelingt, sein persönliches inneres Einverständnis zu erkennen und sodann einen emotionalen Abstand dazu zu gewinnen. Das Motto muss lauten: Auch wenn ich Fehler habe oder Fehler mache, so rechtfertigt das in keine Weise Mobbing, psychische Gewalt, Herabsetzungen, Beleidigungen sowie Diskriminierungen. Dieser innere Abstand macht die Angriffe nicht automatisch friedlicher, aber er hilft dem Betroffenen aus dem Gefühl von Unterlegenheit, Minderwertigkeit und Defensive heraus.

Abb. 36: »Inneres Einverständnis«

Bei wirksamen Mobbinghandlungen schwingt auch in den Betroffenen eine Saite mit. Sie zeigen sich verletzlich, weil der Mobbingangriff in irgendeiner Weise auf ihre eigene Unsicherheit, Selbstzweifel oder Unzufriedenheit mit sich selbst trifft. Sie sagen sich: »Ja, ich muss insgeheim zugeben, dass ich nicht perfekt gehandelt habe, nicht alles wusste, etwas nicht gleich begriffen habe.« Und dieses winzige innere »Ja, da ist etwas dran« untergräbt bei den Betroffenen die Gewissheit der Berechtigung, sich mit aller Macht gegen die Boshaftigkeit, Verlogenheit und Grausamkeit des Mobbingangriffs zu Wehr zu setzen. Dies ist das innere Einverständnis.

Verbale Zurechtweisung und böse Kritik treffen denjenigen in einer besonderen Weise, der perfekt sein möchte. Systematische Überforderungen mit unlösbaren Aufgaben treffen denjenigen besonders, der ehrgeizig und auf seine Handlungskompetenz stolz ist. Organisierte Ausgrenzung trifft den geselligen Menschen besonders, der dann glaubt, dass er sich irgendwie falsch verhalten haben muss.

Ein Mobber braucht die Funktionsweise des Inneren Einverständnisses nicht zu verstehen, um es nutzen zu können. Er muss nur austesten, welche seiner Angriffe wirkungsvoll sind.

Wichtiges Motto zur Stärkung:
Auch wenn ich Fehler habe oder Fehler mache, rechtfertigt das in keine Weise Mobbing, psychische Gewalt, Herabsetzungen, Beleidigungen sowie Diskriminierungen.

Eine andere Form der Ohnmacht ist es, wenn der Mobbingbetroffene aus unterschiedlichen Gründen meint, er dürfe sich nicht wehren. Dies können moralische Gründe, Loyalitätsgründe sowie die Angst vor Missbilligung durch Dritte sein. Auch hier sollte gründlich geprüft werden. Zu den Schwachstellen des Mobbingbetroffenen kann der Umstand zählen, dass er unentwegt über die Gründe grübelt, warum ausgerechnet er zur Zielscheibe von Mobbing geworden ist. Immer wieder kommen dieselben Gedanken: »Ich bin doch ein guter Mensch, wieso gerade ich, ich habe doch niemandem etwas getan?« Nicht die Tatsache, dass sich der Betroffene wundert, ist das Problem, sondern dass er über den Zustand des Wunderns nicht hinauskommt und z. B. immer neue Anstrengungen unternimmt, dem Mobber zu zeigen, dass sich dieser völlig zu Unrecht an einem »guten Menschen« vergriffen hat. Gerade die positive Ausstrahlung eines Arbeitskollegen kann für andere eine ungeheure Provokation darstellen und zu Mobbing führen.

Eine weitere Gefahr besteht für Mobbingbetroffene, wenn sie ihr eigenes Wohlergehen zu stark von einer moralischen »Besserung« des Mobbers oder einer symbolischen Geste abhängig machen. Dies ist z. b. der Fall, wenn ein Mobbingbetroffener nur dann wieder an seinen Arbeitsplatz zurückkehren will, wenn sich der Mobber zuvor formell bei ihm entschuldigt hat. Solange sich der Mobber sperrt, bleibt der Mobbingbetroffene sozusagen freiwillig dessen Macht ausgeliefert.

> **Wichtig:**
> Je stärker der Mobbingbetroffene sein Wohlergehen davon abhängig macht, dass sich der Mobber ändert und bessert, desto stärker werden die Fremdbestimmung und die Abhängigkeit vom Wohlwollen der anderen Seite.

Manche persönlichen Eigenheiten werden in einem Mobbingkontext zu kritischen Schwachstellen – etwa die Tendenz zu weinen oder in Rage zu geraten, wenn man ungerecht behandelt wird, oder ein zwanghaftes »alles ständig richtigstellen Wollen«. So etwas räumt dem Mobber zusätzliche Verletzungsmacht ein oder lässt einen in den Augen Dritter isoliert dastehen. Hier sollte über Abhilfe nachgedacht werden. Schlussendlich wollen wir die unbedingt zu vermeidenden arbeitsmäßigen Schwachstellen erwähnen, etwa Nachlässigkeiten bei der Arbeit oder das Zuspätkommen. Hier sollten sich Betroffenen keinesfalls Blößen geben, die so billig ausgenutzt werden können.

2.7.2   Stärkenprofil des Betroffenen

Über welche Kompetenzen und Stärken verfügt(e) der Betroffene: Charakter, Intelligenz, Witz, Erfahrung, Ehrgeiz, Neugier, soziale Kompetenz, Fachwissen, Können ...? Wer hält offen oder heimlich zu ihm? Was macht(e) ihn stark und unverwechselbar? Wie lässt sich soziale Unterstützung am Arbeitsplatz und außerhalb organisieren? Was derzeit nicht ist, das ja kann noch werden.

Ein Netzwerk bilden, Gegenmacht entwickeln, Deutungsmacht erlangen: es ist Mobbing und nicht meine Schuld; kreativ mit eigenen Schwachstellen umgehen und das innere Einverständnis abstreifen, der Aggressivität und Unverschämtheit des Mobbers eine beharrliche und überzeugende Aufklärungsarbeit im Betrieb bzw. in der Dienststelle entgegensetzen; Ideen entwickeln, um den Angriffen des anderen zuvorzukommen.

Zum Schluss noch eines: Zu den allerwichtigsten Trümpfen eines Mobbingbetroffenen gehört eine starke Interessenvertretung mit engagierten Mitgliedern.

239

2.8 Macht und Schwachstellen des Mobbers (Achter Analyseschritt)

Worin besteht die reale Macht des Mobbers? Welche Machtdemonstrationen sind nur Popanz? Es lohnt sich, einen sehr nüchternen Blick auf die gegebene Machtkonstellation zu werfen. Macht kann verschiedene Wurzeln haben.

> **Hinweis:**
> **Mögliche Wurzeln der »Macht« des Gegenübers**
> - Ökonomische und juristische Macht (z. B. finanzielle Abhängigkeit, Weisungsrecht)
> - Soziale Macht (z. B. ältere Rechte, Verankerung in sozialen Strukturen, Herdentrieb)
> - Fachliche Macht (z. B. Erfahrung, Kompetenz, Informationsvorsprung)
> - Psychologische Macht (z. B. Informationsprivilegien, persönliche Sicherheit, Autorität, Konfliktbereitschaft, Skrupellosigkeit, Gewaltbereitschaft)

Die Masse macht's. Als Einzelner gegen eine entschlossene Phalanx von feindseligen Kollegen in einer Abteilung anzukommen, ist sehr schwer. Hier herrscht eine Gruppendynamik, die oft nur mittels massiver Gegenmacht durch die Personalabteilung unterdrückt werden kann. Aber, jede Mobbinggruppe hat auch feine Risse. Wenn es eventuell gelingt, den Hauptinteressenten am Mobbing (= Rädelsführer) zu isolieren oder die Gruppenmitglieder aus ihrer destruktiven »Solidarität« zu lösen, dann gibt es für den Betroffenen eine Chance, dazubleiben.

Bossing: Jedem Vorgesetzte stehen prinzipiell die drei Mobbingwerkzeuge Missbrauch des Weisungsrechts, destruktive Kritik sowie negative berufliche Beurteilung zur Verfügung, die sich bei Mobbing leicht anwenden lassen. Da scheint man als Untergebener zunächst in einer recht machtlosen Position zu sein. Aber es gibt zum Glück viele objektive Kriterien, wie gute Arbeit gemacht werden muss, welche Zeit dazu benötigt wird, welche Sicherheits- und Qualitätsstandards eingehalten werden müssen usw. Denken wir an die Konstellation, dass sich ein mobbender Vorgesetzter gegen einen fachlich überlegenen Untergebenen »wehrt«. Wird Mobbing auf der geschilderten Weise betrieben, ist eine umfassende Dokumentation und Beweisführung der Vorkommnisse wichtig. Denn der Vorgesetzte verletzt infolge seines Vorgehens viele Standards, Vorschriften und Vorgaben, um sein Mobbing durchzuführen. Das lässt sich nachweisen und richtet sich letzten Endes gegen den Vorgesetzten selbst, wenn der Mobbingbetroffene nur ausreichend Standfestigkeit aufbringen kann.

Struktureller Täterschutz: Problematisch wird es, wenn die Hierarchie monarchistisch denkt und inkompetente oder grausame Vorgesetzte allein deshalb deckt, weil sie auch Vorgesetzte sind.

| **Merke:**
Jeder Mobber hat »Schwachstellen«.

Einen Teil der Schwachstellen beim Mobber sollten in den Analyseschritten 4 und 6 herausgekommen sein. Jeder Mobber hat, auch wenn er Vorgesetzter ist, Schwachstellen. Man muss nur genau hinschauen. Eine Schwachstelle dürfte sein, dass es die Wenigsten kalt lässt, wenn sie mit einem staatsanwaltschaftlichen Ermittlungsverfahren konfrontiert werden. Viele Mobber werden irgendwelche »Leichen im Keller« haben: Pflichtwidrigkeiten, mangelnde Arbeitsleistung usw. Es mag reichen, diese »Leichen« als Druckmittel ins Spiel zu bringen. Manchmal muss man sie offiziell bekannt machen und den Mobber die Konsequenzen spüren lassen. Riskant wird es, wenn der Mobber kriminelle Machenschaften deckt. Manche Mobber sind extrem eitel, andere möchten (paradoxerweise) von möglichst allen gemocht werden. Man kann nach Gelegenheiten suchen, in denen sich die Mobber mit den eigenen Waffen selbst schlagen.

Wer sich die Schwachstellen des Mobbers zu Nutze macht, der ist der Gefahr ausgesetzt, selbst Mobbing zu betreiben. Deshalb sollten Sie beispielsweise keine Denunziation von privaten Dingen des Mobbers betreiben, es sei denn, der Mobber macht genau dies mit dem Mobbingbetroffenen. Legitimen Druck aufzubauen kann entscheidend sein, aber es darf keine illegitime Erpressung werden. Die Glaubwürdigkeit und die Integrität des Mobbingbeauftragten sind ein wertvolles Gut.

2.9   Interne und externe Ressourcen (Neunter Analyseschritt)

Man muss nicht viel Text produzieren, um diesen letzten Analyseschritt darzustellen. Es geht darum, eine Bestandsaufnahme der vorhandenen Ressourcen zu erstellen und einen Ausblick auf die unterstützenden Faktoren zu geben, die erst noch mobilisiert werden müssen.

Zu den innerbetrieblichen Ressourcen gehören wohlgesonnene Menschen, also Arbeitskollegen und Vorgesetzte. Wer sind diejenigen, die dem Betroffenen die Stange halten? Wer versucht, sich zumindest fair zu verhalten? Wer zeigt Zivilcourage? In welchen anderen Bereichen des Betriebes bzw. der Dienststelle könnte der Betroffene (zur Not) fachlich unterkommen? Welche Entscheidungsträger sind sensibilisiert und können für eine faire Lösung des Problems gewonnen werden? Wie kann sich der Betriebs- bzw. Personalrat dazu aufstellen? Weitere wichtige Funktionsträger bzw. Einrichtungen, die eventuell eine Rolle spielen können, sind die Fachkraft für Arbeitssicherheit, die Schwerbehindertenvertretung, der Betriebsarzt sowie die Sozialbetreuungsstelle.

Zu den außerbetrieblichen Ressourcen gehören Menschen, die zuhören, Freunde, Verwandte sowie Gleichgesinnte. Auch jede Menge Ausgleich für den betrieblichen Stress durch Geselligkeit, Freizeitaktivitäten, Sport und Entspannung, gute Ernährung, medizinische Begleitung usw. gehören dazu.

Zu den Ressourcen des Betriebs- bzw. Personalrats können das eigene Netzwerk in der Region sowie die Unterstützung durch die Gewerkschaft gehören. Die wichtigen externen professionellen Ressourcen haben wir in der Abb. 22 auf der Seite 154 beschrieben.

3. Die Person des Vertrauens – Berater, Ressourcenmanager und Netzwerk-Koordinator

Beschäftigte, die unter Mobbing leiden oder in die Mühlen perverser Kommunikation und psychischer Gewalt geraten sind, sind keine gleichgewichtige Partei in einem Konflikt. Mobbing ist ein asymmetrisches Geschehen: Es gibt eine Seite, die beinahe alle Macht an sich gezogen hat, und eine andere Seite, die nahe der Ohnmacht agiert. Die Beeinträchtigungen und Gefährdungen des Betroffenen sind immens.

Deswegen brauchen Mobbingbetroffene (zumindest) einen verlässlichen Begleiter, der den ganzen Weg mit ihnen geht. Eine Art sozialer Anwalt, ein Sekundant, eine Person des Vertrauens und der Handlungskompetenz, ein Warner, ein Ermutiger, ein Spiegel, ein Sparringspartner, jemand, bei dem man sich auch einmal ausweinen kann. In Bezug auf die Beratung von Betroffenen haben wir diese Menschen »soziale Ersthelfer« genannt (vgl. Kap. D.). Dieses Angebot einer verlässlichen Begleitung wird extrem wichtig, sobald es aus der vorbereitenden Beratung in die akute Bearbeitung des Mobbingkonflikts übergeht.

In der Beratung darüber, wie im konkreten Mobbingfall Abhilfe geschaffen werden soll, sind der Mobbingbetroffene und der Mobbingberater gleichberechtigte Partner, aber gegen das ausdrückliche Veto eines Betroffenen soll und kann der Berater nicht handeln. Die Bedingungen für diese Person des Vertrauens sind natürlich unterschiedlich, je nachdem, ob sie im oder außerhalb des Betriebes bzw. der Dienststelle beheimatet ist und ob es eine Betriebs- bzw. Dienstvereinbarung gibt. Auf jedes Detail können wir aus Platzgründen nicht eingehen, so dass wir uns auf einige allgemeine Hinweise für die Person des Vertrauens beschränken.

3.1 Beginnen Sie mit einem tragfähigen Arbeitsbündnis

Zwischen dem Berater und dem Mobbingbetroffenen muss zunächst ein Arbeitsbündnis begründet werden. Einigen Sie sich auf das grundlegende Vorgehen und die Ziele. Sprechen Sie die geplanten Maßnahmen miteinander ab. Planen Sie als Berater gefühlsmäßig ein, dass es bisweilen Misserfolge geben kann. Der Mobbingbetroffene und der Berater sollen sich die entstehenden Aufgaben aufteilen, soweit dies möglich ist. Treffen Sie Vorsorge, dass der Mobbingbetroffene in diesem Arbeitsbündnis nicht in eine passive Rolle gedrängt wird oder sich in Passivität zurückzieht.

3.2 Stellen Sie die Erwartungen auf eine mittelfristige Perspektive ab

Auch wenn sich der Mobbingbetroffene nichts mehr wünscht als ein möglichst schnelles Ende des Mobbing, so müssen Sie als Berater auf eine mittelfristige Perspektive eingestellt sein. Es gibt keine schnell wirksamen Patentrezepte. Bis zur wirklich befriedigenden Lösung können Monate vergehen. Zwischenzeitlich sollten Teilziele erreichbar erscheinen. Haben Mobbing & Co. mehrere Monate oder sogar viele Jahre angedauert, wieso sollte dann die Aufhebung des Problems in einigen wenigen Tagen gelingen? Einigen sie sich auf die Ziele, die erreicht werden sollen (Dritter Analyseschritt) und entwickeln sie daraus Teilziele.

3.3 Planen Sie nur die jeweils nächste Etappe

Auf dieser Basis bereiten Sie jeweils nur die nächste Etappe vor (z. B. ein erstes Gespräch mit dem Wortführer einer Mobbergruppe). Werten Sie das Ergebnis einer Maßnahme aus, bevor Sie weitere Schritte unternehmen. Da nie exakt vorherzusagen ist, wie sich die andere Seite verhalten wird, verlaufen alle Interventionsmaßnahmen nach dem Prinzip des naturwissenschaftlichen Experiments »Versuch und Irrtum«. Versuchen Sie, eine Maßnahme, die nicht zum gewünschten Ergebnis führt, nicht als Niederlage zu bewerten, sondern als ein »Forschungsergebnis«. Prüfen Sie, warum die Maßnahme nicht in der gewünschten Weise gewirkt hat und entwerfen Sie unter Ausnutzung der Erfahrungen eine neue Maßnahme.

3.4 Gehen Sie beharrlich, aber nicht ungeduldig vor

Erwarten Sie nicht, dass irgendeine Maßnahme oder irgendein Gespräch sofort etwas ändert. Manche Dinge benötigen eine Inkubationszeit. Ein Mobber braucht möglicherweise Zeit, um seinen Rückzug so zu organisieren, dass er dabei sein Gesicht wahren kann. Gibt es eine Mobbergruppe, dann muss die für sie veränderte Lage untereinander abgeklärt werden. Ein Vorgesetzter, der versprochen hat, ein Gespräch am runden Tisch zu organisieren, hat sich dann doch nicht getraut.

Bleiben Sie beharrlich und veranlassen Sie eine weitere Maßnahme erst dann, wenn sicher abzusehen ist, dass sich nach der vorangegangen keine Besserung einstellen wird. Versuchen Sie, die Wirkung ihrer Maßnahmen nicht ausschließlich an den Reaktionen des Mobbers abzulesen, sondern beachten Sie auch das soziale Umfeld. Sind dort Veränderungen in den Ansichten und im Verhalten (z. B. dem Mobber gegenüber) zu beobachten? Auch eine Eskalation des Konflikts kann ein Indiz für die Wirksamkeit der Gegenmaßnahmen sein.

Möglicherweise zeigt sich der Mobber lange Zeit äußerlich unbeeindruckt. Lassen Sie sich und den Betroffenen davon nicht täuschen, wenn Sie eigentlich davon ausgehen müssen, dass Sie wirksame Maßnahmen eingesetzt haben. Gehen Sie durch diese Phase hindurch. Ein hektisches Agieren und ein ständiges Draufsetzen von weiteren Aktionen schaden eher als dass sie nutzen. Beharrlichkeit und Konsequenz sind entscheidende Machtmittel in den Händen des Mobbingbeauftragten.

3.5 Formulieren Sie klare Erwartungen und schaffen Sie Verbindlichkeiten

Formulieren Sie klare Erwartungen an alle Beteiligten, d. h. Mobber, Vorgesetzte, »neutrale« Mitarbeiter usw. Lassen Sie nicht zu, dass Gespräche ohne verbindliche Absprachen enden. Bestehen sie bei ergebnislosen Gesprächen zeitnah auf einem neuen Termin. Fertigen Sie ein Protokoll über jedes stattgefundene Gespräch an bzw. lassen Sie solche schreiben. Verlangen Sie stets, dass die Gesprächspartner zu ihrem Wort und ihren Zusagen stehen, auch wenn Sie insgeheim skeptisch bleiben und mit Unzuverlässigkeit und Lügen rechnen müssen. Formulieren Sie klare Erwartungen an Vorgesetzte, die es übernommen haben, mit dem Mobber und dem Mobbingbetroffenen an einem Tisch über die Probleme zu reden. Vertrauen Sie selbst bei einer erfolgreichen Schlichtung nicht dem (ehrlich gemeinten) Versprechen der Konfliktparteien, sondern schlagen Sie verbindliche spätere Treffen zur Überprüfung des Erfolgs vor, die beispielsweise in einem Abstand von zwei, vier und sechs Monaten nach der erfolgten Einigung stattfinden.

Auch die erforderliche Androhung und der Einsatz von Druckmitteln und Sanktionen sollten offen und konsequent erfolgen. Nehmen Sie die Sanktion oder deren Ankündigung zurück, sobald der ursprüngliche Anlass nicht mehr gegeben ist. Zum Wesen des Mobbing gehört, dass die Feindseligkeit ausgelebt wird, ohne dem Betroffenen eine Chance auf Einstellung der Feindseligkeit einzuräumen. Der Mobber nennt im Allgemeinen keine Bedingungen, bei deren Erfüllung der Mobbingbetroffene mit einem Ende des Mobbing rechnen darf. Verfahren Sie alternativ dazu.

3.6 Managen Sie Netzwerke und Ressourcen

Bleiben Sie am Ball. Mobbing ist kein Konflikt wie jeder andere. Für einige Wochen, manchmal auch einige Monate müssen viele Akteure kooperieren, damit für den Betroffenen etwas Gutes herauskommt. Die Frage ist jeweils, wen und was der Betroffene im Augenblick am meisten benötigt: Medizinische Betreuung? Ein paar Tage frei, um Abstand zu gewinnen und in Ruhe nachzudenken? Ist erst ein Kuraufenthalt erforderlich, um die nötige Stabilität zu erlangen? Was sagt der Arzt? Welche Gedanken hat sich der externe Mobbingberater gemacht, wie bewertet der Rechtsanwalt die Situation in rechtlicher Hinsicht? Hat der Betroffene den Kontakt zu seiner alten Badminton-Gruppe wieder aufgenommen, macht er wieder Sport? Kann die Partnerin des Betroffenen zu der Besprechung hinzugezogen werden?

3.7 Gehen Sie bis zum (guten) Ende mit

Helfen Sie verbindlich, den Mobbingkonflikt zu einem Ende zu bringen. Lassen Sie den Betroffenen nicht auf halber Strecke im Regen stehen. Bestehen Sie andererseits nicht auf Prinzipien, sondern bleiben sie pragmatisch. Manchmal gibt sich ein Betroffener mit dem sprichwörtlichen Spatz in der Hand zufrieden, obwohl mehr zu erreichen wäre. Häufig muss man den Mobber ungeschoren davonkommen lassen, um eine Perspektive für die berufliche Zukunft des Betroffenen zu retten. Setzen Sie sich für die Einleitung arbeitsrechtlicher Maßnahmen ein, wenn es nicht anders geht. Schrecken Sie gegebenenfalls nicht vor der Forderung nach einer Kündigung des Mobbers zurück.

4. Eingreifen in den Mobbing-konflikt – auf der Basis einer Betriebs- bzw. Dienst-vereinbarung

Inzwischen gibt es glücklicherweise hunderte von Betrieben und Dienststellen in Deutschland, in denen eine Betriebs- bzw. Dienstvereinbarung mit Regeln für die Bewältigung von Mobbing und anderen sozialen Übergriffen abge-schlossen wurde. Der wichtigste Pluspunkt einer solchen Regelung dürfte die damit zum Ausdruck gebrachte Akzeptanz von Seiten des Arbeitgebers sein, dass Mobbing ein ernstzunehmendes Problem im Arbeitsleben ist. Der zweit-wichtigste Punkt ist die Vorgabe von verbindlichen Zuständigkeiten und Ab-läufen, wenn ein Fall gemeldet wird.

Normalerweise sehen solche Vereinbarungen ein zwei- bis dreistufiges Ver-fahren der Abwicklung eines Mobbingfalles vor (vgl. Abb. 37). Auf der Ein-gangsstufe stehen die innerbetrieblichen Ansprechpartner zur Verfügung, an die sich jeder Beschäftigte vertrauensvoll wenden kann, der sich Mobbing & Co. ausgesetzt fühlt. Diese fungieren als Personen des Vertrauens und sollten normaler Weise den Betroffenen durch das gesamte Verfahren bis hin zum Abschluss begleiten.

Es gibt bisher keine vergleichenden Untersuchungen darüber, welche Art von Vereinbarung besonders geeignet ist, Mobbingfälle zufriedenstellend, zeitnah und nachhaltig zu lösen. Für den Betroffenen und seine betriebliche Person des Vertrauens ist das auch ohne Relevanz, denn die jeweils im Haus gültige Vereinbarung ist der Maßstab. Danach muss und sollte vorgegangen werden.

> **Merke:**
> Die Regeln einer bestehenden Betriebs- bzw. Dienstvereinbarung geben den Beteiligten verbindliche Vorgaben für die Zuständigkeit und den Verfahrensablauf. Die Kreativität für die Lösungen verbleibt bei den Akteuren.

Man sollte sich allerdings nicht der Illusion hingeben, dass sich alle betrieb-lichen Akteure auch an die bestehenden Regelungen gebunden fühlen. Wer Dreck am Stecken hat, der hat sowieso wenig Interesse an einem kooperativen Verhalten. Aber auch andere ambitionierte Stellen, etwa die Personalentwick-lung, wollen ein Wörtchen mitreden oder haben ganz andere Vorstellungen, was passieren soll als der ausgewählte Konfliktlotse bzw. die eigentlich vor-

Abb. 37: Stufenmodell eines betrieblichen Konfliktlösungsverfahrens[*]

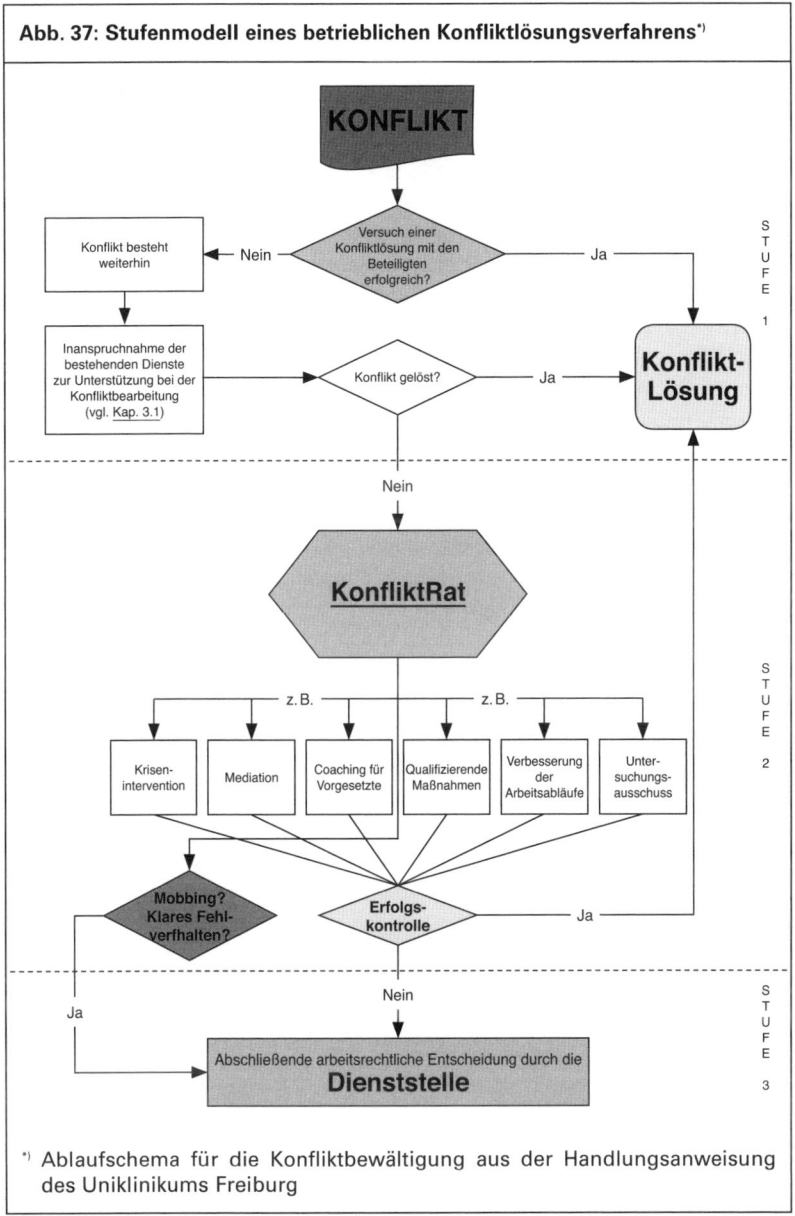

[*] Ablaufschema für die Konfliktbewältigung aus der Handlungsanweisung des Uniklinikums Freiburg

gesehene Konfliktkommission. So kann es passieren, dass der involvierte Abteilungsleiter aus eigenen Mitteln eine Supervision organisiert, welche nach der Einschätzung des Mobbingbeauftragten höchst kontraproduktiv ist. In der Praxis werden nicht selten betriebspolitische Schachzüge ausgeführt, die für die Lösung des aktuellen Falls wenig hilfreich sind.

Bei dem Versuch, Mobbingkonflikte nach den Regeln einer bestehenden Betriebs- bzw. Dienstvereinbarung zu lösen, darf also mit Überraschungen gerechnet werden. Das kann die Akteure gelegentlich frustrieren, darf sie aber keinesfalls entmutigen. Andererseits können sich auch einzelne Regeln oder Verfahrensschritte in einer Vereinbarung als unpraktisch oder weltfremd herausstellen. Dann wäre es an der Zeit, dass sich die Betriebsparteien über neue Eckpunkte verständigen.

Eine Betriebs- bzw. Dienstvereinbarung zu Mobbing kann grandios formuliert sein, funktionieren wird sie aber nur, solange es betriebliche Akteure gibt, die ihre Aufgabe mit Herz, Willensstärke, Zivilcourage und gesundem Menschenverstand persönlich voran bringen.

Ein bürokratisches Abwickeln von Fällen wird es wohl niemals geben können, zumindest solange man es ernst meint. Wenn eine Vereinbarung besteht, ist es eher wahrscheinlich, dass eine angemessene Lösung gefunden wird. Dass es leicht fällt, eine Lösung zu finden, ist aber keineswegs gewährleistet. Die engagierten Akteure kommen um den Einsatz von Phantasie, Kreativität, Witz, Hartnäckigkeit sowie Konfliktbereitschaft nicht herum. Weitergehende Anregungen für die Bewältigung von Mobbingproblemen findet man deshalb in den folgenden Abschnitten.

5. Persönliche Gegenwehr des Betroffenen

Die »charmantesten« Lösungen bei Mobbing sind diejenigen, bei denen es dem Betroffenen selbst gelingt, das soziale Gleichgewicht wiederherzustellen. Das passiert nicht häufig, aber man sollte diese Möglichkeit niemals außer Betracht lassen. Und wir raten, wann immer ein wenig Aussicht auf Erfolg besteht, einen Versuch zu starten.

Mit dieser Empfehlung scheinen wir uns selber zu widersprechen, denn an anderer Stelle sagen wir, dass den Betroffenen allein die Überwindung von Mobbing bzw. psychischer Gewalt kaum gelingen kann. Es ist jedoch kein Widerspruch. Es geht uns darum, dass der Betroffene gerade auf der Basis von sozialer Unterstützung, professionellem Netzwerk und kompetente Beratung durch Personen seines Vertrauens (also gar nicht »allein«) in die Konfrontation bzw. Kommunikation mit dem Mobber (scheinbar allein) einsteigt.

5.1 Handelnder Widerstand

Sobald es dem Betroffenen gelingt, durch eigenes Handeln die Wirkung einzelner Mobbingattacken merklich abzuschwächen oder sogar auszuschalten, verschiebt sich das psychologische Machtverhältnis zwischen dem Angreifer und dem Angegriffenen jedes Mal ein bisschen mehr.

Fallbeispiel »Anselm«:
Anselm versuchte stets, sich zu rechtfertigen, wenn der Mobber aus nichtigem Anlass wieder einmal herablassend über ihn hergefallen war. In der gemeinsamen Mobbinganalyse mit dem Mobbingbeauftragten hatte sich ergeben, dass die von Anselm gewählte Arbeitsmethode durchaus erfolgreich war und von den Vorgesetzten sehr positiv bewertet wurde. Die Kritik des Mobbers war also in keiner Weise gerechtfertigt und das defensive Rechtfertigen durch Anselm wurde als überflüssig eingeschätzt.
Als erste Form des Widerstands beschloss er, sich nicht mehr zu rechtfertigen, sondern die verbalen Attacken ohne Gegenrede hinzunehmen und sich innerlich mit dem Satz zu stärken: »Du dummer Hund, Du hast selbst keine Ahnung.« Anselm fühlte sich mit dieser Verfahrensweise deutlich besser. Das Mobbing ließ jedoch nicht nach.

251

In einer späteren Stufe der Gegenwehr, auf die er sich sorgfältig vorbereitet hatte, reagierte Anselm schließlich verbal und handlungsbereit:»Gut. Ich habe Sie verstanden. Alles, was ich hier mache, ist in Ihren Augen völliger Mist. Ich sehe das allerdings nicht so. Ich schlage Ihnen deshalb vor, dass wir jetzt sofort zu unserem Vorgesetzten gehen und ihn beurteilen lassen, ob Ihre oder meine Meinung in dieser Frage richtig ist.«Da der Mobber erwartungsgemäß nicht mitkommen wollte (er hatte ja keine reellen Gründe), nahm Anselm den zuvor abgesprochenen Termin beim Vorgesetzten wahr, welcher dann auch den Mobber nachkommen ließ, um sich zu erklären. Dieser kam in deutliche Erklärungsnot und hielt sich dann später zurück.

Eine direkte Gegenwehr hat eher Aussicht auf Erfolg, wenn es sich um einen einzelnen Mobber handelt und wenn das Mobbing vorwiegend mittels dummer Sprüche (sprich: ohne Substanz) stattfindet. Wie können wirkungsvolle Gegenmaßnahmen aussehen? Gut vorbereitete»schlagfertige Antworten«auf Mobbingsprüche, schriftliches Festhalten eines Gesprächsergebnisses zur Entkräftung ungerechtfertigter Vorwürfe, Sammeln von Fehlern des Mobbers und Präsentation derselben bei passender Gelegenheit. Im Einzelfall lässt sich sogar die eigene Schwäche in eine Stärke verwandeln, wie das folgende Beispiel zeigt.

Fallbeispiel»Konrad«:

Der hoch qualifizierte Facharbeiter Konrad war der verbalen Einschüchterung und Kritik eines Arbeitskollegen nicht gewachsen, weil er als»Stotterer«in seiner Ausdrucksweise behindert war. Der mobbende Kollege kam immer wieder überraschend am Arbeitsplatz von Konrad vorbei, kritisierte im Vorübergehen dessen Arbeitsorganisation und fand immer wieder herablassende Bemerkungen über die von Konrad gefertigten Werkteile. Die Geschäftsleitung sei auch schon enttäuscht und würde Konrad sicher bald versetzen oder entlassen, so tönte der Kollege. Fachlich war an den Vorwürfen nichts dran, das wusste Konrad. Aber die Vorgänge verunsicherten ihn doch sehr. Die Geschäftsleitung mauerte und half seiner Beschwerde nicht ab. Konrad hätte seinem Mobber gerne»das Passende«gesagt, aber sein Stottern ließ dies nicht zu. In der Beratung kam schließlich die Idee auf, die Schwachstelle des Mobbingbetroffenen zu kompensieren. Konrad fertigte ein Plakat, das er über seinem Arbeitsplatz aufhängte. Dort hieß es:»Mein Kollege hat mich heute ... mal kritisiert.«Für jede Mobbingattacke des Kollegen trug Konrad einen Strich in die entsprechende Tagesrubrik ein. Die Geschäftsleitung erklärte das Plakat für»Kindergartenkram«, während es in der Belegschaft positiv aufgenommen wurde. Die Arbeitskollegen kamen mit Konrad ins Gespräch und fragten ihn, was denn los sei. Ein Stimmungsumschwung zugunsten Konrads setzte ein. Binnen kurzer Zeit unterblieben dann die Attacken; der Mobber wurde zudem versetzt.

Der Mobbingbetroffene darf natürlich nicht überredet werden, solche persönliche Konfrontation zu suchen. Oft steht er aber schon mit dem Rücken zur Wand, hat eigentlich nichts mehr zu verlieren und spielt mit dem Gedanken, zu kündigen. Und hier wäre es legitim, wenn man den Mobbingbetroffenen auf die Alternative aufmerksam macht:»Hör mal, wenn Du gedanklich schon mit dem Schlimmsten spielst, nämlich Deiner Kündigung, warum versuchst Du es vorher nicht mit Gegenwehr?«

252

Wichtig:
Auch kleine Gesten der Gegenwehr bringen den Mobbingbetroffenen aus der inneren Defensive heraus.

Persönliche Gegenwehr führt nicht unbedingt zu einem Erfolg mit Pauken und Trompeten. Aber sie stärkt das Selbstbewusstsein des Mobbingbetroffenen und bringt ihn aus seiner defensiven Position heraus. Kleine Gesten des Widerstands vermitteln ihm selbst den Eindruck:»Ich bin doch nicht völlig hilflos ausgeliefert.« Und auf der Seite des Mobbers entsteht womöglich der Eindruck, dass das»leichte Spiel« zu Ende geht.

5.2   Mit dem Mobber reden

Mit demjenigen eine klärende Aussprache zu führen, der einen bereits über lange Zeit mit Mobbingattacken überzogen hat, ist eine heikle Angelegenheit. Insbesondere dann, wenn man es allein versucht. Ist das überhaupt Erfolg versprechend?

Nach unseren Erfahrungen ist es ist nicht sehr erfolgversprechend, aber trotzdem notwendig. Drei Gründe sprechen dafür. Erstens erwartet jedermann zumindest den Versuch einer Klärung, wenn Menschen sich in einem »normalen« Konflikt befinden. Es ist Außenstehenden nur sehr schwer zu vermitteln, dass man sich bei psychischer Gewalt und Mobbing den Versuch meistens sparen kann. Betroffene sollten deswegen den sozialen Erwartungen Genüge tun, weil sie ansonsten ein Akzeptanzproblem bekommen können. Typischerweise versuchen viele Betroffene gleich zu Beginn des Mobbing, solche Gespräche zu führen (Motto: »Was hast Du denn gegen mich?«) und machen damit frustrierende Erfahrungen. Danach versuchen sie es nicht wieder.

Der zweite Grund ist: Es könnte sein, dass es hilft. Mobber versuchen, ihre Interessen auf eine zerstörerische Art durchzusetzen, wobei ihnen häufig nicht bis in die letzte Konsequenz bewusst ist, welche seelischen Schäden sie anrichten. Und die Mitteilung eines Mobbingbetroffenen, dass dieser über den Ausspruch einer Kündigung nachdenkt, weil er die Situation nicht mehr aushält, kann den einen oder anderen Mobber im letzten Augenblick zur Besinnung bringen. Leider ist das Risiko größer, dass man einem unnachgiebigen Mobber gegenübersitzt, der sich nun die Hände reibt.

Der dritte Grund ist, dass es zu einer schlüssigen Anti-Mobbing-Strategie gehört, dass der Mobber eindeutig und unmissverständlich erfährt, wo er Grenzen überschritten hat, welche Verhaltensweisen von ihm zukünftig erwartet werden und welche Handlungen er unterlassen soll. Was man dem Mobber sagen sollte, ergibt sich aus den Überlegungen des dritten Analyseschrittes (vgl. Kap. F. 2.3). Es ist ein Zeichen von Selbstbewusstsein, wenn es der Betroffene selbst dem Mobber gegenüber zum Ausdruck bringt, anstatt es von Dritten (etwa dem Mobbingbeauftragten) übermitteln zu lassen. Danach kann ein Mobber nie wieder behaupten, er hätte nicht gewusst, was er dem anderen antut. Deswegen ist es im Prinzip besser, wenn das Gespräch im Beisein eines Zeugen erfolgt und nicht unter vier Augen.

> **Wichtig:**
> Der Mobbingbetroffene sollte zumindest einmal gegenüber dem Mobber in aller Deutlichkeit vermitteln, was dieser ihm antut, und ihn zu einem fairen und konstruktiven Verhalten auffordern – am Besten vor Zeugen.

Vielen Betroffenen macht ihre mangelnde Schlagfertigkeit zu schaffen. Während der Mobber beispielsweise hemmungslos mit unbewiesenen Behauptungen und Schuldzuweisungen um sich wirft, reagiert der Betroffene jedes Mal überrascht und verzögert. Wenn sich der Betroffene dann endlich gefasst hat und die innere Recherche hinter sich bringen konnte, wie der vorgeworfene Sachverhalt denn tatsächlich war, ist der Mobber schon seines Weges gezogen. Jener hat sein Ziel erreicht, der Betroffene steht belämmert da. Hier empfehlen sich zwei Umgehensweisen. Die erste ist die präparierte Schlagfertigkeit, die zweite nennen wir den fundierten Nachschlag (vgl. Abb. 38, s. S. 255).

Eine gelegentlich funktionierende Maßnahme ist das demonstrativ offene Führen eines Mobbing-Tagebuchs. Das heißt, der Betroffene trägt eine Kladde mit sich und macht sich sichtbar Notizen, sobald er verbalen Mobbingattacken oder schikanöse Weisungen ausgesetzt ist.

Wer sich das Gespräch nicht zumuten möchte, der hat die Möglichkeit, seine Positionen und Forderungen schriftlich darzulegen. Eine konfrontative Möglichkeit besteht darin, dass der Betroffene ein geharnischtes persönliches Schreiben an den Mobber richtet, wobei dieses Schreiben von einem Juristen formuliert wurde, der in dieser Phase allerdings nicht in Erscheinung tritt. Wenn der Mobbingbetroffene definitiv von Fehlverhalten oder Leistungsschwächen des Mobbers Kenntnis erlangt hat, kann er dies möglicherweise im Vier-Augen-Gespräch als Druckmittel einsetzen. Ein solches Vorgehen muss allerdings sehr sorgfältig abgewogen werden, um sich nicht noch schlimmer zu gefährden oder selbst in illegales Fahrwasser zu geraten.

Abb. 38: Kompensation für mangelnde Schlagfertigkeit

- **Die präparierte Schlagfertigkeit**
  Auf der Basis der bislang gesammelten Erfahrungen werden typische An-
  lässe und Probleme zusammengetragen, die bisher von dem Mobber für
  ungerechtfertigte Beschuldigungen usw. genutzt wurden.
  Es werden Kommentare, Gegenargumente, Zahlen, Daten, Fakten, Dienstpläne usw. gesammelt, welche Vorwürfe, Beschuldigungen usw. hätten
  entkräften können. Es werden Kommentare gesammelt, welche solche
  Übergriffe zurückweisen können.
  Der Betroffene präpariert sich für die nächsten »Überfälle«, zu denen es mit
  Sicherheit kommen wird. Er reagiert dann scheinbar spontan, in Wirklichkeit
  aber wohl präpariert. Die Reaktion des Betroffenen kann entweder verbal
  oder auf unter Zuhilfenahme von vorbereiteten Unterlagen erfolgen.

- **Der fundierte Nachschlag**
  Fakt: Der Betroffene war nicht schlagfertig und hat den »Überfall« hinnehmen müssen. Zu Hause denkt er über alle Gegenargumente, Zahlen, Daten,
  Fakten, Dienstpläne, Auftragsvergaben usw. nach, welche er hätte ent-
  gegenstellen müssen. Die besten Argumente und wichtigsten Fakten werden in schriftlicher Form für eine Stellungnahme oder als Spickzettel für eine
  mündliche Entgegnung zusammengetragen.
  Der Betroffene leitet seinen Nachschlag mit dem Satz ein: »Sie haben mich
  gestern mit ... überrascht. Ich habe darüber nachgedacht und nehme heute
  wie folgt Stellung: ... Im Übrigen weise ich die Form des Umgehens mit den
  Problemen und mit mir als Person zurück. Stattdessen erwarte ich ...«

5.3 Paradoxes Vorgehen

Für eine erfolgreiche Gegenwehr können gerade unkonventionelle Ideen entscheidend sein, durch welche der Mobber überrascht und verwirrt wird. Für
eine solche Vorgehensweise gibt es allerdings keine allgemeingültigen Rezepte,
die man in einer Checkliste zusammenstellen könnte. Anregungen erfährt man
durch erfolgreiche Beispiele.

Fallbeispiel »Christina«:
Wenn der Vorgesetzte etwas mit ihr zu besprechen hatte, kam er zu ihrem Arbeitsplatz im
Großraumbüro, setzte sich ganz ungeniert auf ihren Schreibtisch und begann während des
Gesprächs in ihren Unterlagen herumzufingern oder etwa die Fotos ihrer Familienangehörigen
hochzunehmen und die Rahmen zu demontieren. Christina empfand dieses Verhalten als
distanzlos und belästigend, wusste sich aber verbal nicht zu wehren. Nach mehreren Rück-
sprachen mit einer Beraterin nahm sie ihren Mut zusammen und präparierte sich für den nächste

255

Situation. Als der Vorgesetzte es sich wieder auf dem Schreibtisch bequem machte, öffnete sie demonstrativ ihre Handtasche und schütte die Utensilien neben ihn auf den Schreibtisch, schob alle Schubladen auf, machte dabei eine einladende Geste und sprach: »Wenn Sie bitte schauen wollen«. Der Vorgesetzte verließ mit rotem Kopf und ohne Kommentar die Szene, während die übrigen Beschäftigten in der Umgebung den Atem anhielten. Das unangenehme Verhalten trat nicht wieder auf.

Auch die Verwendung von unerwarteten Fragen, insbesondere wenn Zeugen dabei sind, hat durchaus die Kraft, einen Mobber in die Defensive bringen. Nicht gemeint sind Jammer-Fragen wie »Was haben sie bloß gegen mich?» oder »Was habe ich denn nun wieder falsch gemacht?« Solche Fragen bieten eher neue Munition für den Mobber. Selbstbewusstsein ausstrahlen würde folgendes Vorgehen: »Okay, Sie haben mir klargemacht, dass ich ein Idiot bin. Was schlagen Sie mir zur Lösung des Problems vor?«

Wer sich traut, Fragen als Anti-Mobbing-Methode einzusetzen, der muss schon dafür sorgen, dass diese Fragen auch richtig »sitzen«. Wenn beispielsweise der Mobber in alter Gewohnheit wieder einmal unbewiesene Anschuldigungen in den Raum stellt, dann könnte die passende Frage lauten: »Wieso sollen wir uns diesmal schuldig fühlen, wenn Sie bereits die letzten drei Male nicht im Recht waren?« Das ist natürlich schon recht konfrontativ und setzt ein erstarktes Selbstbewusstsein des Mobbingbetroffenen und/oder einen sozialen Rückhalt im Team voraus.

Die Mobbing-Prüf-Frage:
Was müsste ich Ihrer Meinung nach tun, damit Sie mich in Zukunft mit Respekt behandeln können?

Eine harmlos wirkende Frage, die es aber in sich hat, nennen wir die Prüffrage für Mobbing. Sie lautet: »Sie haben mich in der letzten Zeit Ihren Unwillen deutlich spüren lassen. Deshalb möchte ich Sie heute fragen: Was müsste ich Ihrer Meinung nach genau tun, damit Sie mich in Zukunft fair und mit Respekt behandeln können?«

In dieser Frage wird kein Vorwurf geäußert, sondern der mangelnde Respekt quasi lapidar festgestellt. Als wenn er eine Bringschuld hätte, wird abgefragt, was der Mobbingbetroffene als Vorleistung tun soll, um sich ein respektvolles Verhalten des Mobbers zu verdienen. Spätestens an diesem Punkt müsste derjenige, von dem das Mobbing ausgeht, sofern er noch Verstand und Anstand hat, zur Besinnung kommen. Manchmal, wenn das Mobbing nur ein unreflektierter Reflex auf irgendwelchen Ärger war, stellt diese Frage die Weichen neu: Es kommt zu einer Verständigung über Erwartungen, Frustrationen usw. und darüber, wie man in Zukunft miteinander umgehen will. Meistens erhält der Mobbingbetroffene eine ausweichende, ironische oder böse Antwort und kann sich nunmehr gewiss sein, dass er es mit einem unversöhnlichen Gegner zu tun hat.

5.4 Eigentore vermeiden

Mobbingbetroffene sind häufig am Ende ihrer Belastbarkeit. Wer sich dann entschließt, persönlich Widerstand zu leisten, hofft womöglich auf den ultimativen Befreiungsschlag. So kann es vorkommen, dass ein Betroffener in einem sehr emotionalen oder aggressiven Auftritt alle erlittene Schmach von sich abstreifen will und dann quasi wutentbrannt über den Mobber herfällt. Selbst für Wohlmeinende kann so ein Auftritt deplaziert und peinlich wirken. Für einen Mobber kann es dagegen ein gefundenes Fressen sein, mit dem er die scheinbare Unzurechnungsfähigkeit des Betroffenen öffentlich propagieren kann. Unter Berücksichtigung der Ausnahmesituation, in der sich der Mobbingbetroffene seit geraumer Zeit befindet, sollten Sie Verständnis dafür haben und bei anderen Anwesenden für Verständnis sorgen. Dennoch gilt es, solche betont aggressiven Auftritte möglichst zu vermeiden.

Auch muss berücksichtigt werden, über welche Machtposition der Mobber verfügt. Genießt er in der Hierarchie ein großes Ansehen oder wird er dort ebenfalls gefürchtet, dann gleicht die individuelle Gegenwehr einem Kampf gegen einen übermächtigen Drachen.

5.5 Respekt erlangen

Manche Mobbingbetroffene verstehen unter »Gegenwehr«, dass sie dem Mobber gegenüber die eigene Betroffenheit zum Ausdruck bringen. Sie wollen sozusagen zur Seele des Mobbers vordringen, um bei ihm für Verständnis und Rücksichtnahme zu werben. Hier dominiert der Wunsch nach Harmonie das Handeln, ein Wunsch, der von der Realität nicht bestätigt wird. Ein Mobber interessiert die Betroffenheit seines »Opfers« nur insofern, als er daran die Wirkung seines Vorgehens gegen den Betroffenen messen kann. Die Offenbarung von Schwäche bestärkt ihn allenfalls.

Der Wunsch nach Verständnis und Rücksichtnahme ist nachvollziehbar, doch bietet dieser Wunsch keine realistische Perspektive im Umgang mit einem Mobber. Dieser ist schließlich dadurch motiviert, dass er den Mobbingbetroffenen aus dem Feld schlagen möchte. Harmoniestreben ist im Falle von psychischer Gewalt geradezu katastrophal. Der Betroffene wird dadurch vollends zum Spielball pervertierter Kommunikation.

Abb. 39: Formen persönlicher Gegenwehr	
Beabsichtigte Wirkung auf den Mobber	**Beispiele für das Vorgehen**
▪ **Grenzen setzen**	– bei jeder Form von Auseinandersetzung die Person des Vertrauens hinzuziehen – bei verbaler Aggression symbolisch Widerstand leisten (z. B. Ohren zuhalten, um eine Wiederholung bitten, um mitschreiben zu können) – bei Aggression den Raum verlassen und einen Vorgesetzten benachrichtigen
▪ **Entmutigen**	– auf (verbale) Angriffe keine sichtbare Wirkung mehr zeigen und nüchtern reagieren – verbale Angriffe schlagfertig zurückweisen – die Angreifbarkeit bei den eigenen Schwachstellen mindern
▪ **Versachlichen**	– auf die Chancen eines fairen Interessenausgleichs hinweisen – sich auf Probleme orientieren, die beide Seiten gemeinsam lösen können und sollen
▪ **Verunsichern**	– den Mobber die wachsende sozialen Unterstützung des Mobbingbetroffenen spüren lassen – den Mobber mit seinen eigenen Waffen schlagen
▪ **Isolieren**	– dafür sorgen, dass sich der Mobber selbst blamiert – bisher im Untergrund vorgetragene Angriffe (durch Kunstgriffe) öffentlich sichtbar machen
▪ **Einschüchtern**	– rechtliche Schritte konkret benennen und ihre Durchführung glaubhaft ankündigen

Respekt darf man nicht erbitten. Man bekommt ihn ohnehin freiwillig oder man muss verstehen, ihn sich zu verschaffen. Der Mobbingbetroffene muss dafür einen weiten Weg gehen. Nachdem er sich Rückendeckung verschafft hat, kann ein Betroffener durch persönliche Gegenwehr gegen Mobbing durchaus erfolgreich vorgehen (s. a. Abb. 39). Es kommt darauf an, zunehmend glaubwürdig zu signalisieren: Bis hierher und nicht weiter!

5.6 Öffentliche Missbilligung des Mobbingverhaltens

Ein Mobbingbetroffener ist fein raus, wenn sein persönlicher Widerstand durch öffentliche Missbilligung des Mobbing begleitet wird (Hinweis: Das gilt weniger, wenn sich der Mobber des strukturellen Täterschutzes für Vorgesetzte sicher sein kann; vgl. Kap. A. 4.4). Denn eine der schärfsten sozialen Instrumente gegen Mobbing ist die öffentliche Missbilligung durch Menschen, die für den Mobber persönlich oder beruflich bedeutsam sind. Solch eine Missbilligung ist in der Lage, das Mobbing komplett zu unterdrücken, selbst wenn der Mobber im Innersten gerne weitermachen würde. Denn für die meisten Mobber sind das eigene Ansehen und der ihm entgegengebrachte Respekt ein hohes Gut, das sie keineswegs gefährden möchten. Diese Missbilligung muss sich in vernehmbarer Form von kritischen Bemerkungen der Kollegen zeigen oder nonverbal in unmissverständlichen Gesten. Wenn alle Zuschauer einer Mobbingepisode nur peinlich berührt dabeisitzen, bestärkt das den Mobber in seinem Tun. Wie sensibel ein Mobber auf die sich wandelnde Stimmung der übrigen Beschäftigten reagieren kann, haben wir am Fallbeispiel Konrad gezeigt. Solch eine Missbilligung würde noch wirkungsvoller, wenn sie als ein offizielles Statement etwa in einer Teamsitzung vorgetragen wird. Wie Arbeitskollegen mit Zivilcourage einen Mobber zähmen konnten, zeigt das folgende Beispiel.

Fallbeispiel »Severin«:
Severin war der älteste Mitarbeiter in einer achtköpfigen Abteilung und, abgesehen von dem Vorgesetzten, der einzige Mann. Der Vorgesetzte war von dessen Schwerhörigkeit genervt. Täglich wurde Severin deswegen durch lautes Brüllen traktiert, zusätzlich wurde er regelmäßig öffentlich beleidigt und mit möglichst unangenehmen Aufträgen bedacht. Den Kolleginnen tat er leid. Sie merkten auch, dass er gesundheitlich abbaute und sein Selbstbewusstsein immer kleiner wurde; aber sie trauten sich zu keiner Stellungnahme. Dann fuhr eine Kollegin auf eine Wochenendschulung, in der auch das Thema Mobbing angesprochen wurde. Mit der Erkenntnis, dass es sich in diesem Fall um Mobbing handelt, kam sie mit den anderen Kolleginnen überein, nach folgendem Schema einzugreifen: Jedes Mal, wenn der Vorgesetzte sein Mütchen an Severin abgekühlt hatte, ging eine Kollegin zu dem Vorgesetzten ins Büro, um ihm dort unter vier Augen mitzuteilen, dass sie sein Verhalten nicht in Ordnung findet. Dieses mutige Vorgehen wurde abwechselnd durchgeführt. Innerhalb von zehn Tagen unterließ der Vorgesetzte seine Attacken und hatte im Verlauf der nächsten eineinhalb Jahre keinen Rückfall.

Aber Achtung: Wenn sich die öffentliche Missbilligung gegen den Mobber bzw. dessen destruktives Verhalten wendet, ist es nicht ausgeschlossen, dass der Mobber versucht, seinen schwindenden sozialen Rückhalt als ein »Mobbing durch den Mobbingbetroffenen« umzudeuten. Auch auf eine solche Verkehrung sollte man vorbereitet sein, damit der Mobber damit nicht durchkommt. Es geht hier um die wichtige »Deutungsmacht«. Es ist selten erfolgreich, wenn der Betroffene eigenhändig versucht, seine Kollegen zu solcher Missbilligung aufzufordern. Besser ist es, wenn diese Aufforderung durch einen Dritten (z. B. den Mobbingbeauftragten) nahegelegt wird. Es ist am besten, wenn die Arbeitskollegen selbst darauf kommen und bereit sind, mit Zivilcourage aufzutreten.

6. Eingreifen ohne betriebliche Konfliktlösungsstrukturen

In diesem Abschnitt beschreiben wir unterschiedliche Vorgehensweisen für einen Mobbingberater bzw. für eine Person des Vertrauens unter erschwerten Bedingungen. Das sind die Bedingungen, die in vielen Betrieben und Dienststellen leider noch immer vorherrschen: Es gibt keine verbindlichen Strukturen für das Lösen von Konflikten und es gibt auch kaum Vorgesetzte mit Zivilcourage, die sich persönlich engagiert einbringen wollen. Was ist dann zu tun?

6.1 Deutungsmacht gewinnen

Die erste wichtige Maßnahme, um einen Fall von Mobbing oder psychischer Gewalt zu überwinden, besteht darin, das Problem beim richtigen Namen zu nennen. Die zweite besteht darin, wichtige betriebliche Akteure zu überzeugen, dass die Definition des Problems korrekt ist und dass ein Handlungsbedarf besteht.

Voraussetzung dafür ist, dass der Mobbingberater und der Betroffene zu dem eindeutigen Schluss gekommen, dass es sich um Mobbing oder eine anderer Form sozialer Aggression handelt (vgl. Abb. 30, S. 226; vgl. die Definitionen von Mobbing, psychischer Gewalt und Konflikt).

Der Mobber hat natürlich eine eigene Interpretation des Geschehens: »Der Mobbingbetroffene ist der Idiot«. Die übergeordneten Stellen stellen fest: »kein Problem, solange die Zahlen stimmen«. Die Geschäftsleitung ist sich sicher: »Bei uns gibt es kein Mobbing« und der Betriebsrat meint: »Wir haben viel wichtigere Probleme, die es zu meistern gilt«.

Der Beginn einer erfolgreichen Mobbingintervention besteht aus einem Kampf um die Köpfe. Gelingt es, Kollegen, Vorgesetzte, Funktionsträger und andere wichtige Personen zu sensibilisieren bzw. zu überzeugen? – zu überzeugen davon, dass hier ein ethisch (rechtlich, organisatorisch, ökonomisch) problematisches Verhalten vorliegt, das nicht länger hingenommen werden darf.

Abb. 40: Vorgehen in einem Mobbingfall

	bezüglich Deutungsmacht	bezüglich Verletzungsmacht	bezüglich Handlungsmacht
Einstieg	Beratung des Betroffenen Situationsanalyse Mobbing/Konflikt? Grad der Gefährdung	Mobilisierung der persönlichen, sozialen und professionellen Ressourcen	Rechtlage klären Position der Gewerkschaft Durchsetzungsplan Ausstiegs-Szenario
Infomation	Kommunikation des Falles mit geeigneten Vorgesetzten und/oder Mitarbeitern	Betriebsrat/Personalrat (informell) einbeziehen Schwerbehinderten-Vertretung usw.	**STOP** Verbale Grenzen ziehen gegenüber Mobber »Hören Sie auf ...!«
Positionierung	Vorgespräch mit Mobber Klärung der Positionen: Bereitschaft zu produktiven Gesprächen?	Zu Rücksichtnahme/ Einsicht auffordern Offizielle Missbilligung des Mobbing	Mobber in die Schranken weisen lassen Öffentl. Meinung gegen Mobber mobilisieren
Kooperation?	Aushandeln von gemeinsamen Regeln des Umgehens und des Arbeitens Sicherstellen eines Burgfriedens ggf. »Mobbing« zugunsten »Konflikt« fallenlassen		Zugzwang für Arbeitgeber schaffen: Erfüllen der Fürsorgepflicht Wahrnehmen des Gesundheitsschutzes Persönlichkeitsrecht usw.
Konfrontation	Wenn alles nicht hilft: Überzeugungsarbeit an vielen Stellen Medizinische, psychologische, juristische Gutachten und Papiere	Einsatz von Druckmitteln Einschüchterung der Mobber, Sanktionierung Betroffenen aus der Schusslinie nehmen	Machteingriff durch interne und externe Hilfe wie Betriebsrat, Anwalt, Gericht, Öffentlichkeit, Hartnäckigkeit

6.1.1 Wo Mobbing draufsteht, muss auch Mobbing drin sein

Wenn der Mobbingbeauftragte einen Fall von Mobbing oder psychischer Gewalt bearbeiten will, dann muss er sich zunächst seines inhaltlichen Urteils sicher sein. Die notwendige Grundlage dafür gewinnt man durch eine gründliche Analyse im Vorfeld. Die Hausaufgabe des Mobbingberaters besteht darin, im Sinne des Kap. F. 2.2 einzuschätzen, womit man es tatsächlich zu tun hat. Wer dabei einen eskalierten Konflikt diagnostiziert hat, sollte nicht leichtfertig von Mobbing reden. Ist man sich unsicher, dann sollte man eine Formulierung wählen, die knapp unterhalb dessen ist, wovon man überzeugt ist.

6.1.2 Mobbing »Mobbing« nennen?

Mobbing und psychische Gewalt sind alles andere als wertungsfreie Ausdrücke. Wer sie am Arbeitsplatz verwendet, erzeugt Wirkungen. Leider sind es nicht immer die beabsichtigten. Solange der Mobbingbeauftragte noch Hoffnung auf eine friedliche bzw. einvernehmliche Lösung mit dem Mobber hat, kann es sinnvoll sein, mit dem moralisch abschließenden Urteil »Mobbing« diplomatisch umzugehen. Fakt ist, niemand wird den Vorwurf auf sich sitzen lassen wollen, er sei ein Mobber. Wenn der Mobbingbeauftragte auf diese Weise mit der Tür in Haus fällt, wird man mit massiver Rechtfertigung sowie mit Gegenangriffen des Mobbers rechnen müssen, die dem Betroffenen zusätzlich zu schaffen machen können.

Auch bei Mobbing gilt womöglich der Spruch: Ist der Ruf erst ruiniert, lebt es sich ganz ungeniert. Das bedeutet, solange der Mobbingbeauftragte sozusagen im Raume stehen lässt, ob es sich um irgendeine Art von Konflikt oder bereits um Mobbing handelt, besteht noch eher die Chance, dass sich der Mobber auf eine Lösung im beiderseitigen Interesse einlässt. Sein Ruf ist noch nicht ruiniert und demzufolge das Interesse des Mobbers, sein Ansehen im Unternehmen aufzupolieren, noch groß.

> Diplomatische Umschreibungen für »Mobbing«:
> Eskalierter Konflikt – schwerwiegender Konflikt – Konflikt mit Mobbingtendenz
> »Vielleicht ist es nicht ihre Absicht, aber was sie tun, wirkt wie Mobbing.«

Als offizieller Mobbingbeauftragter oder auch als Konfliktlotse des Betriebs- bzw. Personalrats erzeugt man allein durch sein In-Erscheinung-Treten einen gewissen Eindruck. Jeder Beteiligte weiß, wenn so ein Funktionsträger auftaucht, dann gibt es einen gravierenden Grund. Möglicherweise muss das Wort »Mobbing« dann gar nicht fallen und trotzdem steht er im Raum.

Andererseits gibt es Konstellationen, in denen eine verbale Diplomatie völlig fehl am Platze ist. Eine derartige Zurückhaltung würde nur der bereits gegebenen Verschleierung oder Billigung durch das System weiteren Vorschub leisten. Gerade dadurch, dass die Person des Vertrauens Mobbing auch Mobbing nennt, verbleibt ein Stachel im Fleisch der Ignoranz. Weil die betreffende Institution beim Verursacher nicht tätig werden will, aber zugleich den unangenehmen Vorwurf abschwächen möchte, sorgt sie dann beispielsweise zumindest für eine geordnete Versetzung des Betroffenen.

Abb. 41: Wann Mobbing beim Namen genannt werden muss

- Das Mobbing geht von einer Person aus, die für soziale Übergriffe bekannt ist
- Geschäftsleitung, Personalabteilung bzw. Vorgesetzte gehen ignorant und verharmlosend mit dem Geschehen um
- Eine einvernehmliche Regelung mit den Mobber ist gescheitert oder unrealistisch
- Trotz einer einvernehmlichen Schlichtung wird das Mobbing fortgesetzt
- Die psychische Gewalt ist besonders grausam oder verwerflich

---

6.1.3 »Mobbing« im Betrieb kommunizieren

Es kann sein, dass sich der Mobbingbetroffene und der Mobbingberater einig sind, dass es sich um Mobbing handelt. Dennoch kommunizieren sie aus taktischen Gründen das Problem vorerst nicht mit diesem Etikett. Es kann sinnvoll sein, die Definition selektiv zu verwenden, je nachdem, welchem Gesprächspartner man gegenübersitzt. Allerdings wäre es falsch, sich in taktischen Spielchen zu verlieren.

Demjenigen gegenüber, der das Mobbing betreibt, von Mobbing zu sprechen, ist wie gesagt nicht ratsam, wenn es noch eine Chance auf eine einvernehmliche Lösung geben soll. Im Einzelfall gilt jedoch der gegenteilige Rat: Dem Mobber gegenüber ist der Mobbingvorwurf deutlich zum Ausdruck zu bringen, um ihm auf diese Weise die Gelegenheit zu bieten, praktisch das Gegenteil zu beweisen.

Nicht die tatsächliche Schwere eines Mobbingfalles erhöht die Wahrscheinlichkeit, dass dieser eine entsprechende Aufmerksamkeit erhält und gelöst wird. Nein, es ist die erfolgreiche Kommunikation eines solchen Falles, nämlich die

Verbreitung der Überzeugung, dass dieser Zustand nicht hinnehmbar ist. Nicht nur deswegen ist es viel leichter, etwas gegen Mobbing zu tun, wenn es bereits eine entsprechende Betriebs- bzw. Dienstvereinbarung gibt oder wenn die Personalabteilung dem Thema gegenüber sehr aufgeschlossen ist.

Den Mobber persönlich zu überzeugen, dass er ein übler Geselle ist, der sich schämen muss, ist ein schwieriges Geschäft. Dessen Vorgesetzte zu überzeugen, dass ein Handlungsbedarf besteht, ist schon aussichtsreicher.

6.2   Schlichtungsgespräche mit dem Mobber

Der typische Mobber dürfte an einer Schlichtung nicht interessiert sein. Nach seiner Vorstellung kann er seine Interessen am besten oder ausschließlich durch Mobbing realisieren. Auf Schlichtungsgespräche muss er sich aber notgedrungen einlassen, weil eine Verweigerung seinen Ruf und seine Glaubwürdigkeit schädigen würde. Der Mobbingbeauftragte sollte sich also bewusst bleiben, dass es sich bei diesen Schlichtungsgesprächen (zunächst) um eine Mogelpackung handelt. Der Mobbingbetroffene erhofft sich tatsächlich Abhilfe; der Mobber lässt sich nur darauf ein, um sein Gesicht zu wahren.

Eine unvorbereitete Konfrontation zwischen dem Mobbingbetroffenen und dem Mobber, die unter Hinzuziehung des Mobbingbeauftragten erfolgt, ist heikel. Empfehlenswert sind vorbereitende Gespräche, welche der Mobbingbeauftragte separat durchführt. Die Chancen für eine gemeinsame Schlichtung werden auf diese Weise mittels einer Pendeldiplomatie ausgetestet. Der Schlichter sollte sich sachlich und moralisch sattelfest fühlen. Diese Sattelfestigkeit ist nötig, weil von dem Mobber aus Gründen des Selbstschutzes Lügen, Verschleierung, Verharmlosung und Verdrehungen zu erwarten sind.

6.2.1   Vorgespräche

In der Anfangsphase sollte eine Pendeldiplomatie betrieben werden. Der Mobbingbetroffene und der Mobbingberater kommen überein, dass letzterer zunächst alleine ein Gespräch mit dem Mobber führen soll. Darüber muss das Gegenüber natürlich informiert werden und einverstanden sein. Geben Sie als Mobbingbeauftragter dem beabsichtigten Gespräch eine Überschrift, aber gehen Sie nicht schon vorher zu sehr ins Detail. Lassen Sie sich eine Ablehnung des Gesprächswunsches begründen. Eine Ablehnung lässt sich als

Indiz für die Berechtigung der Beschwerde des Mobbingbetroffenen interpretieren.

Handelt es sich um eine Gruppe von Mobbern, dann versuchen Sie zunächst das Gespräch mit Einzelnen aus dieser Gruppe. Ob es sich dabei um eine Randfigur, den »Sprecher« oder die »graue Eminenz« handeln soll, muss vorher abgewogen werden.

Abb. 42: Vorgespräche mit dem vermeintlichen Mobber

- Einige Aspekte der problematischen Situation ungeschminkt vorbringen
- Eine Stellungnahme des Gegenübers bezüglichen der vorgebrachten Probleme einholen, die Sichtweise des Gegenübers in einer generellen Form erfragen
- Wünsche und/oder Forderungen des Betroffenen vorbringen, wie sich dieser die zukünftigen Umgehensweisen, Arbeitsbedingungen usw. vorstellt
- Indizien für ablehnendes oder kooperatives Verhalten einsammeln
- Verbale Bereitschaft für ein gemeinsames Gespräch und die Bereitschaft für ein einvernehmliches Klären der Probleme einholen

---

Sie sollten als Mobbingberater in diesem ersten Gespräch zügig zur Sache kommen. Stellen Sie den problematischen Sachverhalt deutlich und sachlich dar. Nehmen Sie einzelne Sachverhalte heraus, machen Sie nicht das sprichwörtliche Fass ganz auf. Vermeiden Sie verfrühte persönliche Vorwürfe. Geben Sie dem Mobbingsachverhalt eine »Überschrift«, auf die man sich im Gespräch immer wieder beziehen kann (z. B. ungerechte Behandlung, verletzende Kritik). Untermauern Sie Ihre Darstellung damit, dass Sie eine ausgewählte Mobbingsituation, an welcher der Mobber beteiligt gewesen ist, als Beispiel anführen. Machen Sie deutlich, dass Sie gut informiert sind.

Beispiel:

»Guten Tag, Herr Meyer. Sie ahnen wohl schon, weshalb ich zu Ihnen komme. Herr Müller war bei mir und hat berichtet, was ihm in letzter Zeit in dieser Abteilung zugemutet wurde. Man kann das so zusammenfassen: Herr Müller wird mit Arbeiten überhäuft, die gar nicht in sein Gebiet gehören. Zugleich wird er unentwegt kritisiert und beleidigt, weil er die ihm zugeschobene Arbeit nicht schafft. Ich halte das für eine ganz bedenkliche Entwicklung, die nicht weiter hingenommen werden kann. Das schadet auch unserem Betriebsklima. Herr Müller möchte, dass in Zukunft Beleidigungen und unsachliche Kritik unterbleiben und dass gemeinsam überlegt wird, wie der Arbeitsanfall in der Abteilung ohne Stress aufgeteilt werden kann. Mich interessiert, wie Sie die Sache sehen.«

Es ist nicht empfehlenswert, alle Probleme des Betroffenen gleichzeitig auf den Tisch zu bringen, sondern sich auf ein bis drei für den Mobbingbetroffenen wichtige Punkte zu konzentrieren. Das Aushandeln von Details soll ja erst in den späteren Gesprächen zwischen dem Mobbingbetroffenen und dem Mobber geschehen. Vermeiden Sie jede ungewollte Eskalation. Die Kunst der Schlichtung besteht darin, die unversöhnliche und kompromisslose persönliche Feindseligkeit in einen betrieblich zu lösenden, soweit als möglich versachlichten Konflikt umzuformen. Wenn der Mobber sich von allein in Empörung oder Aggression hineinsteigert und von seiner Seite keine positive Resonanz erfolgt, dann können Sie mit Sicherheit davon ausgehen, dass er eine Schlichtung (aus mobbingtypischen Gründen) vermeiden will.

> **Wichtig:**
> Die Kunst der Schlichtung besteht bei Mobbing darin, die persönliche Feindseligkeit in einen lösbaren Konflikt umzuformen. In den Vorgesprächen geht es darum, zu prüfen, ob überhaupt eine Basis dafür existiert.

Werden Sie etwa durch Gegenargumente unterbrochen, dann geben Sie das, was zu sagen ist, etappenweise ab. Stellen Sie sicher, dass der Mobber die wichtigsten Punkte Ihrer Botschaft auch tatsächlich zur Kenntnis genommen hat. Soweit es nötig und sinnvoll ist, können Sie es ihm auch zusätzlich schriftlich geben. Machen Sie sich abschließend eine Protokollnotiz zu Ablauf, Inhalt und Ergebnis des Gesprächs.

In diesen maximal zwei Vorgesprächen geht es vor allem darum, die Gesprächs- und Lösungsbereitschaft des Gegenüber herauszufinden: Gibt es eine erkennbare und glaubwürdige Chance auf Konfliktlösung zwischen dem Mobbingbetroffenen und dem Mobber?

6.2.2 Wenn der Mobber mauert, jammert oder zum Gegenangriff übergeht

Trotz einer guten Einleitung kann das Gespräch einen schwierigen Verlauf nehmen. Typische Abwehrreaktionen sind »Mauern«, »Gegenangriff« und »Jammern«. Es sind Versuche, sich – ohne zuviel preiszugeben – aus der unangenehmen Situation zu befreien. Der Gesprächspartner kann zum Beispiel wir folgt reagieren:

- Er schweigt sich aus und verweigert jedes Gespräch.
- Er streitet rigoros alles ab und verlangt eindeutige Beweise.
- Er gibt sich grenzenlos empört und droht mit seinem Rechtsanwalt.
- Er zieht sich auf Belanglosigkeiten zurück und macht Witze.
- Er bezeichnet den Mobbingberater als einen Handlanger des Mobbingbetroffenen.

Versuchen Sie in einer solchen Situation nicht, eine positivere Reaktion zu erzwingen. Verschärfen Sie die Lage aber auch nicht dadurch, indem Sie ihn zu sehr in die Enge treiben. Betrachten Sie dieses erste Gespräch als eine Art »Probebohrung«. Räumen Sie dem Mobber ein, eine Nacht darüber zu schlafen. Wiederholen Sie die Forderung des Mobbingbetroffenen ein weiteres Mal. Warnen Sie ihn, dass eine Fortsetzung des Mobbing negative Konsequenzen haben wird. Kündigen Sie an, dass Sie wiederkommen.

Beispiel:
»Gut, Herr Meyer. Sie wollen jetzt dazu nichts sagen. Vielleicht wollen Sie das Gesagte auch erst einmal überschlafen. Ich möchte Ihnen zum Abschluss noch einmal sagen, dass ich die Situation sehr ernst nehme. Die Angriffe gegen Herrn Müller sind ganz und gar nicht so, wie Arbeitskollegen in unserem Betrieb miteinander umgehen sollten. Wer seine Mitarbeiter mit Beleidigungen und wüsten Beschimpfungen führen will, hat in Zukunft mit Konsequenzen zu rechnen. Aber ich bin weiterhin offen, auch Ihre Sicht der Dinge kennenzulernen. Das gilt insbesondere für die Arbeitsbelastung in dieser Abteilung, die offenbar für viele ein Problem ist. Ich werde Sie auf jeden Fall Anfang des nächsten Monats noch einmal aufsuchen.«

Häufig wird sich der Mobber nicht schweigend zurückziehen bzw. mauern, sondern seine Sache offensiv verteidigen, wie es seinem sonstigen Vorgehen entspricht. Als Gegenangriffe kommen unter anderem in Betracht:

- Er trägt Verfehlungen des Mobbingbetroffenen vor.
- Er erklärt den Mobbingbetroffenen für überempfindlich.
- Er teilt mit, dass die Vorwürfe und Vorgehensweisen gegen den Mobbingbetroffenen berechtigt seien.

Mobbingberater scheinen zu fürchten, dass sie dadurch in die Rolle des unparteiischen Schiedsrichters gedrängt würden, der für alle Aussagen das Pro und Contra in Prozent errechnen müsste. Derartiges ist aber nicht die Aufgabe eines Schlichters. Wenn die Mobbinganalyse gründlich war, dann haben Sie genug beweisbare Anhaltspunkte dafür, dass Mobbing vorliegt. Bei der Bekämpfung von Mobbing geht es ja gerade darum, solche zerstörerischen *Formen* von Konfliktführung auszuschalten.

Unser Anliegen ist es nicht, Konflikte überhaupt zu vermeiden. Wenn ein Mobber inhaltlich zum Gegenangriff übergeht, sich verteidigt oder rechtfertigt, dann haben Sie ihn eigentlich dort, wo Sie ihn haben wollen: im Gespräch! Nutzen Sie die Gelegenheit, sich umfassend über die Sichtweise des Mobbers zu informieren. Vielleicht gibt es Anknüpfungspunkte für eine Schlichtung. Möglicherweise kommen betriebliche Missstände ans Tageslicht, die hinter der ganzen Misere stecken.

Klagt der Mobber, können Sie sich recht gute Chancen für die Schlichtung ausrechnen. Offenbar gibt es auch auf Seiten des Mobbers einen hohen Leidensdruck. Das Mobbing dient womöglich als Ventil. Ein gangbarer alternativer Weg für die eigenen Interessen und Probleme dürfte daher auf Interesse stoßen.

| **Wichtig:**
Wenn der Mobber klagt und schimpft, haben Sie ihn dort, wo Sie in brauchen – im Konfliktgespräch.

Versuchen Sie nicht, den Mobber von seiner eigenen Schlechtigkeit zu überzeugen. Gehen Sie auf seine inhaltlichen Argumente ein und stellen Sie sachlich Ihre eigene Sichtweise dagegen. Lassen Sie die unterschiedlichen Interpretationen von einzelnen Mobbingsituationen erst einmal nebeneinander stehen. Die Frage: »Wer hat angefangen?« ist ohnehin meist nicht zu klären und auch unerheblich. Betonen Sie stattdessen, dass das Mobbingverhalten wegen seiner gesundheitsgefährdenden Wirkung nicht gerechtfertigt und ethisch nicht akzeptabel ist.

6.2.3   Wenn der Mobber überzeugend argumentiert

Für eine überzeugende Argumentation des Mobbers sind zwei Gründe denkbar. Der erste Grund besteht darin, dass der Mobber mit seiner Sichtweise tatsächlich Recht hat. Daraus lässt sich allerdings nicht die Schlussfolgerung ableiten, dass der Mobbingbetroffene gelogen oder sich alles nur eingebildet hat, sondern dass es grundlegende Missverständnisse sowie Unterschiede bei der Kommunikation und den Wertvorstellungen der Beteiligten gibt. Das bedeutet, es gibt einen schwerwiegenden Konflikt, der schleunigst bereinigt werden muss. Der zweite Grund ist, dass der Mobber ein äußerst geschickter Kommunikator ist, dem es in fast jeder Lage gelingt, das soziale Umfeld mit schönen Worten, Verdrehungen und Lügen hinters Licht zu führen. Dann heißt es, weiter fleißig Hausaufgaben machen.

6.2.4   Das Sechs-Augen-Gespräch

Wenn sich im Vorgespräch herausstellt, dass ein einvernehmliches Gespräch zwischen den Akteuren des Mobbing eine Chance auf Erfolg haben kann, dann sollte es auch zeitnah durchgeführt werden. Der Mobbingbeauftragte nimmt daran unbedingt als Person des Vertrauens für den Betroffenen teil. Es ist nicht möglich, dass er jetzt in die Rolle eines völlig neutralen Konfliktmoderators oder Mediators schlüpft. Technisch gesehen kann er natürlich die Rolle der Gesprächsleitung ausfüllen. Diese Besonderheit sollte den Beteiligten deutlich gemacht werden. Wenn sich beide Parteien auf solche Gespräche verständigt haben, dann müssen sie gegenseitig den Status als Konfliktpartei anerkennen.

269

Es funktioniert nicht, wenn der Betroffene die ganze Zeit versucht, sein Gegenüber von dessen eigenen Schlechtigkeit zu überzeugen oder umgekehrt.

Im Sechs-Augen-Gespräch sollte die Vergangenheitsbewältigung (d. h. Klage und Rechtfertigung bzw. Schuldeingeständnis) einen geringen Raum einnehmen. Ein zukunftsorientiertes Vorgehen ist besser. Allerdings darf auch nicht so getan werden, als hätte es die problematische Vergangenheit gar nicht gegeben. So hätte es nämlich der Mobber gerne. Beide Konfliktparteien sollen ihre berechtigten Erwartungen an die jeweils andere Seite formulieren. Jede Seite soll konkret benennen, welche positiven Schritte sie in Zukunft unternehmen will. Nehmen Sie den Konfliktparteien nicht die Aufgabe ab, ihre Erwartungen und ihre Bereitschaft zum Entgegenkommen selbst in Worte zu fassen. Lassen Sie das erzielte Ergebnis durch Handschlag oder Unterschrift besiegeln.

Es handelt sich um eine Gesprächsrunde, die wenig betriebliches Aufsehen machen sollte. Im kleinen Kreis wird versucht, die bestehenden Probleme so zu besprechen und zu lösen, dass eine weitere Zusammenarbeit möglich ist und zugleich weitere Mobbinghandlungen unterbleiben.

Wenn es sich um eine Gruppe von Mobbern handelt, dann sollte nur ein »Sprecher« dieser Gruppe an dem Gespräch teilnehmen. Möchte derjenige, von dem das Mobbing ausgeht, selbst einen »Sekundanten« dabei haben oder will die komplette Gruppe teilnehmen, muss das Ganze als eine völlig anders konzipierte Gesprächsrunde stattfinden – als runder Tisch.

Das sechs-Augen-Gespräch bietet dem Mobber zahlreiche Möglichkeiten zum Einlenken. Außerdem werden viele Anstrengungen unternommen, auch seinen berechtigten Interessen gerecht zu werden. Damit diese Herangehensweise – deren Gebot die Fairness ist – nicht als Schwäche interpretiert wird, müssen auch die Druckmittel und Sanktionen »auf den Tisch«. Das wären die Konsequenzen, die dem Mobber drohen, wenn das Mobbing nach der Beendigung der Gespräche weitergehen sollte. Leider scheitern sechs-Augen-Gespräche nicht selten, weil sich der Mobber nur zum Schein beteiligt hat. Dann waren sie nur eine Etappe vor dem großen »Showdown«.

6.3 Konfliktbereinigung und Machteingriff durch Vorgesetzte

In den meisten Mobbingfällen ist es prinzipiell sinnvoll, Vorgesetzte einzuschalten. Die Interessenvertretung kann sich beglückwünschen, wenn die Arbeitgeberseite ein Interesse an einem guten Betriebsklima hat und für das

Thema sensibilisiert ist. In den Betrieben und Dienststellen, in denen eine Betriebs- bzw. Dienstvereinbarung »Mobbing« existiert, sind die Rolle der Vorgesetzten und deren Pflicht zur Abhilfe solcher Vorkommnisse meistens genau geregelt. Im Folgenden gehen wir von dem Umstand aus, dass es eine solche Regelung nicht gibt und der Mobbingberater Eigeninitiative und Geschick einsetzen muss.

Der Weg über den unmittelbaren Vorgesetzten des Mobbingbetroffenen kann Probleme bereiten. Nicht wenige Vorgesetzte sind mit der Bereinigung von Konflikten ihrer Mitarbeiter schlichtweg überfordert. Dies gilt insbesondere dann, wenn der Vorgesetzte

- neu im Betrieb ist und sich noch orientieren muss;
- mit anderen Problemen überlastet ist;
- mit dem Mobber persönlich verbunden ist;
- den Mobber für betrieblich unersetzbar hält;
- sich in der Hierarchie nicht exponieren will;
- es allen Recht machen möchte und Konflikte scheut;
- kein Geschick im Umgang mit Menschen hat;
- fürchtet, dass ihm alles aus dem Ruder läuft;
- Konfliktmanagement und Gesprächsführung nur unzureichend beherrscht.

Allen Bedenken und Schwachpunkten zum Trotz haben Vorgesetzte einen entscheidenden Pluspunkt: Sie besitzen Macht, insbesondere in der Form des Weisungsrechts. Sie können Mobber, die nicht mit sich reden lassen wollen, wirkungsvoll in die Schranken weisen.

Wichtig:
Die Macht des Vorgesetzten in Form des Weisungsrechts kann ein scharfes Schwert gegen Mobbing sein; es ist aber ein zweischneidiges. Suchen Sie daher den »richtigen« Vorgesetzten aus.

Ein durchsetzungsfähiger, aber zugleich sensibler Vorgesetzter, der Mobbing als ein ernstzunehmendes Problem einschätzt und gewillt ist, solche Dinge in seinem Verantwortungsbereich abzustellen, der wird dies auch erreichen. Unbedacht und willkürlich eingesetzt, kann die Macht eines Vorgesetzten auch das Gegenteil von dem bewirken, was gewünscht ist. Vergessen wir nicht, dass nach den Feststellungen von *Heinz Leymann* in der späten Mobbingphase oft falsche Entscheidungen der Hierarchie vorgekommen sind. Es kann also auch während der Mobbingbearbeitung zu völlig unangemessenen Anordnungen und Sanktionen kommen – sowohl gegen den Betroffenen als auch gegen den Mobber.

Adressat von Beschwerden ist grundsätzlich der unmittelbare Vorgesetzte. Dies hilft allerdings dann nicht weiter, wenn dieser selbst am Mobbing beteiligt ist. Außerdem ist nicht jeder unmittelbare Vorgesetzte zur Lösung von Mob-

271

bingsituationen willens und geeignet. Am Besten ist es, wenn für solche Konflikte besonders qualifizierte Ansprechpartner in der betrieblichen Hierarchie existieren. Es gibt Dienststellen, etwa bei der Polizei, wo dies der Fall ist.

Sind keine speziellen Mobbingansprechpartner auf der Arbeitgeberseite vorhanden, dann kann der Mobbingbeauftragte versuchen, in der Personalabteilung nach einem engagierten Ansprechpartner zu suchen. Das kann wiederum dazu führen, dass sich der direkte Vorgesetzte übergangen fühlt und demzufolge wenig kooperiert. Ein Problem kann es auch geben, wenn sich verschiedene Vorgesetzte vor Ort gegenseitig blockieren. Für Mobbingberater in größeren Betrieben und Dienststellen ist es deswegen unerlässlich, sich mit der Arbeitgeberseite auf feste Ansprechpartner (z. B. aus der Personalabteilung) zu einigen.

Wenn ein Vorgesetzter zuständig ist, sollte ihn der bereits engagierte Mobbingberater nicht einfach machen lassen. Es macht wenig Sinn, das Rad zweimal zu erfinden. Eine Mobbinganalyse wurde schon durchgeführt, intensive Gespräche mit dem Betroffenen und vielleicht sogar ein Schlichtungsgespräch mit dem Mobber haben stattgefunden. Der Mobbingberater sollte versuchen, seine Vorarbeit für den Vorgesetzten aufzubereiten. Argumentationshilfe und Vorschläge, wie das Mobbing beendet werden kann, sind seine Zuarbeit für den Vorgesetzten. Andererseits muss er im Interesse des Betroffenen auch darauf achten, dass der zuständige Vorgesetzte für ein faires und sachgemäßes Verfahren sorgt und sachgerechte Entscheidungen und Anordnungen trifft. Eine vertrauensvolle Kooperation zwischen dem Mobbingberater und dem zuständigen Vorgesetzten ist erstrebenswert.

Wenn die Behandlung des Mobbingkonflikts durch den Vorgesetzten nicht erwartungsgemäß verlaufen ist, ist es umso schwerer, noch etwas nachzubessern. Dann ist manchmal auch die Konfrontation mit diesem Vorgesetzten nicht mehr zu vermeiden, etwa infolge einer Intervention seitens des Betriebs- bzw. Personalrats.

6.4   Der runde Tisch und die Konfliktkommission

Es sind viele Wenn's und Aber's, welche das Sechs-Augen-Gespräch und auch die Delegation des Mobbingkonflikts an den direkten Vorgesetzten überschatten. Diese spielen keine Rolle mehr, wenn man das Problem zugleich mit allen relevanten Personen bearbeitet. Das ist das Konzept des runden Tisches, der auch in der Politik von zunehmender Bedeutung ist. Der Mobbingberater kann versuchen, einen solchen runden Tisch zu initiieren, wenn die Schlichtung über den zuständigen Vorgesetzten in einer Sackgasse gelandet ist.

An einem runden Tisch sind zu beteiligen: entscheidungsbefugte Personen von Arbeitgeberseite (z. B. Personalleiter), Mitglieder der betrieblichen Interessenvertretung sowie fachlich geeignete Personen (z. B. Betriebsarzt, Sozialbetreuung). Dazu gehören selbstverständlich der Betroffene und seine Person des Vertrauens (Mobbingberater) und der Mobber, manchmal auch einzelne Vorgesetzte sowie Arbeitskollegen.

Der runde Tisch sollte für besondere Anlässe reserviert bleiben, denn er ist extrem personalintensiv, bedarf einer sehr guten Vorbereitung und stellt eine große Herausforderung für den Moderator bzw. Diskussionsleiter dar. Sein Vorteil ist, dass alle relevanten Stellen zeitgleich den identischen Sachstand erfahren. Am runden Tisch gibt es den Blick über den Tellerrand der einzelnen Abteilungen und realistische Lösungen können schnell in Entscheidungen überführt werden – sofern sie nicht am runden Tisch zerredet wurden.

Die beste Alternative zum runden Tisch ist eine Konfliktkommission mit jeweils zwei Vertretern aus den Reihen von Arbeitgeber und Interessenvertretung als regelmäßig tagendes Sachverständigengremium für die Bearbeitung und Lösungsvorbereitung schwerwiegender Konflikte. Viele Betriebe und Dienststellen haben sich auf eine solche Lösung verständigt, da es sich hierbei um ein äußerst wirkungsvolles Instrument handelt, um Mobbinghandlungen wirkungsvoll zu unterbinden.

Für den Mobbingberater als Person des Vertrauens ist es existentiell, dass er an allen Sitzungen und Treffen teilnimmt, zu denen der Mobbingbetroffene in seiner Angelegenheit eingeladen ist. Hartnäckigkeit und Präsenz sind sehr wichtige Eigenschaften, um der verbreiteten Verantwortungslosigkeit bei Mobbing etwas entgegenzusetzen.

Eine grundsätzliche Bemerkung zu den Möglichkeiten und Grenzen des Eingreifens in einen Mobbingkonflikt: Es lässt sich gut vorbereiten und planen, *wie* man eingreifen will. Ebenso hilfreich ist es zu wissen, was man letzten Endes will. Wir appellieren eindringlich, immer gut vorbereitet zu sein. Trotz guter Vorbereitung und klarer Ziele dürfen Sie jedoch nicht davon ausgehen, dass Sie dadurch bestimmen oder gar erzwingen könnten, *was* als konkretes Ergebnis ihres Eingreifens im Endeffekt *herauskommt*. Die Lösung von Mobbingkonflikten lässt sich eben nicht wie das Abschießen einer Kanonenkugel – zielen, schießen und (irgendwas) treffen – bewerkstelligen.

6.5   **Sanktionen! – Sanktionen?**

Mobbing ist ein Vorgehen, dessen Zielsetzung und Einzelaktionen unserem Rechtsgefühl nicht entsprechen, aber dennoch mit juristischen Mitteln nur schwer zu bewältigen ist. Das ahnen oder wissen auch die meisten, die Mobbing betreiben. Das ganze Reden und Verhandeln mit einem Mobber, wie das hier in verschiedenen Abschnitten aufgedröselt wurde, funktioniert nicht, wenn nicht in letzter Konsequenz auch Druckmittel existieren, die dem Mobber unangenehme »Schmerzen« zufügen können.

Neben den rechtlichen Mitteln muss stets auch über alternative Machtinstrumente und Sanktionen nachgedacht werden. Die Aussicht auf eine gekappte Karriere, auf den Entzug der sozialen Anerkennung sowie auf eine Veröffentlichung der Missetaten, können einem Mobber schon zu denken geben, oder? Die Beschneidung der beruflichen Einflusssphäre, die Versetzung in eine andere Schicht sowie der Entzug von Privilegien (und sei es nur der reservierte Parkplatz) – kann das zur Besinnung führen?

6.6   **Schadensbegrenzung – Organisierter Rückzug**

Aus unterschiedlichen Gründen kann es für den Betroffenen perspektivlos sein, noch länger bleiben zu wollen. Die Demütigung sitzt zu tief, der Respekt bei den anderen Beschäftigten scheint verloren, die eigene Verletzlichkeit ist zu groß. Die persönliche Katastrophe ist perfekt, wenn der Betroffene kündigt: die finanziellen Einbußen sind bisweilen gravierend, es droht die Verhängung einer Sperrzeit, das Finden eines neuen Arbeitsplatzes gestaltet sich oftmals als schwierig. Vor allem belastet den Betroffenen die persönliche Demütigung und der Verlust des Selbstwertgefühls, die mit einem solchen Panik-Schritt verbunden sind. Solch ein Szenario sollte unbedingt verhindert werden.

Wenn sich in einem Mobbingfall jedoch abzeichnet, dass die Verletzungsmacht des Mobbers zu groß ist oder dass der strukturelle Täterschutz keine wirklich fairen Lösungen zulässt, dann ist es Zeit, über einen organisierten Rückzug des Betroffenen nachzudenken. Dabei kann es sich zum einen um eine Versetzung innerhalb des Betriebs bzw. der Dienststelle handeln. Allerdings sollte es eine Versetzung zu fairen Konditionen sein. Weiter können der Ausspruch einer Kündigung sowie die einvernehmliche Auflösung des Beschäftigungsverhältnisses in Betracht kommen. Psychologisch muss der Betroffene dabei in die Lage versetzt werden, den Rückzug als einen persönlichen Schritt in eine bessere Zukunft zu gehen. Der Betroffene muss mit Stolz gehen und sich sagen können: »Ich bin mir mehr wert, als von diesem System verschlissen und zerstört zu werden. Ich gehe und finde für mich dort einen neuen Anfang, wo ich willkommen bin.«

7. Nachsorge

Sorgen Sie nach einer Schlichtung bzw. nach einer anderweitigen Klärung des Problems dafür, dass der Bereich, in dem das Mobbing aufgetreten ist, unter Beobachtung bleibt. Sind Mobber und Mobbingbetroffener weiterhin im gleichen Arbeitsbereich tätig, vereinbaren Sie mindestens ein verbindliches Nachfolgetreffen innerhalb von drei Monaten. Steht das Schlichtungsergebnis auf wackeligen Füßen, sollten von der Arbeitgeberseite regelmäßig stattfindende Nachfolgetreffen verbindlich angeordnet werden. Diese Treffen dienen der Erfolgskontrolle, aber auch der Warnung. Ein lascher Umgang mit solchen Gesprächen würde sich im Betrieb bzw. in der Dienststelle herumsprechen und die Wirksamkeit dieser Methode in anderen Fällen untergraben. Sorgen Sie deshalb dafür, dass man sich trifft, auch wenn scheinbar nichts mehr vorliegt.

Verabreden Sie sich und/oder telefonieren Sie – wenn möglich regelmäßig – mit dem ehemaligen Mobbingbetroffenen. Sorgen Sie außerdem dafür, dass sich die Arbeitgeberseite mit der jetzigen Lösung des Mobbingfalls nicht aus ihrer Fürsorgepflicht entlassen fühlt. Nachsorge bedeutet, den ehemals Beteiligten zu signalisieren: »Ich bleibe dran, man kann sich zur Not wieder an mich wenden. Ich bleibe an den Menschen interessiert, auch wenn das aktuelle Problem aus der Welt ist.«

Anhang

1. Überblick über abgeschlossene Betriebs- und Dienstvereinbarungen

Die Diskussion über die Mobbingproblematik in der bundesdeutschen Arbeitswelt nahm im Jahr 1993 seinen Anfang, nachdem das Buch von *Heinz Leymann* »Mobbing – Psychoterror am Arbeitsplatz und wie man sich dagegen wehren kann« erschienen war. Kurze Zeit später wurden die ersten Betriebs- und Dienstvereinbarungen abgeschlossen. Seitdem sind viele Vereinbarungen hinzugekommen und bereits bestehende Vereinbarungen wurden überarbeitet, auch wenn nur ein geringer Teil von ihnen veröffentlicht worden ist. Dokumentiert wurden u.a. die folgenden Betriebs- und Dienstvereinbarungen:

- Rahmenkonzernbetriebsvereinbarung der Deutsche Bahn AG »über Partnerschaftliches Verhalten am Arbeitsplatz« vom 27.4.1999 (*Wolmerath 2001*, S. 323);
- Konzernbetriebsvereinbarung der Arbeiterwohlfahrt Bezirk Westliches Westfalen e.V. vom 18.2.1999 (*Wolmerath 2001*, S. 327);
- Gesamtbetriebsvereinbarung der Ford-Werke AG »Partnerschaftliches Verhalten am Arbeitsplatz« vom 14.1.2002 (dbr 1/2005, 32)
- Betriebsvereinbarung über partnerschaftliches Verhalten am Arbeitsplatz (Beschwerdestelle im Sinne des AGG) vom 26.1.2007 (dbr 4/2008, 32; s.a. Anhang 2; Hinweis: Diese Betriebsvereinbarung ersetzt die Vereinbarung vom 14.1.2002;
- Betriebsvereinbarung »Partnerschaftliches Verhalten am Arbeitsplatz« der Volkswagen AG vom 27.6.1996 (AuR 1996, 443);
- Betriebsvereinbarung »Partnerschaftliches Verhalten am Arbeitsplatz« der Deutsche Telekom Niederlassung Kaiserslautern vom 2.6.1999 (*Wolmerath 2001*, S. 330);
- Betriebsvereinbarung vom 4.3.1998 für die Städtischen Seniorenheime Dortmund gGmbH (*Wolmerath 2001*, S. 335);

- Betriebsvereinbarung »über das Verhalten der Arbeitnehmer/innen der Krankenhaus GmbH« der Städtischen Krankenhaus Hildesheim GmbH vom 9.1.1998 (*Wolmerath 2001*, S. 338);
- Betriebsvereinbarung »Partnerschaftliches Verhalten am Arbeitsplatz« für den DRK Kreisverband Forst (Lausitz) e.V. vom 21.8.1999 (*Wolmerath 2001*, S. 343);
- »Betriebsvereinbarung zur Verhinderung von Mobbing« für die Bildungsvereinigung Arbeit und Leben Niedersachsen e.V. vom 15.6.1999 (*Wolmerath 2001*, S. 350);
- Dienstvereinbarung »über den Beschäftigtenschutz (sexuelle Belästigung, Mobbing und Diskriminierung)« der Bundesversicherungsanstalt für Angestellte (BfA) vom 24.4.1998 (*Wolmerath 2001*, S. 353);
- Dienstvereinbarung der Landeshauptstadt München »für den Umgang mit Mobbing am Arbeitsplatz« vom 14.10.1997 (PersR 1998, 357);
- Dienstvereinbarung der Landeshauptstadt München »bei Mobbing und Schikane« vom 23.11.2000 (PersR 2001, 114), Hinweis: Diese Dienstvereinbarung ersetzt die Vereinbarung vom 14.10.1997;
- Dienstvereinbarung des Bezirksamtes Berlin Weißensee zur »Mobbingabwehr« (AuA 1996, 349);
- Dienstvereinbarung der Stadt Friedrichshafen »zum Schutz der Mitarbeiterinnen und Mitarbeiter gegen Mobbing am Arbeitsplatz« vom 20.5.1996 (PersR 1996, 393);
- Dienstvereinbarung gegen Mobbing für das Städtische Krankenhaus Friedrichshafen vom 23.4.1998 (*Wolmerath 2001*, S. 358);
- Dienstvereinbarung »Anlaufstelle zur Lösung von Konflikten am Arbeitsplatz« des Universitäts-Krankenhauses Eppendorf in Hamburg vom 24.7.1997 (AuA 1999, 165);
- Dienstvereinbarung »zum Schutze der Mitarbeiterinnen und Mitarbeiter gegen Mobbing am Arbeitsplatz« der Landesversicherungsanstalt Mecklenburg-Vorpommern vom 4.11.1997 (*Wolmerath 2001*, S. 361);
- »Dienstvereinbarung zum Schutz vor Mobbing« für das Arbeitsamt Köln vom 4.6.1997 (*Wolmerath 2001*, S. 364);
- »Dienstvereinbarung für ein partnerschaftliches Verhalten am Arbeitsplatz bei der AOK – Die Gesundheitskasse in Thüringen« vom 14.3.2001 (PersR 2002, 19).

Viele weitere Betriebs- und Dienstvereinbarungen finden sich im Internet, sofern man sich einer Suchmaschine bedient. Insoweit erlauben wir uns den Hinweis, bei Bedarf eine Internetrecherche durchzuführen, zumal die Zahl der im Internet eingestellten Vereinbarungen weiter zunimmt. Schlussendlich sei

auf www.soliserv.de verwiesen. Dort findet sich eine Datenbank mit abgeschlossenen Betriebs- und Dienstvereinbarungen.

2. Betriebsvereinbarung über partnerschaftliches Verhalten am Arbeitsplatz (Beschwerdestelle im Sinne des § 13 Abs. 1 AGG)

Zu Beginn der Mobbingdiskussion in den 1990er Jahren war regelmäßig die Frage zu vernehmen, wie eine Betriebs- bzw. Dienstvereinbarung zur Mobbingproblematik auszusehen hat. Zudem wurde von der Arbeitgeberseite immer wieder in Abrede gestellt, dass es solche Vereinbarungen überhaupt gibt. Beides kann heute als überholt angesehen werden. Insoweit sei der Verweis auf Anhang 1 erlaubt.

Aktuell stellt sich vor allem vor dem Hintergrund der Entscheidung des *BAG* vom 25.10.2008 (8 AZR 593/06; vgl. www.bundesarbeitsgericht.de unter »Entscheidungen«, wo das Urteil kostenlos heruntergeladen werden kann) die Frage, wie das AGG und die Mobbingproblematik – Entsprechendes gilt im Übrigen für alle Erscheinungsformen der psychosozialen Belastung – in einer Betriebs- bzw. Dienstvereinbarung zusammengefasst werden können. Bewerkstelligt wurde dies bei der Ford GmbH mit der »Betriebsvereinbarung über partnerschaftliches Verhalten am Arbeitsplatz (Beschwerdestelle im Sinne des AGG) vom 26.1.2007, die seit dem 26.1.2007 in allen inländischen Werken der Ford-Werke GmbH gilt. Der Wortlaut dieser Betriebsvereinbarung (vgl. dbr 4/2008, 32) wird im Folgenden dokumentiert.

Präambel

Geschäftsführung und Gesamtbetriebsrat sind sich darüber einig, dass im Unternehmen ein Arbeitsklima bestehen muss, das von partnerschaftlichem Verhalten an allen Arbeitsplätzen und auf allen Ebenen geprägt ist.

Alle Beschäftigten sind aufgefordert, an der Gestaltung eines Arbeitsklimas mitzuwirken, das von Wertschätzung und Toleranz geprägt ist.

In dem Willen, das Betriebsklima in unserem Unternehmen zu verbessern, Konflikte konstruktiv zu lösen und negative Auswirkungen von Konflikten auf Einzelne zu verhindern, verstehen Geschäftsführung und Gesamtbetriebsrat diese Vereinbarung zugleich als Verhaltenskodex im Sinne des Allgemeinen Gleichbehandlungsgesetzes (AGG).

Das erklärte Ziel der Betriebsparteien ist es, Benachteiligungen aus Gründen der Rasse oder der ethnischen Herkunft, des Geschlechts, der Religion oder Weltanschauung, einer Behinderung, des Alters oder der sexuellen Identität oder sonstigen Handlungen, die die freie Entfaltung der Persönlichkeit beeinträchtigen – wie insbesondere Mobbing-Handlungen – zu verhindern oder zu beseitigen.

Die Betriebsparteien sind sich darüber einig, dass sonstige gesetzliche Bestimmungen hiervon unberührt bleiben.

§ 1 Geltungsbereich
Diese Betriebsvereinbarung gilt für alle Beschäftigten der deutschen Standorte der Ford-Werke GmbH.

§ 2 Benachteiligungs-/Belästigungsverbot
Geschäftsführung und Gesamtbetriebsrat sind sich einig darüber, dass Respekt im Umgang miteinander ein entscheidender Aspekt der partnerschaftlichen Zusammenarbeit ist. Benachteiligungen und Belästigungen aus Gründen der Rasse oder der ethnischen Herkunft, des Geschlechts, der Religion oder Weltanschauung, einer Behinderung, des Alters oder der sexuellen Identität oder sonstigen Handlungen, die die freie Entfaltung der Persönlichkeit beeinträchtigen, stellen einen Verstoß gegen den hier niedergelegten Grundsatz der partnerschaftlichen Zusammenarbeit dar.

Alle Beschäftigten des Unternehmens haben daher Maßnahmen zu unterlassen, die die Entfaltung der Persönlichkeit Einzelner beeinträchtigen können oder als ungerechtfertigte Benachteiligung im Sinne des Allgemeinen Gleichbehandlungsgesetzes (AGG) empfunden werden können.

Insbesondere ist darauf zu achten, dass niemand durch unmittelbare oder mittelbare Handlungen

- in seinem sozialen Ansehen geschädigt wird,
- durch Wort, Bild, Gesten oder Handlungen sexuell belästigt oder diskriminiert wird,
- durch die ihm zugewiesenen Arbeitsaufgaben diskriminiert oder gedemütigt wird.

Die Anweisung zur Benachteiligung einer Person aus einem der genannten Gründe gilt als Benachteiligung.

§ 3 Sanktionen
Unabhängig von den im Folgenden genannten Vorgehensweisen zur Verhinderung von Benachteiligungen, Belästigungen und Beeinträchtigungen kommen Geschäftsführung und Gesamtbetriebsrat überein, dass sie belästigende Handlungen nach § 2 als ernsthafte Verletzung des Betriebsfriedens betrachten. Gegen Beschäftigte, die trotzdem solche Vorgehensweisen ausüben, werden geeignete disziplinarische Maßnahmen eingeleitet, die bis zur Auflösung des Arbeitsverhältnisses führen können.

Werden Beschäftigte bei der Ausübung ihrer Tätigkeit durch Dritte benachteiligt, wird das Unternehmen die geeigneten, erforderlichen und angemessenen Maßnahmen zum Schutze der Beschäftigten ergreifen.

§ 4 Betriebliches Beschwerderecht

Beschäftigte, die sich vom Unternehmen, von Vorgesetzten, von anderen Beschäftigten oder Dritten aus Gründen der Rasse oder der ethnischen Herkunft, des Geschlechts, der Religion oder Weltanschauung, einer Behinderung, des Alters oder der sexuellen Identität oder sonstigen Handlungen, die die freie Entfaltung der Persönlichkeit beeinträchtigen, benachteiligt fühlen, haben das Recht zur Beschwerde gemäß § 5 dieser Vereinbarung. Nachteile dürfen ihnen daraus nicht entstehen.

Die Beschwerde ist bei der betrieblichen Beratungsstelle anzubringen. Die betriebliche Beratungsstelle ist Beschwerdestelle im Sinne des § 13 AGG.

Die Rechte des Betriebsrats bleiben unberührt.

§ 5 Stufen der Beschwerdebehandlung

(1) Dem/Der Beschäftigten, der/die eine Beschwerde nach § 4 vorbringt, wird in der Regel zunächst ein Gespräch mit dem Konfliktgegner unter Leitung eines Mitgliedes der betrieblichen Beratungsstelle angeboten. Auf Wunsch des/der Beschäftigten können auch Vertreter des Betriebsrates, der Schwerbehindertenvertretung, der Personalabteilung oder des Gesundheitsdienstes hinzugezogen werden. Dieses Gespräch soll unverzüglich nach Eingang der Beschwerde stattfinden. Betroffene können für den Erstkontakt wählen, an welches Mitglied der Beratungsstelle sie sich wenden.

(2) Ergibt sich bei diesem Gespräch keine Einigung, soll unverzüglich ein weiteres Vermittlungsgespräch stattfinden. Hierzu wird der nächsthöhere Vorgesetzte hinzugezogen.

(3) Kommen beide Konfliktgegner auch in diesem Gespräch nicht zu einer Einigung oder besteht der ursprüngliche Missstand, der Anlass zur Beschwerde gab, fort, wird die Angelegenheit unverzüglich wieder in der betrieblichen Beratungsstelle behandelt.

Die betriebliche Beratungsstelle informiert den/die Beschäftigte/-n über das Ergebnis der Gespräche und Ermittlungen. Im Falle einer festgestellten ungerechtfertigten Benachteiligung durch andere Beschäftigte oder durch einen Dritten informiert die betriebliche Beratungsstelle darüber hinaus den Arbeitgeber.

§ 6 Zusammensetzung der betrieblichen Beratungsstelle

Zur Beratung der Beschäftigten bei Anliegen im Sinne dieser Betriebsvereinbarung stehen die Mitglieder der betrieblichen Beratungsstellen der Standorte

Niehl/Merkenich, FCSD uns Saarlouis zur Verfügung. Sie ist eine ständige Einrichtung und setzt sich paritätisch aus Mitgliedern der Geschäftsführung und der jeweiligen Arbeitnehmervertretung zusammen. Jede Betriebspartei benennt ihre Mitglieder. Auf Seiten der Geschäftsführung sollte ein Werksarzt benannt sein. Die Beratungsstelle benennt aus ihrer Mitte einen Vorsitzenden. Wenn keine Einigkeit über den Vorsitzenden erzielt wird, übernimmt den Vorsitz im halbjährlichen Wechsel ein Vertreter der Geschäftsführung bzw. ein Vertreter des Betriebsrats.
Die Mitglieder der Beratungsstelle werden entsprechend geschult.

§ 7 Aufgaben der betrieblichen Beratungsstelle
Die betriebliche Beratungsstelle empfiehlt auf Basis eines Mehrheitsbeschlusses geeignete Maßnahmen zur Beseitigung der ungerechtfertigten Benachteiligung bzw. zur Beilegung des Konfliktes. Sie hat darüber hinaus folgende Aufgaben:
- Beratung der Betroffenen
- Entgegennahme und Bearbeitung von Beschwerden
- Initiieren von vorbeugenden Maßnahmen und Schulungen insbesondere Konfliktbewältigungstraining
- Maßnahmen zur Kommunikation im Betrieb
- Kontakte zu externen Stellen.

Vorgetragene Anliegen werden gemäß § 5 unverzüglich behandelt. Die Mitglieder der Beratungsstelle sind hinsichtlich der ihnen in dieser Tätigkeit bekannt werdenden Angelegenheiten über die Zeit ihrer Ernennung hinaus zum Stillschweigen verpflichtet.

§ 8 Beratungen
Arbeitgeber und Betriebsrat beraten einmal im Jahr oder bei gegebenem Anlass über den Stand der Beachtung des Benachteiligungsverbotes des AGG im Betrieb und gegebenenfalls zu ergreifende Maßnahmen.

§ 9 Schlussbestimmungen
1. Diese Vereinbarung tritt mit sofortiger Wirkung in Kraft. Sie ersetzt die Betriebsvereinbarung über Partnerschaftliches Verhalten am Arbeitsplatz vom 14.1.2002.
2. Die Betriebsvereinbarung oder einzelne ihrer Bestimmungen können jederzeit im Wege von Vereinbarungen zwischen Geschäftsführung und Gesamtbetriebsrat abgeändert oder ergänzt werden.
3. Die Vereinbarung kann mit einer Frist von drei Monaten zum Ende eines Kalenderjahres, erstmals zum 31.12.2008, gekündigt werden.
4. Sie entfaltet im Falle der Kündigung keine Nachwirkung.

3.   Allgemeines Gleichbehandlungsgesetz (AGG)

Am 18.8.2006 ist das Allgemeine Gleichbehandlungsgesetz (AGG) in Kraft getreten. Seine besondere Bedeutung für die juristische Aufarbeitung von Mobbing hat es mit der Entscheidung des *BAG* vom 25.10.2008 (8 AZR 593/06; vgl. www.bundesarbeitsgericht.de unter »Entscheidungen«, wo das Urteil kostenlos heruntergeladen werden kann) erfahren. Im Folgenden wird der Wortlaut dieses Gesetzes in Auszügen dokumentiert, soweit es für die Mobbingproblematik von Interesse sein kann. Der vollständige Wortlaut des AGG – Gleiches gilt für alle in diesem Ratgeber angesprochenen Rechtsvorschriften – findet sich im Internet unter www.gesetze-im-internet-de, einer kostenlos zu nutzenden Einrichtung des Bundesministeriums der Justiz in Kooperation mit der juris GmbH.

§ 1 Ziel des Gesetzes
Ziel des Gesetzes ist, Benachteiligungen aus Gründen der Rasse oder wegen der ethnischen Herkunft, des Geschlechts, der Religion oder Weltanschauung, einer Behinderung, des Alters oder der sexuellen Identität zu verhindern oder zu beseitigen.

§ 2 Anwendungsbereich
(1) Benachteiligungen aus einem in § 1 genannten Grund sind nach Maßgabe dieses Gesetzes unzulässig in Bezug auf:
1. die Bedingungen, einschließlich Auswahlkriterien und Einstellungsbedingungen, für den Zugang zu unselbstständiger und selbstständiger Erwerbstätigkeit, unabhängig von Tätigkeitsfeld und beruflicher Position, sowie für den beruflichen Aufstieg,
2. die Beschäftigungs- und Arbeitsbedingungen einschließlich Arbeitsentgelt und Entlassungsbedingungen, insbesondere in individual- und kollektivrechtlichen Vereinbarungen und Maßnahmen bei der Durchführung und Beendigung eines Beschäftigungsverhältnisses sowie beim beruflichen Aufstieg,
3. den Zugang zu allen Formen und allen Ebenen der Berufsberatung, der Berufsbildung einschließlich der Berufsausbildung, der beruflichen Weiterbildung und der Umschulung sowie der praktischen Berufserfahrung,
4. die Mitgliedschaft und Mitwirkung in einer Beschäftigten- oder Arbeitgebervereinigung oder einer Vereinigung, deren Mitglieder einer bestimmten Berufsgruppe angehören, einschließlich der Inanspruchnahme der Leistungen solcher Vereinigungen,

284

5. den Sozialschutz, einschließlich der sozialen Sicherheit und der Gesundheitsdienste,

6. die sozialen Vergünstigungen,

7. die Bildung,

8. den Zugang zu und die Versorgung mit Gütern und Dienstleistungen, die der Öffentlichkeit zur Verfügung stehen, einschließlich von Wohnraum.

(2) Für Leistungen nach dem Sozialgesetzbuch gelten § 33c des Ersten Buches Sozialgesetzbuch und § 19a des Vierten Buches Sozialgesetzbuch. Für die betriebliche Altersvorsorge gilt das Betriebsrentengesetz.

(3) Die Geltung sonstiger Benachteiligungsverbote oder Gebote der Gleichbehandlung wird durch dieses Gesetz nicht berührt. Dies gilt auch für öffentlich-rechtliche Vorschriften, die dem Schutz bestimmter Personengruppen dienen.

(4) Für Kündigungen gelten ausschließlich die Bestimmungen zum allgemeinen und besonderen Kündigungsschutz.

§ 3 Begriffsbestimmungen

(1) Eine unmittelbare Benachteiligung liegt vor, wenn eine Person wegen eines in § 1 genannten Grundes eine weniger günstige Behandlung erfährt, als eine andere Person in einer vergleichbaren Situation erfährt, erfahren hat oder erfahren würde. Eine unmittelbare Benachteiligung wegen des Geschlechts liegt in Bezug auf § 2 Abs. 1 Nr. 1 bis 4 auch im Falle einer ungünstigeren Behandlung einer Frau wegen Schwangerschaft oder Mutterschaft vor.

(2) Eine mittelbare Benachteiligung liegt vor, wenn dem Anschein nach neutrale Vorschriften, Kriterien oder Verfahren Personen wegen eines in § 1 genannten Grundes gegenüber anderen Personen in besonderer Weise benachteiligen können, es sei denn, die betreffenden Vorschriften, Kriterien oder Verfahren sind durch ein rechtmäßiges Ziel sachlich gerechtfertigt und die Mittel sind zur Erreichung dieses Ziels angemessen und erforderlich.

(3) Eine Belästigung ist eine Benachteiligung, wenn unerwünschte Verhaltensweisen, die mit einem in § 1 genannten Grund in Zusammenhang stehen, bezwecken oder bewirken, dass die Würde der betreffenden Person verletzt und ein von Einschüchterungen, Anfeindungen, Erniedrigungen, Entwürdigungen oder Beleidigungen gekennzeichnetes Umfeld geschaffen wird.

(4) Eine sexuelle Belästigung ist eine Benachteiligung in Bezug auf § 2 Abs. 1 Nr. 1 bis 4, wenn ein unerwünschtes, sexuell bestimmtes Verhalten, wozu auch unerwünschte sexuelle Handlungen und Aufforderungen zu diesen, sexuell bestimmte körperliche Berührungen, Bemerkungen sexuellen Inhalts sowie unerwünschtes Zeigen und sichtbares Anbringen von pornographischen Dar-

stellungen gehören, bezweckt oder bewirkt, dass die Würde der betreffenden Person verletzt wird, insbesondere wenn ein von Einschüchterungen, Anfeindungen, Erniedrigungen, Entwürdigungen oder Beleidigungen gekennzeichnetes Umfeld geschaffen wird.

(5) Die Anweisung zur Benachteiligung einer Person aus einem in § 1 genannten Grund gilt als Benachteiligung. Eine solche Anweisung liegt in Bezug auf § 2 Abs. 1 Nr. 1 bis 4 insbesondere vor, wenn jemand eine Person zu einem Verhalten bestimmt, das einen Beschäftigten oder eine Beschäftigte wegen eines in § 1 genannten Grundes benachteiligt oder benachteiligen kann.

§ 4 Unterschiedliche Behandlung wegen mehrerer Gründe

Erfolgt eine unterschiedliche Behandlung wegen mehrerer der in § 1 genannten Gründe, so kann diese unterschiedliche Behandlung nach den §§ 8 bis 10 und 20 nur gerechtfertigt werden, wenn sich die Rechtfertigung auf alle diese Gründe erstreckt, derentwegen die unterschiedliche Behandlung erfolgt.

§ 5 Positive Maßnahmen

Ungeachtet der in den §§ 8 bis 10 sowie in § 20 benannten Gründe ist eine unterschiedliche Behandlung auch zulässig, wenn durch geeignete und angemessene Maßnahmen bestehende Nachteile wegen eines in § 1 genannten Grundes verhindert oder ausgeglichen werden sollen.

§ 6 Persönlicher Anwendungsbereich

(1) Beschäftigte im Sinne dieses Gesetzes sind
1. Arbeitnehmerinnen und Arbeitnehmer,
2. die zu ihrer Berufsbildung Beschäftigten,
3. Personen, die wegen ihrer wirtschaftlichen Unselbstständigkeit als arbeitnehmerähnliche Personen anzusehen sind; zu diesen gehören auch die in Heimarbeit Beschäftigten und die ihnen Gleichgestellten.

Als Beschäftigte gelten auch die Bewerberinnen und Bewerber für ein Beschäftigungsverhältnis sowie die Personen, deren Beschäftigungsverhältnis beendet ist.

(2) Arbeitgeber (Arbeitgeber und Arbeitgeberinnen) im Sinne dieses Abschnitts sind natürliche und juristische Personen sowie rechtsfähige Personengesellschaften, die Personen nach Absatz 1 beschäftigen. Werden Beschäftigte einem Dritten zur Arbeitsleistung überlassen, so gilt auch dieser als Arbeitgeber im Sinne dieses Abschnitts. Für die in Heimarbeit Beschäftigten und die ihnen Gleichgestellten tritt an die Stelle des Arbeitgebers der Auftraggeber oder Zwischenmeister.

(3) Soweit es die Bedingungen für den Zugang zur Erwerbstätigkeit sowie den

beruflichen Aufstieg betrifft, gelten die Vorschriften dieses Abschnitts für Selbstständige und Organmitglieder, insbesondere Geschäftsführer oder Geschäftsführerinnen und Vorstände, entsprechend.

§ 7 Benachteiligungsverbot

(1) Beschäftigte dürfen nicht wegen eines in § 1 genannten Grundes benachteiligt werden; dies gilt auch, wenn die Person, die die Benachteiligung begeht, das Vorliegen eines in § 1 genannten Grundes bei der Benachteiligung nur annimmt.

(2) Bestimmungen in Vereinbarungen, die gegen das Benachteiligungsverbot des Absatzes 1 verstoßen, sind unwirksam.

(3) Eine Benachteiligung nach Absatz 1 durch Arbeitgeber oder Beschäftigte ist eine Verletzung vertraglicher Pflichten.

§ 8 Zulässige unterschiedliche Behandlung wegen beruflicher Anforderungen

(1) Eine unterschiedliche Behandlung wegen eines in § 1 genannten Grundes ist zulässig, wenn dieser Grund wegen der Art der auszuübenden Tätigkeit oder der Bedingungen ihrer Ausübung eine wesentliche und entscheidende berufliche Anforderung darstellt, sofern der Zweck rechtmäßig und die Anforderung angemessen ist.

(2) Die Vereinbarung einer geringeren Vergütung für gleiche oder gleichwertige Arbeit wegen eines in § 1 genannten Grundes wird nicht dadurch gerechtfertigt, dass wegen eines in § 1 genannten Grundes besondere Schutzvorschriften gelten.

§ 9 Zulässige unterschiedliche Behandlung wegen der Religion oder Weltanschauung

(1) Ungeachtet des § 8 ist eine unterschiedliche Behandlung wegen der Religion oder der Weltanschauung bei der Beschäftigung durch Religionsgemeinschaften, die ihnen zugeordneten Einrichtungen ohne Rücksicht auf ihre Rechtsform oder durch Vereinigungen, die sich die gemeinschaftliche Pflege einer Religion oder Weltanschauung zur Aufgabe machen, auch zulässig, wenn eine bestimmte Religion oder Weltanschauung unter Beachtung des Selbstverständnisses der jeweiligen Religionsgemeinschaft oder Vereinigung im Hinblick auf ihr Selbstbestimmungsrecht oder nach der Art der Tätigkeit eine gerechtfertigte berufliche Anforderung darstellt.

(2) Das Verbot unterschiedlicher Behandlung wegen der Religion oder der Weltanschauung berührt nicht das Recht der in Absatz 1 genannten Religionsgemeinschaften, der ihnen zugeordneten Einrichtungen ohne Rücksicht auf ihre Rechtsform oder der Vereinigungen, die sich die gemeinschaftliche Pflege

einer Religion oder Weltanschauung zur Aufgabe machen, von ihren Beschäftigten ein loyales und aufrichtiges Verhalten im Sinne ihres jeweiligen Selbstverständnisses verlangen zu können.

§ 10 Zulässige unterschiedliche Behandlung wegen des Alters

Ungeachtet des § 8 ist eine unterschiedliche Behandlung wegen des Alters auch zulässig, wenn sie objektiv und angemessen und durch ein legitimes Ziel gerechtfertigt ist. Die Mittel zur Erreichung dieses Ziels müssen angemessen und erforderlich sein. Derartige unterschiedliche Behandlungen können insbesondere Folgendes einschließen:

1. die Festlegung besonderer Bedingungen für den Zugang zur Beschäftigung und zur beruflichen Bildung sowie besonderer Beschäftigungs- und Arbeitsbedingungen, einschließlich der Bedingungen für Entlohnung und Beendigung des Beschäftigungsverhältnisses, um die berufliche Eingliederung von Jugendlichen, älteren Beschäftigten und Personen mit Fürsorgepflichten zu fördern oder ihren Schutz sicherzustellen,

2. die Festlegung von Mindestanforderungen an das Alter, die Berufserfahrung oder das Dienstalter für den Zugang zur Beschäftigung oder für bestimmte mit der Beschäftigung verbundene Vorteile,

3. die Festsetzung eines Höchstalters für die Einstellung auf Grund der spezifischen Ausbildungsanforderungen eines bestimmten Arbeitsplatzes oder auf Grund der Notwendigkeit einer angemessenen Beschäftigungszeit vor dem Eintritt in den Ruhestand,

4. die Festsetzung von Altersgrenzen bei den betrieblichen Systemen der sozialen Sicherheit als Voraussetzung für die Mitgliedschaft oder den Bezug von Altersrente oder von Leistungen bei Invalidität einschließlich der Festsetzung unterschiedlicher Altersgrenzen im Rahmen dieser Systeme für bestimmte Beschäftigte oder Gruppen von Beschäftigten und die Verwendung von Alterskriterien im Rahmen dieser Systeme für versicherungsmathematische Berechnungen,

5. eine Vereinbarung, die die Beendigung des Beschäftigungsverhältnisses ohne Kündigung zu einem Zeitpunkt vorsieht, zu dem der oder die Beschäftigte eine Rente wegen Alters beantragen kann; § 41 des Sechsten Buches Sozialgesetzbuch bleibt unberührt,

6. Differenzierungen von Leistungen in Sozialplänen im Sinne des Betriebsverfassungsgesetzes, wenn die Parteien eine nach Alter oder Betriebszugehörigkeit gestaffelte Abfindungsregelung geschaffen haben, in der die wesentlich vom Alter abhängenden Chancen auf dem Arbeitsmarkt durch eine verhältnismäßig starke Betonung des Lebensalters erkennbar berücksichtigt

worden sind, oder Beschäftigte von den Leistungen des Sozialplans ausgeschlossen haben, die wirtschaftlich abgesichert sind, weil sie, gegebenenfalls nach Bezug von Arbeitslosengeld, rentenberechtigt sind.

§ 11 Ausschreibung

Ein Arbeitsplatz darf nicht unter Verstoß gegen § 7 Abs. 1 ausgeschrieben
werden.

§ 12 Maßnahmen und Pflichten des Arbeitgebers

(1) Der Arbeitgeber ist verpflichtet, die erforderlichen Maßnahmen zum Schutz
vor Benachteiligungen wegen eines in § 1 genannten Grundes zu treffen. Dieser
Schutz umfasst auch vorbeugende Maßnahmen.

(2) Der Arbeitgeber soll in geeigneter Art und Weise, insbesondere im Rahmen
der beruflichen Aus- und Fortbildung, auf die Unzulässigkeit solcher Benachteiligungen hinweisen und darauf hinwirken, dass diese unterbleiben. Hat der
Arbeitgeber seine Beschäftigten in geeigneter Weise zum Zwecke der Verhinderung von Benachteiligung geschult, gilt dies als Erfüllung seiner Pflichten
nach Absatz 1.

(3) Verstoßen Beschäftigte gegen das Benachteiligungsverbot des § 7 Abs. 1, so
hat der Arbeitgeber die im Einzelfall geeigneten, erforderlichen und angemessenen Maßnahmen zur Unterbindung der Benachteiligung wie Abmahnung,
Umsetzung, Versetzung oder Kündigung zu ergreifen.

(4) Werden Beschäftigte bei der Ausübung ihrer Tätigkeit durch Dritte nach § 7
Abs. 1 benachteiligt, so hat der Arbeitgeber die im Einzelfall geeigneten, erforderlichen und angemessenen Maßnahmen zum Schutz der Beschäftigten zu
ergreifen.

(5) Dieses Gesetz und § 61 b des Arbeitsgerichtsgesetzes sowie Informationen
über die für die Behandlung von Beschwerden nach § 13 zuständigen Stellen
sind im Betrieb oder in der Dienststelle bekannt zu machen. Die Bekannt-
machung kann durch Aushang oder Auslegung an geeigneter Stelle oder den
Einsatz der im Betrieb oder der Dienststelle üblichen Informations- und Kom-
munikationstechnik erfolgen.

§ 13 Beschwerderecht

(1) Die Beschäftigten haben das Recht, sich bei den zuständigen Stellen des
Betriebs, des Unternehmens oder der Dienststelle zu beschweren, wenn sie sich
im Zusammenhang mit ihrem Beschäftigungsverhältnis vom Arbeitgeber, von
Vorgesetzten, anderen Beschäftigten oder Dritten wegen eines in § 1 genannten
Grundes benachteiligt fühlen. Die Beschwerde ist zu prüfen und das Ergebnis
der oder dem beschwerdeführenden Beschäftigten mitzuteilen.

289

(2) Die Rechte der Arbeitnehmervertretungen bleiben unberührt.

§ 14 Leistungsverweigerungsrecht

Ergreift der Arbeitgeber keine oder offensichtlich ungeeignete Maßnahmen zur Unterbindung einer Belästigung oder sexuellen Belästigung am Arbeitsplatz, sind die betroffenen Beschäftigten berechtigt, ihre Tätigkeit ohne Verlust des Arbeitsentgelts einzustellen, soweit dies zu ihrem Schutz erforderlich ist. § 273 des Bürgerlichen Gesetzbuchs bleibt unberührt.

§ 15 Entschädigung und Schadensersatz

(1) Bei einem Verstoß gegen das Benachteiligungsverbot ist der Arbeitgeber verpflichtet, den hierdurch entstandenen Schaden zu ersetzen. Dies gilt nicht, wenn der Arbeitgeber die Pflichtverletzung nicht zu vertreten hat.

(2) Wegen eines Schadens, der nicht Vermögensschaden ist, kann der oder die Beschäftigte eine angemessene Entschädigung in Geld verlangen. Die Entschädigung darf bei einer Nichteinstellung drei Monatsgehälter nicht übersteigen, wenn der oder die Beschäftigte auch bei benachteiligungsfreier Auswahl nicht eingestellt worden wäre.

(3) Der Arbeitgeber ist bei der Anwendung kollektivrechtlicher Vereinbarungen nur dann zur Entschädigung verpflichtet, wenn er vorsätzlich oder grob fahrlässig handelt.

(4) Ein Anspruch nach Absatz 1 oder 2 muss innerhalb einer Frist von zwei Monaten schriftlich geltend gemacht werden, es sei denn, die Tarifvertragsparteien haben etwas anderes vereinbart. Die Frist beginnt im Falle einer Bewerbung oder eines beruflichen Aufstiegs mit dem Zugang der Ablehnung und in den sonstigen Fällen einer Benachteiligung zu dem Zeitpunkt, in dem der oder die Beschäftigte von der Benachteiligung Kenntnis erlangt.

(5) Im Übrigen bleiben Ansprüche gegen den Arbeitgeber, die sich aus anderen Rechtsvorschriften ergeben, unberührt.

(6) Ein Verstoß des Arbeitgebers gegen das Benachteiligungsverbot des § 7 Abs. 1 begründet keinen Anspruch auf Begründung eines Beschäftigungsverhältnisses, Berufsausbildungsverhältnisses oder einen beruflichen Aufstieg, es sei denn, ein solcher ergibt sich aus einem anderen Rechtsgrund.

§ 16 Maßregelungsverbot

(1) Der Arbeitgeber darf Beschäftigte nicht wegen der Inanspruchnahme von Rechten nach diesem Abschnitt oder wegen der Weigerung, eine gegen diesen Abschnitt verstoßende Anweisung auszuführen, benachteiligen. Gleiches gilt für Personen, die den Beschäftigten hierbei unterstützen oder als Zeuginnen oder Zeugen aussagen.

(2) Die Zurückweisung oder Duldung benachteiligender Verhaltensweisen durch betroffene Beschäftigte darf nicht als Grundlage für eine Entscheidung herangezogen werden, die diese Beschäftigten berührt. Absatz 1 Satz 2 gilt entsprechend.

(3) § 22 gilt entsprechend.

§ 17 Soziale Verantwortung der Beteiligten

(1) Tarifvertragsparteien, Arbeitgeber, Beschäftigte und deren Vertretungen sind aufgefordert, im Rahmen ihrer Aufgaben und Handlungsmöglichkeiten an der Verwirklichung des in § 1 genannten Ziels mitzuwirken.

(2) In Betrieben, in denen die Voraussetzungen des § 1 Abs. 1 Satz 1 des Betriebsverfassungsgesetzes vorliegen, können bei einem groben Verstoß des Arbeitgebers gegen Vorschriften aus diesem Abschnitt der Betriebsrat oder eine im Betrieb vertretene Gewerkschaft unter der Voraussetzung des § 23 Abs. 3 Satz 1 des Betriebsverfassungsgesetzes die dort genannten Rechte gerichtlich geltend machen; § 23 Abs. 3 Satz 2 bis 5 des Betriebsverfassungsgesetzes gilt entsprechend. Mit dem Antrag dürfen nicht Ansprüche des Benachteiligten geltend gemacht werden.

(...)

§ 22 Beweislast

Wenn im Streitfall die eine Partei Indizien beweist, die eine Benachteiligung wegen eines in § 1 genannten Grundes vermuten lassen, trägt die andere Partei die Beweislast dafür, dass kein Verstoß gegen die Bestimmungen zum Schutz vor Benachteiligung vorgelegen hat.

(...)

§ 24 Sonderregelung für öffentlich-rechtliche Dienstverhältnisse

Die Vorschriften dieses Gesetzes gelten unter Berücksichtigung ihrer besonderen Rechtsstellung entsprechend für

1. Beamtinnen und Beamte des Bundes, der Länder, der Gemeinden, der Gemeindeverbände sowie der sonstigen der Aufsicht des Bundes oder eines Landes unterstehenden Körperschaften, Anstalten und Stiftungen des öffentlichen Rechts,
2. Richterinnen und Richter des Bundes und der Länder,
3. Zivildienstleistende sowie anerkannte Kriegsdienstverweigerer, soweit ihre Heranziehung zum Zivildienst betroffen ist.

§ 25 Antidiskriminierungsstelle des Bundes

(1) Beim Bundesministerium für Familie, Senioren, Frauen und Jugend wird unbeschadet der Zuständigkeit der Beauftragten des Deutschen Bundestages

oder der Bundesregierung die Stelle des Bundes zum Schutz vor Benachteiligungen wegen eines in § 1 genannten Grundes (Antidiskriminierungsstelle des Bundes) errichtet.

(2) Der Antidiskriminierungsstelle des Bundes ist die für die Erfüllung ihrer Aufgaben notwendige Personal- und Sachausstattung zur Verfügung zu stellen. Sie ist im Einzelplan des Bundesministeriums für Familie, Senioren, Frauen und Jugend in einem eigenen Kapitel auszuweisen.

(...)

§ 27 Aufgaben

(1) Wer der Ansicht ist, wegen eines in § 1 genannten Grundes benachteiligt worden zu sein, kann sich an die Antidiskriminierungsstelle des Bundes wenden.

(2) Die Antidiskriminierungsstelle des Bundes unterstützt auf unabhängige Weise Personen, die sich nach Absatz 1 an sie wenden, bei der Durchsetzung ihrer Rechte zum Schutz vor Benachteiligungen. Hierbei kann sie insbesondere

1. über Ansprüche und die Möglichkeiten des rechtlichen Vorgehens im Rahmen gesetzlicher Regelungen zum Schutz vor Benachteiligungen informieren,
2. Beratung durch andere Stellen vermitteln,
3. eine gütliche Beilegung zwischen den Beteiligten anstreben.

Soweit Beauftragte des Deutschen Bundestages oder der Bundesregierung zuständig sind, leitet die Antidiskriminierungsstelle des Bundes die Anliegen der in Absatz 1 genannten Personen mit deren Einverständnis unverzüglich an diese weiter.

(3) Die Antidiskriminierungsstelle des Bundes nimmt auf unabhängige Weise folgende Aufgaben wahr, soweit nicht die Zuständigkeit der Beauftragten der Bundesregierung oder des Deutschen Bundestages berührt ist:

1. Öffentlichkeitsarbeit,
2. Maßnahmen zur Verhinderung von Benachteiligungen aus den in § 1 genannten Gründen,
3. Durchführung wissenschaftlicher Untersuchungen zu diesen Benachteiligungen.

(4) Die Antidiskriminierungsstelle des Bundes und die in ihrem Zuständigkeitsbereich betroffenen Beauftragten der Bundesregierung und des Deutschen Bundestages legen gemeinsam dem Deutschen Bundestag alle vier Jahre Berichte über Benachteiligungen aus den in § 1 genannten Gründen vor und geben Empfehlungen zur Beseitigung und Vermeidung dieser Benachteiligungen. Sie können gemeinsam wissenschaftliche Untersuchungen zu Benachteiligungen durchführen.

(5) Die Antidiskriminierungsstelle des Bundes und die in ihrem Zuständigkeitsbereich betroffenen Beauftragten der Bundesregierung und des Deutschen Bundestages sollen bei Benachteiligungen aus mehreren der in § 1 genannten Gründe zusammenarbeiten.

§ 28 Befugnisse
(1) Die Antidiskriminierungsstelle des Bundes kann in Fällen des § 27 Abs. 2 Satz 2 Nr. 3 Beteiligte um Stellungnahmen ersuchen, soweit die Person, die sich nach § 27 Abs. 1 an sie gewandt hat, hierzu ihr Einverständnis erklärt.
(2) Alle Bundesbehörden und sonstigen öffentlichen Stellen im Bereich des Bundes sind verpflichtet, die Antidiskriminierungsstelle des Bundes bei der Erfüllung ihrer Aufgaben zu unterstützen, insbesondere die erforderlichen Auskünfte zu erteilen. Die Bestimmungen zum Schutz personenbezogener Daten bleiben unberührt.
(...)

§ 31 Unabdingbarkeit
Von den Vorschriften dieses Gesetzes kann nicht zu Ungunsten der geschützten Personen abgewichen werden.
(...)

Stichwortverzeichnis

Kompetenz verbindet

Petra Höfers

Arbeitszeugnisse in Industrie, IT und Handwerk

2011. 176 Seiten, kartoniert
€ 14,90
978-3-7663- 6068-7

Das Arbeitszeugnis ist eines der wichtigsten Dokumente im Berufsleben und von großer Bedeutung für den weiteren Karriereweg.

Leicht verständlich gibt der Ratgeber einen Überblick über den Aufbau eines einfachen und qualifizierten Zeugnisses, die formalen Standards und die »Geheimsprache« in den Arbeitszeugnissen. »Arbeitszeugnisse in Industrie, IT und Handwerk« zeigt anhand zahlreicher Beispiele aus der Praxis, was gute Zeugnisse ausmacht, wie die Zeugnissprache richtig zu interpretieren ist und erläutert auch die Möglichkeiten, gegen ein schlechtes Zeugnis vorzugehen.

Zu beziehen über den gut sortierten Fachbuchhandel oder direkt beim Verlag unter E-Mail: kontakt@bund-verlag.de

Bund-Verlag

Kompetenz verbindet

Heinz-Josef Eichhorn

Abmahnung – was tun?

Der Ratgeber für Arbeitnehmer und ihre Interessenvertretung
4., überarbeitete und aktualisierte Auflage
2009. 172 Seiten, kartoniert
€ 14,90
ISBN 978-3-7663-3931-7

Ob als Vorstufe zu einer möglichen Kündigung oder als Mittel
zur Disziplinierung – in Zeiten hoher Arbeitslosigkeit sind
Abmahnungen sehr bedrohlich. Arbeitnehmer und ihre Interessenvertretungen sollten daher über Bedeutung und Folgen
einer Abmahnung gut informiert sein.

Der Ratgeber enthält eine ausführliche und aktualisierte
Rechtsprechungsübersicht zur Abmahnung sowie zahlreiche
Muster von Gegendarstellungen. Betroffene Arbeitnehmer
wie auch die Interessenvertretungen können mit diesem Ratgeber rechtliche Konsequenzen einer Abmahnung überschau-
en und geeignete Gegenmaßnahmen ergreifen. Ausführlich
geht das Buch auch auf Mobbing, sexuelle Belästigung und
Diskriminierung in abmahnungsrelevanter Hinsicht ein.

Zu beziehen über den gut sortierten Fachbuchhandel oder
direkt beim Verlag unter E-Mail: kontakt@bund-verlag.de

Bund-Verlag

Kompetenz verbindet

Jens Peter Hjort

Aufhebungsvertrag und Abfindung

Strategien, Tipps und Musterverträge
3., aktualisierte Auflage
2008. 267 Seiten, kartoniert
€ 19,90
ISBN 978-3-7663-3822-8

Der praktische Ratgeber bietet einen leicht verständlichen Überblick über die arbeitsrechtlichen Rahmenbedingungen von Aufhebungsverträgen. Im Mittelpunkt des Buches stehen ausführlich erläuterte Formulierungshilfen für die bei Aufhebungs- und Abwicklungsverträgen regelungsbedürftigen Bestandteile – immer bezogen auf konkrete Einzelfälle und Alternativvorschläge berücksichtigend. Ebenso zeigt der Autor, wie Risiken und unerwünschte Nebeneffekte von Aufhebungsvereinbarungen – z.B. in Form von Sperrzeiten beim Arbeitslosengeld und steuerlichen Nachteilen – vermieden werden können.

Besonders hilfreich: Das Buch widmet sich auch den psychologischen Mechanismen und zeigt konkret Strategien auf, wie der Arbeitnehmer die eigenen Interessen in den Verhandlungen am effizientesten durchsetzen kann. Checklisten und in der Praxis erprobte Muster helfen bei Aufhebungsverhandlungen und -vereinbarungen. Auch für juristische Laien werden alle Zusammenhänge verständlich erläutert.

Zu beziehen über den gut sortierten Fachbuchhandel oder direkt beim Verlag unter E-Mail: kontakt@bund-verlag.de

Bund-Verlag

Kompetenz verbindet

Joachim Holwe / Michael Kossens
Cornelia Pielenz / Evelyn Räder

Teilzeit- und Befristungsgesetz

Basiskommentar
3., überarbeitete und aktualisierte Auflage
2011. 281 Seiten, kartoniert
€ 29,90
ISBN 978-3-7663-6003-8

Teilzeit und befristete Arbeitsverträge gehören in vielen
Betrieben längst zum Standard. Die rechtliche Grundlage dafür
bildet das Teilzeit- und Befristungsgesetz (TzBfG).

Der Basiskommentar erläutert für die betriebliche Praxis,
wie der Anspruch auf Verringerung und Verlängerung der
Arbeitszeit geregelt ist, wie die Zulässigkeit der Befristung
definiert ist und welche Diskriminierungsverbote in diesem
Zusammenhang zu beachten sind.

Die dritte Auflage berücksichtigt die Änderung bei der
sachgrundlosen Befristung, den Anspruch auf Teilzeit und auf
Verlängerung der Arbeitszeit und die Teilzeit während der
Elternzeit. Eingearbeitet sind auch die aktuelle Rechtsprechung
des Bundesarbeitsgerichts und des Europäischen Gerichtshofs.

Zu beziehen über den gut sortierten Fachbuchhandel oder
direkt beim Verlag unter E-Mail: kontakt@bund-verlag.de

Bund-Verlag

Kompetenz verbindet

Michael Kittner

Arbeits- und Sozialordnung

Gesetzestexte • Einleitungen • Anwendungshilfen
36., aktualisierte Auflage
2011. 1.685 Seiten, kartoniert
€ 26,90
ISBN 978-3-7663-6074-8

Gesetze plus Erläuterungen – das ist die Erfolgsformel der jährlich neu aufgelegten »Arbeits- und Sozialordnung«. Die solide Grundlage bilden über 100 für die Praxis relevante Gesetzestexte im Wortlaut oder in wichtigen Teilen – natürlich auf dem neuesten Stand. Die Ausgabe 2011 ist weiter optimiert durch eine allgemeine Einführung in die Arbeits- und Sozialordnung sowie über 80 Checklisten und Übersichten zur praxisgerechten Anwendung und raschen Orientierung über komplexe Gesetzesinhalte. Bei wichtigen Gesetzen erklären Übersichten die seit der Vorauflage publizierte höchstrichterliche Rechtsprechung – mit Verweis auf eine Fundstelle.

Fazit: Der »Kittner« ist unerlässlich für alle, die über das Arbeits- und Sozialrecht auf aktuellem Stand informiert sein wollen.

Zu beziehen über den gut sortierten Fachbuchhandel oder direkt beim Verlag unter E-Mail: kontakt@bund-verlag.de

Bund-Verlag